普通高等院校经济管理类“十二五”应用型规划教材
国际经济与贸易系列

INTERNATIONAL TRADE PRACTICE

国际贸易实务

主编 孟海樱 副主编 胡三勤 沈建军

机械工业出版社
China Machine Press

图书在版编目（CIP）数据

国际贸易实务 / 孟海樱主编 . —北京：机械工业出版社，2013.6（2020.11 重印）
（普通高等院校经济管理类“十二五”应用型规划教材・国际经济与贸易系列）

ISBN 978-7-111-42495-6

Ⅰ. 国… Ⅱ. 孟… Ⅲ. 国际贸易 – 贸易实务 – 高等学校 – 教材 Ⅳ. F740.4

中国版本图书馆 CIP 数据核字（2013）第 100109 号

本书结构框架完整，用一个出口交易案例贯穿各章，系统介绍了国际货物买卖的基本理论和基本技能，包括国际货物买卖的一般流程、国际贸易术语、合同标的、国际货物运输方式、国际货物运输保险、国际货款的收付、商品检验、索赔、不可抗力和仲裁、进出口合同的履行和国际贸易方式等。本书语言通俗易懂，每章用出口交易中的相应环节开篇，并穿插案例讨论和专栏知识，深入浅出，便于读者理解和掌握。书中还配有丰富的课后习题和与导入案例配套的单据样本，注重实战，与现实紧密联系。

本书可以作为普通高等院校国际经济与贸易、国际商务等相关专业学生的教材或参考书目，也可作为高职高专院校教材，或企业人员外贸业务培训的参考教材，对参加商务师、外销员、报关员、单证员等相关资格考试的人员也有一定的参考价值。

机械工业出版社（北京市西城区百万庄大街22号 邮政编码 100037）
责任编辑：刘利英 版式设计：刘永青
北京市荣盛彩色印刷有限公司印刷
2020年11月第1版第5次印刷
185mm×260mm・17.25印张
标准书号：ISBN 978-7-111-42495-6
定价：35.00元

凡购本书，如有缺页、倒页、脱页，由本社发行部调换
客服热线：（010）88379210 88361066 投稿热线：（010）88379007
购书热线：（010）68326294 88379649 68995259 读者信箱：hzjg@hzbook.com

Preface 前 言

2008年金融危机以来，全球经济经历了极大的动荡，在经济全球化迅猛发展的今天，我国经济也不可避免地受到全球经济波动的影响，我国外贸出口企业更是首当其冲受到冲击。在新形势下，如何提升国际经济与贸易专业学生的培养规格，实现应用型人才的目标，适应社会的发展和企业的需求，是我们一直思考并在实践中不断探索的课题。

"国际贸易实务"作为国际经济与贸易专业学生的专业核心课，是一门具有涉外活动特点的实践性很强的综合性应用学科。通过本课程的教学，希望能够使学生既掌握国际货物买卖的基本理论知识，又能熟悉一定的实务操作技能；既便于本专业学生深入学习和实践，也能够帮助其他相关专业学生全面了解国际贸易业务流程。为此，我们编写了本教材，并力图使之体现如下特点：

（1）**体系完整、新颖，注重理论与实际相结合**。以最新的国际贸易法规和惯例为依据，包括《2010年国际贸易术语解释通则》和《跟单信用证统一惯例》（UCP600），用一个蘑菇罐头出口贸易案例贯穿各章知识点，从国际贸易操作流程出发，结合案例讨论和专栏知识，介绍贸易合同的准备、订立和履行，系统、完整地介绍了国际贸易实务的基本概念和知识。

（2）**内容丰富、实用，注重实践操作**。各章以案例导入引出本章主要内容，附录中配有导入案例的合同、信用证和全套议付单据，利用案例讨论解释知识重点或难点，专栏知识扩展学生视野；章后辅以丰富的习题，包括单项选择题、多项选择题和案例分析题等，帮助学生融会贯通，掌握知识。

（3）**双语特色，体现课程特点**。国际贸易实践操作通常都是在英语环境下进行的，为帮助学生熟悉国际贸易业务中的专业术语，章节中的重要知识点范例和章后关键词均为中英文对照，习题配有部分英文题目，便于学生在英文环境中理解掌握知识要点。

本教材是上海市教委重点课程建设项目"国际贸易理论与实务"和教育部第三批高等学校特色专业建设点暨上海市第三期本科教育高地建设项目"国际经济与贸易专业"的建设成果之一。

本教材主要编者均有国际贸易专业背景，既有多年执教国际贸易实务课程的丰富经验，也有外贸公司的实际工作经验，具备良好的专业素养。具体各章编写分工如下：

第一章，沈建军；第二章，孟海樱；第三章，贾晶、孟海樱、沈建军；第四章，胡三勤；第五章，贾晶、沈建军；第六章，胡三勤；第七章，孟海樱；第八章，袁洪飞、孟海樱；第九章，胡三勤；第十章，胡三勤。

全书由主编分工、统纂并定稿。在教材编写过程中，参考了大量的国内外著作，孙颖、陈莉莉和卢璐同学对教材文字进行了校对，机械工业出版社华章公司的高伟编辑给予了大力支持和帮助，在此一并表示最诚挚的谢意。

由于时间仓促，水平有限，不足之处在所难免，还望广大读者批评指正，提出建议和意见，以便我们进一步完善改进。

编　者

2013 年 3 月

Suggestion 教学建议

“国际贸易实务”是国际经济与贸易专业必修的专业基础课程，是一门主要研究国际商品买卖有关理论和实际操作的课程，也是一门具有涉外活动特点的实践性很强的综合性应用学科。本课程涉及国际贸易理论与政策、国际贸易法律与惯例、国际金融、国际运输与保险等学科的基本原理与知识的运用。通过本课程的学习，学生能够系统掌握国际货物买卖的基本原理、基础知识和基本技能，了解进出口交易流程和国际货物买卖合同条款的拟订方法与技巧，学会在进出口业务中，既正确贯彻我国对外贸易的方针政策和经营意图，又符合法律规范和国际贸易惯例。

“国际贸易实务”课程具有综合性、涉外性和实践性的特点。同时，“国际贸易实务”是国际经济与贸易专业中其他一些专业课程，如“国际结算”“单证实务”“报关实务”“外贸函电”等课程的基础课，学生打好本课程的基础，是学好其他专业课的关键。因此，“国际贸易实务”的课程定位强调基础性，侧重介绍国际商品交换涉及的法规惯例、操作流程、专业术语等内容，明确“国际贸易实务”的教学目标，使学生掌握国际商品交换的基本知识和原理，并在此基础上，掌握应用的技能。在教学过程中，注重对学生基本技能的训练和培养，以课堂教学为基础，以案例教学和实践教学为重点。每章用出口交易相应环节导入该章知识点，在教学过程中结合附录单据样本，使学生直观掌握理论知识在现实业务中的应用。最后通过章末习题的练习，强化重点知识，夯实基础。

本课程总学时一般为 54 学时，各章节学时分配建议如下：

章节	教学内容	总学时	理论讲授学时	课内实践学时
第一章	绪论	6	5	1
第二章	国际贸易术语	8	6	2
第三章	合同的标的	4	3	1
第四章	进出口商品的价格	5	4	1
第五章	国际货物运输	6	5	1
第六章	国际货物运输保险	6	5	1
第七章	国际货款结算	8	6	2
第八章	商品检验、索赔、不可抗力和仲裁	4	3	1
第九章	进出口合同的履行	4	2	2
第十章	特殊的贸易方式	3	3	—
合　　计		54	42	12

课程考核以闭卷为主。建议总评成绩中平时成绩所占比例为 30% ～ 40%，期末考试成绩所占比例为 60% ～ 70%。平时成绩包括作业、课堂表现、学生实践能力等；考试题型应精心设计、合理安排，术语及合同条款、案例分析、操作题等考查学生学以致用能力的题型应占较大比重。

目　录　Contents

Chapter1 第一章

绪　论

学习目标

- ◆ 了解“国际贸易实务”的内容与学习方法
- ◆ 了解国际货物买卖的一般流程，掌握进出口业务磋商的程序
- ◆ 了解发盘、接受的定义及必备条件，掌握发盘的有效期、撤销及失效
- ◆ 掌握书面合同的形式及内容，了解合同有效成立的条件及签订书面合同的意义
- ◆ 熟悉常用的国际贸易法律与惯例

案例导入

森德国际贸易有限公司（SUNDE INTERNATIONAL TRADE CO.，LTD，以下简称森德公司）成立于1998年，是经国家原外经贸部批准的具有进出口经营权的贸易公司，主营各类罐头食品。公司与多家供货厂商有长期的业务往来，货源基础稳定。

2011年2月10日，公司业务人员张亮（Leon Chang）从阿里巴巴网站上看到南非NEO GENERAL TRADING CO.（以下简称NEO公司）需求罐头食品的信息，随即给NEO公司发送了电子邮件，对本公司情况进行了介绍，并期待能与对方建立业务关系。

2月11日，森德公司收到NEO公司业务员麦克（Mike）的询盘邮件，希望了解蘑菇罐头等产品的价格、规格等信息。

2月13日，张亮根据客户的要求、国内费用、海洋运费、工厂采购价格、成交方式等资料核算成本后，以USD10.8/CARTON CIF CAPE TOWN价格报盘，并附上了森德公司的产品手册。

2月14日，NEO公司麦克发来邮件，要求森德公司用DHL寄出样品。

2月15日，森德公司用DHL寄出5听425克的罐头样品，并发邮件告知对方。

NEO公司收到样品及报盘后，认为价格偏高，于2月26日还盘，USD9.8/CARTON CIF CAPE TOWN可以接受。

森德公司再次进行出口价格核算，如以每箱9.8美元出口，此笔仍会有10%的利润。于是于28日发邮件回复NEO公司，“你26日还盘接受”，并希望能长期合作。

29日，森德公司制作外销合同3份，签署后用DHL邮寄两份给NEO公司会签，NEO公司

收到合同签署后保留一份，并将一份邮寄给森德公司归档。

在这单交易中，出口企业首先通过各种渠道，找到目标客户，主动联系以建立业务关系；根据客户要求的规格、数量、交货时间、交货地点和支付方式等条件对出口价格进行核算，经过磋商谈判，最后就合同中的各个条款达成一致并签订贸易合同；进出口企业履行合同，根据外贸业务流程备货、缮制全套外贸单证，安排运输、报关、投保、货物进出口检验、收付款、出口退税等。

看似简单的各个贸易业务流程，要顺利地签订并履行合同需要外贸人员对国际贸易业务流程十分熟悉，从事国际贸易业务人员必须具备扎实的专业知识和熟悉相关法律法规。本章主要介绍国际贸易的特点和基本流程，以便学生更好地从事国际贸易业务工作。

第一节　国际贸易实务课程概述

国际贸易实务又称为进出口贸易实务，是一门专门研究国际间商品交换的有关理论、惯例、业务操作方法和技巧的课程。

本课程的任务是：使学生通过本课程的学习，初步掌握在我国对外贸易的方针政策指导下，进行国际货物买卖的基本理论、基础知识和基本技能；学会在进出口贸易活动中，既结合我国实际，切实贯彻国家的方针政策和企业的经营意图，又符合法律规则和国际贸易惯例。

国际贸易由进口贸易和出口贸易两部分组成，按传统的或狭义的理解，国际贸易仅限于货物进出口的范围。随着国际经济贸易实践的发展，进出口业务从单纯的货物交换开始，发展到今天，其业务范围已经扩大到包括货物进出口、技术进出口、服务进出口等多项内容的综合贸易业务。按照目前很多国家的解释以及我国《对外贸易法》第 2 条的规定，已将其定义扩展到包括技术进出口和国际服务贸易，但是，无论在我国还是在国际上，货物买卖仍然是国际贸易中最基本、最主要的部分。而且，有关技术转让与各种服务贸易业务的做法，不少也是从货物买卖的基本做法中发展而来的，有的还是直接沿袭货物买卖的基本做法。所以，有关国际货物买卖的基本理论和业务做法，仍然是每一位从事各种国际贸易实际工作和研究工作的人员必须掌握的基本知识。同时，了解和掌握国际货物买卖的知识，也是更好地了解和掌握技术进出口和国际服务贸易方面知识的必要途径。

一、“国际贸易实务”的主要内容

国际货物买卖是通过磋商、订立、履行国际货物买卖合同进行的，一个国家的企业为出售或购买有形商品而订立的出口合同或进口合同，统称国际货物买卖合同，或称国际货物销售合同，是营业地在不同国家的当事人之间订立的就一方交付货物另一方支付货款的有关事项的协议。其基本内容就是买卖双方当事人买卖特定货物所涉及的权利义务的具体规定，其表现形式主要是合同条款，其中包括买卖货物的品名、质量、数量、包装、价格、交付货物的时间和地点、运输方式、保险、价款的支付、检验、索赔、不可抗力、仲裁等。

本课程就是以国际货物买卖为对象，以交易条件和合同条款为重点，联系我国对外贸易实际，介绍国际货物买卖合同的具体内容以及合同订立和履行的基本环节与一般做法。

二、“国际贸易实务”的学习方法

国际贸易实务是经过长期的国际贸易实践发展起来的，“国际贸易实务”课程是集法规、惯例、理论和理性知识、业务技术和操作方法为一体的课程。因此，在学习过程中应注意以下有关问题：

1. 以国际法规和惯例为指导

与国内市场进行的贸易相比，国际贸易更为复杂。由于存在不同的市场环境因素，会产生对相同业务理解不同的问题。为了保证业务操作的公平性和公正性，进行业务操作时，必须以国际法规和惯例为基础。目前，国际贸易业务中常用的国际法规和惯例有：《联合国国际货物销售合同公约》、《跟单信用证统一惯例》（国际商会第 600 号出版物）、《托收统一规则》（国际商会第 522 号出版物）、《2010 年国际贸易术语解释通则》等。

2. 以理论和理性知识为基础

国际贸易的发展是从贸易实践开始的，并且经过了漫长的发展历程。在贸易实践的发展过程中，经济贸易理论以及符合人类思维发展规律的理性知识也随之逐渐发展起来。这些理论和理性知识已经成为国际贸易业务的基础和依托，直接或潜移默化地指导着国际贸易业务的操作，并贯穿国际贸易业务的始终。通过学习，理性知识的作用有时可能超过实践知识本身。因此，在学习过程中，应该注意理性知识的作用。这里所说的理性知识除了国际法规、惯例等对贸易操作的指导性知识以外，更主要的是指在贸易发展的过程中人们的认识规律结合进出口业务操作方法而发展起来的知识。例如，当学习到信用证是以银行为第一付款责任人的付款保证文件时，应该自然会想到，为了规避风险，出口商发货时应该以符合合同的信用证为依据。

3. 注意与其他学科的联系

由于国际贸易业务是国际间经济活动的核心环节，因此，它也是一种涉及面广泛的业务实践。可以说，从原材料的采购业务到产品的销售和售后服务业务的全过程，都与进出口业务息息相关。尽管一个人所从事的国际贸易业务工作可能集中于其中的某一个环节，但是，不了解该环节与其他环节之间的联系，以及其他环节的主要功能、发展水平等，就不可能真正做好该环节的工作。例如，从事商品出口工作的业务人员，应该熟悉该商品的性能知识，也应该掌握一些该商品的生产工艺等生产知识。

另外，进出口业务与很多学科都会有较密切的联系，其操作过程会因其他学科的发展而获得改进，也可能成为其他学科发展的重要载体。对于这样的学科，例如电子商务、物流、金融、市场等学科，在学习过程中也应该注意紧密联系。

第二节　进出口业务的操作程序

业务程序是指业务操作的顺序，国际贸易业务程序是进口业务程序和出口业务程序的总称。为了有利于下面各章节的学习，首先需要对进出口业务的操作程序有一个整体的、梗概的了解。现对进口业务程序和出口业务程序分别介绍如下。

一、进口业务程序

进口业务程序主要由交易磋商前的准备工作、交易磋商和履行合同三个阶段组成。

1. 交易磋商前的准备工作

进口业务交易磋商前的准备工作主要包括制订商品使用或经营计划、制订商品进口计划、市场调研选择卖主、申办进口管理手续，并且要在此基础上初步拟定商品的品质、数量、价格等合同条款，为交易磋商做准备。

制订商品使用或经营计划直接涉及商品进口后的使用和经济效益问题，这个环节主要涉及进口商品的目的和商品的特点两个问题。对一般商品，由于其进口目的是满足市场消费的需要，因此商品经营计划要紧密结合市场的需求情况。如果进口的是机器设备等，其进口的目的主要是满足生产上的需要，因此使用计划应该由企业根据本厂的生产条件和进口机器设备的性能具体制订。在制订机器设备使用计划时，应该注意发挥机器设备的作用，并且在可能的情况下，对不适应的部分进行改进。这就需要注意发挥本企业技术人员的作用，使他们千方百计地对技术进行消化吸收，并在此基础上对技术进行改进，生产出比计划更好的产品。有了商品使用或经营计划，就可以进一步制订商品进口计划，并按商品进口计划安排各项有关工作。

市场调研、选择卖主是进口工作的关键环节。如果这个环节完成得好，不仅可以使进口商品，尤其是机器设备的性能良好、货真价实，而且可以保证及时进口，抓住有利的市场时机。为了保证这个环节的顺利进行，进口的企业应该和外贸公司紧密配合并请其协助，准确地说明需要进口的商品的名称、用途、结构和性能等，然后，与外贸公司一起对国际市场进行调查研究。对外贸人员来说，由于其对国际市场的商品结构和同类商品的性能情况比较熟悉，应该积极、热情地帮助企业搞好市场调查研究，选好合适的国外卖主。

选择卖主，首先涉及的是对商品的选择问题，这是一个很重要的问题。例如，选择机电商品，对于日用类的机电商品，既应该考虑其技术性能的先进性、适用性（方便、安全等），又要考虑价格的合理性；如果进口的是包含较多技术内容的机器设备，则应主要考虑其技术的先进性（在国际上所处的位置、生命周期所处的阶段等）、实用性。在满足了这些要求以后，即使价格高一些，也应该安排进口。要从企业的长远利益和国家的整体利益考虑，宁可少进口一部分一般水平的机器设备，也要进口具有世界先进水平的，能够促进我国技术进步的机器设备。为了选择到理想的进口商品，首先应该尽量多选择一些卖主，以便有足够多的卖主供自己选择。

选择卖主需要考虑的另一个重要问题是卖方的资信问题。在现代国际贸易的操作过程中，一般业务都是采用凭单买卖的方法。采用这样的方法，进口商品即使出现严重的质量问题，也都要在买方付了货款以后才能得到解决。因此，在选择卖主阶段，应该注意选择比较了解的、有过交往的、资信情况较好的公司，尤其是一些较大型的跨国公司。

申办进口管理手续是指按照政府的有关规定办理有关的进口手续，申领有关进口文件，以便进口通关时使用。为了保护本国产品在本国市场中的份额和地位、保持本国市场的秩序，各国都会有计划、有选择地进口本国市场所需的商品。这种计划有时是主动的，有时也可能是被动的。例如，在与 WTO 成员谈判中，除了已经被列入对方将对我国出口的商品表中的商品外，我国还要向对方出口其他商品，这就必须将对方的出口商品列入我国的进口商品计划，这种计划就属于被动的。如果不是为了出口，而是纯粹为了市场需要而制订的进口商品计划，就应该是主动的。

2. 交易磋商

进口交易磋商主要包括询盘、发盘、比价、还盘、接受和签订合同几个环节。

询盘是指交易一方向另一方发出的是否想达成某项交易的询问。询盘的目的是诱发对方发盘。发盘是指向一个或一个以上特定的人提出的订立合同的建议。比价是指受盘人对收到的发盘进行分析研究和比较，以便最后接受符合自己交易目的的发盘过程。对于进口交易来说，比价是一个比较重要的环节，通过对比价格才能最后达成使自己感到满意的交易。

通过比价，如果一方对另一方发盘的关键条款有异议，例如价格、数量、交货期等，并提出修改意见，这就构成了还盘。交易双方通过磋商不断修改交易条件，最后达成交易，就可以签订合同了。通过签订合同，买卖双方的权利和义务就固定下来了。

3. 履行合同

履行合同是进出口交易的最后阶段，它涉及合同中所规定的买卖双方是否按合同规定履行自己的义务。履约环节较多，如申请开证、租船订舱、发装船通知、办理保险、付款赎单、报关接货、检验检疫、索赔等。

二、出口业务程序

1. 交易磋商前的准备工作

出口交易磋商前的准备工作目的是在交易磋商中知己知彼，应付自如，公平合理地达成交易。出口交易磋商前的准备工作包括国际市场调研、制订出口营销计划、申办出口管理文件等。

对国际市场的调查研究可以分成三方面的内容：①对原有市场销售和服务情况调研；②对潜在市场需求的调研；③对买方资信的调研。

对市场的调研主要是调查有关商品及相关商品的品种、花式、质量、包装以及消费、贸易、成本、价格、主要供需国别及其发展状况。

对交易对象的资信调查非常重要，这关系到出口商是否能按期收回货款或者是否能收回货款。调查的主要内容有：①进口商的资金情况，尤其是流动资金是否充足；②进口商的信誉，是否能履约或者及时履约，贸易伙伴的多寡。对进口商的资信情况，可以向银行或其他专门机构进行咨询。

根据市场调研的结果，出口商就可以相应地来制订商品经营方案或价格方案。商品经营方案是根据国家的方针政策和本企业的经营意图对该出口商品在一定时期内所做出的全面业务安排。一个企业在分析市场、选定自己的目标以后，就需要按照市场的需求、影响市场销售的不可控宏观因素以及本企业可以控制的销售因素，最有效地利用本身的人力、物力资源，扬长避短，设计企业的销售策略，制订最佳的销售方案，以达到企业的目标。在制订出口商品经营方案或价格方案的同时或先后，应按不同商品的具体情况和特点，及时根据经营方案，与生产、供货部门落实货源收购、调运或制订出口商品生产计划。

申办出口管理文件是国家保护国内资源、对出口进行有效管理的方法。为了有计划、有秩序的出口，提高本国产品的国际市场竞争力，各国政府一般都制定相关的出口管理法令和方法，出口企业在产品出口之前，应向有关部门进行咨询。

2. 交易磋商

出口交易磋商与进口交易磋商类似，主要包括询盘、发盘、还盘、接受和签订合同几个环节。在国际市场竞争激烈的今天，国际市场表现出买方市场的特点，因此，更需要出口商主动去询盘和发盘。

3. 履行合同

履行合同是出口交易的最后环节，它涉及的内容比较多，如备货、租船订舱、办理保险、检验检疫、报关、制单结汇、出口核销等内容，详细内容将在本书第九章介绍。

第三节 国际货物买卖合同的商订

国际货物买卖是国际间其他交易形式的基础。所以，了解交易磋商的复杂性和法律性，认识国际货物买卖合同的特点和内容，掌握国际货物买卖合同成立的必要条件，都具有重大的现实意义。

一、国际货物买卖合同的磋商

（一）交易磋商的含义和重要性

交易磋商（business negotiation），又称**贸易谈判**，是指买卖双方以买卖某种商品为目的而通过一定程序就交易的各项条件进行沟通和协商，并最后达成协议的全过程。交易磋商的目的是买卖双方通过磋商能共同取得一致意见，达成交易。因此，在国际贸易中，交易磋商占有十分重要的地位，交易磋商是签订国际货物买卖合同的基础和依据，是进出口商品贸易的基础工作，合同是磋商的目的和结果。所以在实际工作中，相关业务人员要认真对待，并且要做好交易前的各项准备工作。

交易磋商具有高度的政策性、策略性和技术性，它比国内贸易的洽谈交易复杂得多，因为交易双方分属不同国家或地区，彼此的社会制度、政治制度、法律体系、经济体制和贸易习惯都不同，也有着不同的文化价值观、思维方式、行为方式、信仰、语言和民风民俗，而且由于国际商务谈判的结果会导致资产的跨国转移，因而要涉及国际贸易、国际结算、国际运输和国际保险等一系列专业知识，因此交易磋商应以国际商法为准则，以国际惯例为基础，做到知己知彼，既要掌握我国的外贸政策，通晓市场形势和贸易程序，懂得如何联络客户和营销商品；又要充分懂得相关国家的贸易法规、习惯做法和商业惯例，并在此基础上娴熟灵活地运用交易磋商策略与技术，才能高质量地完成贸易成交。

（二）交易磋商的形式和内容

交易磋商在形式上可以分为口头和书面两种。不论采用哪种形式的磋商，所遵循的国际交易基本规则和国际惯例都是相同的。

1. 交易磋商的形式

（1）口头磋商。口头磋商主要是指在谈判桌上面对面的谈判，如参加各种交易会、洽谈会以及贸易小组出访、邀请客户来华洽谈交易等。此外，双方通过国际长途电话进行的交易磋商也属于口头磋商。在口头磋商特别是面对面谈判中，谈判双方进行直接接触和交流，便于了解对方的诚意、态度和想法，从而采取相应的对策，做出必要的说明，以减少误会，提高谈判效率，有助于多种建设性方案的提出，并可能引发谈判双方之间新的合作机会；有助于运用谈判策略和技巧根据进展情况及时调整策略，达到预期目的。口头磋商比较适合谈判内容复杂、涉及问题较多的贸易，如大宗交易或价值高的标的物的谈判。

（2）书面磋商。书面磋商是指通过信件和数据电文，包括电报、电传、传真、EDI、电子邮件等方式来洽谈交易。随着现代通信技术的发展，书面洽谈越来越简便易行，而且费用比口头磋商要低廉很多，是日常业务中的通常做法。书面磋商比较适用于正式谈判前的试探性接触，或有长期贸易关系的谈判，或空间距离较远，交易规模较小的谈判。目前，多数企业使用电子邮件或传真磋商交易。

2．交易磋商的内容

任何一笔具体交易的磋商中，买卖双方都要就交易的商品及各项交易条件进行协商。只有双方就各项交易条件达成一致意见后，交易才可达成，合同才能签订。因此，有关买卖商品的各项交易条件就成为双方交易磋商的重要内容。磋商的内容主要包括商品的名称、品质、数量、包装、价格、装运、保险、支付以及商检、索赔、仲裁和不可抗力等交易条件。理论上来说，只有买卖双方就以上条款逐一达成一致意见，才能充分体现“契约自由”的原则。上述交易磋商的内容又可以分成两部分：

（1）主要交易条件。**主要交易条件**（main terms and conditions）指品名、品质、数量、包装、价格、装运、保险和支付等条件，这几项条件是成立买卖合同所不可或缺的交易条件，并且这些交易条件因货物、数量、时间等不同，每笔交易也不尽相同，因此需要在每笔交易中进行具体磋商。

（2）一般交易条件。**一般交易条件**（general terms and conditions）是指由出口商为出售或进口商为购买货物而拟订的对每笔交易都适用的一套共性的交易条件。一般交易条件应按所经营的商品大类（如轻工业品、粮油食品、机械等）或按商品品种（如棉布、呢绒、真丝织物、人造丝织物等）分别拟订。有的外贸企业由于其所经营的商品范围较广，而有必要按不同大类、品种拟订数套一般交易条件。一般交易条件的内容虽各有不同，但通常包括以下几个方面：

1）有关主要交易条件的补充说明，如品质机动幅度、数量机动幅度、允许分批 / 转运、保险金额、险别和适用的保险条款、信用证开立的时间和到期日、到期地点的规定；

2）有关预防和处理争议的条件，如关于货物检验、索赔、不可抗力和仲裁的规定；

3）个别的主要交易条件，如通常采用的包装方法、凭不可撤销即期信用证支付的规定等。

一般交易条件内容相对固定，一旦交易达成，这些条件就成为贸易合同不可分割的一部分。在实际业务中，买卖双方在建立业务联系之初，通常都会相互或单方面介绍一般交易条件，经双方共同确认后，作为将来交易的基础，一般都使用固定格式印在合同的背面或正面的下部，因此，一般交易条件也称为格式条款，对双方日后订立的合同具有约束力。如果事先不取得对方的同意，在具体交易达成后，再向对方提出所拟订的一般交易条件，将有可能被对方以提出新的、额外的交易条件而加以拒绝，甚至否定已成立合同的有效性，并由此而引起争议甚至造成经济损失。

一般交易条件虽然适用于所有的合同，但这并不意味着在日后的具体交易中，不得对一般交易条件中的任何规定作任何变更。与此相反，在磋商具体交易时，买卖双方完全可以根据交易的实际需要，提出与一般交易条件不同的条件，其效力将超越一般交易条件中所规定的条件。这是由于根据法律原则：事后协议可改变或否定事先协议；合同的书写条款可改变或否定印刷条款。我国《合同法》第 41 条明确规定：格式条款与非格式条款不一致的，应当采用非格式条款。

（三）交易磋商的一般程序

交易磋商的一般程序可概括为询盘、发盘、还盘和接受四个环节。其中，发盘和接受是交易必不可少的两个基本环节或法律步骤。只有一方的发盘被另一方所接受，交易才能达成，合同方能成立。

1. 询盘

询盘（inquiry）是指买方为了购买或卖方为了销售货物而向对方提出有关交易条件的询问。主要是为了试探对方对交易的诚意和了解其对交易条件的意见。询盘的内容可涉及价格、品名、品质、数量、包装、交货期以及索取商品目录或样品等，而多数询盘只是询问价格，所以，实际业务中常把询盘称作询价。询盘可以由买方发出，也可以由卖方发出，可采用口头方式，亦可采用书面方式，如询价单（inquiry sheet）格式进行询盘。目前随着信息网络技术的发展，利用电子邮件和商务网络询盘已成趋势。

询盘在通常的交易中并非必不可少的环节，通常是一种内容不明确、不肯定、不全面或附有保留条件的建议，这种建议不具有要约性质，因此，对双方均无法律约束力。在国际贸易实务中，发出询盘的一方通常是为了试探市场，了解市场和客户对自己交易条件的反应，寻求交易机会，有时一方发出的询盘也表达了与对方进行交易的愿望，希望对方接到询盘后及时发出有效的发盘，以便考虑接受与否。

询盘时应注意对询盘的对象事先有所选择，可根据以往的业务资料，或者经其他方面的查询，选择适当的交易对象进行询盘；交易对象的多少也应根据产品和交易的具体情况确定，既不宜在同一地区多头询盘，影响市场价格，也不宜只局限于个别客户而无法进行比较、选择。同时要注意策略，不应在同时期集中询盘，以免暴露我方销售或购买意图，而处于不利地位。

询盘时一般不直接用“询盘”的术语，而常用“请报价……”（Please quote…）、“请告……”（Please advise…）、“请电传告……”（Please advise by telex…）、“对×××有兴趣，请……”（interested in …please）、“请发盘……”（Please offer…）等词句。例如：

买方询盘：请报 500 吨 L- 苹果酸成本、运费加保险至新加坡的最低价，12 月装运。

Please quote lowest price CIF Singapore for 500 M/T L-Malic Acid December shipment.

卖方询盘：可供纯度 99% 的 L- 苹果酸 500 吨，12 月份装运，如有兴趣请联系。

Supply 500M/T L-Malic Acid 99Pct December shipment please contact if interested.

2. 发盘

在国际贸易实务中，**发盘**（offer）又称为**报盘**、**发价**、**报价**，是指交易的一方（发盘人）向另一方（受盘人）提出购买或出售某种商品的各项交易条件，并愿意按照这些条件与对方达成交易，订立合同的意思表示。发盘既是商业行为，又是法律行为，在合同法中称为要约。

发盘可以是对对方的询盘做出的答复，也可以在没有询盘情况下直接发出。发盘既可以由卖方发出，也可以由买方发出。由卖方发出的发盘称作售货发盘（selling offer）；若由买方发出，则称购货发盘（buying offer），或习惯称为递盘（bid）。一项发盘涉及的当事人包括发盘人（offerer）和受盘人（offeree）。发盘一经受盘人在发盘有效期内表示接受，发盘人将受其约束，有义务按发盘中规定的条件与对方订立合同；发盘对受盘人没有约束，受盘人有权在发盘的有效期内要求对方按发盘中规定的条件与之签约。

发盘一般采用下列术语和词句："发盘"（offer）、"发实盘"（offer firm；firm offer）、"递盘"（bid；bidding）、"递实盘"（bid firm；firm bid）、"报价"（quote）、"供应"（supply）、"订购"（book；booking）、"订货"（order；ordering）。

（1）发盘的定义及构成发盘的必备条件。《联合国国际货物销售合同公约》（United Nations Convention on Contracts of International Sales of Goods，以下简称《公约》）第 14 条第 1 款对发盘的定义为："向一个或一个以上特定的人提出的订立合同的建议，如果十分确定并且表明发盘人在得到接受时承受约束的意旨，即构成发盘。一个建议如果写明货物并且明示或暗示地规定数量和价格或规定如何确定数量和价格，即为十分确定。"

根据这个定义，可以看出构成一项法律上有效的发盘必须具备以下四个条件：

1）向一个或一个以上的特定人提出。发盘必须指定可以表示接受的受盘人。受盘人可以是一个，也可以指定多个。所谓"特定的人"，是指在发盘中指明个人姓名或企业名称的受盘人。不指定受盘人的发盘，仅应视为发盘邀请（invitation to make offers）。

向特定对象做出发盘应与在报刊上刊登广告、向国外客商寄发商品目录、价目单和其他宣传品的行为区别开来。广告的对象是广大社会公众，商品目录、价目单和宣传品是普遍寄发给为数众多的客商的，这些对象都不属于特定的人，因此这类行为一般不能构成发盘，而仅能视为发盘邀请。但是如果广告的内容十分明确肯定，在某些情况下也可视为发盘。对此，《公约》为了消除可能产生的歧义，明确规定发盘时必须指出特定的对象。《公约》第 14 条第 2 款规定："非向一个或一个以上特定人提出的建议，仅应视为邀请做出发盘，除非提出建议的人明确地表示相反的意向。"在实际业务中，为了避免对方误解，使自己处于被动的境地，最好在向国外客商寄发商品目录、价目单等宣传品时，在其中注明"所列价格仅供参考"（The prices stated are for reference only）、"价格需经确认为准"（The prices shall be subject to confirmation）或"价格可变动，恕不事先通知"（The prices may be altered without prior notice）等字句。

2）表明订约意旨（contractual intent）。一项发盘必须十分确定地表明发盘人有订约的意图，即当其发盘被受盘人接受时，发盘人将承受约束的意旨，承担按发盘条件与受盘人订立合同的法律责任，而不得反悔或更改发盘条件。表明承受约束的意旨，可以是明示的，也可以是暗示的。明示的表示，发盘人可在发盘时明白说明或写明"发盘""发实盘"或明确规定发盘有效期等。暗示的表示，则应与其他有关情况结合起来考虑，包括双方已确立的习惯做法、双方磋商的情况、惯例和当事人随后的行为。

3）发盘的内容必须十分确定。一项发盘必须包括十分确定的内容，该内容应该是完整的、明确的和终局的（complete，clear and final）。对于什么是"十分确定"，《公约》第 14 条规定：一项订立合同的建议"如果写明货物，并且明示或暗示地规定数量和价格或如何确定数量和价格，即为十分确定（sufficiently definite）。"按此规定，一项订约建议只要列明货物、数量和价格三项条件，即可被认为其内容"十分确定"，而构成一项有效的发盘。如该发盘为受盘人所接受，即可成立合同。在实际业务中，如发盘所提出的交易条件太少或过于简单，会给合同的履行带来困难，甚至容易引起争议。因此，在对外发盘时，最好将品名、品质、数量、包装、价格、交货时间与地点以及支付办法等主要交易条件具体列明。

4）送达到受盘人。发盘必须被送达到受盘人（be communicated to the offeree），这是《公约》和各国法律普遍的要求。这里的“送达受盘人”，是指将发盘的内容通知到受盘人本人，或其营业地或其通信地址，或其惯常居住地。因此，发盘无论是口头的还是书面的，只有被送达到受盘人时才生效。如果发盘在传递途中遗失，则该发盘不生效，对发盘人不再有约束力。如果受盘人在收到发盘之前，由其他途径获悉该发盘的内容，未收到发盘就主动表示接受，这样做合同是不成立的，而只能被看做是双方的交叉发盘（cross offer）。

专栏1-1 《联合国国际货物销售合同公约》㊀

《联合国国际货物销售合同公约》是由联合国国际贸易法委员会主持制定的，1980年在维也纳举行的外交会议上获得通过。《公约》于1988年1月1日正式生效，截至2010年8月，核准和参加该《公约》的共有76个国家。

《联合国国际货物买卖合同公约》共分为四个部分：①适用范围；②合同的成立；③货物买卖；④最后条款。全文共101条。《公约》的主要内容包括以下四个方面：

（1）《公约》的基本原则。建立国际经济新秩序的原则、平等互利原则与兼顾不同社会、经济和法律制度的原则。这些基本原则是执行、解释和修订《公约》的依据，也是处理国际货物买卖关系和发展国际贸易关系的准绳。

（2）适用范围。第一，《公约》只适用于国际货物买卖合同，即营业地在不同国家的双方当事人之间所订立的货物买卖合同，但对某些不能适用该《公约》的国际货物买卖做了明确规定。第二，《公约》适用于当事人在缔约国内有营业地的合同，但如果根据适用于“合同”的冲突规范，该“合同”应适用某一缔约国的法律，在这种情况下也应适用《公约》，而不管合同当事人在该缔约国有无营业地。对此规定，缔约国在批准或者加入时可以声明保留。第三，双方当事人可以在合同中明确规定不适用该《公约》（适用范围不允许缔约国保留）。

（3）合同的订立。包括合同的形式和发盘（要约）与接受（承诺）的法律效力。

（4）买方和卖方的权利义务。第一，卖方责任主要表现为三项义务：交付货物；移交一切与货物有关的单据；移转货物的所有权。第二，买方的责任主要表现为两项义务：支付货物价款；收取货物。第三，详细规定了卖方和买方违反合同时的补救办法。第四，规定了风险转移的几种情况。第五，明确了根本违反合同和预期违反合同的含义以及当这种情况发生时，当事人双方所应履行的义务。第六，对免责根据的条件做了明确的规定。

1981年9月30日我国政府代表签署本《公约》，1986年12月11日交存核准书。核准书载明，中国不受《公约》第1条第1款（b）、第11条及与第11条内容有关规定的约束。

第1条第1款（b）内容：本公约适用于营业地在不同国家的当事人之间所订立的货物销售合同，如果国际私法规则导致适用某一缔约国的法律。

第11条内容：销售合同无须以书面订立或书面证明，在形式方面也不受任何其他条件的限制。销售合同可以用包括人证在内的任何方法证明。

㊀ 根据百度百科等资料整理，具体见http://baike.baidu.com/view/352100.htm。

即我国提出了两项保留意见：①不同意扩大《公约》的适用范围，只同意《公约》适用于缔约国的当事人之间签订的合同；②不同意用书面以外的其他形式订立、修改和终止合同。

（2）发盘的有效期。发盘中通常都规定**有效期**（term of validity），是指发盘人受约束的期限和受盘人对发盘表示接受的时限。如果发盘中没有明确规定有效期，受盘人应在“合理时间”内（within a reasonable time）接受，否则无效。应视交易的具体情况而定，一般按惯例处理。但“合理时间”在国际上并无统一明确的解释，具有很大的伸缩性，有的为有效2天，有的为2周。因此在实际业务中，通常明确规定发盘的有效期，以避免发生争议。规定有效期的常见方式有：

1）规定接受的最后日期，例如：“发盘有效期至2012年11月15日”（Offer valid until November 15, 2012）；“发盘限2012年12月10日或之前复到”（Offer subject to reply received on or before December 10, 2012）。

2）规定接受的天数或一段接受的期间，例如：“发盘在发盘日起5天内有效”（Offer valid within 5 days since the date of offer）；“发盘限发盘日后3天复到”（Offer subject to reply received within 3 days after the date of the offer）。

采用这种规定有效期的方法，存在一个如何计算“一段接受期间”的起讫问题。根据《公约》第20条规定：发盘人在电报或信件中订立的一段接受期间，从电报交发时刻或信上载明的发信日期起算。如信上未载明发信日期，则从信封上所载日期起算。发盘人以电话、传真或其他可立即传达到对方的通信方法订立的一段接受期间，从发盘到达受盘人时起算。在计算一段接受期间时，这段期间内的正式假日或非营业日应计算在内。但是，如果接受通知在接受期间的最后一天未能送达发盘人的地址，因为那天在发盘人的营业所在地是正式假日或非营业日，则这段期间应顺延至下一个营业日。

发盘有效期纠纷案

【案例介绍】

澳大利亚A公司有一批羊毛待售。7月11日该公司销售部以信件形式向中国M纺织厂发盘，明确了可供羊毛的数量、质量、价格等主要条件，并特别注明希望在15日内得到回复。但由于业务人员疏忽，信件没有说明发盘有效期的起算日期，且忘记写发函日期。7月12日A公司人员将发盘函连同羊毛样品及公司Catalog等资料一起以特快专递方式寄出。7月19日M纺织厂收到快件，恰巧该纺织厂急需一批羊毛，即于第二天发传真确认，并请其准备尽快发货。不料，A公司由于未收到M纺织厂的回信，已于7月18日将羊毛卖给其他纺织厂。M纺织厂几次催货未果，向仲裁机构提请仲裁，要求A公司赔偿损失。M公司的赔偿要求能否得到支持？

【案例分析】

本案例是由于A公司未明确发盘有效期的起算引发的纠纷。根据《公约》第20条规定，本案例的发盘有效期应从7月12日发盘信件投出日起算，直至7月27日结束。我国M纺织厂的接受于7月20日送达澳方A公司，属于有效接受。A公司应赔偿M公司相关损失。

（3）发盘的撤回。《公约》第15条对发盘生效时间做了明确规定：“发盘在送达受盘人时生效”。那么，发盘在未被送达受盘人之前，如发盘人改变主意，或情况发生变化，这就必然会产生发盘的撤回和撤销的问题。

发盘的撤回（withdrawal）是指发盘人将尚未被受盘人收到的发盘予以取消的行为。《公约》第 15 条（2）款规定：“一项发盘，即使是不可撤销的，也可以撤回，如果撤回的通知在发盘到达受盘人之前或同时到达受盘人。”这一规定是建立在发盘尚未生效的基础之上。换言之，任何发盘，包括不可撤销的发盘，在其送达受盘人之前，即在其生效之前，对发盘人没有约束力，所以，发盘人可以将发盘取消。

（4）发盘的撤销。**发盘的撤销**（revocation）指发盘人将已经被受盘人收到的发盘予以取消的行为。

在法律上，“撤回”和“撤销”属于两个不同的概念。撤回是指发盘尚未生效，发盘人采取行动阻止它的生效。而撤销是指在发盘已生效后，发盘人以一定方式解除发盘对其的效力。

对于发盘能否被撤销，各国的法律规定有较大差异。英美法系的普通法（Common Law）认为，发盘在原则上对发盘人没有约束力，在受盘人表示接受前，即使发盘中规定了有效期，发盘人亦可随时撤销发盘或变更其内容。但有例外，即受盘人给予了“对价”（consideration）；或者发盘人以签字蜡封的特殊形式发盘。大陆法系（Civil Law）认为，发盘人原则上应受发盘的约束，不得随意撤销发盘，除非他在发盘中已表明不受其约束。

《公约》第 16 条规定：发盘可以撤销，其条件是发盘人撤销的通知必须在受盘人发出接受通知之前传达到受盘人。但是，在下列情况下，发盘不得撤销：

1）发盘中注明了有效期，或以其他方式表示发盘是不可撤销的；

2）受盘人有理由信赖该发盘是不可撤销的，并且已本着对该发盘的信赖行事。

（5）发盘的失效。**发盘的失效**（termination）是指发盘法律效力的消失。它具有两个方面的意义：一是发盘人不再受发盘的约束；二是受盘人不再享有接受发盘的权利。

发盘失效的原因很多，归纳起来，主要有以下几种情况：

1）在有效期内未被接受而失效。明确规定有效期的发盘，在有效期内如未被受盘人接受，即终止有效。未明确规定有效期的发盘，在合理时间内未被接受而失效。

2）受盘人做出拒绝或还盘。《公约》第 17 条规定：“一项发盘，即使是不可撤销的，也于拒绝通知送达发盘人时终止。”此外，当受盘人对发盘做出某些更改的还盘表示，便构成对原发盘的实质上的拒绝，原发盘随之失效。如果受盘人反悔又表示接受，即使在原发盘的有效期之内，合同也不能成立，除非原发盘人对该“接受”（实际上是原受盘人做出的一项新发盘）予以确认。

3）发盘人在受盘人做出接受前对发盘进行了有效的撤销。

4）法律的适用。如在发盘被接受前，当事人丧失行为能力（如死亡或精神失常等），法人破产，或标的物灭失时，发盘便告失效。又如政府禁令或限制措施，以及人力不可抗拒的意外事故也会造成发盘的失效。

（6）实盘、虚盘和发盘邀请。**实盘**（firm offer），又称有约束力的发盘，表示发盘人有肯定订立合同的意图，受盘人一旦承诺，合同即告成立。实盘的特征有三：第一，发盘内容明确，发盘中无任何含糊其辞的字句。第二，发盘内容完整，发盘中各项主要交易条件齐全。第三，发盘无保留条件。实盘就是法律中的“要约”，必须满足构成发盘的条件，发实盘必然要承担相应的法律责任。运用实盘进行交易磋商时应注意三点：第一，实盘的含义不在于是否注明“实盘”字样，而在于是否具备上述必要条件。第二，应根据磋商交易的全部过程来判定实盘。第三，实盘的内容在有效期内，发盘人不得任意撤销或修改，并要受其约束。

虚盘（non-firm offer）是发盘人有保留地按一定条件达成交易的一种不肯定的表示。它通常没有肯定订约的表示，交易条件不完整、附有保留条件等特征。如发盘中写有“参考价”（reference price），“以我方最后确认为准”（subject to our final confirmation），“以获得出口许可证为准”（subject to export license being approved），“价格不经事先通知予以变动”（the prices may be altered without prior notice）等。发虚盘的意图在于：试探对方交易态度、吸引对方递盘、使自己保留对交易的最后决定权。虚盘对发盘人没有约束力，发盘人可以随时撤销或修改发盘内容。从法律角度上看，虚盘不是一项要约，而是一个邀请发盘。

发盘邀请（offer invitation）是一项不肯定的订约建议。这种建议对发盘人没有约束力，它只是起到邀请对方发盘的作用。发盘邀请不具备构成发盘所必需的四项条件，特别是它不具备前述两项条件。虽然发盘邀请也可以向一个或一个以上的特定的人做出，并送达对方，但做出发盘邀请的一方不承担与对方订立合同的确定责任，即使对方立即无条件同意发盘邀请中所提出的全部条件。发盘邀请的内容也不是“十分确定”的。它所含的交易条件可能是不完整的，或者是不明确的，或者即使是完整和明确的，却不是终局的。此外，对发盘邀请不应规定有效期，否则，有可能被视做发盘处理。在业务中往往是卖方货源尚未落实，提出的条件有不确定性，或者为争取较好的价格，就同一批货向两个或两个以上的客户邀请发盘，以便择优成交。也有的是为了探询市场情况并且便于比较价格，一方通过新闻媒体，如报刊、杂志、广播、电视等向公众发出发盘邀请。

3．还盘

还盘（counter-offer）又称**还价**、**反要约**、**新的发盘**，是受盘人在接到发盘后，对发盘的内容不同意或不完全同意，为了进一步磋商，又向发盘人提出修改建议或变更内容的表示。

还盘有两个法律后果：其一，还盘是对发盘的拒绝，还盘一经做出，原发盘即失去效力，发盘人不再受其约束；其二，还盘是受盘人向原发盘人提出的一项新的发盘。还盘做出后，还盘的一方与原发盘的发盘人在地位上发生了变化。还盘人由原发盘的受盘人变成新发盘的发盘人，而原发盘的发盘人则变成了新发盘的受盘人。新受盘人有权针对还盘的内容进行考虑，决定接受、拒绝或是再还盘。一笔交易有时不经过还盘即可达成，有时要经过还盘，甚至往返多次的还盘才能达成。

还盘的形式可有多种不同，有的明确使用“还盘”字样，有的则不使用，而在内容中表示出对发盘的修改，也构成还盘。例如：

你方 10 月 20 日邮件收悉，还盘每条 10 美元 CIF 纽约。

Your email October 20th counter offer USD 10 Per piece CIF New York.

你 2012 年 12 月 8 日电收到，我们遗憾地告诉你，你方所报价格太高。还盘价格 970 美元 / 公吨，装运期 2013 年 2 月 15 日前，其他条件不变。

Thank you for your offer of 8 December 2012. We are disappointed to tell you that the price is too high. We can offer at USD970 per metric ton, for shipment before 15 February, 2013. We can accept what else you say.

根据《公约》的规定，受盘人对货物的价格、付款、品质、数量、交货时间与地点、一方当事人对另一方当事人的赔偿责任范围或解决争端的办法等提出添加或更改，均视为实质性变更发盘条件，成为新的发盘。所以，还盘并不一定是还价，对付款方式、装运期等主要交易条件提出不同的建议，也都属于还盘的性质。在还盘时，对双方都同意的条件一般无须重复列出。

4．接受

（1）接受的定义及构成接受的必备条件。**接受**（acceptance），法律上称作承诺，是交易的一方在接到对方的发盘或还盘后，同意对方提出的条件，愿意与对方达成交易，并及时以声明或行动表示出来。接受和发盘一样，既属于商业行为，也属于法律行为。一方的发盘经另一方接受，交易即告达成，合同即告成立。

接受一般用“接受”（accept）、“同意”（agree）和“确认”（confirm）等术语表示。当双方还盘次数少，交易条件变化不多，情况简单时，在接受时可不必复述全部条件；如果还盘次数多，交易条件变化多，情况复杂时，则在接受时最好复述全部条件，以避免双方在条件解释上的不一致。例如：

你方 2012 年 8 月 20 日电子邮件我方接受。

Yours August 20th email we accept.

你方 5 月 25 日电子邮件我方接受，纯度 99% 的 L- 苹果酸 500 吨每公斤 10 美元 CIF 纽约 12 月份装运不可撤销即期信用证。

Yours May 25th email we accept 500M/T L-Malic Acid 99Pct at USD10/Kg CIF New York December shipment irrevocable sight credit.

《公约》第 18 条第 1 款对接受的定义为：“被发盘人声明或做出其他行为表示同意一项发盘，即是接受。”根据此定义以及《公约》第 18 条第 2、3 款和第 19 条的规定，构成一项法律上有效的接受，必须具备以下 4 个条件：

1）接受必须由特定的受盘人做出。如前所述，一项有效的发盘必须是向一个或一个以上特定的人做出的。因此，对发盘表示接受，也必须是发盘中所指明的特定的受盘人，而不能是其他人。第三方做出的接受不具有法律的效力，对发盘人没有约束力。如果第三方通过某种途径获悉非向他做出的发盘，而向发盘人表示接受，该接受只具有“发盘”的性质，除非原发盘人表示愿意按原定条件与第三方进行交易，否则合同不能成立。

2）接受必须表示出来。接受必须由受盘人以某种方式向发盘人表示出来。正如《公约》所规定的：缄默或不行动本身不等于接受。如果受盘人收到发盘后，只是在思想上愿意接受对方的发盘，但默不作声或不做出任何其他行为表示其对发盘的同意，则不能认为是对发盘表示接受。所以，接受必须用声明或行为表示出来，声明包括口头和书面两种形式。一般来说，发盘以口头表示，则接受也以口头表示；发盘人如果以书面形式发盘，受盘人也以书面形式表示接受。若卖方以发运货物，买方以开来信用证、支付货款等实际行动表示接受，即为用行动表示接受。

3）接受的内容必须要与发盘完全相符。根据传统法律规则，接受必须是绝对的、无保留的，必须与发盘人所做出的发盘的条件完全相符。但在实际业务中，常有这种情况，受盘人在答复中使用了“接受”的字眼，但又对发盘的内容做了增加、限制或修改，这在法律上称为有条件的接受（conditional acceptance），不能成为有效的接受，只是还盘。《公约》第 19 条第 1 款中规定：“对发盘表示接受但载有添加、限制或其他变更的答复，即为拒绝该项发盘，并构成还盘。”

但是也不是说受盘人在表示接受时不能对发盘的内容做丝毫的变更，关键问题是看这种变更是否属于实质性的。根据《公约》第 19 条第 2 款的规定，受盘人对原发盘的更改被分为实质性变更（material alteration）和非实质性变更（nonmaterial alteration）。“有关货物价格、付款、货物质量和数量、交货地点和时间、一方当事人对另一方当事人赔偿责任范围或解决争端等的添加或不同条件，均视为实质上变更发盘的条件”。实质性变更是对发盘的拒绝，构成还盘。《公约》中还规定：“对发盘表示接受但载有添加或不同条件的答复，如所载添加或不同条件在实质上并不改变发盘的条件，除非发盘人在不过分迟延的期间内以口头或书面通知反对其差异外，仍构成接受。”在实际业务中，有时很难区分这两种变更，一般的做法是，如果对方对发盘内容做了变更，只要是发盘人不能同意的，就应及时提出反对，阻止合同成立，以免延误时机，造成被动。另外，有时也需要判定一项接受是“有条件的接受”，还是在接受的前提下的某种希望和建议。“有条件的接受”属于还盘，但如果受盘人在表示接受的同时提出某种希望，而这种希望不构成实质性修改发盘条件，应看作是一项有效接受，而不是还盘。

案例讨论1-2 实质性变更发盘条件应视作还盘

【案例介绍】

我方A公司向美国旧金山B公司发盘某商品100公吨，每公吨2 400美元CIF旧金山，以不可撤销信用证支付，收到信用证后2个月内交货，限3日内答复。第二天收到B公司回电称：“Accept your offer shipment immediately.”（接受你方发盘，立即装运)A公司未予答复。又过2天，B公司通过旧金山银行开来即期信用证，注明“shipment immediately”。当时该货物国际市场价格上涨20%，A公司以合同并未达成为由拒绝交货，并立即将信用证退回，于是双方发生争议。

【案例分析】

本案例涉及合同洽商发盘的有条件接受问题，所谓有条件接受是指受盘人在接受发盘人的发盘时，对发盘的条件做了添加、限制或修改。根据《联合国国际货物销售合同公约》的规定，有条件接受分两种情况：一种是实质上变更发盘条件，则构成还盘，还盘是对原发盘的拒绝，使原发盘失效。同时，还盘还构成一个新的发盘，合同是否成立，关键在于原发盘人的态度，若原发盘人同意，则双方合同关系成立；若原发盘人表示反对，则双方之间合同不成立。另一种情况是：非实质性变更发盘条件，若为非实质性变更发盘条件，只要原发盘人不及时表示反对，则双方之间的合同关系成立。《联合国国际货物销售合同公约》还规定：受盘人对货物的价格、付款、品质、数量、交货时间和地点、一方当事人对另一方当事人的赔偿责任范围或解决争端的办法等条件提出添加或修改，均作为实质性变更发盘条件。

4）接受必须在发盘的有效期内传达到发盘人。发盘中通常都规定有效期。这一期限有双重意义：一方面它约束发盘人，使发盘人承担义务，在有效期内不能任意撤销或修改发盘的内容，过期则不再受其约束；另一方面，发盘人规定有效期，也是约束受盘人，只有在有效期内做出接受，才有法律效力。如果发盘中未规定有效期，则应在合理时间内接受方为有效。

（2）逾期接受（late acceptance）。如果接受通知超过发盘规定的有效期限，或发盘未具体规定有效期限而超过合理时间才传达到发盘人，就成为一项逾期接受。

在国际贸易中，由于各种原因，导致受盘人的接受通知有时晚于发盘人规定的有效期送达，这在法律上称为“逾期接受”或“迟到的接受”。对于这种迟到的接受，根据各国合同法的规定，迟到的接受不是一项有效的接受，它必须经过原发盘人的确认后，合同才能成立，因此，发盘人不受其约束，不具有法律效力。但《公约》第 21 条规定逾期接受在下列两种情况下仍具有效力：

1）逾期接受仍有接受的效力，如果发盘人毫不迟延地用口头或书面形式将此种意思通知受盘人。

2）如果载有逾期接受的信件或其他书面文件表明，它在传递正常的情况下是能够及时送达发盘人的，那么这项逾期接受仍具有接受的效力，除非发盘人毫不迟延地用口头或书面方式通知受盘人，认为该发盘已经失效。

对逾期接受，发盘人通常应立即向对方发出通知，明确表达自己的意见。

对有条件接受的处理

【案例介绍】

我国广州某手套公司 D 于 10 月 12 日向美国客户 W 公司寄送一份商品目录，介绍其经营产品范围，并附有精美图片。10 月 20 日 W 公司回电表示对其中的货号为 2011W、2121、2210 的女式手套很感兴趣，每个货号订购 100 打，并要求大、中号各半，12 月份交货，请 D 公司报价。10 月 22 日 D 公司发盘如下：“报 X 牌女式手套 300 打，货号 2011W、2121、2210 各 100 打，大、中号各半，每双 CIF Los Angeles 12 美元，纸箱装，每箱 10 打，10 月份装运，即期不可撤销信用证支付，10 月 31 日前复到有效。”10 月 28 日 W 公司回电：“10 月 22 日来电收悉。价格过高，每双 CIF Los Angeles 10 美元可接受。”次日，D 公司去电：“贵公司 28 日电悉。最低价每双 CIF Los Angeles 11 美元，11 月 5 日复到有效。”

11 月 3 日，D 公司收到 W 公司开出的 SWIFT 信用证，其中单价每双 11 美元，包装条款中注明“纸箱装，每箱 15 打”，其他与发盘相符。D 公司审证时发现 W 公司对包装条款所做的少许变更。D 公司的习惯包装是每箱 10 打，考虑到交货期临近，若提请修改，恐怕难以按时交货，而且即使按信用证要求“15 打每箱”包装，也不会增加额外费用。因此，D 公司第二天回电表示收到信用证，并寄出按信用证条款拟好的书面合同一式两份，要求对方签字。同时积极备货，准备按期交货。

11 月 7 日，储运部门通报，D 公司库存中没有可装 15 打手套的纸箱，现有纸箱只有 10 打、20 打包装两种规格。D 公司随即与纸箱厂联系，纸箱厂称这种规格的纸箱很少见，该厂不能提供。附近的几个纸箱厂也如此答复。在此情况下，D 公司一面四处落实箱源，一面于 11 月 9 日去电 W 公司，要求改为每箱 10 打或 20 打包装方式。11 月 12 日，W 公司回电：“贵公司收到信用证时未提出异议，且贵方所拟合同中也已列明每箱 15 打装，现提出修改合同和信用证的要求，我方难以接受。我方一直采用这种包装，如若更换，势必增加我方费用。若贵公司坚持变更并愿意承担这部分费用的话，我方可考虑修改信用证。”

D 公司知对方欲以此要求要挟我方降价，故不再要求修改，竭力寻找箱源，终于在安徽省找到一个能生产这种规格纸箱的厂家，虽按信用证要求交货期内完成发货，但为此增加了纸箱搜寻和运输成本，造成了一定的经济损失。

【案例分析】

本案例中由于 D 公司对 W 公司的有条件接受处理不当，险些不能按信用证规定交货。W 公司 11 月 3 日以开出信用证方式表示对 D 公司发盘的接受，按《公约》及大多数国家法律规定是允许的。我国对行为接受做了保留，但实践中若客户以行为表示接受，为不失时机促成交易，我方可拟好合同交对方签字，这种做法是可行的。但W公司在信用证中对发盘的包装条款做了添加，按《公约》第19条规定，该接受属非实质性变更的有条件的接受，“除非发盘人在不过分延迟的期间内以口头或书面通知反对其差异外，仍构成有效接受”。D公司未充分考虑就同意对方所做的添加，并匆忙拟定合同之举欠妥，忽视了有无合适的纸箱包装这一问题，使自己陷入被动。

因此，在国际贸易实践中，在做出接受前，需将对方接受条件与自己的原发盘做认真比较，如发现对方变更了自己的发盘条件，应确认该变更是否为实质性变更，进而判断是否构成还盘或再还盘，是否构成新发盘。如果无法判断，应结合市场动态、客户资信，有针对性地及时表态，争取按照自己的经营意图达成交易，而非盲目拒绝或接受，以免造成不必要的损失。

（3）接受的生效与撤回。接受于表示同意的通知送达发盘人时生效。《公约》第18条规定：以函电表示接受，接受的通知于送达发盘人时生效；受盘人对口头发盘必须立即接受，除非事先约定具体有效期限。以行动表示接受时，无须向发盘人发出接受通知，在此情况下，接受于受盘人做出某种行为时开始生效。

《公约》中对于接受的撤回的规定，与发盘的撤回基本相同。《公约》第22条有如下规定：“如果撤回的通知于接受原应生效之前或同时送达发盘人，接受得以撤回。”这就是说，撤回的通知只要与接受的通知同时，或先于接受的通知到达发盘人，就可以将接受撤回。

接受不存在撤销问题，因为接受通知一经到达发盘人即生效，合同即告成立。当事人如果反悔，撤销合同，就会构成违约行为，要为此承担法律责任。需要指出的是，在当前信息技术非常发达和各国普遍采用现代化通信的条件下，当发现发出的接受存在问题而想撤回或修改时往往已经来不及了，因此为了防止差错以及避免不必要的损失，在实际业务中应当审慎行事。

二、国际货物买卖合同的签订

（一）国际货物买卖合同的含义

国际货物买卖合同（contract for the international sale of goods），亦称**国际货物销售合同**，按照《公约》的规定，是指营业地处于不同国家或地区的当事人所订立的货物买卖契约。货物买卖合同是指卖方为了取得货款而把货物的所有权移交给买方的一种双务合同。所谓“双务”（bilateral）是指合同双方当事人相互承担义务，同时，双方相互享有权利，一方所承担的义务正是另一方所享有的权利。在这种合同中，卖方的基本义务是交出货物的所有权，买方的基本义务是支付货款。这是货物买卖合同区别于其他合同的一个主要特点。国际货物买卖合同的订立同其他合同一样，是双方当事人意思表示一致的结果。

（二）合同有效成立的条件

交易一方的发盘一经对方有效接受，合同即告成立。但合同是否具有法律效力，还要视其是否具备了一定的条件。根据各国合同法规定，一项合同，除买卖双方就交易条件通过发盘和接受达成协议外，还需具备下述有效条件才算是一项有法律约束力的合同。

1. 当事人必须在自愿和真实的基础上达成协议

各国法律都承认“契约自由”和“意思自主”是合同法的基本原则。合同的签订必须是在双方当事人自愿基础上进行的。如果一方采取强制、威胁、暴力、诈骗手段，迫使对方订立的合同在法律上是无效的。此外，当事人之间必须达成协议，这种协议是通过要约与承诺达成的一项合同，是当事人之间意思表示一致的结果。各国法律都认为，意思表示一致必须由双方当事人就同一标的交换各自的意思，从而达成一致的协议。如果一方当事人向对方提出一项要约，而对方对该项要约表示承诺，在双方当事人之间就达成了一项具有法律约束力的合同。

2．买卖双方当事人必须具有订约的行为能力

签订买卖合同的当事人，无论是自然人还是法人，都必须具有完全的民事行为能力。按照各国法律的一般规定，自然人签订合同时，必须是精神正常的成年人才具有行为能力，而未成年人或精神病人订立合同必须受到限制。关于法人签订合同的行为能力，各国法律一般认为，法人必须通过其授权的代理人，在法人的经营范围之内签订合同，而且其活动范围不得超过公司章程的规定，否则属于越权行为，合同不能发生法律效力。根据我国法律规定，除对未成年人、精神病人签订合同的能力加以限制外，对某些合同的签约主体还做了一定的限定。如规定只有取得对外贸易经营权的企业或其他经济组织才能签订国际货物买卖合同，没有该项经营权的企业如若要签订国际货物买卖合同，必须委托有该项权益的企业来代理签约。

3．合同必须有对价和合法的约因

有些国家法律要求，一项在法律上有效的合同，除了当事人之间意思表示一致以外，还必须具备另一项要素。这个要素，英美法称为“对价”（consideration），法国法称为“约因”（cause）。按照这些相关法律的规定，合同只有在有“对价”或“约因”的情况下，才是法律上有效的合同；无“对价”或“约因”的合同不受法律保护，是没有强制执行力的。

4．合同的标的和内容必须合法

合同的标的和内容必须合法，这是几乎所有国家法律对合约订立的基本要求。这一要求不仅仅是指合同的内容，包括合同中约定的当事人的权利、义务即标的本身不能违反国家法律强制性规定，也是指合同的标的和内容不得违反公共政策或公共秩序，损害社会公共利益，善良风俗；同时合同的内容应当遵循公平原则。我国《中华人民共和国合同法》（以下简称《合同法》）第52条明确规定，损害国家、集体或者第三人利益；以合法形式掩盖非法目的；损害社会公共利益；违反法律、行政法规的强制性规定的合同无效。但是，合同中违反我国的法律或社会公共利益的条款，如经当事人协商同意予以取消或改正后，则不影响合同的效力。

5．合同的形式必须符合法律规定的形式

合同的形式是指订立合同的当事人达成的协议的表现形式。各国法律对合同成立的形式要求不同。如有些国家从便利商业交往的角度出发，规定买卖合同可以以任何方式订立，无论是以口头方式、书面方式或以行动来表示均无不可，听凭当事人自愿。有些国家从维护合同的严肃性出发，规定某些合同特别是超过一定金额的买卖合同必须采用书面的方式订立。《公约》对国际货物买卖合同的形式原则上不加以限制，无论采用书面形式还是口头形式，均不影响合同的效力。我国合同法虽然允许合同的订立可采用口头形式和其他形式，但我国通常认为涉外经济合同是重要的合同，原则上应当采用书面的形式。因此我国在1986年12月11日核准《联合国国际货物销售合同公约》时，对公约的该项规定提出了保留，即订立、更改或终止国际货物买卖合同必须采用书面形式，书面形式可以包括信件、电报和电传。

（三）书面合同的形式

在国际贸易中，书面合同的格式和名称，不尽相同，形式很多，均无特定的限制。一般常用的有销售合同、购货合同、成交确认书、协议、意向书、备忘录、订单等。我国对外贸易业务中，主要采用的书面合同是销售合同、销售确认书两种。

1．合同

合同（contract）的内容比较全面、完整，对于买卖双方的权利和义务以及发生争议后如何处理，均有较详细、明确的规定，因而在大宗商品或成交额较大的交易中，多普遍采用此种形式。

合同包括销售合同和购货合同。这两种合同的格式和主要内容基本一致，其中包括商品的品名、品质、数量、包装、价格、装运、保险、支付、商检、索赔、仲裁、不可抗力等条款。在我国对外贸易实践中，通常由我国企业印制固定的格式，一式两份，成交后，由买卖双方按双方约定的交易条件逐项填写，经双方签字，买卖双方各自保存一份。合同有正本和副本之分，合同副本与正本同时制作，无须签字，亦无法律效力，仅供交易双方内部留作参考，其份数可视双方需要而定。

2．成交确认书

成交确认书（confirmation）属于简式合同的一种，是买卖双方在通过交易磋商，达成交易后，由买卖双方加以确认的、列明达成交易条件的书面证明。确认书主要包括品名、规格、数量、价格、包装、装运、保险和付款方式等条款。虽然它所包括的条款较为简单，但与合同具有同等法律效力，对买卖双方均有约束力。

成交确认书分为销售确认书（sales confirmation）和购买确认书（purchase confirmation）。这两种确认书基本一致，当达成交易时，通常也由企业填制事先印就的、格式固定的确认书，一式两份，经双方签署后，各自保存一份，以备存查，并作为履行合同的依据。

3．协议

协议（agreement）在法律上是合同的同义词。只有协议对买卖双方的权利和义务做出明确、具体和肯定的规定，即使书面文件上被冠以“协议”或“协议书”的名称，一经双方签署确认，即与合同一样对买卖双方具有法律约束力。但是如果交易洽商的内容比较复杂，双方商定了一部分条件，还有一部分条件有待进一步洽商，在这种情况下，通常双方先签订一个“初步协议”（preliminary agreement）或“原则性协议”（agreement in general），同时在协议书中订明“本协议属初步协议，正式合同有待进一步洽商后签订”之类的说明，这种协议就不属于正式有效的合同性质。

4．意向书

在交易磋商尚未最后达成协议前，买卖双方为了达成某项交易，将共同争取实现的目标、设想和意愿，有时还包括初步商定的部分交易条件，以书面形式记录，作为今后进一步谈判的参考和依据。这种书面文件即称为“意向书”（letter of intent）。意向书只是双方当事人达成某项协议的意愿表示，不是法律文件，对当事人仅仅具有一定道义上的约束力。但根据意向书，有关当事人彼此负有道义上的责任，在进一步洽谈时，一般不应与意向书中所做的规定偏离太远。

5. 备忘录

备忘录（memorandum）是指进行交易洽商时用来记录洽商的内容，以备今后核查的文件。如果当事人双方把洽商的交易条件完整、明确、具体地记入备忘录，并经双方签字，那么这种备忘录的性质和作用与合同无异。如果双方洽商后，只是对某些事项达成一致或一定程度的理解或谅解，并记入备忘录，作为双方的初步协议，以及今后进一步合作的参考依据，并常常冠以“理解备忘录”或“谅解备忘录”（memorandum of understanding）的名称，则这种备忘录不具有法律约束力，只是对双方具有一定道义上的约束力。备忘录在我国外贸实际工作中较少使用。

6. 订单和委托订购单

订单（order）是指进口商或实际买家拟制的货物订购单。委托订购单（indent）是指由代理商或佣金商拟制的代客购买货物的订购单。在我国出口贸易实践中，交易达成后，有的客户往往发出订单，要求我方签署后退回一份。这种经洽商成交后发出的订单，实际上是国外客户的购买合同或购买确认书。对此，我方应仔细审阅其内容，看其中的条款与双方已商定的各项交易条件是否一致。如果内容一致或者虽有添加、更改之处，但情况并不严重且我方可以接受，则应按对方要求签署订单。如果发现添加、更改之处是我方所不能接受的，则必须及时向对方提出异议，以免对方误认为我方已默认其订单中所列条款，进而产生不必要的纠纷。此外，有些并未与我方进行过磋商的国外客户有时会径自寄来订单，对于这类订单，应根据其具体内容区别其为发盘还是发盘邀请，并及时予以答复。

（四）书面合同的内容

在进出口贸易中，书面合同的内容一般由下列三部分组成。

1. 约首

约首是指合同的序言部分，其中包括合同名称、编号、合同当事人名称和地址、订约时间与地点等。合同的订约地点往往要涉及合同准据法的问题，我国的出口合同的订约地点一般都写在我国。有的合同将“订约时间和地点”在约尾订明。除此之外，在合同序言部分常常写明双方订立合同的意愿和执行合同的保证。该序言对双方均具约束力。因此，在规定该序言时，应慎加考虑。

2. 本文

本文是合同的主体部分，具体列明各项交易的条件或条款，包括货物的名称、品质、数量、价格、包装、交货时间与地点、运输与保险、支付方式以及检验、索赔、不可抗力和仲裁等，这些条款体现了双方当事人的权利和义务，所以也叫权利义务部分，一般分为合同的主要条款和一般条款。

3. 约尾

约尾涉及合同的效力范围和有效条件等主要问题，所以又称为效力部分。一般列明合同适用的法律和惯例、合同的份数、使用的文字及其效力、生效的时间以及双方代表签字等内容。有的合同还根据需要缮制附件及其效力附在合同后面，作为合同不可分割的一部分。

（五）签订书面合同的意义

如前所述，买卖双方经过磋商，一方的发盘被另一方有效接受后，交易即达成，合同即告成立。成交后，另行签署一份合同或确认书不是合同有效成立的必备条件。但是，在国际贸易实践中，在双方当事人达成交易后，一般均签订一份具有一定格式的书面合同，以明确双方的权利和义务。因为签订书面合同具有重要的意义，主要表现在以下三个方面：

1．书面合同是合同成立的证据

根据法律要求，凡是合同必须能得到证明，提供证据，包括人证和物证。书面合同因有买卖双方的正式签订而为其有效成立提供了证据。某些被国家法律认可具有效力的口头合同，更需要用一定的书面形式加以确定，以成为口头合同有效成立的书面证据。作为合同有效成立的证据，书面合同在处理双方争议问题上的作用显得最为突出。当双方将其争议提交仲裁或诉讼时，书面合同可以作为仲裁庭或法官进行仲裁和做出判断的一个有力的证据。没有这种书面形式的证据，就难以得到法律的保护，即使是有理的一方，也会丧失其权益。

2．书面合同是合同生效的条件

在国际贸易实务中，有时合同的生效是以签订书面合同为条件的。如果买卖双方磋商时，一方要求以签订书面合同为准时，即使双方已对交易条件全部协商一致，在书面合同签订之前，合同不能生效。在此情况下，签订书面合同就是合同生效的条件。另外，有些国际的法律或行政法规规定，应当签订书面合同，或当事人约定签订书面合同的，都应当签订书面合同，否则，就是违法或违规的。有些国家的法律或行政法规规定，某些合同必须由政府主管部门批准，合同才能成立，例如“要式合同”。对于这类合同，仅由买卖双方予以书面签订还不够，要待政府主管部门批准后，才能成为有效合同。

3．书面合同是履行合同的依据

合同履行是一个十分复杂的过程，它涉及很多环节和部门，只有各方面都围绕同一个合同协同动作，才能有序、正确地履行合同。无论是口头还是书面达成的协议，如果没有一份包括各项交易条件或条款的合同，就会给合同的履行带来许多不便。所以，在实际业务中，签订书面合同或用书面形式加以确定的口头合同作为履行合同的依据，来规定双方各自应享受的权利和应承担的义务，是非常重要的。

第四节　国际贸易法律与惯例

国际贸易的当事人通常身处不同的国家或地区，而各国或地区的法律和制度不尽相同，国际贸易所适用的法律法规也有较大不同。概括起来，国际贸易适用的法律法规与惯例主要有三个方面：国际条约、国内法和国际贸易惯例等。

一、国际条约

1．国际条约的含义及特点

国际条约是指两个或两个以上的主权国家为确定彼此的政治、经济、贸易、文化、军事等方面的关系、权利和义务缔结的诸如公约、协定和议定书等各种协议的总称。

贸易条约与协定是两个或两个以上的主权国家，为了确定彼此间在经济贸易关系方面的权利和义务关系而缔结的书面协议。它是国际条约与协定的一种，是国家间经济贸易往来的法律文件形式和法律依据之一。

2．国际商事中的主要国际条约

（1）关于国际货物买卖的公约

1）《联合国国际货物销售合同公约》（维也纳，1980）

2）《国际货物买卖统一法公约》（海牙，1964）

3）《联合国国际货物买卖时效期限公约》（纽约，1974）

（2）关于国际货物运输的公约

1）《统一提单的若干法律规则的国际公约》（简称海牙规则，1924）

2）《有关修改统一提单的若干法律规则的国际公约的议定书》（简称维斯比规则，1968）

3）《联合国海上货物运输公约》（简称汉堡规则，1978）

4）《统一国际航空运输某些规则的公约》（简称华沙公约，1929）

5）《修改华沙公约议定书》（简称海牙议定书，1955）

6）《国际铁路货物联运协定》（简称国际货协，1951）

7）《关于铁路货物运输的国际公约》（简称国际货约，1961）

8）《联合国国际货物多式联运公约》（1980）

（3）关于国际支付的公约

1）《汇票、本票统一法公约》（日内瓦，1930）

2）《解决汇票本票法律冲突公约》（日内瓦，1930）

3）《统一支票法公约》（日内瓦，1931）

4）《解决支票法律冲突公约》（日内瓦，1933）

5）《联合国国际汇票国际本票公约》（日内瓦，1988）

（4）关于对外贸易管理的公约

《国际贸易组织协议》（马拉喀什，1994）

（5）关于贸易争端解决的公约

1）《关于承认和执行外国仲裁裁决的公约》（纽约，1958）

2）《关于争端解决规则和程序的谅解》（马拉喀什，1994）

（6）关于国际投资的公约

1）《解决一国与他国国民投资争议的公约》（简称华盛顿公约，1965）

2）《多边投资担保机构公约》（简称汉城公约，1985）

（7）关于知识产权的公约

1）《保护知识产权巴黎公约》（巴黎，1967）

2）《商标注册马德里公约》（马德里，1995）

3）《伯尔尼公约》（伯尔尼，1971）

4）《世界版权公约》（日内瓦，1971）

二、国内法

1．国内法的含义

国内法是指由某一国家制定或认可，并在本国主权管辖内生效的法律。从事国际贸易的当事人地处不同的国家或地区，具有不同的法律制度，因此订立合同时，经常会涉及适用何国法律作为争议处理依据的问题。

2．目前我国涉及有关国际贸易的主要国内法

（1）适用于国际贸易买卖的国内立法：《中华人民共和国合同法》（1999 年 3 月 15 日通过，1999 年 10 月 1 日生效）。

（2）适用于国际货物运输与保险的国内立法：

1）《中华人民共和国海商法》（1992 年 11 月 7 日通过，1993 年 7 月 1 日生效）。

2）《中华人民共和国保险法》。

（3）适用于国际货款收付的国内立法：《中华人民共和国票据法》（1995 年 5 月 10 日通过，1996 年 1 月 1 日生效）。

（4）适用于对外贸易管理的国内立法：《中华人民共和国对外贸易法》《中华人民共和国海关法》《中华人民共和国进出口商品检验法》等。

（5）适用于国际商事仲裁的国内立法：《中华人民共和国仲裁法》。

三、国际贸易惯例

1．国际贸易惯例的含义

国际贸易惯例（international trade practice）是指在国际贸易业务中，经过长期反复实践形成的，并经过国际组织加以解释和编纂的一些行为规范或习惯做法。《联合国国际货物销售合同公约》第 9 条对国际贸易惯例的解释为："在国际贸易上已经为有关特定贸易所涉同类合同的当事人所广泛知道并为他们所经常遵守。"

由此可以看出，国际贸易惯例一般应具备以下三个条件：

1）国际贸易惯例应是一定范围内的人们经长期反复实践而形成的某种商业方法或通例或行为规范。

2）国际贸易惯例的内容必须是明确肯定的，并被许多国家和地区所认可。

3）国际贸易惯例必须是在一定范围内众所周知的，从事该行业的人们认为是具有普遍约束力的。

2．国际贸易惯例的使用

国际贸易惯例是国际贸易法的渊源之一，在当前各国积极谋求国际贸易法律统一化的过程中，国际贸易惯例起着重要的作用，这种作用日益受到各国政府、贸易界和法律界的重视。许多国家在立法中明文规定了国际贸易惯例的效力，在国际立法中，特别是在《联合国国际货物销售合同公约》中，国际贸易惯例的效力也被充分肯定。《公约》明确规定：当事人在合同中没有排除适用的惯例，或双方采用和经常遵守的惯例，即使当事人未明确同意采用，也可作为当事人默示同意惯例，因而该惯例对双方当事人具有约束力。

但是国际贸易惯例与法律是有本质不同的。国际贸易惯例本身不是法律，虽然采用国际贸易惯例已成为国际范围内的一种趋势，但国际贸易惯例对贸易当事人不具有强制约束力，其使用是以当事人的意思自治为基础的。在国际贸易实践中运用国际贸易惯例，一般应遵循以下原则：

1）国际贸易惯例不能与有关的法律和社会公共利益相冲突，在运用时应对国际贸易惯例成

立的事实进行必要的审查。

2）国际贸易惯例不宜与合同明确规定的条款相冲突。

3）当事人未明确主张使用国际贸易惯例时，法官或仲裁员有权主动适用有关的国际贸易惯例。如果对于同一争议有几个不同的惯例存在，则应考虑适用与具体交易有密切联系的国际惯例。

3．常用的国际贸易惯例

（1）关于国际贸易术语

1）《1932 年华沙 - 牛津规则》（Warsaw-Oxford Rules）

2）《1990 年美国对外贸易定义修订本》（Revised American Foreign Trade Definition 1990）

3）《2010 年国际贸易术语解释通则》（International Rules for the Interpretation of Trade Terms，INCOTERMS）

（2）关于国际货款收付

1）《跟单信用证统一惯例》（2006 年修订本），国际商会第 600 号出版物（UCP600）

2）《托收统一规则》（1995 年修订本），国际商会第 522 号出版物（UCP522）

3）《国际保付代理惯例规则》（1994 年）

4）《见索即付保函统一规则》（1992 年）

（3）关于运输与保险

1）《伦敦保险协会保险条款》（2009 年）

2）《约克 - 安特卫普规则》（国际海事委员会）

（4）关于国际仲裁

《联合国国际贸易法委员会仲裁规则》

本章小结

进出口贸易是以国际货物买卖合同为中心进行的，其中，交易磋商是要达成国际货物买卖合同的第一步。交易磋商是以成立合同为目的的，一旦双方对各项交易条件协商一致，买卖合同即告成立。磋商是合同的根据，合同是磋商的结果。交易磋商可以通过口头或书面的形式进行，磋商的内容就是合同的条款。交易磋商的程序一般包括询盘、发盘、还盘和接受，其中发盘和接受是不可或缺的环节。买卖双方就各项交易条件达成协议后，并不意味着此项合同一定有效。国际货物买卖合同还需具备一定的有效条件，才是具有法律约束力的合同。在我国对外贸易业务中，主要采用的书面合同是销售合同和销售确认书两种。书面合同的内容一般由三部分组成：约首、本文和约尾，其中本文是合同的主体部分。签订书面合同具有重要的意义。

关键词

交易磋商　business negotiation

发盘　offer

还盘　counter-offer

接受　acceptance

实质性变更　material alteration

逾期接受　late acceptance

国际贸易惯例　international trade practice

思考题

一、单项选择题

1. 谈判中卖方主动发盘报价叫（ ）。

A. 报盘 B. 递盘 C. 还盘 D. 受盘

2. 在谈判中买方主动发盘报价叫（ ）。

A. 报盘 B. 还盘 C. 受盘 D. 递盘

3. 不可撤销的发盘叫做（ ）。

A. 询盘 B. 实盘 C. 虚盘 D. 递盘

4. 在进出口交易洽商的有关环节中，对一方当事人没有法律约束力的环节是（ ）。

A. 询盘 B. 发盘 C. 还盘 D. 接受

5. 一项发盘，经过还盘后，则该项发盘（ ）。

A. 失效 B. 对原发盘人有约束力

C. 仍然有效 D. 对还盘人有约束力

6. 根据《联合国国际货物销售合同公约》，合同成立的必要程序是（ ）。

A. 询盘、发盘、还盘和接受 B. 发盘、接受和签约

C. 询盘、发盘、还盘、接受和签约 D. 发盘和接受

7. 逾期接受按照《联合国国际货物销售合同公约》的解释，是（ ）。

A. 还盘 B. 应当视为一项新的发盘

C. 接受 D. 询盘

8.《联合国国际货物销售合同公约》对发盘内容“十分确定”的解释是（ ）。

A. 明确规定合同的有效期 B. 规定责任范围和解决争端的办法

C. 规定交货地点和时间 D. 明确货物、规定数量和价格

9. 我国对外贸易实践中所称的“虚盘”是对应于《联合国国际货物销售合同公约》中的（ ）。

A. 发盘 B. 还盘 C. 接受 D. 询盘

10. 下列哪个行为构成接受？（ ）

A. 你6日电接受，交货期改在本月底

B. 你6日电接受，100个单位包装另加托盘装运

C. 你6日电接受，请提供中国原产地证

D. 你6日电接受，另需100打同样条件

二、多项选择题

1. 根据《联合国国际货物销售合同公约》规定，受盘人对（ ）等内容提出添加或变更，均作为实质性变更发盘条件。

A. 价格 B. 付款 C. 品质 D. 数量

2. 根据《联合国国际货物销售合同公约》的规定，在国际货物买卖中，卖方的基本义务有（ ）。

A. 提交合格货物 B. 办理运输

C. 提交合格的单据 D. 转移货物的所有权

3. 交易磋商的程序包括有（ ）。
A. 询盘 B. 发盘 C. 还盘 D. 接受
4. 还盘在性质上属于（ ）。
A. 一项新的发盘 B. 对还盘人具有法律约束力
C. 对原发盘的拒绝 D. 对原发盘人具有约束力
5. 一项发盘在下列哪种情况下失效？（ ）
A. 被发盘人撤回或撤销 B. 被受盘人还盘
C. 被受盘人拒绝 D. 超过发盘规定的接受有效期
6. 书面合同签订的意义在于（ ）。
A. 当事人意思表示的基础 B. 合同生效的条件
C. 合同成立的证据 D. 当事人履行合同的基础

三、简答题

1. 发盘和接受的条件有哪些？
2. 如何区分一项答复是还盘还是接受？
3. 发盘在何种情况下失效？
4. 怎样处理逾期接受？
5. 怎样理解对原发盘的实质性更改和添加？
6. 书面合同有哪些形式？既然一项发盘经有效接受合同即宣告成立，为什么还要签订书面合同？

四、案例分析

1. A在2月17日用航空信寄出一份注有“不可撤销”字样的实盘给B，规定受盘人在2月25日前答复有效。但A又于当日下午用电报发出撤回通知，该通知于2月18日上午送达B处。B于2月19日才收到A航空邮寄来的实盘，由于考虑到发盘的价格对他有利，于是立即用电报向A发出接受通知。试问：合同成立否？
2. 上海B公司于10月20日收到香港A商行出售木材的发盘，发盘中列明各项必要条件，但未规定有效期。经研究后，B公司于22日上午11时整，向上海电报局交发对上述发盘表示接受的电报，该电报于22日下午1时整送达香港A商行。在此期间因木材价格上涨，香港A商行于22日9时15分向香港电报局交发电报，其电报如下：“由于木材价格上涨，我方10月20日电发盘撤销”，A商行的电报于22日11时20分送达B公司。试问：合同是否成立？
3. A向B发盘：“供应50台拖拉机，丰收牌，100匹马力，每台CIF香港6 500美元，订立合同后两个月装运，不可撤销即期信用证支付，请电复”。B在收到发盘后立即复电：“我方接受你方的发盘，订立合同后立即装船。”但A未作答复，试问上述情况下合同成立否？
4. 我出口企业于6月1日用电传向英商发盘销售某商品，限6月7日复到。6月2日收到英商来电：“如价格减5%可接受。”我方尚未对英商来电作答，由于该商品的国际市价剧涨，英商又于6月3日来电传表示：“无条件接受你方6月1日发盘，请电告合同号码。”试问：在此情况下，我方应如何处理？为什么？

5．我某外贸公司于3月1日向美商发去电传，发盘供应某农副产品1 000公吨并列明“牢固麻袋包装”。美商收到我方电传后立即复电表示：“接受，装新麻袋装运”。我方收到上述复电后，即着手备货，准备于双方约定的6月份装船。数周后，某农副产品国际市价猛跌，针对我方的催证电传，美商于3月20日来电称：“由于你方对新麻袋包装的要求未予确认，双方之间无合同。”而我外贸公司则坚持合同已有效成立，于是双方对此发生争执。试问：此案应如何处理？说明理由。

第二章

国际贸易术语

学习目标

◆ 掌握国际贸易术语的含义、性质与作用，了解有关贸易术语的国际惯例与规则

◆ 掌握《2010年国际贸易术语解释通则》中6种主要贸易术语的含义、特点及其应用，能够比较贸易术语的异同

◆ 掌握《2010年国际贸易术语解释通则》与《2000年国际贸易术语解释通则》的主要区别

◆ 了解其他国际贸易术语的含义

案例导入

森德国际贸易公司与南非NEO公司通过磋商，确定达成交易，森德公司向NEO公司出口碎片蘑菇罐头（CANNED MUSHROOMS PIECES & STEMS）1 800箱，并签订正式的买卖合同。关于合同中的价格条款，NEO公司希望森德公司报FOB价，由该公司派船、办理保险，以便控制船期和保险等事宜。但森德公司提出，按照该商品的贸易惯例，一般都以CIF价成交。经协商后，NEO公司接受了森德公司的报价。合同中的价格条款确定为：USD9.8/CARTON CIF CAPE TOWN。

国际货物买卖合同与国内买卖合同不同，在价格条款中，需要通过确定的贸易术语规定交易双方各自应承担的义务。卖方的主要义务是提交合格的货物和单据，买方的对等义务是收取货物和支付货款。通过贸易术语，还可以明确交易双方在货物交接过程中，有关风险、责任和费用的划分，这不仅关系到商品价格的确定，更关系到合同履行中一旦发生争议，如何确定违约事件和责任的归属。因此，学习和掌握国际贸易中现行的各种贸易术语及有关国际惯例，对于国际贸易合同的履行，明确当事人基本义务和合理规定价格，以及避免或减少不必要的贸易争端，具有十分重要的意义。

第一节　国际贸易术语概述

一、国际贸易术语的含义

贸易术语（trade terms），又称**贸易条件**、**价格术语**（price terms），是在长期的国际贸易实践中产生的，以英文缩写来表明商品的价格构成，说明货物交接过程中有关的买卖双方的风险、责任和费用划分问题的专门用语。贸易术语规定了国际贸易中买卖双方在多个重要环节中各自承担的责任和义务，主要涉及四个方面的问题：

第一，卖方的交货地点；

第二，货物发生损坏或灭失的风险转移的时间和地点；

第三，由谁办理有关的运输、保险及通关手续，并支付相关的费用；

第四，买卖双方各有怎样的交单责任。

国际贸易的买卖双方在规定合同的价格条款时使用贸易术语，既可节省交易时间和费用，又可简化交易磋商和买卖合同的内容，大大提高了经济效益，促进了交易的达成和贸易的发展。

二、有关贸易术语的贸易惯例

早在19世纪初，贸易术语就已开始被运用到国际贸易中。但是，最初国际上对各种贸易术语并无统一的解释。为了消除分歧，促进国际贸易的发展，国际上的某些商业团体、学术机构试图统一对贸易术语的解释，并陆续出现了一些有关贸易术语的解释和规则。这些解释和规则为较多的国家或贸易团体所熟悉、承认和采用，就成为有关贸易术语的国际贸易惯例。目前，国际上有关贸易术语的国际贸易惯例主要有以下三种。

（一）《1932年华沙－牛津规则》

该惯例由国际法协会于1928年在波兰首都华沙制定，共有22条规则。后于1932年在英国牛津修订为21条，定名为《1932年华沙－牛津规则》（Warsaw-Oxford Rules 1932，简称W. O. Rules 1932）。这一规则对于CIF合同的性质、买卖双方的权利和义务的划分及所有权的转移方式等问题都做了比较详尽的解释，至今仍有较大权威性。它对CIF贸易术语确定的性质，被后来的国际商会制定的国际贸易术语解释通则所采用。

（二）《1990年美国对外贸易定义修订本》

该惯例最早于1919年在纽约由美国9个商业团体联合制定，原称《美国出口报价及其缩写条例》。后来在1941年美国第27届对外贸易会议上做了修订，并更名为《1941年美国对外贸易定义修订本》（Revised American Foreign Trade Definition 1941）。1990年又加以修订，改称《1990年美国对外贸易定义修订本》（Revised American Foreign Trade Definition 1990）。其共对6种贸易术语做了解释，分别是Ex（Point of Origin）、FOB、FAS、C&F、CIF和Ex Dock（named port of importation）。而其中FOB又分为六种情况（见表2-1）。

表2-1 《1990年美国对外贸易定义修订本》中的贸易术语

贸易术语	英文全称	中文名称
EXW	Ex Works（named place）	工厂交货，指定起运地点
FOB	Free On Board（named inland carrier at named inland point of departure）	指定国起运地点的指定国内运输工具上交货
	Free On Board（named inland carrier at named inland point of departure）Freight Prepaid to（named point of exportation）	指定国内起运地点的指定运输工具上交货，运费预付至指定出口地点

（续）

贸易术语	英文全称	中文名称
FOB	Free On Board（named inland carrier at named inland point of departure）Freight Allowed to（named point）	指定国内起运地点的指定运输工具上交货，扣除至指定地点运费
	Free On Board（named inland carrier at named point of exportation）	指定出口地点的指定国内运输工具上交货
	Free On Board Vessel（named port of shipment）	指定装货港船上交货
	Free On Board（named inland point in country of importation）	进口国指定国内地点运输工具上交货
FAS	Free Along Side Vessel（named port of shipment）	指定装货港船边交货
CFR	Cost and Freight（named point of destination）	成本加运费，指定目的地
CIF	Cost, Insurance and Freight（named point of destination）	成本加保险费、运费，指定目的地
DEQ	Delivered Ex Quay（Duty Paid）	目的港码头交货，关税已付

本规则在北美大陆有较大影响，虽然美国贸易界已同意使用《国际贸易术语解释通则》，以实现贸易术语解释的国际性和统一化，但事实上部分美国贸易商仍继续使用修订本。由于它对贸易术语的解释，特别是对FOB术语的解释与《国际贸易术语解释通则》有所不同，所以在同该区域客户进行贸易时应特别注意，避免由于两大惯例文本的差异，造成不必要的误会甚至纠纷。

（三）《国际贸易术语解释通则》

《国际贸易术语解释通则》（International Rules for the Interpretation of Trade Terms, INCOTERMS®）是一套国际商会关于国内外贸易术语使用的通则，旨在便利全球贸易活动。自1936年国际商会创立国际贸易术语解释通则以来，其分别于1953年、1967年、1976年、1980年、1990年、2000年和2007年对通则进行了多次修订和完善。现行的版本是《2010年国际贸易术语解释通则》（以下简称《2010年通则》），是国际商会第715号出版物（INCOTERMS®2010，ICC Publication 715），于2011年1月1日起生效。

《2010年通则》中，对买卖双方义务的描述仍采用“A卖方义务，B买方义务”的方式对应编排，对买卖双方分列了10项义务（见表2-2）。

表2-2 《2010年通则》对买卖双方责任的规范

A（卖方义务）	B（买方义务）
A1 卖方一般义务	B1 买方一般义务
A2 许可证、授权、安检通关和其他手续	B2 许可证、授权、安检通关和其他手续
A3 运输合同与保险合同	B3 运输合同与保险合同
A4 交货	B4 收取货物
A5 风险转移	B5 风险转移
A6 费用划分	B6 费用划分
A7 通知买方	B7 通知卖方
A8 交货凭证	B8 交货证据
A9 查对—包装—标记	B9 货物检验
A10 协助提供信息及相关费用	B10 协助提供信息及相关费用

《2010年通则》解释了11种贸易术语，并将其分为两大类：适用于任何运输方式或多种运输方式的术语和适用于海运及内河水运的术语，如表2-3所示。

表 2-3 《2010 年通则》的 11 种贸易术语

组 别	贸易术语	中文含义	适用的运输方式
第一类	EXW Ex Works FCA Free Carrier CPT Carriage Paid To CIP Carriage and Insurance Paid To DAP Delivered at Place DAT Delivered at Terminal DDP Delivered Duty Paid	工厂交货 货交承运人 运费付至 运费、保险费付至 目的地交货 目的地或目的港的集散站交货 完税后交货	任何运输方式或多种运输方式
第二类	FAS Free Alongside Ship FOB Free On Board CFR Cost and Freight CIF Cost Insurance and Freight	船边交货 装运港船上交货 成本加运费 成本、保险费加运费	海运及内河水运

第一类中的七个贸易术语，不论选用何种运输方式，也不论是否使用一种或多种运输方式，均可适用，甚至也适用于没有海上运输的情形。但是，这些术语也能够用于当船舶只作为运输的一部分的情形，只要卖方交货点，或者货物运至买方的地点，或者两者兼备，在装船之前。

第二类术语，交货地点和将货物交至买方的地点都是在港口，因此被划分为“适于海运及内河水运的术语”。在 FOB、CFR 和 CIF 三个术语中，省略了以船舷作为交货点的表述，取而代之的是货物置于“船上”时构成交货，这样的规定更符合当今商业现实，且能避免那种已经过时的风险在一条假想垂直线上摇摆不定的情形出现。

三、《2010年通则》的主要特点

《2010 年通则》考虑了无关税区的不断扩大、商业交易中电子信息使用的增加，货物运输中对安全问题的进一步关注以及运输方式的变化。《2010 年通则》更新并整合了与“交货”相关的规则，将术语总数减至 11 条，并对所有规则做出更加简洁、明确的陈述。

（一）新增了 2 个术语，删除了 4 个术语

与《2000 年通则》相比，删除了《2000 年通则》中四个 D 组贸易术语，即 DDU、DAF、DES、DEQ，只保留了 D 组中的 DDP，另外新增了两个 D 组贸易术语，即 DAT 与 DAP。这两个新增术语中，交货地点都在指定地。

DAT（Delivered at Terminal）可以用于任何运输方式和多式联运，DAT 是指当货物运输到某一港口被卸货后，卖方根据买方的指示将货物运输到某一港口集散站或某一目的地。在 DAT 的条件下，卖方有出口清关的义务，没有进口清关的义务。通常认为，在集装箱运输，并且在目的地货物卸载后被装入集装箱堆场的情况下，DAT 要比 DEQ 更加合适。以前没有一个贸易术语能够较好地解决在买方所在地的集装箱问题。

DAP（Delivered at Place）代替了 DAF、DES 和 DDU，在 DAP 条件下，货物被卖方交付到买方指定的目的地。卖方承担货物运送到指定目的地的所有风险。

（二）《2010 年通则》将贸易术语分为两大类

根据运输方式的不同，《2010 年通则》把 11 种贸易术语分为两类：第一类包括适用于任何运输方式或多式运输的 7 种贸易术语，即 EXW、FCA、CPT、CIP、DAP、DDP 和 DAT 贸易术语。

这些术语可以用于没有海洋运输的情形，也可用于船只作为运输的一部分的情形，只要卖方交货点，或者货物运至买方的地点，或者两者兼备，在装船之前。

第二类包括了只适用于海运和内河水运的 4 种贸易术语，即 FAS、FOB、CFR 和 CIF。这类术语的交货地点和将货物交至买方的地点都是港口。其中 FOB、CFR 和 CIF 术语中省略了以船舷作为交货点的表述，取而代之的是货物置于“船上”时构成交货。这样的规定更符合商业现实，且能避免已经过时的风险在一条假想的垂直线上摇摆不定的情形。

（三）《2010 年通则》中的贸易术语对国际和国内货物买卖合同均可适用

《2010 年通则》正式认可所有贸易规则既可以适用于国内交易也可以适用于国际交易。所以，《2010 年通则》在一些地方明确规定，只有在适当的时候，才有义务遵从进口或者出口的手续。传统的 INCOTERMS 规则只在国际销售合同中运用，此种交易货物运输都需跨越国界。这一规定使得《2010 年通则》更加广泛地应用于各类贸易中，企业脱离了以前在国内贸易中引用 INCOTERMS 条款名不正言不顺的窘境。

（四）增加了“使用说明”

每一种《2010 年通则》中的术语在其条款前都有一个使用说明（guidance note）。使用说明解释了每个术语的要点，如该术语何时适用，风险何时转移和买卖双方如何分摊费用。这些使用说明不是术语正式规则的一部分，但是它们是用来帮助和引导使用者准确有效地为特定交易选择合适的术语。

（五）赋予电子通信方式完全等同的功效

《2000 年通则》已经确定了可以被电子数据交换信息替代的文件。然而《2010 年通则》中 A1/B1 赋予电子通信方式和纸质通信相同的效果，只要缔约双方同意或存在国际惯例。这一规定，有利于促进《2010 年通则》中新的电子程序的演进。

（六）充分考虑了保险条款的变动

新规则考虑了 2009 年修订的《伦敦保险协会货物保险条款》，《2010 年通则》新包含了很多关于买卖双方如何分配报关与协助报关责任的条款。卖方和买方分别要帮助对方提供包括与安全有关的信息和单据，并向受助方索偿因此而发生的费用。

（七）安检通关及其通关所需信息

如今人们对货物在转移过程中的安全问题日益关注，因而要求检定货物，不会因为除其自身属性外的原因而造成对生命财产的威胁。因此，《2010 年通则》在各术语的 A2/B2 和 A10/B10 条款中，明确了买卖各方间完成或协助完成安检通关的义务，比如产销监管链信息。

（八）明确了码头作业费的分摊

在《2000 年通则》的条件下（比如 CIF 和 CFR），买方有可能遇到对于同样的服务重复支付费用的情形。卖方通常会将运费考虑进价格，然而，在目的港或集装箱目的地，买方有时会被承运人索要货物地面操作费。《2010 年通则》为了避免上述重复支付的问题，清楚地分派了费用的支付规则。

（九）关于连环贸易的补充

与特定产品的销售不同，在商品销售中，货物可能在一笔连环贸易（string sales）下的运输期间被多次买卖，由于连环贸易中货物由第一个卖方运输，作为中间环节的卖方就无须装运货物。因此，处在销售链中端的卖方不是以运送货物的方式，而是以获得（procure）货物的方式，履行其对买方的义务。着眼于贸易术语在连环贸易模式下的应用，《2010年通则》的相关术语中包括了“获得运输中货物”的义务，并以其作为在相关术语中运输货物义务的替代义务。

（十）术语的使用解释

《2010年通则》为了便利使用者，对几个专用词在本通则中的特定含义做出指导性说明。

承运人：在《2010年通则》术语中，承运人是签约承担运输责任的一方。

海关手续：指为遵守任何适用的海关规定所需满足的要求，并可包括各类文件、安全、信息或实物检验的义务。

交货：在贸易法律与实务中，此概念有多种含义。但在《2010年通则》术语中，其所指的是货物灭失与损坏的风险从卖方转移至买方的点。

交货凭证：此词现为A8的标题。它是指证明已交货的凭证。在《2010年通则》许多术语中，交货凭证是运输凭证或对应的电子记录。但是，在使用EXW、FCA、FAS和FOB时，交货凭证可能仅仅是一张收据。交货凭证也会有其他作用，比如作为支付安排的构成部分。

电子记录或程序：由一条或多条电子信息组成的整套信息，同时如适用时与对应的纸质凭证具有同等效力。

包装：此词可用于不同目的。

（1）为满足买卖合同的要求对货物进行包装。

（2）为适应运输需要对货物进行包装。

（3）在集装箱或其他运载工具中装载包装好的货物。

在《2010年通则》术语中，包装所指的是以上第一种和第二种情况。《2010年通则》中的术语不涉及各方在集装箱内的装载义务，因此，如需要的话，各方应在买卖合同中做出约定。

专栏2-1　国际贸易术语的产生与发展㊀

中世纪时期的海外贸易，一般都是商人自己将货物运往国外销售，或亲自到海外采购货物，运回国内销售，因此货主承担了全部的风险、责任和费用。随着国际贸易的发展，到19世纪初，出现了装运港船上交货的FOB术语。在当时，FOB仅规定了由买方租船接货，卖方将货物交至买方租定的船上，买方当场验货，货物与样品相符就立即支付货款。19世纪中叶，随着保险公司的成立和银行参与贸易结算，以CIF为代表的单据买卖方式逐渐成为国际贸易中常用的贸易做法。

但在国际贸易活动中，由于双方当事人往往处于不同的国度，而各个国家之间的贸易习惯又有所不同，这就容易引发误解、争议和诉讼，从而导致时间和金钱的大量浪费。为解决这些问题，便于商人们交易，就需要编订一个统一的贸易术语解释出版物。有鉴于此，国际商会于1921年在伦敦举行的一次会议上授权“贸易术语委员会”搜集各国所理解的贸易术语的摘要，

㊀ 根据高等教育出版社2011年出版的冷柏军的《国际贸易实务》（第2版）整理。

并通过广泛征求出口商、进口商、代理人、船东、保险公司和银行等各方面的意见，来寻求一个各方均适用的贸易术语解释。摘要的第1版于1923年出版，内容涉及FOB、FAS、FOT或FOR、Free Delivered、CIF以及C&F 6种贸易术语；摘要的第2版于1929年出版，其摘录并整理了35个国家对上述6种术语的解释，内容经整理得到进一步完善；随后又经过几年的磋商和研讨，国际商会最终于1936年6月在理事会会议上通过了具有历史性意义的《1936年国际贸易术语解释通则》（International Rules for the Interpretation of Trade Terms，INCOTERMS 1936），简称《1936年通则》，为国际贸易的发展做出了里程碑式的贡献。此后，为适应不断变化的贸易形势，国际商会又分别于1953年、1967年、1976年和1980年、1990年、2000年、2007年对《国际贸易术语解释通则》进行了多次重大修改和修订。

20世纪50年代末期，针对西欧与东欧国家和苏联以及东欧国家与苏联之间盛行边境交货及进口国目的地交货的贸易实务，国际商会于1967年补充了边境交货（DAF）和完税后交货（DDP）两种贸易术语。

随着集装箱运输方式的发展，多式联运应运而生，门到门的交货方式已逐渐被世界各地广泛采用。为配合此种国际贸易的需要，国际商会于1980年增订了货交承运人（FCA）术语，其目的是适应在海上运输中经常出现的情况，即交货点不再是传统的FOB点（货物越过船舷），而是在货物装船之前运到陆地上的某一点，在那里将货物装入集装箱，以便经过海运或其他运输方式（即多式联运）继续运输。

20世纪90年代开始，电子资料交换系统在国际贸易中被日益频繁应用，越来越多的交易通过电子计算机通信网络来处理。以电子单证代替纸质单证成为全球贸易的潮流，因此，1990年修订的《国际贸易术语解释通则》中明确规定在卖方必须提供商业发票或合同可能要求的其他单证时，可提供“相等电子单证”，以替代纸质单据。

1999年，为使贸易术语更进一步适应全球无关税区的发展、交易中使用电子信息的增多以及运输方式的变化，国际商会再次对《国际贸易术语解释通则》进行修订，并于2000年1月1日起生效。

2010年9月国际商会完成了《2010年通则》的修订，并于2011年1月1日发布生效。新版本充分考虑到近十年贸易领域出现的新变化，内容更清晰简洁，操作性和指导性进一步加强，更符合当前贸易实务的需要。

第二节　六种主要国际贸易术语

在国际贸易中，FOB、CFR、CIF、FCA、CPT和CIP是实践中使用较多的贸易术语。熟悉并掌握这6种贸易术语的含义、买卖双方分别应承担的义务与费用，以及使用中应该注意的问题，非常重要。根据使用的运输方式，这6种贸易术语分为仅适用于水上运输方式（FOB、CFR、CIF）和适用于多种运输方式（FCA、CPT、CIP）两大类。

一、FOB

FREE ON BOARD（…named port of shipment）——装运港船上交货（……指定装运港）是指卖方以在指定装运港将货物装上买方指定的船舶，或取得已如此交付的货物，卖方完成交货。货物灭失或损坏的风险在货物交到船上时转移，同时买方承担自该时起的一切费用。FOB术语要求卖方办理货物出口清关，该术语仅适用于海运或内河水运。

（一）买卖双方的主要义务

根据《2010年通则》，FOB术语下买卖双方的义务如下：

1. 卖方的主要义务

（1）货物交付。负责在合同规定的日期或期限内，在指定装运港，将符合合同规定的货物按港口习惯方式交到买方指派的船上，并给予买方充分的通知。

（2）办理通关。负责取得出口许可证或其他核准书，并办理货物出口所需的一切海关手续。

（3）风险转移。承担货物装上船为止的一切风险。

（4）费用负担。承担交货前一切成本和所涉及的各项费用，包括办理货物出口所应交纳的关税和其他通关费。

（5）单据提供。负责提交商业发票、官方及其他正式出口文件、证明货物已交至船上的通常单据或协助买方取得运送单据、协助买方取得进口及过境他国的相关文件。如果买卖双方约定采用电子通信，则所有单据均可被具有同等效力的电子数据交换信息（EDI message）所替代。

2. 买方的主要义务

（1）负责按合同规定支付价款。

（2）负责租船或订舱，支付运费，并给予卖方关于船名、装船地点和要求交货时间的充分通知，如果没有依规定发出通知或所指定船未能准时抵达或承载货物，一切损失及费用均由买方负责。

（3）自负风险和费用，取得进口许可证或其他核准书，并办理货物进口以及必要时经由另一国过境运输的一切海关手续。

（4）负责货物在装运港交至买方指定船上后的一切风险及费用。

（5）收取卖方按合同规定交付的货物，接受与合同相符的单据。

（二）使用FOB术语应注意的问题

1. FOB术语的性质

FOB合同属“装运合同”。在FOB术语下，卖方在装运港将货物装上船，即完成了交货义务。装运合同与到达合同是完全不同的。所谓“装运合同”，就是只管按时装运，不管货物何时到达；而“到达合同”，则是既要按时装运，又要按时到达。

FOB还是一种典型的象征性交货。所谓象征性交货是卖方只要按期在约定地点完成装运，并向买方提交合同规定的，包括物权凭证在内的有关单据，就算完成了交货义务，而无须保证到货。可见，在象征性交货方式下，卖方是凭单交货，买方是凭单付款。只要卖方如期向买方提交了合同规定的全套合格单据，即使货物在运输途中损坏或灭失，买方也必须履行付款义务。反之，如果卖方提交的单据不符合要求，即使货物完好无损地运达目的港，买方仍有权拒收单据并拒付货款。FOB合同的卖方可通过向买方提交货运单据（主要包括提单和商业发票）来完成其交货义务。卖方提交单据，可推定为交付货物，而买方则必须凭符合合同要求的货运单据支付价款。但是，必须指出，按FOB术语成交，卖方履行其交单义务，只是得到买方付款的前提条件，除此之外，还必须履行交货义务。如果卖方提交的货物不符合要求，买方即使已经付款，仍然可以根据合同的规定向卖方提出索赔。

2．“装上船”的要求和风险转移

按 INCOTERMS，各种贸易术语都有其特定的“交货点”（point of delivery），亦即“风险划分点”（point for division of risk，以下简称“风险点”）。《2010 年通则》规定，FOB 合同的卖方必须在装运港将货物交至船上（deliver on board the vessel）或“装上船”（load on the vessel）。当货物装上船时，风险转移，卖方完成交货。由此可见，FOB 术语的交货点（风险点）为装运港船上。《2010 年通则》取消了“船舷”的概念，卖方承担货物装上船为止的一切风险，买方承担货物自装运港上船后的一切风险。

FOB 术语除了有交货点 / 风险点外，还有“费用划分点”（point for division of costs）。FOB 的费用划分点与交货点是相重合的（coincide），都是在装运港船上。FOB 卖方负担一切费用到货物交至船上为止，货物装上船后，由买方负担一切费用。在实际业务中，FOB 术语下买卖双方的费用划分往往按运费的结构、港口习惯或买卖双方的约定做必要的调整，而不严格以装上船为界。

3．关于船货衔接问题

在 FOB 合同中，买方必须负责租船或订舱，并将船名和装船时间及时通知卖方，而卖方必须负责在合同规定的装船期和装运港，将货物装上买方指定的船只。所以这就存在着船货衔接问题。买方在合同规定的期限内安排船只到合同指定的装运港接受装货。如果船只按时到达装运港，而卖方因货未备妥而未能及时装运，则卖方应承担由此产生的空舱费（dead freight）或滞期费（demurrage）。反之，如果买方延时派船，使卖方不能在合同规定的装运期内将货物装船，则由此而引起的卖方仓储、保险等费用支出的增加，以及因迟收货款而造成的利息损失，均需由买方负责。因此，在 FOB 合同中，买卖双方对船货衔接事项，除了在合同中应做明确规定外，在订约后，必须加强联系，密切配合，防止船货脱节。

在按 FOB 术语订约的情况下，如成交货物的数量不大，只需部分舱位而用班轮运输时，卖方往往按照买卖双方之间明示或默示的协议，代买方办理各项装运手续，包括以卖方自己的名义订舱和取得提单。除非另有协议或根据行业习惯，买方应负责偿付卖方由于代办上述手续而产生的任何费用，诸如货运商和装船代理的装船手续费；其订不到舱位的风险也由买方负担。

4．装货费用的负担

在装运港的装货费用除装船费外，还有理舱费和平舱费。在 FOB 合同中，如果买方用班轮装运货物，买方支付班轮运费，由于班轮运费包括装货费用和卸货费用，上述装卸费用均由买方承担。但是，在大宗货物需用租船装运时，买卖双方对装货费用由何方负担应进行协商，并在合同中用文字做出明确规定，也可在 FOB 术语后加列字句或缩写，形成 FOB 术语的变形来表示。常用的 FOB 术语变形有：

（1）FOB 班轮条件（FOB liner terms）：指装船费用按照班轮的做法来办理，由支付运费的一方（即买方）负担。

（2）FOB 吊钩下交货（FOB under tackle）：指卖方将货物交到买方指定船只的吊钩所及之处，即吊装入舱以及其他各项费用概由买方负担。

（3）FOB 理舱费在内（FOB stowed）：指卖方负责将货物装入船舱，并支付包括理舱费在内的装货费用。

（4）FOB 平舱费在内（FOB trimmed）：指卖方负责将货物装入船舱，并支付包括平舱费在内的装船费用。

需要注意的是，上述 FOB 的变形只是为了表明装船费用由谁负担问题而产生的，它们并不改变 FOB 的交货地点以及风险划分的界限。

5.《1990 年美国对外贸易定义修订本》对 FOB 的不同解释

《1990 年美国对外贸易定义修订本》将 FOB 术语分为 6 种，其中只有 FOB Vessel（named port of shipment）（指定装运港船上交货）与《2010 年通则》中的 FOB 术语相近。但是在办理出口手续问题上也存在分歧。按《1990 年美国对外贸易定义修订本》规定，只有在买方提出请求，并由买方负担费用的情况下，FOB Vessel 的卖方才有义务协助买方取得由出口国签发的、为货物出口或在目的地进口所需的各种证件，并且出口税和其他税捐费用也需由买方负担。这些规定与《2010 年通则》FOB 术语关于卖方负责取得出口许可证，并负担一切出口税捐及费用的规定，有很大不同。对于这些差异，我国外贸企业在与北美国家的出口商按 FOB 术语成交时应特别注意，最好在合同中具体订明，避免因解释不同而引起争议。

FOB术语下买方违约延迟派船[1]

【案例介绍】

中国 A 公司与非洲 B 公司签订了出口小麦的 FOB 术语合同。合同规定分四批交货。合同中的装运条款规定："买方接货船只必须于装船前 8 日内到达装运港口，否则，由此引起的卖方的任何损失和费用由买方承担。"同时还规定："买方必须于船只到达港口前 5 天将船名和估计到达装运港的时间以电信方式通知卖方。"在合同的执行过程当中，前三批均按合同顺利执行，但最后一批，买方迟迟不派船，A 公司反复催促。B 公司回电称船源紧张，租不到船只，要求推迟 2 个月交货。A 公司立即复电指出："按照合同规定，B 公司必须派船接运，如确有困难，我方可例外同意你方延期装运，但 B 公司应当赔偿合计达 20 万美元。"此后 A 公司和 B 公司展开了讨价还价，将赔偿金额降到了 15 万元，B 公司得以缓期 2 个月派船。

【案例分析】

采用 FOB 术语订合同，按时派船接货是买方的义务。《2010 年通则》规定："买方应自付费用订立从指定装运港接货的合同。"同时还规定："买方应给予卖方关于船名、装货和所要求交货时间的充分的通知。"如果买方指定的船只未能按时到达，或未能接受货物，或比规定时间提前停止装货，则自规定的交付货物的约定日期或期限届满之日起，承担货物灭失和损坏的一切风险。

事后得知，合同标的小麦在最后一批的执行期间，国际市场小麦的价格大幅下跌，B 公司小麦的销路受到巨大影响，因而试图取消最后一批小麦的交货，于是采取拖延战术，试图使 A 公司自行提出取消合同，但 A 公司正确地坚持自己的利益，采取得当的措施，有理有据地运用 FOB 术语，使得 B 公司的预谋失败，并得到了合理的赔偿。

二、CIF

Cost, Insurance and Freight（…named port of destination）——成本、保险费加运费（……指定

[1] 秦超，陈颖．国际贸易实务 [M]. 北京：高等教育出版社，2011.

目的港）是指卖方将货物交至船上，或取得已如此交付的货物，完成交货。卖方必须支付将货物运至指定目的港所必需的费用和运费，但交货后货物灭失或损坏的风险，以及由于发生事件而引起的任何额外费用，自卖方转移至买方。然而，在 CIF 术语中卖方还必须为货物在运输中货物灭失或损坏的买方风险取得海上保险。因此，卖方须订立保险合同，并支付保费。但买方应注意，在 CIF 术语下，卖方只需按最低责任的保险险别投保。如买方需要更大责任保险险别的保障，需与卖方明确达成协议，或者自行安排额外保险。CIF 术语要求卖方办理货物出口清关。

根据《2010 年通则》的规定，该术语仅适用于海运和内河运输。如果买卖双方当事人无意以货物装上船为完成交货，则应使用 CIP 术语。

（一）买卖双方的主要义务

1．卖方的主要义务

（1）货物交付。负责在合同规定的日期或期限内，在装运港将符合合同的货物交至运往指定目的港的船上，并给予买方充分的通知。

（2）办理通关。负责办理货物出口清关手续，取得出口许可证或其他核准书。

（3）租船订舱。负责租船或订舱，并支付到达目的港的运费。

（4）办理保险。负责办理货物运输保险，支付保险费。

（5）费用负担。承担货物装上装运港船上之前的一切成本、费用、出口通关费、主运费及保险费。

（6）风险转移。负担货物送至装运港船上之前的一切风险。

（7）单据提供。负责提供商业发票、官方及其他正式文件、保险单、标明“运费已付”的货物运往约定目的港的运输单据和协助买方取得货物进口及过境他国的相关文件。如果买卖双方约定采用电子通信，则所有单据可被具有同等效力的电子数据交换信息所替代。

2．买方的主要义务

（1）负责按合同规定支付价款。

（2）负责办理货物进口手续，取得进口许可证或其他核准书。

（3）负担货物在装运港上船之后的除了主运费及保险费由卖方负责外其他所有的费用及风险（如过境费）。至于货物于运送途中若有任何损害或损失则由买方负责照料及索赔。

（4）收取卖方按合同规定交付的货物，接受与合同相符的单据。

（二）使用 CIF 时应注意的问题

1．CIF术语的性质

CIF 术语与 FOB 术语一样，交货地点和风险划分点都是在装运港船上。因此和 FOB 术语一样，采用 CIF 术语订立的合同属“装运合同”，是象征性交货。卖方在装运港将货物装上船，即完成了交货义务。卖方不保证货物必然到达和何时到达目的港，也不对货物装上船后的任何进一步的风险承担责任。

2．卖方保险的责任

按照《2010 年通则》对 CIF 的解释，如无相反的明示协议，卖方只需按《协会货物保险条款》或其他类似的保险条款中最低责任的保险险别投保，最低保险金额应为合同规定价款加成10%，并以合同计价货币投保。但在买方要求，并由买方承担费用的情况下，可加保战争、罢工、暴乱和民变险，并与卖方明示地达成协议，或者自行安排额外保险。CIF 合同中卖方办理海上运输保险是属于代办性质。因为货物在装运港装上船后的风险由卖方承担，卖方是为了买方的利益办理海上运输保险，并不等于承担海上运输过程中的风险。因此在实际交易中，买卖双方最好在合同中具体规定保险金额、保险险别和适用的保险条款，以免发生争议。

3．卸货费用的负担

在 CIF 合同中，从装运港至目的港的正常运费由卖方负担，因此装货费用总是由卖方承担。至于卸货费用，如果货物系用班轮运输，运费由订立运输契约并支付班轮运费的卖方负担。如果是租船运输，在装运港的装船费用由卖方支付，而在目的港的卸货费用由何方负担，通常需由买卖双方在合同中订明，也可以使用下列 CIF 术语的变形来表示：

（1）CIF 班轮条件（CIF liner terms）：卸货费用按班轮条件办理，由支付运费的一方，即卖方负担。

（2）CIF 舱底交货（CIF ex ship’s hold）：买方负担将货物自舱底起吊至卸到码头的费用。

（3）CIF 吊钩下交货（CIF ex tackle）：卖方负担在目的港将货物从船舱吊起至卸离吊钩的全部费用。如果船舶不能靠岸，卖方则负责将货物卸到驳船上，租用驳船的费用和货物从驳船卸至岸上的费用，由买方负担。

（4）CIF 卸至岸上（CIF landed）：卖方负责将货物卸到岸上，并负担包括驳船费和码头费（literage and wharfage charge）在内的全部卸货费用。

与 FOB 术语的变形一样，CIF 术语的变形，也只是为了说明卸货费用的负担问题，其本身并不改变 CIF 的交货地点和风险划分的界限。

三、CFR

Cost and Freight（…named port of destination）——成本加运费（……指定目的港）是指卖方将货物交至船上，或取得已如此交付的货物，完成交货。CFR 是象征性交货，属于装运合同。卖方必须支付将货物运至指定目的港所必需的费用和运费，但交货后货物灭失或损坏的风险以及由于发生事件而引起的任何额外费用，自卖方转移至买方。CFR 术语要求卖方办理出口清关。

本术语只适用于海运和内河运输。如果双方当事人不以货物装上船作为完成交货，而以货物于装船前在指定地点交给承运人完成交货，则应采用 CPT 术语。

CFR 与 CIF 的不同之处仅在于：CFR 合同的卖方不负责办理保险手续和不支付保险费，不提供保险单据，有关海上运输的货物保险由买方自理。除此之外，CFR 和 CIF 合同中买卖双方的义务划分基本上是相同的。

按 CFR 术语订立合同，需特别注意的是装船通知问题。因为在 CFR 术语下，卖方负责安排在装运港将货物装上船，而买方须自行办理货物运输保险，以就货物装上船后可能遭受灭失或损坏的风险取得保障。因此，在货物装上船前，即风险转移至买方前，买方及时向保险公司办妥保险，是 CFR 合同中一个至关重要的问题。《2010 年通则》中关于卖方“通知买方”的规定为“卖方必须给予买方所需的任何通知，以便买方采取通常必需的措施以收取货物”。虽然对卖方未能给予买方通知的后果没有做出具体的规定，但是根据有关货物买卖合同的适用法律，卖方可因遗漏或不及时向买方发出装船通知，而使买方未能及时办妥货运保险所造成的后果，承担违约责任。为此，在实际业务中，出口企业应事先与海外买方就如何发给装船通知商定具体做法；如果事先未曾商定，则应根据双方已经形成的习惯做法，或根据订约后、装船前买方提出的具体请求（包括在信用证中对装船通知的规定），及时用电信向买方发出装船通知。上述做法也适用于我方出口的FOB合同。

此外，在CIF术语中述及的关于租船或订舱的责任和在目的港卸货费用负担的问题，同样适用于CFR术语。为明确卸货费用负担，也可采用CFR术语的变形，例如，CFR班轮条件（CFR liner terms）、CFR舱底交货（CFR ex ship's hold）、CFR吊钩下交货（CFR ex tackle）和CFR卸到岸上（CFR landed）。上述CFR术语的各种变形，在关于明确卸货费用负担的含义方面，与前述CIF术语变形中所说明的是相同的。

综上所述，FOB、CIF和CFR这三种常用的价格术语都是第二类价格术语，都是水上运输、在装运港交货，其风险的划分都以装运上船为界。此类合同都属于装运合同，是象征性交货。采用这样的贸易术语成交，除了对买方的资信状况要有总体的把握，并且在结算方式等方面进行必要的控制外，在贸易术语的选择和交货环节，还应该注意防范买方不按时派船的风险（使用FOB术语）、船货衔接不当的风险（使用FOB术语）、买方不凭正本提单提货的风险（使用FOB术语）、漏保及运输途中的风险（使用FOB或CFR术语）。

CIF合同下过期交货被拒收㊀

【案例介绍】

某出口公司按CIF AVONMOTH向英国进口商出口1 700公吨核桃仁。核桃仁是欧洲圣诞节的畅销商品，英方要求我方保证核桃仁在圣诞节前两个星期送达，故双方在合同中规定：买方须于9月底以前将信用证开到，卖方保证货物于12月2日运抵目的港，若迟于12月2日到货，买方有权取消合同。

卖方在买方如期开来信用证后，于10月上旬租船将货物运出。因当时苏伊士运河被封锁，只能绕道好望角。船到好望角时，主机出故障，只好请拖轮拖至AVONMOTH港，比规定的时间晚了几个小时，结果被英商拒收，只得就地抛售，总共损失了70多万美元。

【案例分析】

CIF合同中买卖方责任的划分是以货物装上船为界，卖方只能保证装船时间。因此，在CIF合同中规定到货时间是与CIF的含义相悖的。因此，本案例中的合同性质已不属于CIF合同。因为：

（1）CIF合同是"装运合同"，即按此类销售合同成交时，卖方在合同规定的装运期内，在装运港将货物交至运往指定目的港的船上，即完成了交货义务。对货物运输途中发生灭失或损坏的风险以及货物在交运后发生的事件中所产生的费用，卖方概不承担责任。而本案例中的合同条款规定："卖方保证不得迟于12月6日将货物交付买方，否则，买方有权撤销合同……"该条款意指卖方必须在12月6日将货物实际交给买方，这就改变了"装运合同"的性质。

（2）CIF术语是典型的象征性交货，在象征性交货的情况下，卖方凭单交货，买方凭单付款，

㊀ 叶德万，陈原．国际贸易实务案例教程[M]．2版．广州：华南理工大学出版社，2006.

而本案例合同条款规定："……如卖方已结汇，卖方须将货款退还买方。"该条款已改变了"象征性交货"下卖方凭单交货的特点。

因而，本案例中的合同性质已不属于CIF合同。我方应注意到这种订法是不合理的，甚至会使合同被认为无效。如果对方一定要我方保证到货时间，就应改用D组价格术语，如DAT、DAP等。

四、FCA

Free Carrier（…named place）——货交承运人（……指定地）是指卖方在指定地将经出口清关的货物交给买方指定的承运人，即完成了交货。FCA合同也属于装运合同，是象征性交货。《2010年通则》将承运人定义为缔约承运人，即签署运输合同的一方。本术语适用于任何运输方式，包括公路、铁路、江河、海洋、航空运输以及多式联合运输。FCA是在以FOB同样原则的基础上发展起来的，适用于各种运输方式，特别是集装箱运输和多式运输的一种贸易术语。只要将货物在指定地点交给由买方指定的承运人，并办理货物的出口清关手续，即完成交货。

（一）卖方的主要义务

（1）风险转移。卖方只要将货物在指定的地点交给买方指定的承运人，并办理了出口清关手续，即完成了交货。卖方承担的风险均于货物交给承运人时转移。风险转移之后，与运输、保险相关的责任和费用也相应转移。

（2）费用负担。承担货物交付买方指定的承运人接管前一切成本、费用及出口通关费。

（3）单据提供。负责提供商业发票、官方及其他正式出口文件、一般交货证明或运送单据、协助买方取得进口及过境他国的相关文件。

（4）货物交付。卖方须于规定期限内办妥货物出口通关事宜并负责一切风险及费用直到货交买方指定交货地的承运人接管。

（二）买方的主要义务

待货物交付买方指定承运人后其一切风险及费用全归买方负担。

（三）采用FCA术语时需注意的问题

（1）交货点和风险转移。由于FCA可适用于各种运输方式，它的交货点需按不同的运输方式和不同的指定交货地而定。FCA卖方如何完成交货义务，可概括为：

1）如合同中所规定的指定交货地为卖方所在处所，则当货物被装上由买方指定的承运人提供的收货运输工具上，卖方即完成了交货义务。

2）在其他情况下，当货物在买方指定的交货地，在卖方的送货运输工具上（未卸下——not unloaded），被交由买方指定的承运人处置时，卖方即完成了交货义务。

由此可见，在以上第1种情况下，FCA的交货点是在卖方所在处所（工厂、工场、仓库等）由承运人提供的收货运输工具上；在第2种情况下，FCA的交货点是在买方指定的其他交货地（铁路终点站、启运机场、货运站、集装箱码头或堆场、多用途货运终点（terminal）或类似的收货点）卖方的送货运输工具上。当卖方按合同规定，在卖方所在处所将货物装上承运人的收货运输工具，或者，在其他指定交货地，在卖方的送货运输工具上，将货物置于承运人处置之下时，货物灭失或损坏的风险即转移至买方。

（2）买方安排运输。FCA 合同的买方必须自负费用订立自指定地运输货物的合同。但是，如果买方提出请求，或按照商业惯例，在与承运人订立运输合同时（如在铁路或航空运输的情况下）需要卖方提供协助的话，卖方可代为安排运输，但有关费用和风险由买方负担。

五、CPT

Carriage Paid to（… named place of destination）——运费付至（……指定目的地）是指卖方在合同规定的时间内将货物交给其指定的承运人（在多式联运情况下，则交给第一承运人），并负责订立将货物运至目的地指定地点的运输合同并支付运费，即完成了交货义务。卖方交货后要及时通知买方，卖方承担货物交给承运人之前的一切风险。买方自货物交付承运人处置时起，承担货物灭失或损坏的一切风险，买方还要在双方所约定的目的地指定地点受领货物，支付货款，并承担除运费以外的货物自交货地点到达目的地为止的各项费用以及卸货费和进口税捐。在 CPT 条件下，卖方交货的地点可以在出口国的内地，也可以在出口国的港口，不论在何处，卖方都要负责货物出口报关的手续和费用。

CPT 是在以 CFR 同样原则的基础上发展起来的，适用于任何运输方式，包括公路、铁路、江河、海洋、航空运输以及多式联合运输，是集装箱运输和多式运输的一种贸易术语。CPT 合同也属于装运合同，是象征性交货。

CPT 术语中的“承运人”与 FCA 术语中的承运人含义相同。不同的是，FCA 术语中的承运人由买方指定，买方签订运输合同并支付运费；而 CPT 术语中的“承运人”由卖方指定，卖方缔结运输合同并支付运费。如果为了将货物运至指定目的地需要利用后续承运人，风险也自货物交付给第一承运人接受监管时转移。

（一）卖方的主要义务

（1）风险转移。承担将货物交给承运人之前的一切风险。

（2）费用负担。承担货物交承运人接管之前的一切成本、费用、出口通关费及主运费。

（3）单据提供。负责提供商业发票、官方及其他正式出口文件、一般交货证明或运送单据、协助买方取得进口及过境他国的相关文件。

（4）货物交付。卖方须于规定期限内将货物送至指定地约定地点交承运人（如有后继承运人，则交第一承运人），其后风险由买方负责。

（二）买方的主要义务

待货物交付承运人后，除了主运费由卖方负责外，其他所有的费用及风险均由买方负责（如过境费）。至于货物于运送途中的任何损害或损失则由买方负责照料及索赔。

在 CPT 合同中，卖方负责安排运输，而买方负责货物运输保险。为了避免两者脱节，造成货物装运（货物交承运人接受监管）后，失去对货物必要的保险保障，卖方应及时向买方发出装运通知。关于这一问题的重要性及其处理方法，在前文 CFR 中所做的说明，也同样适用于按 CPT 和 FCA 术语达成的交易。

六、CIP

Carriage and Insurance Paid to（…named place of destination）—— 运费、保险费付至（……

指定目的地）是指卖方除在合同规定的时间内向其指定的承运人交货，并支付将货物运至目的地的运费，还需对货物在运输途中灭失或损坏的风险取得保险，订立保险合同，并支付保险费。同CPT一样，该术语可适用于各种运输方式，包括多式联运。如果买卖双方使用接运的承运人将货物运至约定的目的地，则风险自货物交给第一承运人时起转移。

按CIP术语成交的合同，卖方要负责办理货运保险，并支付保费，但货物从交货地运往目的地的运输途中的风险由买方承担。所以，卖方的投保属于代办性质。一般情况下，卖方要按双方协商确定的险别投保。如果买卖双方事先未在合同中规定保险险别和保险金额，卖方只需按最低责任的保险险别投保，最低保险金额为合同价款加成10%，并以合同货币投保。保险责任的起讫期限必须与有关货物的运输相符合，并必须自买方需负担货物灭失或损坏的风险时（即自货物在发货地被交付给承运人时）起开始生效，直至货物到达约定的目的地为止。若买方需要更高的保险险别，则需要与卖方明确达成协议，或者自行做出额外的保险安排。

（一）卖方的主要义务

（1）风险转移。承担将货物交给承运人之前的一切风险。

（2）费用负担。承担货物交承运人接管之前的一切成本、费用、出口通关费、主运费及保险费。

（3）单据提供。负责提供商业发票、官方及其他正式出口文件、标明“运费已付”的运送单据及保险单据、协助买方取得进口及过境他国的相关文件。

（4）货物交付。卖方须于规定期限内将货物送至指定地约定地点交承运人（如有相继承运人，则交第一承运人），其后风险由买方负责。

（二）买方的主要义务

待货物交付承运人后，除了主运费及保险费由卖方负责外其他所有的费用及风险均归买方负责（如过境费）。至于货物于运送途中的任何损害或损失则由买方负责照料及索赔。

七、FOB、CFR和CIF与FCA、CPT和CIP贸易术语的比较

FCA、CPT和CIP三种贸易术语是分别在FOB、CFR和CIF三种传统贸易术语的基础上发展出来的，买卖双方责任划分的基本原则是相同的，主要表现在3个方面：

（1）都是象征性交货，属于装运合同性质。

（2）均由卖方负责办理出口清关手续，买方负责进口报关。

（3）在两类贸易术语下，买卖双方所承担的运输和保险责任相互对应。

但是，这两类贸易术语也有区别，主要表现在以下四个方面：

（1）适用的运输方式不同。FOB、CFR和CIF术语只适用于海洋运输和内河航运，其承运人一般仅限于船公司；而FCA、CPT和CIP术语则适用于包括海洋运输在内的各种运输方式以及多式联运方式，其承运人可以是船公司、航空公司或多式联运的联合运输经营人。

（2）交货和风险转移的地点不同。FOB、CFR和CIF的交货点均为装运港船上，风险均于货物在送到装运港船上时从卖方转移至买方；而FCA、CPT和CIP的交货地点须视不同的运输方式和不同的约定而定，它可以是在卖方所在处所由承运人提供的运输工具上，也可以是在铁路、公路、航空、内河、海洋运输承运人或多式运输承运人的运输站或其他收货点卖方的送货运输工

具上。至于货物灭失或损坏的风险，则于卖方将货物交给承运人时，即自卖方转移至买方。

（3）装卸费用负担不同。按 FOB、CFR 和 CIF 术语，卖方承担货物送到装运港船上为止的一切费用，但由于货物装船是一个连续作业，各港口的习惯做法又不尽一致，所以，在使用租船运输的 FOB 合同中，应明确装货费用由何方负担，在 CFR 和 CIF 合同中，则应明确卸货费用由何方负担。而在 FCA、CPT 和 CIP 术语下，如涉及海洋运输，并使用租船装运，卖方将货物交给承运人时所支付的运费（CPT 和 CIP 术语），或由买方支付的运费（FCA 术语），已包含了承运人接管货物后在装运港的装货（装船）费用和目的港的卸货（卸船）费用。这样，在 FCA 合同中的装货（装船）费用的负担与在 CPT 和 CIP 合同中的卸货（卸船）费用的负担问题就不再存在。

（4）运输单据不同。在 FOB、CFR 和 CIF 术语下，卖方一般应向买方提交已装船清洁提单；而在 FCA、CPT 和 CIP 术语下，卖方提交的运输单据则视不同的运输方式而定。如在海运和内河运输方式下，卖方应提供可转让的提单，有时也可提供不可转让的海运单和内河运单；如在铁路、公路、航空运输或多式运输方式下，则应分别提供铁路运单、公路运单、航空运单或多式运输单据。

表 2-4 描述了这两组贸易术语的比较。

表 2-4　货交装运港术语与货交承运人术语的比较

比较内容	货交装运港术语 FOB、CFR、CIF	货交承运人术语 FCA、CPT、CIP
合同性质	装运合同	装运合同
运输方式	海洋、内河运输	多种运输方式包括多式联运
交货地点	装运港	出口国内陆或港口
风险转移点	装运港船上	货交承运人
出口手续办理	卖方	卖方
进口手续办理	买方	买方
装卸费用	租船运输时要进一步明确	包括在运费中
运输单据	已装船清洁提单	各种运输单据

第三节　其他五种国际贸易术语

以上阐述的是《2010 年通则》中对六种主要贸易术语的解释和在实际运用中应注意的一些问题。《2010 年通则》中还对其他五种贸易术语进行了解释和说明。尽管这些术语在实际业务中使用相对较少，但在某些情况下，它们还是能满足买卖双方的特定要求的，因此，贸易双方可根据具体业务的需要灵活选用。

一、EXW

Ex Works（…named place）——工厂交货（……指定地）是指卖方在其所在地或其他指定的地点（如工场、工厂或仓库等）将货物交给买方处置时，即履行了交货义务。卖方不负责办理出口清关手续或将货物装上任何运输工具上。而买方自行负担在卖方所在地受领货物的全部费用和风险。因此，该术语是卖方负担责任、费用和风险最小的一种贸易术语。若买方不便自出口国办理相关出口手续，则不宜采用此贸易术语。如果买方要求卖方在发货时负责将货物装上收货车辆，并负担一切装货费用和风险，则应在合同中用明确词句加以规定。本术语适用于任何运输方式。

二、FAS

Free Alongside Ship（…named port of shipment）——船边交货（……指定装运港）是指卖方在装运港将货物放置在码头或驳船上靠船边，即履行了交货义务。买方必须负担自此刻起货物灭失或损坏的一切风险和费用。FAS 术语是象征性交货，属于装运合同。FAS 术语要求卖方办理出口清关手续，该术语仅适用于海运和内河运输。

《2010 年通则》在 FAS 卖方交货义务（A4）中规定："卖方必须在指定装运港于买方指定的装船地点（如有的话），将货物放置于买方所指定的船舶边，或取得已如此交付的货物……"如同 FOB、CFR 和 CIF 术语中交货义务的规定，对 FAS 卖方交货义务添加"或取得已如此交付的货物"，是为了适应大宗商品销售中，对已放置于船边的货物作转售买卖（链式交易）的需要。

使用 FAS 术语与美国商人做贸易时应注意，美国《1990 年美国对外贸易定义修订本》中的 FAS 是指 free along side，意为将货物交到各种运输工具旁边，因而含义较广。只有在 FAS 后面加上"Vessel"字样，例如 FAS（Vessel）Seattle，才能表示西雅图港船边交货，此外，FAS Vessel 的风险划分为船边或码头仓库，出口清关手续仍由买方负责，这些都与《2010 年通则》中的 FAS 术语有很大区别。

三、DAT

Delivered at Terminal（…named terminal at port or place of destination）——目的地或目的港的集散站交货（……指定目的地）指卖方在指定的目的地或目的港的集散站卸货后将货物交给买方处置即完成交货，卖方应负担将货物运至指定的目的地或目的港的集散站的一切风险和费用（除进口费用外）。该术语中的目的地也包括港口。DAT 术语是实际交货术语，属于到达合同。本术语适用于任何运输方式或多式联运。

四、DAP

Delivered at Place（… named place of destination）——目的地交货（……指定目的地）是指卖方在指定的目的地交货，只需做好卸货准备（ready for unloading）无须卸货即完成交货。卖方应负担将货物运至指定的目的地的一切风险和费用（除进口费用外）。术语所指的到达车辆也包括船舶，目的地也包括港口。DAP 术语也是实际交货术语，属于到达合同。本术语适用于任何运输方式或多式联运。

五、DDP

Delivered Duty Paid（…named place of destination）——完税后交货（……指定目的地）是指卖方在指定目的地，办理完进口清关手续，将在交货运输工具上尚未卸下的货物交与买方处置时，即履行了交货义务。卖方必须承担将货物运至目的地的一切风险和费用，包括办理海关手续的责任和风险，以及交纳手续费、关税、税款和其他费用。而买方只需在指定目的地领受货物。

与EXW术语相反，DDP术语是卖方承担责任、费用和风险最大的一种术语。如果卖方不能直接或间接地取得进口许可证或其他由当局签发的进口核准书，则不应使用本术语。DDP术语是实际交货术语，属于到达合同。该术语适用于任何运输方式或多式联运。

第四节 国际贸易术语的选用

一、国际贸易术语的总体比较

如前所述，《2010年通则》把11种贸易术语分为两类，第一类包含7种贸易术语，适用于各种运输方式；第二类包含4种贸易术语，适用于水上运输。掌握每种贸易术语，以及比较不同种类的贸易术语之间的异同时，应从以下5个方面来考虑：

1. 卖方的交货地点
2. 买卖双方风险划分的界限
3. 主要责任的划分（指办理运输、保险、进出口报关手续）
4. 主要费用的划分（指与上述责任相关的费用的分担）
5. 适用的运输方式

表2-5对13种贸易术语的以上各项异同进行了归纳。

表2-5 《2010年通则》11种贸易术语的比较

贸易术语		交货地点	风险转移界限	运费负担	保费负担	出口报关	进口报关
第一类	EXW	出口国商品产地、所在地	货交买方处置	买方	买方	买方	买方
	FCA	出口国内	货交承运人	买方	买方	卖方	买方
	CPT	出口国内	货交承运人	卖方	买方	卖方	买方
	CIP	出口国内	货交承运人	卖方	卖方	卖方	买方
	DAT	进口国内	目的地卸货码头或转运基地	卖方	卖方	卖方	买方
	DAP	进口国内	买方指定收货点	卖方	卖方	卖方	买方
	DDP	进口国内	买方指定收货点	卖方	卖方	卖方	卖方
第二类	FAS	装运港口	货交船边后	买方	买方	卖方	买方
	FOB	装运港口	货物装上船后	买方	买方	卖方	买方
	CFR	装运港口	货物装上船后	卖方	买方	卖方	买方
	CIF	装运港口	货物装上船后	卖方	卖方	卖方	买方

其中除DAT、DAP和DDP3种术语是在进口国交货以外，其余的术语都是在出口国交货，EXW术语成交签订的合同为产地交货合同（consignment contract），因其代表着在商品的产地或所在地交货的条件。DAT、DAP和DDP3种术语是实际交货，签订的合同属于到达合同。卖方必须将货物运至目的地，所承担的费用和风险在到达交货地点时转移给买方。以F或C开头的贸易术语是象征性交货，签订的合同均为装运合同。以F开头的贸易术语，卖方承担的风险和费用均在交货地点同时转移给买方；以C开头的贸易术语，风险在交货时转移，而费用则在目的港或目的地转移。

二、选用国际贸易术语时应注意的事项

《2010 年通则》对各种贸易术语条件下买卖双方承担的基本义务都做出了明确的规定，在实际进出口业务中，交易中选择何种贸易术语，要根据具体的交易情况来选择，既要有利于双方交易的达成，又要避免承担过大的风险。

（一）《2010 年通则》不是自动适用的

《2010 年通则》较其以前各版本更加具体、更加有利于经济全球化背景下国际贸易业务的开展。但是《2010 年通则》实施之后，其之前的版本，如《2000 年国际贸易术语解释通则》，同样可以适用。国际贸易惯例不同于法律，不存在新法取代旧法的情况，国际贸易术语解释通则仅是一套贸易条款，而且仅限于货物买卖过程中，买卖双方保险、运输等义务的条款。任何版本的条款均可以被当事人引用到贸易合同中。

因此，买卖双方签订合同时，要注明所用术语，选择哪年的通则，例如，对于合同各方当事人意欲任何一种《2010 年通则》中的国际贸易术语适用其合同的情形，其应当在合同中清楚具体地用“所用术语，选择于《2010 年通则》”等语句表明。

如果买卖双方在合同中明确表示采用某种惯例时，则被采用的惯例对买卖双方均有约束力；如果合同中明确采用某种惯例，但又在合同中规定与所采用的惯例相抵触的条款，只要这些条款与本国法律不矛盾，就将受到有关国家法律的承认和保护，即以合同条款为准；如果合同中既未对某一问题做出明确规定，也未订明采用某一惯例，当发生争议付诸诉讼或提交仲裁时，法庭和仲裁机构可引用惯例作为判决或裁决的依据。

（二）《2010 年通则》并不包含一整套的合同条款

尽管《2010 年通则》中规定由何方当事人承担运费或做保险安排，什么时候卖方将货物交给买方以及各方当事人应承担何种费用，但是《2010 年通则》中并未涉及有关货物价格和所有权，或者违反合同约定的后果等内容。这些问题通常是通过合同中相关明示条款或者专门管辖合同的法律来解决。同样地，当事人应当清楚当地强制性的法律比所有贸易术语在内的合同中的任何规定都具有优先权。

（三）选择适当的贸易术语

在国际贸易中，贸易术语是确定合同性质、决定交货条件的重要因素，选定适当的贸易术语对促进合同的订立和履行，提高企业的经济效益具有重要的意义。

所选术语需要适合于标的货物和运输方式，而且最重要的是要适合于各方当事人是否有意将更多的责任赋予到卖方或买方，如安排运输或保险的责任。每种术语的指南中包含一些特别有用的关于何时做出这些选择的信息。然而，包含在指南中的信息并不构成所选术语的一部分。作为交易的当事人，在选择贸易术语时主要应考虑以下 6 个因素：

1. 考虑运输条件

买卖双方采用何种贸易术语，首先应考虑采用何种运输方式运送。《2010 年通则》中第二类 4 种术语适用于水上运输。尽管水运速度较慢，风险相对较大，但其最大特点是运费低廉，特别是运送大宗货物时，可以有效降低单位商品的运费。第一类 7 种贸易术语适合于各种运输方式。

由于运输技术的进步，新型运输方式被普遍地应用于国际货物运输，因此，这些贸易术语被越来越广泛地使用。

在本身有足够运输能力或安排运输无困难，而且经济上又合算的情况下，可争取由自身安排运输的条件成交（如按 FCA、FAS 或 FOB 进口，按 CIP、CIF 或 CFR 出口）；或者，酌情争取按由对方安排运输的条件成交（如按 FCA、FAS 或 FOB 出口，按 CIP、CIF 或 CFR 进口）。

总之，买卖双方采用何种贸易术语成交，必须要考虑其采用何种运输方式，要考虑该运输方式的运输能力、运输速度、运价高低以及运输安排的难易程度等。

2．考虑货源情况

国际贸易中货物品种很多，不同类别的货物具有不同的特点，它们在运输方面各有不同要求，故安排运输的难易不同，运费开支大小也有差异。这是选用贸易术语应考虑的因素。此外，成交量的大小，也直接涉及安排运输是否有困难和经济上是否合算的问题。当成交量太小，又无班轮通航的情况下，负责安排运输的一方势必会增加运输成本，故选用贸易术语时也应予以考虑。

3．考虑运费因素

运费是货价构成因素之一，在选用贸易术语时，应考虑货物经由路途的运费收取情况和运价变动趋势。一般来说，当运价看涨时，为了避免承担运价上涨的风险，可以选用由对方安排运输的贸易术语成交，如因某种原因不得不采用自身安排运输的条件成交，则应将运价考虑到货价中去，或在合同中订明以现行费率为准，以免遭受运价变动所带来的损失。

4．考虑运输途中的风险

在国际贸易中，交易的商品一般需要通过长途运输，货物在运输过程中可能遇到各种自然灾害、意外事故等风险，特别是在遇到战争或正常的国际贸易遭到人为障碍与破坏的时期和地区，则运输途中的风险更大。因此，买卖双方洽商交易时，必须根据不同时期、不同地区、不同运输路线和运输方式的风险情况，并结合购销意图来选用适当的贸易术语。

5．考虑办理进出口货物的结关手续有无困难

关于国际贸易中的进出口货物的结关手续，有些国家规定只能由结关所在国的当事人安排或代为办理，有些国家则无此项限制。因此，当出口国政府规定，买方不能直接或间接办理出口结关手续，就不宜按 EXW 术语成交，而应选用 FCA 术语成交；若进口国政府规定，卖方不能直接或间接办理结关手续，则不宜采用 DDP 术语成交，而应选用其他术语成交。

另外，只有各方当事人指定地点或港口，所选术语才是有效的，而且指定的地点或港口越精确越有效。

6．考虑多式联运带来的变化

由于集装箱在国际物流中越发充当主流角色，很多货物即便使用海洋运输方式也往往在集装箱堆场进行交接，甚至进行“门到门”的交接。因此，《2010 年通则》删除 DEQ 和 DES，而增加了 DAT 和 DAP。对于进出口商来说，尤其是欧盟成员国之间的进出口货物贸易，可多采用 D 组的术语以便更加明晰风险和费用。在集装箱带来的多式联运条件下，FCA、CPT 和 CIP 三种术语更加方便当事人对货物的交接。我国很多进出口企业，无论是沿海地区，还是内陆地区，长期

固有使用 FOB、CFR 以及 CIF 三种传统的贸易术语的习惯，而对 FCA、CPT、CIP 等术语不习惯采用，随着运输业技术的不断革新，特别是集装箱运输和国际多式联运的迅速发展，传统贸易术语 FOB、CFR 和 CIF 的弊端日益显现，特别是我国一些内地省份外贸也非常发达，如采用 FOB、CFR、CIF 等术语成交，将直接导致卖方的交货风险增大，费用负担增加，影响收汇时间，增大了收汇风险。

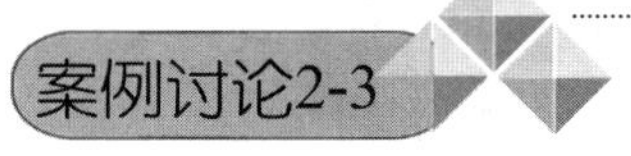

贸易术语选择不当致损

【案例介绍】

我国青海西宁某出口公司向日本出口 30 吨冬虫夏草，每吨 50 箱，共 1 500 箱，每吨售价为 20 000 美元，价格条件为 CIF，共 600 000 美元，即期信用证，装运期为 9 月 28 日之前，货物必须装集装箱。该出口公司在天津设有办事处，于是在 9 月上旬便将货物运至天津，由天津办事处负责订舱装船。不料货物在天津存仓后的第二天，仓库着火，抢救不及，1 500 箱冬虫夏草全部烧毁。办事处立即通知公司总部并要求尽快补发 30 吨，否则无法按期装船。结果该公司因货源不足，无法按照信用证规定的装船日期装运，只好要求日商将信用证有效期和装运期延长，并本着诚信原则告知进口方缘由。日商回电称同意延期，但要求货价降 5%。我出口公司回电据理力争，同意因延期装运降价 1%。但日商坚持要求降价 5%，否则将视我出口公司违约，要求违约赔偿。最终我出口公司不得不做出了让步，只好同意降价 2.5%。

【案例分析】

以上案例充分表明了 CIF 术语的缺陷，以及内陆地区出口方在应用此术语时“心有余而力不足”的情形。在采用 CIF 术语订立贸易合同时，出口方要承担货物装到装运港船上之前的一切风险和损失，尤其是从内陆地区装车到港口装到船上，中间要经过一段较长的时间，会发生什么事情，谁都无法预料。本案例中，出口方货物在装运港遭遇火灾烧毁，导致了延迟装船，进口方提出降价，使得出口方受到重大损失。如果该出口公司当初采用 FCA Urumqi 对外成交，出口公司在当地将 1 500 箱货物交中转站或自装自集后将集装箱交中转站，不仅风险可以转移给买方，而且凭当地承运人（即中转站）签发的货运单据即可在当地银行办理议付结汇。遗憾的是，该公司坚持过去习惯的术语不放，反而舍近求远，自担风险将货物运到天津，再装集装箱出口，这不仅加大了自身的风险，而且受到了损失，教训深刻。

内陆地区使用 CIF 术语还有一笔额外的运输成本，即从内陆地区到装运港装船前的一部分运输成本，如从甘肃、青海、新疆等地区到装运港装船前的费用一般要占到出口货价的一定比例，有些货物出口中这一比例会达到 20% 左右，而发生意外情况时，这部分成本会使损失变得会更大。

通过这个案例可以看出，内陆地区的出口企业在选择贸易术语时要从本地区、本行业和所经营产品的实际出发，适当选择贸易术语，随着国内外集装箱运输越来越发达、货运量越来越大，内地省市的出口单位应尽量利用设在当地的一些集装箱网点提供的货运服务，改变过去传统的做法，千万不要被“出口 CIF”的定式所迷惑。11 种国际贸易术语风险点 / 交货点如图 2-1 所示。

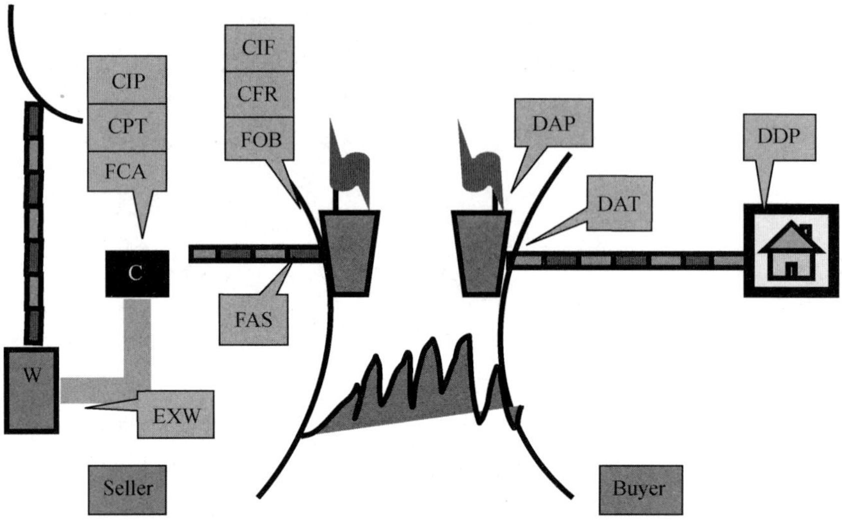

图 2-1 11 种国际贸易术语风险点 / 交货点示意图

本章小结

在国际经济贸易活动中，各方当事人的责任和义务是否划分明确，直接关系到交易能否顺利地进行。所以国际货物买卖合同中最具特色的是价格条款中使用了贸易术语。国际贸易术语是在长期的国际贸易实践中产生和发展起来的专门用语，规定了买卖双方在货物交接方式、价格构成和费用、风险以及责任划分方面各自的权利和义务。本章从国际贸易法律与惯例入手，介绍了三个有关国际贸易术语的国际贸易惯例，并详细分析了《2010 年国际贸易术语解释通则》（简称《2010 年通则》）中定义的 11 种贸易术语，这 11 种贸易术语分为两个类别。第一类包括适用于任何运输方式，包括多式运输的 7 种术语：EXW、FCA、CPT、CIP、DAT、DAP 和 DDP 术语，其中 DAT 与 DAP 是《2010 年通则》中新增的术语，DAP 取代了 DAF、DES 和 DDU 3 种术语，DAT 取代了 DEQ，且扩展至适用于一切运输方式。第二类术语包括比较传统的只适用于海运或内河运输的 4 种术语：FAS、FOB、CFR 和 CIF 术语。这类术语条件下，卖方交货点和货物运至买方的地点均为港口。

掌握贸易术语的关键是熟知每个术语对交易中的责任、费用、风险和交货地点划分的界限及价格的构成。要在弄清贸易术语含义的基础上选用合适的贸易术语。

关键词

国际惯例 international practice

装运合同 shipment contract

到达合同 delivery contract

FOB CFR CIF

贸易术语 trade terms

象征性交货 symbolic delivery

实际交货 actual delivery

FCA CPT CIP

思考题

一、选择题

1．Which incoterm means the minimum cost coverage for the seller？（　　）

A．EXW　　B．FCA　　C．FOB　　D．CPT

2．Which incoterm means the maximum cost coverage for the seller？（　　）

A．EXW　　B．DAT　　C．DAP　　D．DDP

3．Which incoterm is treated as domestic sales in the seller's count？（　　）

A．EXW　　B．FCA　　C． FAS　　D．CIP

4．Which incoterm is treated as domestic sales in the buyer's count？（　　）

A．DAT　　B．DAP　　C．DDP　　D．CIP

5．FOB 与 CFR 术语的主要区别在于，（　　）。

A．风险划分的界限不同

B．办理运输的责任方不同

C．办理货运保险的责任方不同

D．办理进、出口通关手续的责任方不同

6．CIF 和 CFR 两种贸易术语相比，就卖方承担的风险而言，（　　）。

A．CIF 比 CFR 大　　B．CFR 比 CIF 大

C．CIF 与 CFR 相同　　D．无法比较

7．在按 FOB 吊钩下交货的术语成交时，其货物风险转移时（　　）。

A．以装运港船舷为界　　B．以装运港吊钩下为界

C．以装运港船上为界　　D．以装运港船舱为界

8．根据《2010 年通则》，下列适用于海洋运输和内河运输的贸易术语的有（　　）。

A．FOB　　B．CIP　　C．DAT　　D．DAP

E．DDP

9．按照《2010 年通则》，买卖双方费用划分界限与风险划分界限相分离的贸易术语有（　　）。

A．FOB　　B．CIF　　C．FCA　　D．CFR

E．DAT

10．按 CIF 术语成交，如果卖方愿意承担卸货费用，可以选用（　　）。

A．CIF LINER TERMS　　B．CIF EXTACKLE

C．CIF LANDED　　D．CIF EX SHIP'S HOLD

E．CIF GROSS TERMS

二、简答题

1．试分别指出《2010 年通则》各组贸易术语的共同点以及 11 种贸易术语的交货点 / 风险点。

2．简述 FOB、CFR 和 CIF3 种贸易术语的异同，并在下表各栏中分别填入“买方”和“卖方”字样：

贸易术语	风险	责任				费用	
	谁承担货装上船后的风险	谁办理租船订舱	谁办理保险	谁办理出口手续	谁办理进口手续	谁支付到目的港运费	谁支付保险费
FOB							
CFR							
CIF							

3. 简述 FOB、CFR、CIF 与 FCA、CPT、CIP 术语的主要区别。
4. 什么是象征性交货和实际交货？请各举两例说明。
5. 如果按 CIF 术语出口，载货船舶在航行途中触礁沉没，货物全部灭失，买方闻讯提出拒付货款。试问：我方应如何处理？为什么？

三、案例分析

1. 有一份出售一级大米的合同，按 FOB 成交，装船时货物经公证人检验，符合合同规定的品质条件，卖方在装船后已及时发出装船通知。但航行途中由于舱汗，大米部分受潮，品质受到影响。当货物到达目的港后，只能按三级大米价格出售，因而买方要求卖方赔偿损失。试问：在上述情况下卖方对该项损失是否应负责？
2. 我方以 CFR 贸易术语与 B 国 H 公司成交一批消毒碗柜的出口合同，合同规定装运时间为 4 月 15 日前。我方备妥货物，并于 4 月 8 日装船完毕，由于遇星期日休息，我公司的业务员未及时向买方发出装运通知，导致买方未能及时办理投保手续，而货物在 4 月 8 日晚因发生了火灾被烧毁。试问：货物损失责任由谁承担？为什么？
3. 我方与荷兰某客商以 CIF 条件成交一笔交易，合同规定以信用证为付款方式。卖方收到买方开来的信用证后，及时办理了装运手续，并制作好一整套结汇单据。在卖方准备到银行办理议付手续时，收到买方来电，得知载货船只在航海运输途中遭遇意外事故，大部分货物受损，据此，买方表示将等到具体货损情况确定以后，才同意银行向卖方支付货款。试问：（1）卖方可否及时收回货款？为什么？（2）买方应如何处理此事？

Chapter3

第三章

合同的标的

学习目标

- 了解规定商品名称的意义，理解规定品名条款应注意的事项
- 掌握商品品质的表示方法，理解规定品质条款应注意的事项
- 掌握合同中关于品名、品质条款的内容
- 了解品质公差和品质机动幅度条款及其表示方法

案例导入

森德公司向NEO公司发送建立业务关系的邮件后，2011年2月11日，森德公司收到NEO公司的询盘邮件。在邮件中，NEO公司对蘑菇罐头产品的品质、包装、价格以及森德公司可以供货的数量和时间进行了询问，并表达了想要订货的意愿。同时NEO公司表示希望能够看到样品，以便做出最终决定。

接到对方的询盘邮件后，2月15日，森德公司用DHL寄出五听425克的罐头样品，并发送电子邮件告知对方。

在磋商谈判过程中，NEO公司非常关心蘑菇罐头产品的品质以及森德公司可以供货的数量，因为这两者是贸易合同中两个非常重要的要件。

在国际货物交易中，商品的名称和质量是国际货物买卖当事人双方首先需要确定的交易条件，是买卖双方进行交易的物质基础。同时，商品的数量也是国际货物买卖合同的主要交易条件之一，并且是构成有效合同的必备条件。除此之外，商品的包装也是买卖合同的一项主要条款。因此，交易双方签订买卖合同时，应具体订明成交商品的名称、品质、数量和包装条款，以利合同的履行。

第一节　商品的品名

一、商品品名的含义

国际贸易买卖合同中，通常在合同正文的开头首先列明成交商品的名称。**商品的名称**，简

称“**品名**”（name of commodity），是指能使某种商品区别于其他商品的称呼或概念。品名在一定程度上体现了商品的自然属性、用途及主要的性能特征，在合同或信用证中称为品名条款。实际上，很多商品在标明品名的同时还标明有品种、型号、规格、等级、品质要求等，在这种情况下所表示的条款就应看做品名品质条款。一般来说，加工程度较低的商品，其名称较多地反映该商品的自然属性，如“东北大豆”；加工程度较高的商品，其名称则较多地体现出该商品的性能特征，如“三星 43 寸液晶电视机”。

二、规定商品名称的意义

在国际贸易中，交易双方在洽谈商品交易和签订买卖合同时，很少见到具体商品，一般只是凭借对拟议买卖的商品作必要的描述，来确定交易的标的。

从法律的角度看，按照有关的法律和惯例，对交易的物品的描述，是构成商品说明（description of goods）的一个主要组成部分，是买卖双方交接货物的一项基本依据，它关系到买卖双方的权利和义务。若卖方交付的货物不符合约定的品名或说明，买方有权提出损害赔偿要求，直至拒收货物或撤销合同。从实务角度看，品名条款是商业统计、外贸统计的依据，也是报关、报验、托运、投保、索赔仲裁等实务中收费的依据。因此，列明合同标的物的具体名称，具有重要的法律和实践意义。

三、商品命名的方法

命名商品的方法很多，概括起来主要有以下 7 种：

（1）以主要用途命名。这种方法在于突出商品的用途，便于买方按其需要购买，例如，公共汽车、机床、电视机、杀虫剂、运动服等。

（2）以使用的主要原料命名。通过突出所使用的主要原材料来反映出商品的品质，例如，羊毛衫、玻璃杯、毛料西装、塑料桶、竹筷等。

（3）以主要成分命名。以商品所含的主要成分命名，可使消费者了解商品的有效内涵，有利于提高商品的身价。通常用于大众熟知的名贵原材料制造的商品，如西洋参含片、人参蜂王浆、檀香皂、钻石戒指等。

（4）以制作工艺命名。其目的是突出其独特性，提高产品的威望和信誉，如九制陈皮、手工水饺、手绣内衣、精制油、非转基因大豆等。

（5）以外观造型命名。有利于消费者从字义上了解该商品的特征，如折叠伞、蝙蝠衫、高跟鞋等。

（6）以人物或产地命名。其目的在于引起消费者的注意和兴趣，如孔乙己茴香豆、吴王酒、湘绣、镇江陈醋、龙井茶叶等。

（7）以褒义词命名。这种命名方法能突出商品的使用效能和特性，利于激起消费者的购买欲望，如止咳糖浆、青春宝胶囊、减肥美体茶等。

四、品名条款的内容

国际贸易买卖中的交易的标的物一般都是具体的商品。由于进入国际领域的商品种类繁多，即使是同一商品，亦可能因为品种、品质、产地、花色、外形设计等的不同而千差万别。

按照国际上通常的做法，国际货物买卖合同中的品名条款一般比较简单，通常都是在“商品名称”或“品名”（name of commodity）的标题下，列明缔约双方同意买卖的商品名称。有时为省略起见，也可以不加标题，只在合同开头部分，列入双方同意买入卖出某种商品的文句。但由于成交商品的品种、型号、等级和特点不同，因此，为了明确起见，可以把有关品种或品质产地、型号等内容概括性地描述进去，做进一步的限定。在这种情况下，它就是品名条款和品质条款的合并。

总之，合同中有关品名的规定并没有统一的、固定不变的格式。如何规定，可根据双方当事人的意思予以确定。

范例 品名：中国桐油

Name of Commodity：Chinese Tung Oil

品名：绍兴花雕酒

Name of Commodity：Shaoxing Hua Tiao Chiew

五、品名条款应注意的问题

品名条款是国际货物买卖合同中的主要条款之一，在规定此条款时，应注意以下问题：

（1）品名条款的内容必须明确、具体。必须能确切反映交易标的物的用途、性能和特点，避免空泛、笼统的规定，以利于合同的履行。

（2）品名条款的内容必须实事求是。合同条款中规定的品名，对买方而言，必须是其需要进口的商品；对卖方而言，必须是卖方能够生产或供应的品种或型号，凡做不到或不必要的描述性词句，都不应列入，以免给履行合同带来不利影响。

（3）尽可能使用国际上通用的名称。有些商品的名称，不同的地区可能叫法不同，为了避免误解，应尽可能使用国际上通行的称呼。若使用地方性名称，交易双方应事先就其含义取得共识，对于某些新商品的定名及其译名，应力求准确、易懂，并符合国际上的习惯称呼。我国于1992年1月1日起采用《商品名称及编码协调制度》（The Harmonized Commodity Description and Coding System，简称H.S.编码制度）。目前各国的海关统计、普惠制待遇等都按H.S.制度规定的商品名称进行，因此在订立品名条款时，应与H.S.制度规定的品名相一致。

（4）适当选择商品的不同名称，以利于降低关税和节省运费。有些商品具有不同的名称，因而存在着同一商品因名称不同而适用的关税税率和班轮运费率不同的现象，甚至所受的进出口限制也不同。为了减少关税支出、方便进出口和节省运费开支，确定合同品名的时候，应尽量选取对交易双方有利的名称。

另外，采用外文名称时，也要做到译音正确，与原名称意思保持一致，避免含糊不清或过于笼统空泛。诸如，使用“食品、服装、机器”（FOOD、GARMENT、MACHINE）等。

还有，在对外贸易中，外文名称上要贴切，符合实际词语内涵，品名尽量不要使用汉语拼音。由此，也可能会造成误解，容易引起争议。

案例讨论3-1 选用品名不合适导致损失

【案例介绍】

我国某公司出口苹果酒一批，进口方信用证规定品名为“APPLE WINE”，某公司为了单证一致起见，所有单据上品名均为“APPLE WINE”。不料货到国外后遭海关扣留罚款，理由是该批酒的内外包装上的品名均写的是“CIDER”，结果外商要求我方赔偿其损失。

【案例分析】

“CIDER”的英文有苹果酒和苹果汁两种含义，一般情况下该词做苹果汁解，而“APPLE WINE”只做苹果酒解。货到国外后遭海关扣留罚款，主要原因是通常情况下酒的关税税率很高，而且是专营商品，进出口监管很严格；而苹果汁关税税率不高，进出口监管也一般。此案例中，该批酒的内外包装上的品名均是“CIDER”，海关认为名称与实际货物不符，故扣留罚款，如果被认为涉嫌走私，情况将更糟。由此可见，品名非常重要，在实际业务中，买卖合同、商品的内外包装和单据上的品名应该一致。

第二节　商品的品质

一、商品品质的含义

商品的品质（quality of goods）是指商品的内在素质和外在形态的综合。前者包括商品的物理性能、机械性能、化学成分和生物的物性等自然属性，后者包括商品的大小、结构、造型、款式、色泽、软硬或者透明度等。

二、商品品质的重要性

在国际货物买卖中，货物的品质不仅是主要交易条件，而且是买卖双方交易的首要内容。合同中的品质条款，是构成商品说明的重要组成部分，是买卖双方交接货物的依据。从法律的角度看，英国货物买卖法把品质条件作为合同的要件（condition）。《联合国国际货物销售合同公约》规定，卖方交付的货物必须与合同规定的数量、质量和规格相符，如卖方违反合同规定，交付了与品质条款不符的货物时，买方可以根据违约的程度，主张损害赔偿（包括扣价）或要求修理或交付替代物，以至拒收货物，宣告合同无效。[⊖]

从实际业务角度看，商品质量的优劣不仅关系到商品的使用效能，影响着商品售价的高低、销售数量和市场份额的增减，买卖双方经济利益的实现程度，而且还关系到商品信誉、企业信誉、国家形象和消费者的利益。提高商品的质量，根据消费者现实和潜在的需要改进、完善商品的质量，保证商品质量的稳定性，已成为各国生产厂商、销售商增强自身竞争力的重要手段。此外，由于各国贸易摩擦的不断加剧，许多国家把提高商品质量作为奖出限入的贸易保护主义手段。

三、商品品质的表示方法

国际贸易中买卖的商品种类繁多、特点各异，表示商品品质的方法要根据商品的特点进行选择。根据国际贸易实践，表示商品品质的方法可以归纳为以实物表示和以文字说明表示两大类。

（一）以实物表示商品品质

凭实物表示商品品质（sale as it is）又可分为看货买卖和凭样品买卖两种方式。

⊖ 参见《联合国国际货物销售合同公约》第35条。

1．看货买卖

看货买卖（sale by goods）也称**看货成交**，当买卖双方采用看货成交时，买方或代理人通常先在卖方存放货物的场所验看货物，一旦达成交易，卖方就应按对方验看过的商品交货。只要卖方交付的是买方验看过的货物，买方就不得对品质提出异议。这种做法，多用于寄售、拍卖和展卖的业务中，尤其适用于具有独特性质的商品，如珠宝、首饰、字画、特定工艺制品等。

2．凭样品买卖

样品通常是从一批商品中抽出来的或由生产、使用部门设计、加工出来的，足以反映和代表整批商品品质的少量实物。凡以样品表示商品品质并以此作为交货依据的，称为“凭样品买卖”（sale by sample）。

在国际贸易中，按照样品提供方的不同，可将样品分为以下 3 种：

（1）卖方样品。由卖方提供的样品称为“卖方样品”，凡以卖方样品作为交货的品质依据者，称为“凭卖方样品买卖”（sale by seller’s sample）。此时，在买卖合同中应订明：“品质以卖方样品为准”（quality as per seller’s sample），卖方所交货物的品质，必须与提供的样品一致。

（2）买方样品。有时买方为了使其订购的商品符合自身要求，也会提供样品交由卖方依样承制，如卖方同意按买方提供的样品成交，称为“凭买方样品买卖”（sale by buyer’s sample）。表明交易双方约定以买方提供的样品作为交货品质依据的买卖，习惯上又称为“来样成交”或“来样制作”。在这种情况下，买卖双方会在合同中订明“品质以买方样品为准”（quality as per buyer’s sample）。卖方所交整批货物的品质，必须与买方样品相同。

（3）对等样品。有时卖方可根据买方提供的样品，加工复制出一个类似的样品交买方确认，这种经确认后的样品，称为“对等样品”（counter sample）或“回样”，也有称为“确认样品”（confirming sample）。当对等样品被买方确认后，日后卖方所交货物的品质，必须以对等样品为准。对等样品实质上是将买方样品转变成卖方样品。这样既可满足国外客户的要求，又能充分考虑到国内原材料供应、加工技术、设备和生产安排的可行性。

此外，买卖双方为了发展贸易关系和增进彼此对对方商品的了解，往往采用互相寄送样品的做法。这种以介绍商品为目的而寄出的样品，最好标明“仅供参考”（for reference only）字样，以免与标准样品混淆。

范例

圣诞树，货号 CT-500，5 米高，以卖方 2008 年 4 月 15 日提供的样品为准。

CT-500，500cm Christmas Tree，details as per the samples provided by the seller on April 15，2008.

3．凭样品买卖时的注意事项

（1）凭样品买卖时，卖方提交的货物品质必须与样品严格一致。买方应有合理的机会对卖方交付的货物与样品进行比较，卖方所交货物不应存在合理检查时不易被发现的不适销售的缺陷。如卖方所交货物品质与样品不符，买方有权提出赔偿要求甚至拒收货物。

（2）选择的样品要有代表性，并以卖方样品为主；样品既不能选择最好的，以免大批量生产时达不到样品的品质标准；也不能选择最差的，使买卖双方不容易成交或成交价格偏低。另外，为避免货物品质纠纷缺乏依据，卖方在提供样品给买方确认时，应保留一个或几个复样。

（3）如果卖方对交货品质没有绝对把握时，可在合同中订明诸如“品质与样品近似”（Quality is nearly the same as the sample）、“品质与样品大致相同”（Quality shall be about equal to the sample）的弹性条款。如果买卖合同中有类似条款，即使货物品质与样品品质略有差异，买方也应该接受，而不能因此提出索赔。

（4）凭样品买卖时，还应特别注意防止侵犯第三方知识产权。《联合国国际货物销售合同公约》规定，对于依照买方提供的技术图样、图案、程序或其他规格生产的产品，如果第三方提出该产品侵犯了其工业产权或其他知识产权，卖方对此不负责任。因此，为了防止知识产权纠纷，应在合同中规定“由于买方来样而发生侵犯第三者权益时，由买方承担一切经济和法律责任”。

（5）凭样品买卖，容易在履约过程中产生品质方面的争议。因此，凡能使用客观指标表示商品质量的，就不宜采用此法。在国际货物买卖中，单纯凭样品成交的情况并不多，而是通常以样品来表示商品的某个或某几方面的质量指标。例如，在纺织品和服装交易中，为了表示商品的色泽质量，采用“色样”（color sample）；为了表示商品的造型，则采用“款式样”（pattern sample）；而对这些商品其他方面的质量，则采用其他的方法表示。

（二）以说明表示商品的品质

凭说明表示商品品质，是指用文字、图表、图片等方式来说明成交商品的品质。这类表示品质方法可细分为如下 6 种：

1．凭规格买卖

商品规格（commodity specification）是指一些足以反映商品品质的主要指标，如化学成分、含量、纯度、性能、容量、长短、粗细等。国际贸易中的商品由于品质特点不同，其规格也各异，买卖双方凡用商品的规格确定品质时，称为“凭规格买卖”（sale by specification）。这种表示质量的方法简单方便、准确具体，在国际贸易中使用最为广泛。

范例

白米，规格：碎粒（最高）25%；杂质（最高）0.5%；水分（最高）15%

White rice，specification：broken grains（max）25%，Admixture（max）0.5%; Moisture（max）：15%

2．凭等级买卖

商品等级（commodity grade）是指同一类商品按规格上的差异，分为品质优劣各不相同的若干等级，以文字、数字或符号表示。凭等级买卖（sale by grade）时，由于不同等级的商品具有不同的规格，为了便于履行合同和避免争议，在品质条款列明等级的同时，最好一并规定每一等级的具体规格。这对简化手续、促进成交和体现按质论价等方面，都有一定的作用。

范例 中国绿茶 特珍眉特级 货号 41022
特珍眉一级 货号 9317
特珍眉二级 货号 9307

Chinese Green Tea Special Chunmee Special Grade Art.No.41022
Special Chunmee Grade 1 Art.No.9317
Special Chunmee Grade 2 Art.No.9307

3. 凭标准买卖

有些商品习惯凭标准买卖（sale by standard），人们往往使用某种标准作为说明和评定商品品质的依据。商品标准（commodity standard）是指将商品的规格和等级予以标准化并以一定的文件表示出来。商品的标准，有的由国家或有关政府主管部门规定，如我国国家质量技术监督局发布的《质量管理体系——要求》国家标准 GB/T19001-2000；有的由同业公会、交易所或国际性的工商组织制定，如国际标准化组织制定的 ISO9000 标准系列。标准有国内的，也有国际的，在国际贸易实务中，凡按标准买卖的商品，一般遵循下列原则：

（1）我国已有标准的商品，以我国的标准为依据；

（2）我国没有标准的商品，以具有权威性的某些国际标准为依据；

（3）采用国外标准时，应注明所采用标准的年份和版本，以免引起争议。

范例

母水貂皮长大衣，中国标准，身长 120 厘米 ×115 厘米

Female Mink Overcoat Fall Let Out Made Chinese Standard Body Length120cm×115cm

专栏3-1

关于良好平均品质和上好可销品质的说法

1. 良好平均品质

在国际贸易中，对于某些品质变化较大而难以规定统一标准的农副产品，往往采用“良好平均品质”（fair average quality，FAQ）这一术语来表示其品质。“良好平均品质”是指一定时期内某地出口货物的平均品质水平，一般由同业工会或检验机构从一定时期或季节、某地装船的各批货物中分别抽取少量的实物加以混合拌制，并由该机构封存保管，以此实物所显示的平均品质水平，作为该季节同类商品质量的比较标准。一般是指中等货，也称大路货。这种表示质量的方法非常笼统，实际并不代表固定、具体的品质规格。采用这种方法，除在合同中注明 FAQ 字样和年份外，一般还订明该商品的主要规格指标。

范例

中国花生仁 F.A.Q 2004	China Peanuts F.A.Q 2004
水分不超过 13%	Moisture（max.） 13%
不完善粒不超过 5%	Admixture（max.） 5%
含油量最低 44%	Oil Contain（min.） 44%

2. 上好可销品质

“上好可销品质”（good merchantable quality，GMQ）标准是指卖方交货品质只需保证为上好的、适合于销售的品质即可。这种标准更为笼统，一般只适用于木材或冷冻鱼类等物品。我国在对外贸易中很少使用。

4. 凭说明书和图样买卖

在国际贸易中，有些机、电、仪等技术密集型产品，因其结构复杂，对材料和设计的要求严格，用以说明其性能的数据较多，很难用几个简单的指标来表明品质的全貌，而且有些产品，即

使其名称相同，但由于所使用的材料、设计和制造技术的某些差别，也可能导致功能上的差异。因此，对这类商品的品质，通常以说明书并附以图样、照片、设计图纸、分析表及各种数据来说明具体性能和结构特点。按此方式进行交易，称为凭说明书和图样买卖（sale by descriptions and illustrations）。

范例

品质和技术数据符合本合同所附技术协议书

Quality and technical data to be in conformity with the attached technical agreement which forms an integral part of this contract

5．凭商标或品牌买卖

商标（trade mark）是指生产者或商号用来识别所生产或出售的商品的标志。**品牌**（brand name）是指工商企业给制造或销售的商品所冠的名称。因此凭商标或品牌买卖（sale by trade mark or brand），一般只适用于一些品质稳定的工业制成品或经过科学加工的半制成品。商标或品牌自身实际上是一种品质象征，人们在交易中可以只凭商标或品牌进行买卖，无需对品质提出详细要求。尽管如此，在进行这类交易时，必须把好质量关，保证产品的传统特色，把维护名牌产品的信誉放在首位。

需要注意的是，商标、品牌属于工业产权，受到各国商标法的保护，因此出口商品时，应该遵守有关国家的法律规定，在销往国办理注册手续，以维护商品的专用权。在进口外国商品时，要注意出口商是否有权或得到授权使用该商标或品牌，以免造成知识产权纠纷。

范例

梅林牌辣酱油

Maling Brand Worcestershire Sauce

大白兔清凉奶糖

White Rabbit Mint Creamy Candy

6．凭产地名称买卖

在国际货物买卖中，有些产品，因产区的自然条件、传统加工工艺等因素的影响，在品质方面具有其他产区的产品所不具有的独特风格和特色，对于这类产品，一般也可用产地名称来表示品质。如中国东北大米、四川涪陵榨菜、山东龙口粉丝等。

凭产地名称买卖涉及了地理标志，地理标志在关贸总协定乌拉圭回合最终协议文件中已被正式列入知识产权保护范畴，因此实际使用中不仅要充分理解其中的内涵，也要注意保护和避免侵权。

上述各种表示品质的方法，既可以单独使用，也可以根据商品的特点、市场习惯和实际需要，将几种方式结合运用。需要注意的是，在同时使用文字说明与样品表示商品品质的进出口贸易中，必须明确表明是以文字说明为准，还是以样品为准，因为根据国外一些法律的规定（如英国），凡是既凭样品、又凭文字说明达成的交易，卖方所交货物必须既符合样品，又要与文字说明保持一致，否则买方有权拒收货物，并可以提出索赔要求。

商品品质说明方法不当引致争议

【案例介绍】

我国A公司向德国B公司出口一批大豆，合同规定水分最高15%，杂质不超过3%，交货品质以中国商检局证书为依据。成交前，我国A公司曾向B公司寄过样品；签约后，A公司又电告B公司，确认成交货物品质与样品相似。装运前，我国商检局签发交货品质符合合同规定的证书。货物运抵德国后，B公司提出货物与样品不符，并出示了德国检验机构的检验证书，证明货物的品质比样品低7%。B公司以此要求A公司赔偿其损失。A公司认为：合同条款只规定了凭规格交货，不同意赔偿。请问：A公司是否该赔偿？为什么？

【案例分析】

双方争议的焦点是，这笔交易到底是凭规格买卖还是凭样品买卖？

A公司所发电报在客观上构成对合同品质条款的补充。从整个交易过程来判断，这笔交易是既凭规格又凭样品的买卖。因此，A公司一方面承担双重义务：所交货物既要符合规定的要求，又要与样品一致。但另一方面，A公司的电报虽然确认成交货物品质与样品相似，而不是相符，仍应允许B公司进行货物与样品的比较并保留异议索赔的权利。

本案例给我们的启示是，在已经签约的情况下，A公司不应再去电报确认交货与样品相似；寄样一般应标注“仅供参考”（for reference only）的字样；在凭样品买卖的情况下，卖方应留复样，以便发生争议时重新检验。

四、国际贸易合同中的品质条款

表示商品质量的方法不同，合同中品名质量条款的内容也各不相同。品质条款的具体内容，应视成交商品的特性、买卖双方的交易习惯和具体要求而定。

（一）品质条款的主要内容

品质条款中，对可以用科学的指标来说明其质量的商品，应列明诸如商品规格、等级等指标的内容。凭标准买卖的商品，应在品质条款中列明采用何种标准和标准版本的年份。对性能和结构比较复杂的机、电、仪等技术密集型商品，很难通过简单的指标表示其品质的全貌，可在品质条款中载明卖方应提供说明书，并随附有关图样、照片、设计、图纸、分析表及各类数据等内容。此外，还可要求增加品质保证条款和技术服务条款。在凭样品买卖时，合同中除了要列明商品的名称外，还应订明凭已达成交易的样品的编号或寄送样品的日期，必要时还要加列交货品质与样品相符或大致相符的文句。对久负盛名的名牌商品或在品质方面有独特风格和地方特色的商品，可用成交商品的商标、品牌或原产地名称来表示品质。

范例

样品号NT002 长绒毛玩具熊 尺码24英寸

Sample NT002 Plush Toy Bear Size 24

（二）品质公差、品质机动幅度和品质增减价条款

在国际贸易中，卖方交货品质必须严格与买卖合同规定的质量条款相符。但是，某些商品由

于生产过程中存在的自然损耗，以及受生产工艺、商品本身特点等诸多方面原因的影响，难以保证交货质量与合同规定的内容完全一致，对于这些商品，如果条款规定过死或把质量指标订得绝对化，必然会给卖方的顺利交货带来困难。为此，订立合同时可在质量条款中规定一些灵活条款，卖方所交商品品质量只要在规定的灵活范围内，即可以认为交货质量与合同相符，买方无权拒收。

1．品质公差条款

品质公差（quality tolerance）是指被国际同行业所公认的或买卖双方所认可的产品品质误差。如手表走时的误差等。实际操作中，对于国际同行业有公认的“品质公差”，可以不在合同中明确规定。但如果国际同行业对特定指标无公认的品质公差，或者买卖双方对品质公差理解不一致，或由于生产原因，需要扩大公差范围，可在合同中具体规定品质公差的内容。对于某些难以用数字或科学方法表示的，通常采用“合理差异”这种笼统的规定方法，如“质地、颜色允许合理差异”。但采用此种规定方法应特别慎重，因为“合理差异”没有统一的标准，可能因理解不同而产生争议。

2．品质机动幅度条款

品质机动幅度（quality latitude）是指在某些产品的交易中，由于卖方所交货物难以完全与合同规定的品质相符，为便于卖方交货，规定卖方所交货物的一些特定指标在一定的幅度范围内机动。品质机动幅度条款，通常采取以下三种规定方法：

（1）规定范围。是指对某项商品的主要质量指标规定允许有一定的机动范围。例如：

印花布	幅宽	104/107cm
Printed Shirting	Width	104/107cm

（2）规定极限。是指对某些商品的品质规格规定上下极限，如最大、最高、最多、最小、最低、最少等。卖方所交货物只要没有超出规定的上下极限，均算符合合同的规定。例如：

脱水菠菜，水分不超过 8%

Dehydrated Spinach, Moisture（max.）8%

（3）规定上下差异。是指在规定某一具体质量指标的同时，还规定一定比例的上下变化幅度。例如：

灰鸭毛，含绒量 18%，允许上下 1%

Grey Duck’s down　18% down content with 1% more or less

3．品质增减价条款

无论是品质公差还是机动幅度，一般只具体规定影响商品的价值和使用价值的主要指标。卖方交货品质在品质公差允许的范围内，一般均按合同规定的单价计收价款。而在使用品质机动幅度条款时，为了体现按质论价，经买卖双方协商同意，可根据交货时的实际品质，按比例予以增价或减价，即规定“品质增减价条款”。根据我国的对外贸易实践，品质增减价条款主要有以下三种订法：

（1）对机动幅度内的品质差异，可按交货时的实际品质，规定予以增价或减价。如在买卖大豆时，可以在合同的品质条款中规定“水分 ±1%，价格 ±1%；含油量 ±1%，价格 ±1.5%”。

（2）在规定的品质机动幅度内，实际交货品质如果低于合同规定的品质，买方要予以扣价；而如果交货品质高于合同规定，不予增价，仍按照合同规定的价格计算货款。

（3）在品质机动幅度范围内，买方按照品质低劣程度的不同而采用不同的扣价方法。例如，规定“若实际交货品质低于合同规定的 1%，扣价 1%；若低于合同规定的 1% ～ 2%，扣价 3%”。这样可以促使卖方按照合同规定的品质交货。

在上述三种规定方法中，第一种比较公平合理，卖方愿意接受；第二种买方比较愿意接受。

范例

中国芝麻，水分（最高）8%，杂质（最高）2%，含油量（湿态，乙醚浸出物）以 52% 为基础。如实际装运货物的含油量每增减 1%，价格应该相应增减 1%，不足整数部分，按比例计算。

China Sesame Seeds, Moisture（max.）8%, Admixture（max.）6%, Oil Content（wet bases ethyl ether extract）52% basis. Should the oil content of the goods actually shipped be 1% higher or lower the price will be accordingly increased or decreased by 1%, and any fraction will be proportionally calculated.

（三）订立品质条款应注意的问题

（1）根据商品的特性来确定表示品质的方法。表示品质的方法应视商品特性而定，凡可用一种方式表示的，就不要采用两种或两种以上的方法，订得过于烦琐只会增加生产和交货的困难。如果双方商定用两种或两种以上的方法表示商品品质时，应该在条款中说明所使用方法的主次，以免因方法选择次序的差别或双方强调的内容不一致而发生争议。

（2）合同中的品质条款应尽量明确具体，避免笼统含糊。在规定品质条款时，用词须简单、具体、明确，切忌使用“大约”“左右”“合理误差”等含义不清的词语，所涉及的数据应力求明确，避免引起纠纷。此外，要切合实际，从生产实际出发，要留有余地，防止把品质条款订得过于绝对化，给生产或交货造成困难。

（3）品质条款应符合有关国家或相关国际组织的标准，以提高产品的竞争能力。

总之，订立品质条款时要注意科学性和灵活性，要根据商品的种类、用途、交易对象的资信情况、国际市场的形势以及国内企业的生产情况等综合情况进行具体分析、综合考虑，只有这样，才能有利于合同的顺利履行。

第三节　商品的数量

一、数量条款的法律意义

在国际贸易中，商品的数量不仅是国际货物买卖合同的主要贸易条款之一，而且是构成有效合同的必备条件，影响价格和其他交易条件。合同中的数量条款是双方交接货物的依据，涉及成交数量的确定、计量单位和计量方法的规定，以及数量的机动幅度等内容。

《联合国国际货物销售合同公约》规定，按约定的数量交付货物是卖方的一项基本义务。如果卖方交货数量大于约定数量，买方可以拒收多交的部分，也可以收取多交部分中的一部分或全部，但应按合同价格付款。如卖方交货数量少于约定的数量，卖方应在规定的交货期届满前补交，但不得使买方遭受不合理的不便或承担不合理的开支，即使如此，买方也有保留要求损害赔偿的权利。

二、国际贸易中常用的度量衡制度

商品的数量是以一定度量衡表示的商品重量、个数、长度、面积、体积、容积的量。在国际贸易中，世界各国使用的度量衡制度不同，致使计量单位上存在差异，即同一计量单位所表示的实际数量不同。例如，重量单位吨，有公吨、长吨、短吨之分，分别等于 1 000 千克、1 016 千克、907.2 千克。所以，了解和熟悉不同的度量衡制度关系到货物的计量单位是否符合进口国有关计量单位使用习惯和法律规定等问题。目前，国际贸易中通常使用的度量衡制度有四种：①公制（或米制）（metric system）；②美制（U. S. system）；③英制（British system）；④国际单位制（international system of units）。

国际标准计量组织大会在 1960 年通过的，在公制基础上发展起来的国际单位制，已为越来越多的国家所采用，这有利于计量单位的统一，标志着计量制度的日趋国际化和标准化，从而对国际贸易的进一步发展起到推动作用。我国采用的是以国际单位制为基础的法定计量单位。《中华人民共和国计量法》第 3 条中明确规定："国家采用国际单位制。国际单位制计量单位和国家选定的其他计量单位，为国家法定计量单位。"在外贸业务中，出口商品，除合同规定需采用公制、英制或美制计量单位外，也应使用法定计量单位。一般不进口非法定计量单位的仪器设备。如有特殊需要，须经有关标准计量管理机构批准，才能使用非法定计量单位。此外，有些国家对某些商品还规定有自己习惯使用的或法定的计量单位。以棉花为例，许多国家都习惯于以包（bale）为计量单位，但每包的含量各国解释不一：如美国棉花规定每包净重为 480 磅；巴西棉花每包净重为 396.8 磅；埃及棉花每包为 730 磅。又如糖类商品，有些国家习惯采用袋装，古巴每袋糖重规定为 133 公斤，巴西每袋糖重规定为 60 公斤等。由此可见，了解不同度量衡制度下各计量单位的含量及其计算方法是十分重要的。

为了解决由于各国度量衡制度不一致带来的弊端，以及为了促进国际科学技术交流和国际贸易的发展，国际标准计量组织在各国广为通用的公制的基础上采用国际单位制。国际单位制的实施和推广，标志着计量制度日趋国际化和标准化，现在已有越来越多的国家采用国际单位制。

三、计量单位和计量方法

（一）计量单位和计量方法

常见的计量方法有按照重量、体积、个数、容积、长度、面积计量等方法。常见的计量单位和应用情形如表 3-1 所示。

表 3-1 国际贸易中常见的计量方法

计量单位	应用情形	常见单位
重量单位	主要适用于羊毛、棉花、谷物、矿产品、盐、油类等天然矿产品，农副产品及矿砂、钢铁等部分工业制品	克、千克、盎司、磅、公吨、长吨、短吨、公担、英担、美担等
个数单位	适用于成衣、文具、车辆、机器零件等杂货类商品及一般制成品	只、件、双、台、打、令、卷、辆、头、箱、捆、桶、袋、盒、听等
容积单位	主要适用于小麦、玉米、燕麦、大豆、汽油、天然气、煤油、酒精、啤酒等谷物类及部分流体、气体物品	公升、加仑、蒲式耳等
面积单位	主要适用于玻璃板、地毯、皮革、布匹、塑料板等板型材料、皮质和塑料制品	平方米、平方英尺、平方码、平方英寸等
长度单位	主要适用于金属绳索、丝绸、布匹、电线电缆等	码、米、英尺、厘米等
体积单位	主要适用于化学气体、木材等	立方码、立方英尺、立方米、立方英寸等

（二）重量计量方法

国际贸易中按照重量计算的商品非常多。根据一般的商业惯例，通常计算重量的方法有以下5种。

1．按毛重计算

毛重（gross weight）是指商品本身的重量加上包装的重量，即皮重。一般价值不高的商品采用按毛重计量，即以毛重作为计算价格和交付货物的计量基础。这种计重方法在国际贸易中被称为“以毛做净”。

2．按净重计算

商品本身重量减去包装的实际重量称为**净重**（net weight）。在国际货物买卖中，按重量计量的商品大都采用此种记重方式。有包装的商品如按净重计算时，应将包装重量扣除——毛重减去皮重。皮重的计算方法有以下四种：

（1）实际皮重（real tare，or actual tare）。将整批商品的包装逐一过秤，算出每一件包装的重量和总重量。

（2）平均皮重（average tare）。如果商品使用的包装整齐划一，重量相差不大，可以从整批货物中抽出一定件数，称出其皮重，然后求出平均皮重，再乘以总件数。

（3）习惯皮重（customary tare）。某些商品的包装比较规格化，并已经形成一定的标准，就可以按照公认的标准单件包装重量乘以商品的总件数，求得总皮重。例如，装运粮食的机制麻袋，已被公认每只麻袋的重量为2.5磅。这种已经被公认的皮重，称为习惯皮重。

（4）约定皮重（computed tare）。以买卖双方事先约定的包装重量作为计算的基础。

在实际操作中，究竟采用哪一种方式求得净重，应当根据商品的性质、包装的特点、合同数量的多少及交易习惯来确定，并在合同中事先订明，以避免争议的发生。

3．按公量计算

公量（conditioned weight）是以商品的干净重加上国际公定的回潮率与干净重的乘积所得出的重量。这种计重方法较为复杂，主要适用于少数经济价值较高而水分含量极不稳定的商品，如羊毛、生丝、棉花等。其计算公式主要有下列两种：

$$\text{公量}=\text{商品的净重}\times(1+\text{公定回潮率})$$

或者，

$$\text{公量}=\text{商品的实际重量}\times(1+\text{公定回潮率})/(1+\text{实际回潮率})$$

4．按理论重量计算

理论重量（theoretical weight）适用于有固定规格和固定体积的商品，如马口铁、钢板等。这些商品规格一致、体积相同，每件重量也大致相等，根据件数就可以算出其总重量。

5．按法定重量计算

法定重量（legal weight）是商品重量加上直接接触商品的包装物料的重量。而除去这部分重量所表示出来的纯商品重量，则称为实物净重。此计重方法大多用于海关计税。

四、数量机动幅度条款

在国际货物买卖中，有些商品可以精确计量，如金银、钻石等。但也有许多商品，由于本身特性、生产、运输或包装条件及计量工具的限制，不易精确计算，如散装谷物、水果、粮食、矿砂、钢材等，交货时数量往往难以完全符合合同规定的某一具体数量。为便于合同的履行，减少争议，买卖双方通常都在合同中规定数量的机动幅度条款，这种数量机动幅度条款一般就是溢短装条款（more or less clause）。

所谓溢短装条款，就是在规定具体数量的同时，再在合同中规定允许多装或少装的一定百分比。只要卖方交货数量在约定的增减范围之内，就算按合同数量交货，买方不得以交货数量不符为由拒收货物或者提出索赔。

（一）数量机动幅度的规定方法

数量机动幅度的大小通常以百分比来表示。例如，3 000 公吨，卖方可溢装或短装 5%。按此规定，卖方实际交货数量如果为 2 850 公吨或者 3 150 公吨，买方不得提出异议。

究竟多少百分比合适，应该根据商品不同的特性、行业或者贸易习惯或者运输方式等因素而定。根据国际商会《跟单信用证统一惯例》（UCP600）规定：卖方溢短装交货数量的机动幅度不超过 5% 为限。

在分批装运情况下，有两种规定机动幅度的方法。一种是只对合同数量规定一个百分比的机动幅度，而对每批分运具体幅度不作规定，在此情况下，只要卖方交货总量在规定的机动幅度内，就算按合同交货；另一种情况是，除规定合同数量总的机动幅度，还规定每批分运数量的机动幅度，在此情况下，卖方总的交货量，就得受上述总机动幅度的约束，这时候卖方就要根据过去累计的交货量，计算出最后一批应交数量。

溢短装条款也称增减条款，在使用时，也可简单地在增减幅度前加上“±”符号。在实际业务中，还有以“约”（approximately or about）来表示交货数量的增减范围。如果合同中没有明确规定，在信用证结算方式下，根据 UCP600 的规定，散装货有 10% 的增减机动幅度。但是，为了避免出现争议或者纠纷，在对外贸易实践中，一般不宜采用这种表述，即使采用，也应该在合同中应明确规定“约”字所代表的百分比。

（二）数量机动幅度的选择权

合同中规定有溢短装条款，具体伸缩量的掌握大都明确由卖方决定，但有时特别是由买方派船装运时，也可由买方决定。在采用租船运输时，为充分利用船舱容积，便于船长根据具体情况考虑装运数量，也可授权船方掌握并决定装运增、减量。在此情况下，买卖合同应明确由承运人决定伸缩幅度。

（三）数量机动幅度的计价

在机动幅度范围内超过或低于合同数量的多装或少装部分，一般情况下，按合同价格计算，但总额不超过信用证规定的金额，但是某些价格变化幅度大的商品，可在发货或货到时按国际市场价格计价。

五、订立数量机动幅度条款的注意事项

在订立数量机动幅度时，要注意以下三点：

1．数量机动幅度的大小要适当

一般数量机动幅度的大小按照商品的特性、行业或贸易惯例、运输方式等以百分比表示。数量机动幅度可酌情做出各种不同的规定。

2．机动幅度选择权的规定要合理

在合同规定有机动幅度的条件下，应酌情确定由谁来行使这种机动幅度的选择权，如果采用海运，交货数量的机动幅度应由负责安排船舶运输的一方选择。也可规定由船长根据舱容和装载情况做出选择。

3．溢短装数量的计价方法要公平合理

对机动幅度范围内超出或低于合同数量的多装或少装部分，比较常见的做法一般是按合同价格算。但是，数量的溢短装在一定条件下关系到买卖双方的利益，在按合同价格计价的条件下，交货地市价下跌，多装对卖方有利；但如市价上涨，多装却对买方有利，因此，为了防止有权选择多装或少装的一方当事人依行市的变化，有意多装或少装以获取额外的好处，也可以合同中规定，多装或少装的部分，不按合同价格计价而按装船时或货到时的市价计算，以体现公平合理的原则。

此外，当成交某批价格波动激烈的大宗商品时，为了防止卖方或买方利用数量机动幅度条款，根据自身的利益故意增加或减少装船数量，也可在机动幅度条款中加订：“此项机动幅度，只是为了适应船舶实际装载量的需要时，才能适用。”

第四节　商品的包装

一、包装与包装条款的重要性

商品包装是商品生产的继续，凡需要包装的商品，只有通过包装，才算完成生产过程，商品才能进入流通领域和消费领域，才能实现商品的使用价值和价值。但是由于商品种类繁多，性质、特点和形状各异，因而它们对包装的要求也各不相同，除少数商品难以包装，不值得包装或根本没有包装的必要，而采取裸装或散装的方式外，其他绝大多数商品都需要有适当的包装。这是因为，包装是保护商品在流通过程中完好和数量完整的重要措施，有些商品甚至根本离不开包装，它与包装成为不可分割的统一整体。经过适当包装的商品，不仅便于运输、装卸、搬运、储存、保管、清点和携带，而且防止丢失或被盗，为各方面都提供了便利。从国际市场营销的视角审视以上各环节，都与提高产品竞争力相关。比如，包装大小涉及海运费用，包装款式影响到目标市场营销。

此外，在国际货物买卖中，包装还是货物说明的重要组成部分。包装条件是买卖合同中的一项主要条件，按照某些国家的法律规定，如卖方交付的货物未按规定的条件包装，或者货物的包

装与行业习惯不符，买方有权拒收货物；如果货物另按约定的方式包装，但却与其他货物混杂在一起，买方也可以拒收违反约定包装的那部货物，甚至可以拒收整批货物。根据《联合国国际货物销售合同公约》第35条1款规定："卖方必须按照合同规定的方式装箱或包装。"如果卖方不按照合同规定的方式装箱或包装，即构成违约。由此可见，搞好包装工作和按约定的条件包装，具有重要的意义。

二、包装的概念与分类

（一）包装的概念

包装是货物的盛载物、保护物和宣传物，是货物运动过程中的有机组成部分。它能保护货物品质完好无损，美化宣传商品，达到促销目的。需要注意的是，这里的包装具有双重含义：一是盛载物；二是买卖合同的一项交易条件，卖方交货未按合同规定包装，则构成违约。另外，包装不良（insufficient packing），船方将在大副收据上有所批注，从而产生不清洁提单，也影响安全收汇。

（二）包装的分类

根据包装在流通过程中所起作用的不同，可分为运输包装（即外包装）和销售包装（即内包装）两种类型，前者的主要作用在于保护商品和防止出现货损货差，后者除了能保护商品，还具有促销功能。

1．运输包装

（1）运输包装的分类。运输包装的方式和造型多种多样，用料和质地各不相同，包装程度也有差异，这就导致运输包装具有下列多样性：

1）按包装方式，可分为单件运输包装和集合运输包装。前者，是指货物在运输过程中作为一个计件单位的包装；后者，是指将若干单件运输包装组合成一件大包装，以更有效地保护商品，提高装卸效率和节省运输费用。在国际贸易中，常见的集合运输包装有集装包和集装袋。

2）按包装类型和工具不同，可分为箱袋、桶和捆不同形状的包装。

3）按包装材料不同，可分为纸质包装，金属包装，木制包装，塑料包装，麻制品包装，竹、柳、草制品包装，玻璃制品包装和陶瓷包装等。

4）按包装质地来分有软性包装、半硬性包装和硬性包装，究竟采用其中哪一种，需视商品的特性而定。

5）按包装程度不同，可分为全部包装和局部包装。

在国际贸易中，买卖双方究竟采用何种运输包装，应在合同中具体订明。

（2）运输包装的标志。运输包上的标志，按用途可分三种：

1）运输标志。**运输标志**又称**唛头**（shipping mark），它通常是由一个简单的几何图形和一些字母、数字及简单的文字组成。其主要内容包括：目的地的名称或代号、收发货人的代号、件号、批号。此外，有的运输标志还包括原产地、合同号、许可证号和体积与重量等内容。

运输标志的内容繁简不一，由买卖双方根据商品特点和具体要求商定。

鉴于运输标志内容差异较大，不适应货运量增加、运输方式变革和电子计算机在运输与单据流转方面应用的需要，因此联合国欧洲经济委员会简化国际贸易程序工作组，在国际标准化组织和国际货物装卸协调协会的支持下，制定了一项运输标志向各国推荐使用，该标准运输标志包括：

a．收货人或买方名称的英文缩写字母或简称；

b．参考号，如运单号、订单号或发票号；

c．目的地；

d．件号。

至于根据某种需要而须在运输包装上刷写的其他内容，如许可证号等，则不作为运输标志必要组成部分。现列举标准化运输标志实例如下：

ABC	收货人代号
1234	参考号
NEW YORK	目的地
1/25	件数代号

2）指示性标志。**指示性标志**（indicative mark）是提示人们在装卸、运输和保管过程中需要注意的事项，一般都是以简单、醒目的图形和文字在包装上标出（见图 3-1）。

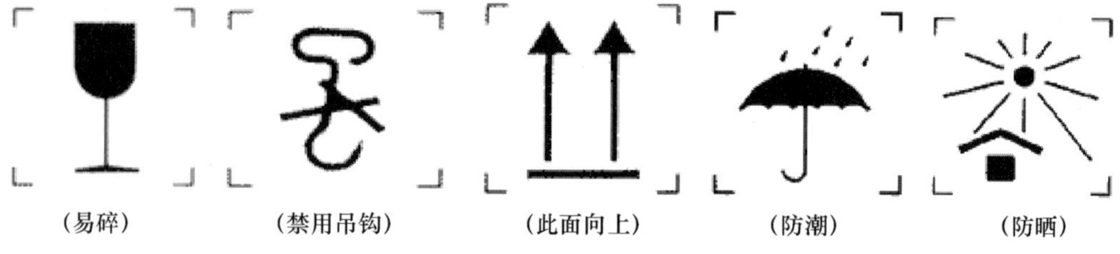

图 3-1　指示性标志

3）警告性标志。**警告性标志**（warning mark）又称**危险货物包装标志**。凡在运输包装内装有爆炸品、有毒物品、腐蚀物品、氧化剂和放射性物资等危险货物时，都必须在运输包装上标明用于各种危险品的标志，以示警告，使装卸、运输和保管人员按货物特性采取相应的防护措施，以保护物资和人身的安全（见图 3-2）。

图 3-2　警告性标志

除我国颁布的《危险货物包装标志》外，联合国政府间海事协商组织也规定了一套《国际海运危险品标志》，这套规定在国际上已有许多国家采用，有的国家进口危险品时要求在运输包装上标明该组织规定的危险品标志，否则，不准靠岸卸货。因此，在我国危险货物的运输包装上，要标明我国和国际上所规定的两种危险品标志。

2．销售包装

（1）对销售包装的要求。销售包装又称内包装，它是直接接触商品并随商品进入零售网点和消费者直接见面的包装。这类包装除必须具有保护商品的功能外，更应具有促销的功能。因此，对销售包装的造型结构、装潢画面和文字说明等方面，都有较高的要求。

为了使销售包装适应国际市场的需要，在设计和制作销售包装时，应体现下列要求：

1）便于陈列展销；

2）便于识别商品；

3）便于携带和使用；

4）要有艺术吸引力。

（2）销售包装的分类。销售包装可采用不同的包装材料和不同的造型结构与式样，这就导致销售包装的多样性，究竟采用何种销售包装，主要根据商品特性和形状而定。常见的销售包装有挂式包装、堆叠式包装、携带式包装、易开包装、喷雾包装、配套包装、礼品包装和复用包装。

（3）销售包装的标示和说明。在销售包装上，一般都附有装潢画面和文字说明，有的还印有条形码的标志。在设计和制作的销售包装时，应一并做好这几方面的工作。

1）包装的装潢画面。销售包装的装潢画面要美观大方，富有艺术上的吸引力，并突出商品特点，图案和色彩应适应有关国家的民族习惯和爱好。在设计装潢画面时，应投其所好，以利于扩大出口。

2）文字说明。在销售包装上应有必要的文字说明，如商标、品牌、品名、产地、数量、规格、成分、用途和使用方法等。文字说明要同装潢画面紧密结合，互相衬托，彼此补充，以达到宣传和促销的目的。使用的文字必须简明扼要，并让销售市场的顾客能看懂，必要时也可以中外文同时并用。

在销售包装上使用文字说明或制作标签时，还应注意有关国家的标签管理条件的规定。

3）条形码。商品包装上的条形码是由一组带有数字的黑白及粗细间隔不等的平行条纹所组成，这是利用光电扫描阅读设备为计算机输入数据的特殊的代码语言。目前，世界上许多国家都在商品包上使用条形码，只要将条形码对准光电扫描器，计算机就能自动地识别条形码的信息，确定品名、品种、数量、生产日期、制造厂商、产地等，并据此在数据库中查询其单价，进行货款计算，打出购货清单，这就有效地提高了结算的效益和准确性。

目前，许多国家的超级市场都使用条形码技术进行自动扫描结算，如商品包装上没有条形码，即使是名优商品，也不能进入超级市场而只能当做低档商品进入廉价商店。有些国家对某些商品包装上无条形码标志，即不予进口。为了适应国际市场的需要和扩大出口，1988 年 12 月我国建立了“中国特品编码中心”负责推广条形码技术，并对其进行统一管理。1994 年 4 月我国正式加入国际物品编码协会，该会分配给我国的国别号为“690”。目前我国已启用的前缀码有 6 个：690 ～ 695。需要指出的是：前缀码不代表产品的原产地，而只能代表分配和管理有关厂商识别代码的国家（或地区）的编码组织。

三、中性包装和定牌生产

采用中性包装和定牌生产，是国际贸易中的习惯做法。

（一）中性包装

中性包装（neutral packing）是指既不标明生产国别、地名，也不标明厂商名称的包装，也就是说，在出口商品包装的内外，都没有原产地和厂商的标记。中性包装包括无牌中性包装和定牌中性包装两种：前者是指包装上既无生产国别和厂商名称，又无商标或品牌；后者是指包装上仅有买方指定的商标或品牌，但无生产国别和厂商名称。

采用中性包装，是为了打破某些进口国家与地区的关税和非关税壁垒以及适应交易的特殊需要（如转口销售等），它是出口国家厂商加强对外竞销和扩大出口的一种手段。为了把生意做活，我们对国际贸易中的这种习惯做法，也可酌情采用。

（二）定牌生产

定牌是指卖方按买方要求在其出售的商品或包装上标明买方指定的商标或牌号，这种做法叫定牌生产（original equipment manufacturer，OEM）。

当前，世界许多国家的超级市场、大百货公司和专业商店，其经营出售的商品，都要在商品上或包装上标有商店使用的商标或品牌，以扩大本店知名度和显示该商品的身价。许多国家的出口厂商，为了利用买主的经营能力及其商业信誉和品牌声誉，以提高商品售价和扩大销路，也愿意接受定牌生产。

在我国出口贸易中，如外商订货较大，且需求比较稳定，为了适应买方销售的需要和有利于扩大我国出口的销路，我们也可酌情接受定牌生产。

四、国际贸易合同中的包装条款

进出口买卖合同中的包装条款一般包括包装材料、包装方式、包装规格、包装标志等内容，为了订好包装条款，以利于合同的履行，在商订包装条款时，需要注意下列事项：

（1）要考虑商品特点和不同运输方式的要求。

（2）对包装的规定要明确具体，一般不宜采用“海运包装”和“习惯包装”之类的术语。

（3）明确包装由谁供应和包装费由谁负担。包装由谁供应，通常有下列三种做法：

1）由卖方供应包装，包装连同商品一块交付买方。

2）由卖方供应包装，但交货后，卖方将原包装收回，关于原包装返回给卖方的运费由何方负担，应作具体规定。

3）由买方供应包装或包装物料，采用此种做法时，应明确规定买方提供包装或包装物料的时间，以及由于包装或包装物料未能及时提供而影响发货时买卖双方所负的责任。

关于包装费用，一般包括在货价之中，不另计收，但也有不计在货价之内而规定由买方另行支付的，究竟由何方负担，应在包装条款中做出明确的规定，以利于合同的履行。

本章小结

国际贸易合同中的品名、品质条款是合同中的一项主要条款，两者往往结合在一起，构成商品说明的重要组成部分，是买卖双方商定价格、达成交易以及处理品质纠纷的重要依据。商品的品质既可以用实物也可以用文字说明表示，前者包括看货买卖和凭样品买卖两种方式，后者包括凭规格、等级、标准、商标或品牌、产地名称和说明书与图样买卖。这样表示方法可以单独使用，但有时也可酌情混合使用。品质条款中除包括商品品质的表述内容外，有时也有相应的品质公差与品质机动幅度条款，这样可使品质条款具有一定的灵活性。为了体现按质论价，也可在合同中加订品质增减价条款。在订立品质条款时，要合理使用表示商品品质的方法，力求约定的品质条款明确、具体。

关键词

商品品名 name of commodity
商品品质 quality of goods
凭样品买卖 sale by sample
对等样品 counter sample
品质公差 quality tolerance
品质机动幅度 quality latitude
溢短装条款 more or less clause
净重 net weight
毛重 gross weight
运输标志 shipping mark
中性包装 neutral packing
定牌生产 OEM

思考题

一、选择题

1. 卖方根据买方来样复制样品，寄送买方并经其确认的样品，被称做（　　）。
A. 复样　　B. 回样　　C. 原样　　D. 对等样品
2. 适用于在造型上有特殊要求或具有色香味方面特征的商品，表示品质的方法有（　　）。
A. 凭等级买卖　　B. 凭商标买卖　　C. 凭说明书买卖　　D. 凭样品买卖
3. 按照《联合国国际货物销售合同公约》的规定，卖方交货数量如超过合同规定数量时（　　）。
A. 买方有权拒收超过的部分　　B. 买方有权拒收全部货物
C. 买方必须全部接受　　D. 以上三者皆非
4. 合同中使用了“大约”“近似”等约量字眼，可解释交货数量的增加幅度为（　　）
A. 不超过5%　　B. 不超过10%　　C. 不超过15%　　D. 由卖方自己决定
5. 目前我国出口的某些工艺品、服装、轻工业品等常用来表示品质的方法是（　　）
A. 凭样品买卖　　B. 凭规格买卖　　C. 凭等级买卖　　D. 凭产地名称买卖
6. 溢短装部分的计价，通常（　　）
A. 按合同价格结算　　B. 按装船时的行市计算
C. 按货物到达目的地的世界价格计算　　D. 由仲裁机构解决
E. 由卖方自行决定
7. 根据《联合国国际货物销售合同公约》的规定，若卖方交付的货物不符合合同约定的品质条件，买方有权（　　）。
A. 要求损害赔偿　　B. 要求修理或交付替代货物
C. 拒收货物　　D. 撤销合同
8. 用实物表示商品品质的方法有（　　）
A. 以文字说明表示　　B. 看货成交

C．看样成交　　D．凭规格买卖

9．包装标志按其用途，可分为（　　）。

A．运输标志　　B．指示性标志　　C．警告性标志　　D．识别标志

10．运输标志的作用是（　　）。

A．便于识别货物　　B．方便运输　　C．易于计数

D．防止错发错运　　E．促进销售

二、简答题

1．在买卖合同中为什么要规定商品的名称？规定品名条款时应该注意哪些事项？

2．表明商品品质的方法有哪些？在使用时应注意哪些问题？

3．凭样品成交时，应注意哪些要求？

4．试述“品质机动幅度”和“品质公差”条款的含义及作用。

5．某公司出口一批脱水菠菜到香港，质量条款规定“水分不超过8%”。试分析若该公司实际交货质量高于或低于该标准，卖方所要承担的责任。

三、案例分析

1．出口合同规定的商品名称为“手工制造书写纸”（Handmade Writing Paper），买方收到货物后，经检验发现货物部分制造工序为机械操作，而我方提供的所有单据均表示为手工制造。对方要求我方赔偿，而我方拒赔，主要理由是：

（1）商品的生产工序基本是手工操作，而且关键工序完全采用手工；

（2）该交易是经买方当面先看样品成立的，并且实际货物品质又与样品一致，因此，应认为所交 货物与商定的品质一致。

试问：此交易争议的责任在谁？应如何处理？

2．1988年广交会期间，我某公司同日本D产业株式会社签订了一份出口羊绒衫的合同。根据合同条款的规定，由我公司按每件10美元CFR横滨卖给日本D产业株式会社羊绒衫一批，数量为10 000件，羊绒含量为100%；付款条件为即期信用证，以卖方出具的发票、提单、品质检验证书作为付款的依据。买方有权在货物抵达目的港后予以复验，检验费由买方自理。该批货物于1989年4月2日运出，4月6日抵达横滨港。日方根据合同的规定，请日本某检验机构开箱检验。经检验，羊绒含量为70%，于是日方即以货物成分含量不符合同要求为由，向我公司提出异议。我方公司对日方的异议表示不予受理。理由是该笔交易是在广交会上经买方当面看样成交的，并且是在买方同意的情况下签约的，而实际交货与样品一致，因此认为货物品质已符合双方约定。

试问：本案例哪一方说法有理。

3．中方某公司与国外成交红枣一批，合同与开来信用证上均写的是三级品。但到发货装船时始发现三级红枣库存告罄，于是改以二级品交货，并在发票上加注：“二级红枣仍按三级计价。”不料货到对方后，进口方却以所交货物不符合合同规定为由拒绝收货。

试问：进口商拒收的理由正当吗？为什么？

第四章

进出口商品的价格

学习目标

- 熟悉进出口货物的作价原则
- 掌握进出口货物的作价方法
- 掌握进出口价格的构成
- 掌握佣金和折扣的准确运用
- 了解计价货币的选择

案例导入

森德国际贸易公司与南非 NEO 公司通过磋商，确定达成交易，并签订了正式的买卖合同。森德公司向 NEO 公司出口碎片蘑菇罐头 1 800 箱，合同中的价格条款确定为：USD9.8/CARTON CIF CAPE TOWN。合同签订 2 周后，国际市场行情发生变化，罐头食品价格下跌，南非 NEO 公司来电要求，合同价格应按照目前行情调整，调整价格为 USD8.2/CARTON CIF CAPE TOWN。我方公司以合同已经签订，约定的是固定价格，而不是非固定价格为由，拒绝了买方的要求。

在国际货物买卖合同中，价格条款用何种作价方法非常重要。在国际货物买卖中，可分别采取固定价格和非固定价格两种作价办法。其中固定价格是国际贸易中最常见的做法，即在合同中明确地规定具体价格，买卖双方应按此价格结算货款。按照《联合国国际货物销售公约》的规定，合同价格一经确定，就必须严格执行，除非合同另有约定，或经双方当事人一致同意，任何一方都不得擅自更改。

因此，学习和掌握国际贸易中现行的各种作价方法及作价原则，以及避免或减少不必要的贸易争端，对进出口企业有十分重要的意义。在国际贸易中，商品的价格是国际货物买卖的主要交易条件，如何确定进出口商品价格和规定合同中的价格条款，是交易双方最为关心的一个重要问题，不仅直接关系到买卖双方的利益，而且与合同中其他条款也有密切的联系。因此，讨价还价往往成为交易磋商的焦点，买卖双方在其他条款上的利害得失，一般也会在价格上体现出来，价格条款的内容与其他条款的约定会相互产生一定的影响。在实际业务中，正确掌握进出口商品价格，合理采用各种作价办法，选用有利的计价货币，适当运用与价格有关的佣金和折扣，合理地制定国际货物买卖合同中的价格条款。

第一节　进出口商品价格的构成

对于进出口业务人员而言，掌握商品的价格是一项复杂而又十分艰巨的工作。为了做好这项工作，外经贸业务经营人员必须熟悉交易商品成本核算方法、主要贸易术语的价格构成和换算方法；企业在对外报价或磋商时，一般都要对拟进出口的商品进行成本核算，以保证企业经济效益。

一、出口商品价格的构成

出口商品价格的构成主要包括商品成本、出口费用和预期利润三大部分。

（一）商品成本

出口商品的成本包括生产成本、加工成本、采购成本三种。

生产成本是指制造企业生产某一产品所投入的成本。

加工成本是指加工企业对成品或半成品进行加工、装配所需的成本。

采购成本是指贸易商向供应商（制造企业、加工企业等）采购商品的价格，也称为进货价格。供应商报出的价格一般包含增值税，在实施出口退税制度的情况下，出口商在核算价格时，往往会将含税的采购成本中的出口退税部分予以扣除，从而得出实际购货成本。

增值税是以商品（含应税劳务）在流转过程中产生的增值额作为计税依据而征收的一种流转税。由于出口商品是进入国外市场流通，因此，很多国家为了降低出口商品的成本，增强其产品在国际市场上的竞争力，往往对出口商品采取增值税款全额或按一定比例退还的做法。

【例 4-1】 某出口公司采购一批健身用瑜伽服装，每套服装的购货成本是 168 元人民币，其中包括 17% 的增值税，若此类服装出口可以有 8% 的退税率，求每套服装的实际购货成本。

解： 含税购货成本 = 168（元 / 套）

实际成本 = 含税购货成本 – 出口退税额

出口退税额 = 含税购货成本 × 出口退税率 /（1+ 增值税率）

= 168 ×8% /（1+17%）

= 11.49（元 / 套）

实际购货成本 = 168 – 11.49 = 156.51（元 / 套）

（二）出口费用

相对国内贸易而言，进出口交易是跨国界的商品交换活动，在交易过程发生的费用（expenses/charges）比较多。出口业务中通常发生的费用主要包括以下 9 种。

（1）**国内运输费**（inland transport charges）：在装运前所发生的内陆运输费用，通常有卡车运输费、内河运输费、路桥费、过境费、装卸费等。

（2）**仓储费**（warehousing charges）：在出口发运之前，需要另外存仓的货物，会产生仓储费用。

（3）**商检费**（inspection charges）：出口商品检验机构根据国家有关规定或出口商的请求，对货物进行检验所发生的费用。

（4）**报关费**（customs charges）：实际上也是报关行提供报关服务的服务费，这个费用是按票收取的，与货值没有关系。

（5）**银行费用**（banking charges）：出口商委托银行向国外客户收取货款，进行资信调查等业务所支出的费用，向通知行、议付行支付的业务费用等。

（6）**出口运费**（freight charges）：货物出口时支付的海运、陆运或空运费用。

（7）**保险费**（insurance premium）：出口商向保险公司投保货物运输保险或者出口信用险等所支付的费用。

（8）**佣金**（commission）：出口商为了出口商品向中间商所支付的报酬。

（9）**其他费用**：主要包括公司综合商务成本费用、广告推广费用等。

（三）预期利润

利润是出口价格的重要要素之一，价格中所包含利润的多少往往是由商品成本、市场需求以及企业的价格策略等因素来决定的。利润作为出口企业的收入，其核算方法由企业自行决定，一般是以一定百分比的利润率来计算利润额的。在计算过程中，计算基数的选定可以出口总成本（商品成本加出口所有费用）为基数，即利润占成本的一定比例，也可以以出口价格作为基数。

【例 4-2】 某出口产品的出口总成本为 500 元人民币，预期利润率为 10%，试计算在下列两种情况下该商品的价格。

（1）预期利润占出口成本一定比例

（2）预期利润占出口价格一定比例

解：（1）预期利润额 = 出口总成本 × 利润率 = 500×10% = 50（元）

出口价格 = 出口总成本 + 预期利润额 =500 +50 =550（元）

（2）预期利润 = 出口价格 − 出口总成本 = 出口价格 × 预期利润率

出口价格 = 出口总成本 /（1− 预期利润率）= 500/（1−10%）

= 555.56（元）

二、进口商品价格构成

企业进口货物时，为了进行经济效益分析，一般都要进行进口成本核算。进口商品总成本即进口合同的价格，加上各项进口环节费用。进口商品的总成本和国内该商品的市场平均价格（国内市场一级批发商平均价格）相比较，进而来决定是否进口。进口商品总成本可用公式表示为：

进口商品总成本 = 进口商品合同价格 + 进口环节总费用

进口环节总费用则主要包括：进口关税、进口环节海关代征税、卸货费用、码头费用、驳船费用、码头仓租费用；进口商品查验费用和其他公证费用；银行手续费用、利息支出；报关提货费用；国内运费、保费、仓储费用；其他杂费。

其中，进口商品总成本是对进口成交价格的一种预测。当以 CIF 条件成交时，进口商品可接受的合同价格即为以人民币价格估算的 CIF 价格，当以 FOB 条件成交时，进口商品可接受价格应加上从装运港到我国卸货港的运输费用和保险费用。主要的三种贸易术语 FOB、CFR 和 CIF 进口货物总成本公式表示为：

FOB 进口货物总成本＝进口合同价格＋国际运费＋保险费＋进口环节总费用

CFR 进口货物总成本＝进口合同价格＋保险费＋进口环节总费用

CIF 进口货物总成本＝进口合同价格＋进口环节总费用

报价核算练习4-1

上海某工艺品公司出口一批毛绒玩具到加拿大蒙特利尔，请根据报价资料，当利润为 10% 时，核算 1 个 20 英尺集装箱商品的价格（单价）。

【报价资料】

商品名称："迪士尼毛绒玩具"

商品资料：每箱装 60 只，每箱体积 0.164 立方米。

供货价格：每只 6 元。

税　　率：供货单价中均包括 17% 的增值税，出口毛绒玩具的退税率为 15%。

国内费用：内陆运费（每立方米）100 元；报检费 120 元；报关费 150 元；核销费 100 元；公司综合费用 3 000 元。

银行费用：报价的 1%（L/C 银行手续费 1%）。

海 运 费：从上海至加拿大港口一个 20 英尺集装箱的费用为 1 350 美元。

货运保险：CIF 成交金额的基础上加 10% 投保中国人民保险公司海运货物保险条款中的一切险（费率 0.8%）和战争险（费率 0.08%）。

报价利润：报价的 10%。

报价汇率：8.25 元人民币兑换 1 美元。

其中 20 英尺集装箱的容积按 25 立方米（CBM），40 英尺集装箱的容积按 55 立方米（CBM）。

【报价核算操作】

（1）成本

含税购货成本＝6（元 / 只）

退税收入＝6÷(1+17%)×15%＝0.769 2（元 / 只）

实际购货成本＝6－0.769 2＝5.230 8（元 / 只）

20 英尺集装箱包装件数＝25÷0.164＝152（箱）

报价数量＝152×60＝9 120（只）

（2）费用

国内费用＝(9 120÷60×0.164×100+120+150+100+3 000)÷9 120

＝0.642 9（元 / 只）

银行费用＝报价 ×1%

海 运 费＝1 350×8.25÷9 120=1.221 2（元 / 只）

保 险 费＝CIF 报价 ×110%×0.88%

（3）利润：报价 ×10%

（4）报价

FOB 报价 = 实际成本 + 国内费用 + 银行手续费 + 利润

= 5.230 8+0.642 9+ 报价 ×1%+ 报价 ×10%

FOB 报价 = (5.230 8+0.642 9)÷(1−1%−10%)

= 5.873 7÷0.89÷8.25

= 0.799 9（美元 / 只）

CFR 报价 = 实际成本 + 国内费用 + 海运费 + 银行手续费 + 利润

=5.230 8+0.642 9+1.221 2+ 报价 ×1%+ 报价 ×10%

CFR 报价 = (5.230 8+0.642 9+1.221 2)÷(1−1%−10%)

=7.094 9÷0.89÷8.25

=0.966 3（美元 / 只）

CIF 报价 = 实际成本 + 国内费用 + 海运费 + 保险费 + 银行手续费 + 利润

=5.230 8+0.642 9+1.221 2+ 报价 ×110%×0.88%+ 报价 ×1%+ 报价 ×10%

CIF 报价 =(5.230 8+0.642 9+1.221 2)÷(1−110%×0.88%−1%−10%)

=7.094 9÷0.880 32÷8.25

=0.976 9（美元 / 只）

出口 9 120 只迪士尼毛绒玩具的报价如下（注：最后报价取小数点后 2 位）：

USD0.8 PER CARTON FOB SHANGHAI（每只 0.8 美元上海港船上交货）

USD0.97 PER CARTON CFR MONTREAL（每只 0.97 美元成本加运费至蒙特利尔）

USD0.98 PER CARTON CIF MONTREAL（每只 0.98 美元成本加运保费至蒙特利尔）

CIF术语用于内陆地区出口的局限性[⊖]

【案例介绍】

2000 年 5 月，美国某贸易公司（以下简称进口方）与我国江西某进出口公司（以下简称出口方）签订合同购买一批日用瓷具，价格条件为 CIF LOS-ANGELES，支付条件为不可撤销的跟单信用证，出口方需要提供已装船提单等有效单证。出口方随后与宁波某运输公司（以下简称承运人）签订运输合同。8 月初出口方将货物备妥，装上承运人派来的货车。途中由于驾驶员的过失发生了车祸，耽误了时间，错过了信用证规定的装船日期。得到发生车祸的通知后，我出口方即刻与进口方洽商要求将信用证的有效期和装船期延展半个月，并本着诚信原则告知进口方两箱瓷具可能受损。美国进口方回电称同意延期，但要求货价降 5%。我出口方回电据理力争，同意受震荡的两箱瓷具降价 1%，但认为其余货物并未损坏，不能降价。但进口方坚持要求全部降价。最终我出口方还是做出让步，受震荡的两箱降价 2.5%，其余降价 1.5%，为此受到货价、利息等有关损失共计达 15 万美元。事后，出口方作为托运人又向承运人就有关损失提出索赔。对此，承运人同意承担有关仓储费用和两箱震荡货物的损失；利息损失只赔 50%，理由是自己只承担一部分责任，主要是由于出口方修改单证耽误时间；但对于货价损失不予理赔，认为这是由于出口

⊖ 尹晓波．国际贸易实务：教程与案例 [M]. 北京：机械工业出版社，2010.

方单方面与进口方的协定所致，与己无关。出口方却认为货物降价及利息损失的根本原因都在于承运人的过失，坚持要求其全部赔偿。3 个月后经多方协商，承运人最终赔偿各方面损失共计 5.5 万美元。出口方实际损失 9.5 万美元。

【案例分析】

本案例充分表明了 CIF 术语在应用于内陆地区出口业务时显得“心有余而力不足”。在 CIF 术语下，风险转移严重滞后于货物实际控制权的转移，运输单据规定有限制致使内陆出口方无法在当地交单，CIF 价格中包括的运费是从装运港到目的港这一段的运费，但从内陆地区到装运港装船之前还有一部分运输成本。从以上分析可以看出，CIF 术语在内陆地区出口中并不适用。

事实上，对于更多采用陆海联运或陆路出口的内陆地区来说，CIP 术语比 CIF 术语更适合内陆出口业务。CIP 涉及的通常运输单据范围要大于 CIF，因具体运输方式不同，可以是 CIF 使用的单据，又可以是陆运运单、空运单、多式联运单据。承运人签发后，出口方即可据以结汇。这样，既缩短了结汇和退税时间，又提高了出口方的资金周转速度。另外，迅速发展的集装箱运输方式也为内陆地区出口使用 CIP 术语提供了便利条件。从出口方责任看，使用 CIP 术语时，出口方风险与货物的实际控制权同步转移，责任可以及早减轻；从使用的运输单据看，使用 CIP 术语有利于内陆出口业务在当地交单结汇。

三、佣金和折扣的运用

在合同价格条款中，有时会涉及佣金（commission）和折扣（discount，allowance）。价格条款中所规定的价格，可分为包含佣金或折扣的价格和不包含这类因素的净价（net price），包含佣金的价格，在业务中通常称为“含佣价”。

（一）佣金

在国际贸易中，佣金是指卖方或买方付给中间商介绍生意或代买代卖的酬金，此项酬金叫佣金。此佣金可由卖方支付，也可由买方支付，如果卖方委托中间商推销商品，佣金则由卖方支付；如果是买方委托中间商采购商品，佣金则由买方支付。也有的中间商采用一定的手法，在一笔交易中间同时从买卖双方获取佣金，人们习惯称为“双头佣”。

1. 佣金的表示方法

凡在合同价格条款中，明确规定佣金的百分比，叫做“明佣”。如不标明佣金的百分比，甚至连“佣金”字样也不标示出来，有关佣金的问题由双方当事人另行约定，这种暗中约定佣金的做法，叫做“暗佣”。佣金直接关系到商品的价格，货价中是否包括佣金和佣金比例的大小，都影响商品的价格。显然，含佣价比净价要高。正确运用佣金，有利于调动中间商的积极性和扩大交易。

明佣的表示方法有两种：一是用文字来说明，例如：“每公吨 526 美元 CIF 旧金山，包括 2% 佣金”（US ＄526 Per M/T CIF San Francisco including 2% commission）。二是在贸易术语后面加注 Commission 的缩写英文字母“C”和佣金的百分比来表示。例如：“每公吨 200 美元 CIFC2% 旧金山”（US ＄200 per M/T CIF San Francisco including 2% commission）。商品价格中所包含的佣金，除用百分比表示外，也可以用绝对数来表示。例如：“每公吨付佣金 25 美元。”如中间商为了从买卖双方获取“双头佣金”或为了逃税，有时要求在合同中不规定佣金。而另按双方暗中达成的协议支付。佣金的规定应合理，其比率一般掌握在 1% ～ 5% 之间，不宜偏高。

暗佣的表示方法，从贸易条件本身看不出来，有关佣金的问题，一般由双方当事人通过签订“付佣协议”另外支付。

2. 佣金的计算与支付方法

在国际贸易中，计算佣金的方法不一，有的按成交金额约定的百分比计算，也有的按成交商品的数量来计算，即按每一单位数量收取若干佣金计算。在我国进出口业务中，一般按成交金额来计算，即以发票总金额作为计算佣金的基数。有的则以 FOB 总值为基数来计算佣金。如按 CIFC 成交，而以 FOB 值为基数计算佣金时，则应从 CIF 价中减去运费和保险费，求出 FOB 值，然后以 FOB 值乘佣金率，即得出佣金额。

关于计算佣金的公式如下：

$$\text{含佣价} = \text{净价} + \text{佣金}$$

$$\text{佣金} = \text{含佣价} \times \text{佣金率}$$

上述公式也可写成：

$$\text{净价} = \text{含佣价} \times (1 - \text{佣金率})$$

【例 4-3】我方出口一批产品，报价每公吨 10 000 美元 CIF 旧金山，包括 3% 佣金，请计算应付的佣金额。

解：应付佣金额 = 10 000 美元 ×3 % = 300（美元）

【例 4-4】某商品原报价 CIFC2 New York USD2 000/MT，外商要求将佣金率提高至 4%，为使净收入不变，应报价多少？

解：含佣价 = 净价 /(1− 佣金率)

我方净收入 =2 000×(1 − 2%)=1 960（美元）

新的含佣价 =1 960÷(1 − 4%)=2 041.67（美元）

佣金的支付一般有两种做法：一种是由中间代理商直接从货价中扣除佣金；另一种是在委托人收清货款之后，再按事先约定的期限和佣金比率，另行付给中间代理商。在支付佣金时，应防止错付、漏付和重付等事故发生。

按照一般惯例，在独家代理情况下，如委托人同约定地区的其他客户达成交易，即使未经独家代理过手，也得按约定的比率付给其佣金。

（二）折扣

折扣是卖方按照原价给予买方的价格减让，即一种价格上的优惠。国际贸易中所使用的折扣种类较多，除一般折扣外，还有为扩大销售而使用的数量折扣，以及为特殊目的而给予的特别折扣等。凡在价格条款中明确规定折扣率的，称为“明扣”；凡交易双方就折扣问题已达成协议，但在价格条款中却并不明确表示出来的，称为“暗扣”。货价中是否包括折扣和折扣率的大小，都影响商品价格，折扣率越高，价格越低。正确运用折扣，有利于调动采购商的积极性和扩大销路，在国际贸易中，是加强对外竞销的一种手段。

1. 折扣的表示方法

在国际贸易中，折扣通常在合同价格条款中用文字明确表示出来。

范例1

每公吨 800 美元 CIF 旧金山，折扣 3%

USD800 per Metric Ton CIF San Francisco including 3% discount

范例2

每公吨 800 美元 CIF 旧金山，减 3% 折扣

USD800 per Metric Ton CIF San Francisco less 3% discount

此外，折扣也可以用绝对数来表示，例如“每公吨折扣 8 美元”。在实际业务中，有时也用“CIFD”或“CIFR”来表示 CIF 价格中包含的折扣，其中 D 和 R 分别是“Discount”和“Rebate”的缩写，鉴于在贸易往来中加注的“D”或“R”含义不清，可能引起误解，故最好不使用此缩写语。

2. 折扣的计算与支付

折扣的计算方法很简单，按照一般习惯做法，不论使用何种贸易术语，通常是以成交额或发票金额为计算基础，按实际发票金额乘以约定的折扣百分率作为折扣金额。折扣一般是在买方支付货款时预先予以扣除，也有的折扣金额不直接从货价中扣除，而按暗中达成的协议另行支付给买方，称为“暗扣”或“回扣”。

计算公式如下：

折扣金额 = 发票金额 × 折扣百分率

净值 = 发票金额 – 折扣金额

净值 = 发票金额 ×（1 – 折扣百分率）

【例 4-5】 CIF 汉堡每公吨 800 美元，含折扣 3%，求卖方的实际净收入。

解： 卖方的实际净收入 = 发票金额 ×(1 – 折扣百分率)

= 800 ×(1 – 3%)

= 776（美元）

佣金支付时间争议案⊖

【案例介绍】

我国某贸易公司拟出口化妆品去中东某国。正好该国某佣金商主动来函与该出口公司联系，表示愿为推销化妆品提供服务并要求按每笔交易的成交额给予 5% 的佣金。不久，经该佣金商中介与当地进口商达成 CIFC5 总金额 5 万美元的交易，装运期为定约后 2 个月内从中国港口装运，并签订了销售合同。合同签订后，该佣金商即来电要求我出口公司立即支付佣金 2 500 美元。我出口公司复电称：佣金需待货物装运并收到全部货款后方能支付。于是，双方发生争议，请分析这起争议发生的原因是什么？我出口公司应接受何教训？

【案例分析】

这起争议发生的原因是佣金支付的时间事先未商定。我出口公司应接受的教训是，今后与中

⊖ 尹晓波．国际贸易实务：教程与案例 [M]. 北京：机械工业出版社，2010.

间商就何时支付佣金做出明确的规定，并达成书面协议。一般而言，出口佣金的支付应事先约定在收回全部货款后再支付，因为中间商的服务不仅在于促成交易，还应负责联系、督促实际买主履约，协助解决履约过程中可能发生的问题，以使合同得以顺利履行。如果事先未能约定，中间商会在出口合同签订后即要求支付佣金。

第二节　进出口商品的作价原则与作价方法

在确定进出口商品价格时，首先要符合我国一贯主张的“公平合理”的价格政策，必须遵守我国对外作价的三项原则，即按照国际市场价格水平作价；结合国别、地区政策作价；结合购销意图作价。此外还应密切注意市场供求关系变化及影响货物价格的各种具体因素。

一、正确贯彻作价原则及注意事项

在确定进出口商品价格时，必须遵循下列三项原则。

（一）按照国际市场价格水平作价

国际市场价格是以商品的国际价值为基础在国际市场竞争中形成的，它是交易双方都能接受的价格，是我们确定进出口商品价格的客观依据。我们所说的国际市场价格是指某种商品在国际市场上具有代表性的价格，国际贸易中常见的国际市场价格包括以下三种：

（1）买卖实际成交价格。这是比较真实地反映国际市场价格水平的价格，但这种价格属于商业秘密，因而很难收集。

（2）商品交易所价格。国际上大宗商品如小麦、棉花、五金等大多有自己相对固定的商品交易所。在大宗商品交易所内达成的价格是在接近自由竞争的状态下形成的，因此常常被看成是有一定代表性的一种国际市场价格。但是，商品交易所买卖的商品一般都是期货，而且商品的品质一般也是平均品质，所以此价格仅为货物作价的参考。

（3）海关统计价格。海关一般也会对某一时期经过海关的某一类商品的价格做出统计，这个价格反映一定时期某种商品交易的平均价格，对制定国际贸易价格具有一定的指导意义。

（二）要结合国别、地区政策作价

来自不同国家的相同进口商品可以有不同的价格，同样，同一商品出口到不同国家和地区时，也可以有不同的价格。这与一个国家的对外贸易政策及与各国或地区的贸易状况有一定的关系。为了使外贸配合外交，在参照国际市场价格水平的同时，也可适当考虑国别、地区政策。

（三）要结合购销意图作价

对于竞争特别激烈的商品可以采用竞争性价格，对于未打开销路的新产品，可以实行稍低的价格进入国外市场。进出口商品价格在国际市场价格水平的基础上，可根据购销意图来确定，即可略高或略低于国际市场价格。

在确定进出口商品价格时，还应密切注意国际市场价格动态。国际市场价格因受供求关系的影响而上下波动，有时甚至瞬息万变，因此，在确定成交价格时，还必须注意市场供求关系的变化和国际市场价格涨落的趋势。当市场供不应求时，国际市场价格就会呈上涨趋势；当市场供过

于求时，国际市场价格就会呈下跌趋势。可见，切实了解国际市场的供求状况，有利于对国际市场价格的走势做出正确判断，也有利于合理确定进出口商品的成交价格，该涨则涨，该降则降，避免价格掌握上的盲目性。

在确定进出口商品价格时，还应考虑影响价格的各种具体因素。包括要考虑：

1. 商品的质量和档次

在国际市场上，一般都贯彻按质论价的原则，即好货好价，次货次价。品质的优劣，档次的高低，包装装潢的好坏，式样的新旧，商标、品牌的知名度，都会影响商品的价格。

2. 成交数量

按成交量的大小确定进出口商品价格是国际市场的习惯做法。即成交量大时，在价格上应给予适当优惠，例如采用数量折扣的办法；反之，如成交量过少，甚至低于起订量时，则可以适当提高售价。我们应当掌握好数量方面的差价，避免不论成交多少都是一个价格的做法。

3. 交货地点和交货条件

在国际贸易中，由于交货地点和交货条件不同，买卖双方承担的责任、费用和风险有别，确定进出口商品价格时，必须考虑这些因素。例如，同一运输距离内成交的同一商品，按 EXW 条件成交同按 DAT 条件成交，其价格应当不同。

4. 季节性需求的变化

在国际市场上，某些商品季节性需求变化很强，季节前后商品的售价会出现很大的差别。因此，我们应充分利用季节性需求的变化，争取按对我方有利的价格成交。

5. 运输距离的远近

国际货物买卖，一般都要经过长途运输。运输距离的远近，影响运费和保险费的开支，从而影响商品的价格。因此，确定商品价格时，必须认真核算运输成本。

6. 支付条件和汇率变动的风险

支付条件是否有利和汇率变动风险的大小，都影响买卖双方的成本和预期收益，因此确定商品价格时，应把支付条件的风险考虑到价格中去，同时应把汇率变动的风险考虑到货价中去。

此外，交货期的远近、市场销售习惯和消费者的爱好等因素，对确定价格也有不同程度的影响，我们必须通盘考虑和正确掌握。

二、进出口商品的作价方法

在国际货物买卖中，可以根据不同情况，分别采取下列各种作价办法：

（一）固定价格

固定价格是我国对外贸易中较常用的一种作价方法，也是国际贸易中最常见的做法，即在合同中明确地规定具体价格，订约后买卖双方按此价格结算货款。按照各国法律的规定，合同价格一经确定，就必须严格执行。除非合同另有约定，或经双方当事人一致同意，任何一方都不得擅自更改。

在合同中规定固定价格是一种常规做法。它具有明确、具体、肯定和便于核算的特点。不过，由于市场行情瞬息万变，价格涨落不定，因此，在国际货物买卖合同中规定固定价格，就意味着买卖双方要承担从订约到交货付款以至转售时价格变动的风险。况且，如果行市变动过于剧烈，这种做法还可能影响合同的顺利执行。一些不守信用的商人很可能为逃避亏损，而寻找各种借口撕毁合同。为了减少价格风险，在采用固定价格时，首先，必须对影响商品供需的各种因素进行细致的研究，并在此基础上，对价格的前景做出判断，以此作为决定合同价格的依据；其次，必须对客户的资信进行了解和研究，慎重选择订约的对象。但是，国际商品市场的变化往往受各种临时性因素的影响，变化莫测。特别是在金融危机爆发时，由于各种货币汇价动荡不定，商品市场变动频繁，剧涨暴跌的现象时有发生。在此情况下，固定价格往往会给买卖双方带来巨大的风险，尤其是当价格前景捉摸不定时，更容易使客户裹足不前。

因此，为了减少风险，促成交易，提高履约率，在合同价格的规定方面，也日益采取一些变通做法。

（二）非固定价格

在国际贸易中，为了降低价格变动风险，往往采取一些灵活变通的做法，按“非固定价格”成交，即一般业务上所说的“活价”，大体上可分为下述 3 种：

1. 暂不固定价格

在价格条款中明确规定定价时间和定价方法。例如：“在装船月份前 45 天，参照当地及国际市场价格水平，协商议定正式价格”；或“按提单日期的国际市场价格计算”。或者只规定作价时间，例如：“由双方在 ×× 年 × 月 × 日协商确定价格”。

这种方式由于未就作价方式做出规定，容易给合同带来较大的不稳定性，双方可能因缺乏明确的作价标准，而在商订价格时各执己见，相持不下，导致合同无法执行。因此，这种方式一般只适用于双方有长期交往并已形成比较固定的交易习惯的合同。

2. 暂定价格

在合同中先订立一个初步价格，作为开立信用证和初步付款的依据，待双方确定最后价格后再进行最后清算，多退少补。例如：“单价暂定 CIF 大阪，每公吨 3 000 英镑，作价方法：以 ×× 交易所 3 个月期货，按装船月份月平均价加 6 英镑计算，买方按本合同规定的暂定价开立信用证”。在我国出口业务中，暂定价格用在与信用可靠、业务关系密切的客商洽谈大宗货物的远期交易时，偶尔采用此种做法。

3. 部分固定价格，部分非固定价格

为了照顾双方的利益，解决双方在采用固定价格或非固定价格方面的分歧，也可采用部分固定价格，部分非固定价格的做法，或是分批作价的办法，交货期近的价格在订约时固定下来，余者在交货前一定期限内作价。非固定价格是一种变通做法，在行情变动剧烈或双方未能就价格取得一致意见时，采用这种做法有一定的好处。有助于暂时解决双方在价格方面的分歧，先就其他条款达成协议，早日签约。有助于消除客户对价格风险的顾虑，使之敢于签订交货期长的合同。数量、交货期的早日确定，不但有利于巩固和扩大出口市场，也有利于生产、收购和出口计划的安排。

非固定价格的做法，是先订约后作价，合同的关键条款价格条款是在订约之后由双方按一定的方式来确定的。这就不可避免地给合同带来较大的不稳定性，存在双方在作价时不能取得一致意见，而使合同无法执行的可能；或由于合同作价条款规定不当，而使合同失去法律效力的危险。因此，此类方法的选用也要谨慎考虑。

三、计价货币的选择

在国际贸易中，买卖双方磋商价格时还需要约定使用何种货币计价和支付。为了降低汇率波动风险，买卖双方一般容易接受国际金融市场上可自由兑换的货币，习惯上也常被称为“硬通货”。主要可自由兑换的货币有美元（USD）、港币（HKD）、日元（JPY）、欧元（EUR）、英镑（GBP）、加拿大元（CAD）、澳大利亚元（AUD）、新西兰元（NZD）等。

专栏4-1 自由兑换货币

当一种货币的持有人能把该种货币兑换为任何其他国家货币而不受限制，则这种货币就被称为自由兑换货币（freely convertible currency）。根据《国际货币基金协定》的规定，所谓自由兑换，是指对国际经常往来的付款和资金转移不得施加限制。也就是说，这种货币在国际经常往来中，随时可以无条件地作为支付手段使用，对方亦应无条件接受并承认其法定价值。不施行歧视性货币政策措施或多种货币汇率。在另一成员国要求下，随时有义务换回对方在经常性往来中所结存的本国货币，即参加该协定的成员国具有无条件承兑本币的义务。

目前，世界上有50多个国家和地区接受了《国际货币基金协定》中关于货币自由兑换的规定，也就是说，这些国家和地区的货币被认为是自由兑换的货币，其中主要有：美元（USD）、欧元（EUR）、日元（JPY）、瑞士法郎（CHF）、丹麦克朗（DKR）、瑞典克朗（SKR）、挪威克朗（NKR）、港币（HKD）、加拿大元（CAD）、澳大利亚元（AUD）、新西兰元（NZD）、新加坡元（SGD）。

货币自由兑换是世界市场经济的客观要求，一国实行对外经济开放必须实行对外货币开放，同时，一国货币自由兑换又是以一定程度的市场经济为基础，以国内经济相对自由为前提的。国内经济自由程度越高，市场经济越发达，作为连接世界市场与国内市场桥梁的货币自由兑换才具有更为可靠和扎实的基础，国家保证的民间通货兑换权才更有保障，其范围才更广阔，更具有普遍性和平等性。

一国货币国际化的完成形态是该国发展达到高水平的标志之一，根据多数发展中国家的经验，开放的步骤一般为：先放宽长期资本流动入不敷出的管制，再放宽短期资本流出入管制；先放宽对直接投资的管制，再放宽对间接投资的管制；先放开对证券投资的管制，再放开对银行信贷的管制；先放开对境外筹资的管制，再放开非居民境内筹资的管制；先放开对金融机构的管制，再放开对非金融机构和居民个人的管制。

计价货币（money of account）是指合同中规定用来计算价格的货币。如合同中的价格是用一种双方当事人约定的货币（如美元）来表示的，没有规定用其他货币支付，则合同中规定的货币，既是计价货币，又是支付货币（money of payment）。如在计价货币之外，还规定了其他货币（如欧元）支付，则欧元就是支付货币。

从理论上说，对于出口交易，采用硬币计价比较有利；而进口合同却用软币计价比较合算。但在实际业务中，以什么货币作为计价货币，还应视双方的交易习惯、经营意图以及价格而定。如果为达成交易而不得不采用对我方不利的货币，则可设法用下述两种办法补救：一是根据该种货币今后可能的变动幅度，相应调整对外报价；二是在可能条件下，争取订立保值条款，以避免计价货币汇率变动的风险。此外，也有在订合同时，即明确规定计价货币与另一种货币的汇率，到付款时，该汇率如有变动，则按比例调整合同价格。

第三节 合同中的价格条款

一、价格条款的内容

合同中的价格条款，一般包括商品的单价和总值两项基本内容，至于确定单价的作价办法和与单价有关的佣金与折扣的运用，也属价格条款的内容。国际货物买卖合同中的价格条款应真实反映买卖双方价格磋商的结果，条款内容应完整、明确、具体、准确。

（一）单价

我们通常所讲的国际货物价格，主要是指货物的单位价格，即**单价**（unit price）。进出口商品的单价通常由四个部分组成。

每公吨	200	美元	CIF 伦敦
计量单位	单位商品金额	计价货币	贸易术语

（1）计量单位，如重量单位公吨、千克；长度单位米、码等。

（2）单位价格金额，如 100 、200 等。

（3）计价货币，如美元（USD）、欧元（EUR）等。

（4）贸易术语，如 FOB 上海 、CIF 伦敦等。

现举例价格条款的规定方法如下：

范例1

每公吨 300 英镑 CIF 伦敦

£300 per M/T CIF London

范例2

每公吨 200 欧元 FOB 上海，以毛作净

€ 200 Per metric ton FOB Shanghai Gross for Net

范例3

每打 335 美元 CIP 纽约减折扣 2%

US$335 per dozen CIP New York less 2% discount

（二）总值或总金额

总值（或称总价）（total amount）是单价同数量的乘积，也就是一笔交易的货款总金额。总

值所使用的货币应与单价所使用货币一致。

二、规定价格条款的注意事项

为了使价格条款的规定明确合理，必须注意下列事项：

（1）根据拟采用的运输方式和经济意图，选择适当的贸易术语。

具体来讲，要考虑是否有利于船货衔接与货物的安全；是否有利于发展本国的运输业和保险业；是否有利于适应集装箱运输和多式联运的广泛运用与发展；是否有利于对外贸易的发展和贸易方式的灵活运用。

（2）合理确定商品的单价，防止作价偏高或偏低。

（3）争取选择有利的计价货币，以免遭受币值变动带来的风险，如采用不利的计价货币时，应当加订保值条款。

（4）灵活运用各种不同的作价办法，以避免价格变动的风险。

（5）参照国际贸易的习惯做法，注意佣金和折扣的合理运用。

（6）如交货品质和数量约定有一定的机动幅度，则对机动部分的作价也应一并规定。

（7）如包装材料和包装费另行计价时，对其计价办法也应一并规定。

（8）单价中涉及的计量单位、计价货币、装卸地名称，必须书写正确、清楚，以利于合同的履行。

本章小结

合同中的价格条款，一般包括商品的单价和总价两项基本内容。我们通常所讲的货物的价格，主要是指货物的单位价格，即单价。

在进出口业务中，确定一个合理的价格是一项十分复杂的工作，必须正确贯彻我国进出口商品的作价原则，切实掌握国际市场价格的变动趋势，充分考虑影响价格的各种因素，加强成本核算，并掌握价格的换算方法。还需要全面了解和准确把握各种作价方法、计价货币选择与报价中的货币换算、佣金和折扣的运用以及规定价格条款的注意事项。

关键词

佣金　commission　　折扣　discount；allowance

单价　unit price　　总值或总金额　total amount

计价货币　money of account　　支付货币　money of payment

思考题

一、单项选择题

1．下列（　　）价格是含佣价。

A．FOBS　　B．FOBT　　C．FOB　　D．FOBC

2．我公司和美国客户洽谈从汕头卖往纽约的交易，以使用（　　）贸易术语对外报价较为妥当。

A．FOB NEWYORK　　B．CIF SHANDOU
C．FCA SHANDOU　　D．CIP NEW YORK

3．以下表述中，商品单价的表示方法最规范的是（　　）。
A．CIF ROTTERDAM US$1010/MT
B．CIF ROTTERDAM $1 010.00/MT
C．CIF ROTTERDAM US$1 010.00/MT
D．CIF ROTTERDAM US$1 010.00/TON

4．出口总成本是指（　　）。
A．进货成本
B．进货成本 + 出口前的一切费用
C．对外销售价
D．进货成本 + 出口前的一切费用 + 出口前的一切税金

5．卖方按照原价给予买方一定百分比的减让，即在价格上给予适当的优惠。这是（　　）
A．佣金　　B．折扣　　C．预付款　　D．订金

6．在国际贸易中，佣金的计算方式是：（　　）
A．净价 × 佣金率　　B．含佣价 × 佣金率
C．净价 /(1 − 佣金率)　　D．单价 × 佣金率

7．在对外贸易业务中，选择货币种类时，应遵循（　　）的原则。
A．力争采用硬币收付
B．力争采用软币收付
C．出口采用软币收付，进口采用硬币收付
D．出口采用硬币收付，进口采用软币收付

8．国际市场价格受（　　）的影响而上下波动。
A．国别价值　　B．国际价值
C．供求关系　　D．世界平均劳动单位

9．价格条款的正确写法是（　　）。
A．每件 3.50CIF 香港　　B．每件 3.50 美元 CIF
C．每件 3.50CIFC 伦敦　　D．每件 3.50 美元 CIFC2% 伦敦

10．已知 CIF 价格为 100 美元，运费为 10 美元，保险费为 10 美元，佣金率为 2%，则按 CIF 计算的佣金是（　　）美元。
A．1.60　　B．1.63　　C．2.00　　D．2.40

二、多项选择题

1．下列报价写法不正确的有（　　）。
A．FOB QINGDAO USD10.00/PC　　B．CIF LIVERPOOL GBP125.00/TON
C．FOB SHANGHAI $15.25/PC　　D．FOB JINAN USD2.00/KG

2．在国际货物买卖合同中，商品单价条款应包括的内容有（　　）。
A．贸易术语　　B．计价货币　　C．单位价格金额　　D．计价单位

3．贸易合同中的非固定价格，一般规定方法有（　　）。

A. 具体价格待定 B. 暂定价格
C. 部分固定，部分非固定价格 D. 随行就市

4. 在国际贸易中，确定进出口商品的价格时，必须要遵守的原则有（ ）。
A. 要结合国别、地区政策作价 B. 按照国际市场价格水平作价
C. 双方协商作价 D. 要结合购销意图作价

5. 国际货物贸易中，作价的方法主要有（ ）。
A. 固定价格 B. 价格调整条款 C. 非固定价格 D. 预付款

三、判断题（如正确，在括号内打“✓”，如错误，在括号内打“×”）

1. 对于卖方而言，固定价格更为有利。（ ）
2. 含佣价 = 净价 /（1 − 佣金率），其中的净价一定是 FOB 净价。（ ）
3. 佣金是对中间商提供服务的报酬，而折扣则是对卖方提供的一定程度的价格优惠。（ ）
4. 在当今的国际贸易业务中，固定价格使用更多一些。（ ）
5. 如果出口换汇成本高于银行牌价，说明该笔出口交易是赢利的。（ ）
6. 正确使用折扣，可以调动买方的购买积极性，从而扩大销路。（ ）
7. 我国出口商在贸易合同中规定的价格应该与出口总成本一致。（ ）
8. 不写明折扣或佣金的一定是净价。（ ）
9. 如果包装材料和包装费用另行计价时，对其计价方法也应一并规定。（ ）
10. 在商品价格中包括佣金时，必须要以文字来说明。（ ）

四、计算题

1. 出口某商品 100 公吨，报价每公吨 1 950 美元 FOB 上海，客户要求改报 CFR 伦敦价，已知该货为 5 级货，计费标准为 W，每运费吨运费 70 美元。若要保持外汇净收入不变，应如何报价？若还需征收燃油附加费 10%、港口附加费 10%，又应如何计算？
2. 我向西欧某客商推销某商品，发盘价格为每公吨 1 150 英镑 CFR 西欧某港口，对方复电要求改按 FOB 中国口岸定价，并给予 2% 的佣金。查自中国口岸至某港口的运费为每公吨 170 英镑，我方如要保持外汇收入不变，改按买方要求条件报价，应如何报价？

五、思考题

1. 下列我方出口单价的写法是否正确？如有错误或不完整，请修改或补充。
（1）每码 3.50 元 CIF 香港；
（2）每箱 500 英镑 CFR 净价英国；
（3）每吨 1 000 美元 FOB 伦敦；
（4）每打 100 欧元 FOB 净价减 1% 折扣；
（5）2 000 日元 CIF 上海包含佣金 2%。
2. 进出口商品的作价原则是什么？在确定进出口商品价格时应考虑哪些因素？
3. 在进出口贸易中为什么要正确选择计价货币？
4. 在国际贸易中如何正确使用佣金与折扣？
5. 进出口合同中的价格条款包括哪些内容？规定此条款时应注意什么问题？

第五章

国际货物运输

学习目标

- 掌握班轮运输特点、运费的计收标准、滞期费和速遣费的含义
- 掌握海运提单的性质、种类和缮制要点
- 了解国际货物运输的主要方式、各自特点及使用的各种运输单据
- 掌握合同中装运条款的主要内容

案例导入

在经过多次磋商后，森德公司与NEO公司达成交易，森德公司向NEO公司出口碎片蘑菇罐头1 800箱，合同价款为USD9.8/CARTON CIF CAPE TOWN。关于销货合同中的装运条款，双方确定"Port of Loading：Shanghai Port，China；Port of Destination：Cape Town Port，South Africa；Time of Shipment：Not Later Than Apr.30, 2011 By Vessel with Partial Shipments and Transshipment Allowed."（装运港为上海港，目的港为南非开普敦港，装运时间不迟于2011年4月30日，海洋运输方式，允许分批装运与转运。）

本批出口货物系采用集装箱班轮运输，故在落实信用证及备货时，森德公司即向上海各家货运代理公司询问集装箱班轮运输价格，最终确定委托上海凯通国际货运代理有限公司（以下简称上海凯通）代为订舱，以便及时履行合同项下的交货和交单的义务。

4月25日，在确定货物安全离港后，森德公司传真装运通知给NEO公司。

在国际贸易业务中，商品通过国际货物运输作业由卖方转移给买方，因此国际货物运输是国际贸易中必不可少的一个环节。国际货物运输不同于国内运输，具有路线长、中间环节多、涉及面广、手续繁杂、风险性大、时间性强和情况复杂多变等特点。因此，合理选择与运用运输方式，订好合同中的装运条款，正确缮制与处理有关装运单据，有利于买卖双方按时、按质、按量完成货物运输和顺利履行国际货物买卖合同。

第一节　海洋运输

海洋运输是国际贸易中最主要的运输方式，其运量在国际货物运输总量中占 80% 以上。海洋运输被如此广泛的采用，是因为它与其他运输方式相比，具有明显的优点。

一是具备天然航道，海洋运输借助天然航道进行，不受道路、轨道的限制，通过能力更强。随着政治、经贸环境以及自然条件的变化，可随时调整和改变航线完成运输任务。

二是载运量大，随着国际航运业的发展，现代化的造船技术日益精湛，船舶日趋大型化。目前投入使用的集装箱船中载运量最大的是丹麦的 1.35 万标箱船，而 2008 年韩国的 STX 造船公司已成功制造出载运量为 2.2 万标箱的世界最大集装箱船。

三是运费低廉，海上运输航道为天然形成，港口设施一般为政府所建，经营海运业务的公司可以大量节省用于基础设施的投资。船舶运载量大、使用时间长、运输里程远，单位运输成本较低，为低值大宗货物的运输提供了有利条件。

但同时海洋运输也有明显的不足之处：如海洋运输易受自然条件和气候的影响，航期不易准确，遇到海上风险的可能性也大。

按照船舶营运方式来分，海洋运输分为班轮运输和租船运输两种。

一、班轮运输

班轮运输（liner transport）又称定期船运输，是指船舶在固定航线上和固定的港口之间按事先公布的船期表和运费率往返航行，从事客货运输业务的一种运输方式。

（一）班轮运输的特点

（1）“四固定”，即船公司按照固定的航线、固定停靠港口、固定的船期航行，并依照相对固定的运费率计收运费。

（2）“一负责”，货物由班轮公司负责配载和装卸，运费内已包括装卸费用，班轮公司和托运人双方不计滞期费和速遣费。

（3）班轮公司和货主双方的权利、义务和责任豁免均以班轮公司签发的提单条款为依据。

（4）班轮承运货物的品种、数量灵活（只要有舱位，就可运输），运输质量较好，一般在码头仓库交接货物，货主较便利。

（5）托运人可直接向承运人洽运，也可通过货运代理接洽托运。

（二）班轮运费的计算

班轮运费（liner freight）是班轮公司运输货物而向货主收取的费用。班轮运费由班轮运价表规定，包括基本运费和各种附加费。基本运费分成两大类：一类是传统的杂货运费，一类是集装箱包箱费率。按件杂货运费计收运费时，先把不同货物分为若干等级，根据等级计收基本运费，计费标准可以按货物的毛重（W）计收，也可按货物的体积（M）计收，或可按货物的毛重或体积从高（W/M）计收，也有按商品价格或件数计收运费的。目前，我国海洋班轮运输公司使用“等级运价表”，即将承运的货物分成若干个等级（一般为 20 个等级），每一个等级的货物有一个基本费率。某些大宗低值货物，可由船、货双方议定运价。近年来，随着集装箱运输的飞速发展，越来越多的班轮运输公司采用集装箱费率表来计收运费，而有关集装箱包箱费率计费标准，将在本章第三节详细介绍。

班轮运费中的附加费名目繁多，其中包括：超长附加费、超重附加费、选择卸货港附加费、变更卸货港附加费、燃油附加费、港口拥挤附加费、绕航附加费、转船附加费和直航附加费等。由于附加费名目繁多，在班轮运费中又占着很大的比重，因此，在具体业务中要多加注意，防止漏计或错计。不同的班轮公司有不同的班轮运价表，一般都包括货物分级表、各航线费率表、附加费率表、冷藏货及活牲畜费率表等。

（三）班轮运费的计算实例

1. 班轮运费的计算步骤

（1）选择相关船公司的运价本；

（2）根据货物名称，在货物分级表中查到运费计算标准（basis）和等级（class）；

（3）在等级费率表的基本费率部分，找到相应的航线，启运港，目的港，按等级查到基本运价；

（4）再从附加费部分查出所有应收（付）的附加费项目和数额（或百分比）及货币种类；

（5）根据基本运价和附加费算出实际运价；

（6）运费 = 运价 × 运费吨。

因此根据上述步骤，总结出班轮运费的计算公式为：$F=Fb\times(1+\sum S)\times Q$。其中，$F$ 为班轮运费；Fb 为基本运费率；$\sum S$ 为附加费率之和；Q 为总货运量。

2. 班轮运费的计算实例

【例 5-1】某外贸公司以 CFR 价卖到加拿大温哥华一批罐头水果汁，重量为 8 公吨，尺码为 10 立方米。求该批货物的总运价（查附加费率表得知：燃油附加费率为 20%）。

解：（1）先查出水果汁准确译为“Fruit Juice”

（2）从运价表中的“货物分级表”查出该货物为 8 级，计算标准为 M，即按货物的尺码计算运费（参照表 5-1）

（3）再查中国—加拿大航线等级费率表，从该表温哥华一栏即可查出 8 级货物相应的基本费率为每吨 219.00 港元（参照表 5-2）

（4）燃油附加费率为 20%

（5）总运价 =(1+20%)×219.00×10=2 628（港元）

根据商品的英文名称在货物分级表中查出该商品属于什么等级和按什么计费标准。

表 5-1 商品分类等级表

Classification of commodities		
General Cargo		
Commodity	Basis	Class
Plastic	M	10
Fruit Juice	M	8
…	…	…

根据商品的等级和计费标准，在航线费率表中查出这一商品的基本费率。

表 5-2　中国—加拿大航线等级费率表

Scale of class rates for China-Canada service in H.K.D				
	West Canada		East Canada	
Class	Vancouver	Halifax	Montreal/Toronto	Quebec
1	150.00	177.00	193.00	
2	159.00	185.00	202.00	
…	…	…	…	
8	219.00	264.00	288.00	
…	…	…	…	

二、租船运输

租船运输（charter transport），又称不定期船运输，是指租船人向船东租赁船舶用于运输货物的业务。它与班轮运输有极大差别，没有预定的船期表，船舶经由航线和停靠的港口也不固定，船舶的航运时间、行驶航线、停靠港口和船方收取的运费及装卸费用等均有船东和承租人双方议定。

（一）租船方式

在国际海运业务中，租船方式主要有定程租船和定期租船两种。

（1）定程租船（voyage charter；trip charter）又称航次租船或程租船，是指由船舶所有人负责提供船舶，在指定港口之间进行一个航次或数个航次、承运指定货物的租船运输。船东与承租人双方的责任、义务，以定程租船合同为准。定程租船就其租赁方式的不同又可分为单程租船（single trip charter，又称单航次租船）、来回航次租船（return trip charter）、连续航次租船（consecutive voyages）等。

（2）定期租船（time charter）又称期租船，船东依照租船合同的规定，向承租人提供约定的由出租人配备船员的船舶，由承租人在约定的期间内按照约定的用途使用，并支付租金。

此外还有一种成为光船租船（bare boat charter）的定期租船方式，是指船舶所有人将船舶租出给承租人使用一段时期，但船东提供的船舶是一艘空船，需要承租人配备船员、船长，并负责船员的给养和船舶营运管理所需的一切费用。

近年来国际上发展起一种介于航次租船和定期租船之间的租船方式，即航次期租船（time charter on trip basis，TCT），这是以完成一个航次运输为目的，按完成航次所花的时间、按照约定的租金率计算租金的一种租船方式。

定程租船与定期租船的主要区别如表 5-3 所示。

航次租船运费的计算方法有两种，一是按照程租合同中的规定运费率（rate freight），按货物每单位重量或体积若干金额计算；二是规定整船包价（lump-sum freight）。费率的高低主要决定于租船市场的供求关系，但也与运输距离，货物种类，装卸率，港口使用，装卸费用划分和佣金高低有关。合同中对运费按装船重量或卸船重量计算，运费是预付或到付，均须订明。特别要注意的是应付运费时间是指船东收到的日期，而不是租船人付出的日期。

表 5-3 定程租船与定期租船的主要区别

比较项目	定程租船	定期租船
基础	以航程为基础	以期限为基础
经营管理	由船东负责船舶的经营管理	由租船方负责船舶的经营管理
租船合同	定程租船合同	期租船合同
是否须规定装卸时间和装卸率	由承租人负责，装卸时须规定装卸时间和装卸率，以计算滞期费和速遣费	船东和承租人之间不规定，实际上由承租人负责装卸，费用完全由承租人负担
费用计算	按装运货物的数量计算，或规定航次包租总金额	按每月每载重吨若干金额，或整船天若干金额
舱位	船舶的全部或部分舱位	船舶的全部舱位
装运的货物	在程租船合同中列明	在期租船合同中一般不列明
承租人	一般为外贸企业	一般为船运公司

（二）租船方式下的装卸费用

定程和航次租船装卸费用的划分方法有以下 4 种：

（1）船方负担装卸费（gross or liner or berth terms），又称“班轮条件”。

（2）船方不负担装卸费（free in and out，F.I.O.），即船方既不负担装货费，也不负担卸货费。采用这一条件时，还要明确理舱费和平舱费由谁负担。一般都规定租船人负担，即船方不负担装卸，理舱和平舱费条件（free in and out，stowed，trimmed，F.I.O.S.T.）。

（3）船方管装不管卸（free out，F.O.）条件，即船方负担装货费，但不负担卸货费。

（4）船方管卸不管装（free in，F.I.）条件，即船方负担卸货费，但不负担装货费。

三、海运提单

海运提单（ocean bill of lading），简称**提单**（B/L），是指用以证明海上货物运输合同和货物已经由承运人接收或装船，以及承运人保证据以交付货物的单证。[㊀]

（一）海运提单的性质及作用

（1）在启运港，提单是承运人或其代理人签发的货物收据（receipt for the goods）[㊁]，表明承运人已按提单所列内容收到货物。

（2）在运输过程中，提单是货物所有权的物权凭证，是一种有价证券。提单就是货物的象征。船货抵达目的港后，提单的合法持有人可以凭提单要求承运人交付货物，而承运人也必须按照提单所载内容向提单的合法持有人交付货物。因此，提单具有物权凭证性质。提单的持有人还可通过背书将提单转让从而转移货物的所有权。

（3）在目的港，提单是向承运人或其代理人提取货物的契约证明。提单条款明确规定了承运人与托运人或提单所有人等各方之间的权利与义务、责任与豁免，是处理他们之间有关海洋运输方面争议的依据。一般情况下，托运人根据船公司事先公布的船期、费用、运输条件等，向班轮公司或其代理人洽订舱位，舱位订妥之后，双方之间的运输合约即告成立。也就是说，运输合约

㊀ 参见《中华人民共和国海商法》第 71 条。

㊁《中华人民共和国海商法》第 72 条规定：“货物由承运人接收或者装船后，应托运人的要求，承运人应当签发提单。提单可以由承运人授权的人签发。提单由载货船舶的船长签发的，视为代表承运人签发。”

在签发提单之前即已成立，而提单是在执行运输合约过程中签发的，因此，提单是已经存在的运输合约的证明。

（二）海运提单的种类

1．根据货物是否已装船，可分为已装船提单和备运提单

已装船提单（shipped on board B / L）是指货物已装上船后签发的提单，必须以文字表明货物已装上或已装运于某具名船只，提单签发日期即为装船日期。

备运提单（received for shipment B / L）又称收讫待运提单，指承运人已接管货物并准备装运时所签发的提单。在签发备运提单情况下，发货人可在货物装船后凭以调换已装船提单；也可经承运人或其代理人在备运提单上批注货物已装上某具名船舶及装船日期，并签署后使之成为已装船提单。在贸易合同中，买方一般要求卖方提供已装船提单，因为已装船提单上有船名和装船日期，对收货人按时收货有保障。

2．根据货物外表状况有无不良批注，提单可分为清洁提单和不清洁提单

清洁提单（clean B / L）是指货物在装船时表面状况良好，一般未经加注明显表示货物及 / 或包装有缺陷批注的提单。在对外贸易中，银行为安全起见，在议付货款时均要求提供清洁提单。

不清洁提单（unclean or foul B / L）是指承运人在提单上已加注货物及 / 或包装状况不良或存在缺陷等批注的提单，例如提单上有“被雨淋湿”“四箱破坏”等类似批注。

按照国际贸易惯例，除非另有约定，卖方有义务提交清洁提单。清洁提单也是提单转让时必须具备的基本条件之一。

3．根据不同运输方式，提单可分为直达提单、转船提单、联运提单和联合运输提单等

直达提单（direct B / L）是承运人签发的由起运港以船舶直接运达目的港的提单。

如起运港的载货船舶不直接驶往目的港，须在转船港换装另一船舶运达目的港时所签发的提单，称为转船提单（transhipment B / L）。

如果货物需经两段或两段以上运输运达目的港，而其中有一段是海运时，如海陆、海空联运或海海联运所签发的提单称为联运提单（through B / L）。所以转船提单实际上也是联运提单的一种。

而联合运输提单（combined transport B / L）则必须是两种或两种以上不同的运输方式的连贯运输时，承运人所签发的货物提单。因此，联合运输提单也叫多式联运提单。

目前在实际业务中，不少船公司把联运提单与联合运输提单使用同一格式，只是在作为联合运输提单使用时，除在提单上列明起运港和目的港外，还要列明收货地，交货地及前段运输工具名称等。

4．根据提单抬头不同，提单可分为记名提单、不记名提单和指示提单

记名提单（straight B / L）在收货人一栏内列明收货人名称，所以又称为收货人抬头提单，这种提单不能用背书方式转让，而货物只能交与列明的收货人；不记名提单（bearer B / L）是在提单上不列明收货人名称的提单，谁持有提单，谁就可凭提单向承运人提取货物，承运人交货是凭单不凭人。

指示提单（order B / L）上不列明收货人，可凭背书进行转让，有利于资金的周转，在国际贸易中应用较普遍。

提单背书（endorsement）有空白背书和记名背书两种。空白背书是由背书人（即提单转让人）在提单背面签上背书人单位名称及负责人签章，但不注明被背书人的名称，也不须取得原提单签发人的认可。指示提单一经背书即可转让，意味着背书人确认该提单的所有权转让。记名背书除同空白背书需由背书人签章外，还要注明被背书人的名称。如被背书人再进行转让，必须再加背书。指使提单有凭托运人的指示，凭收货人指示和凭进口方银行指示等，则分别需托运人，收货人或进口方银行背书后方可转让或提货。

5. 根据船舶运营方式的不同，可分为“班轮提单”和“租船提单”

班轮提单（liner B/L）是指由班轮公司承运货物后签发给托运人的提单。

租船提单（charter Party B/L）是指承运人根据合同租船合同而签发的提单。在这种提单上注明“一切条款、条件和免责事项按某年某月某日的租船合同”或批注“根据 ××× 租船合同开立”字样。这种合同受租船合同条款的约束。银行或买方在接受这种提单时，通常要求卖方提供租船合同的副本。

6. 根据提单内容的简繁，可分为“全式提单”和“略式提单”

全式提单（long form B/L）又称繁式提单，是指不仅具有提单正面内容，而且在提单背面列有承运人和托运人权利和义务详细条款的提单。

略式提单（short form B/L）又称简式提单，是指提单背面无条款，而只列出提单正面的必须记载事项的提单。这种提单内一般都印有“本提单货物的接受、保管、运输和运费等事项，均按本公司全式提单上的条款办理”的式样。

7. 根据提单使用效力，可分为正本提单和副本提单

正本提单（original B/L）是指提单上有承运人、船长或其代理人签名盖章并注明签发日期的提单。这种提单在法律上是有效的单据。正本提单上必须要注明“正本”字样，一般签发一式两份或三份，凭其中任何一份提货后，其余的随之作废。为防止他人冒领货物，买方与银行通常要求卖方提供船公司签发的全部正本提单，即所谓“全套”（full set）提单。

副本提单是指提单上没有承运人、船长或其代理人签字盖章，而仅供参考之用的提单。副本提单一般都标明“副本”（copy）或“不可转让”（non-negotiable）字样，副本提单不得标明“正本字样”。

8. 其他提单

倒签提单（anti-dated B/L）是指承运人或其代理人，在货物装船后签发提单时，应托运人的要求，将提单记载的装运日期提前，以符合信用证规定的装运日期的提单。这种提单因装船日期倒签而得名。

顺签提单（post-dated B/L）是指承运人或其代理人，在货物装船后签发提单时，应托运人的要求，将提单记载的装运日期延后，以符合信用证规定的装运日期的提单。

预借提单（advanced B/L）是指在货物尚未全部装船前，或货物虽已由承运人接管，但尚未

开始装船的情况下签发的已装船提单。此种提单通常是已经超过信用证规定的装运日期和交单日期时，或托运人希望提前得到已装船提单以向银行议付货款时，应托运人的要求而签发的。

甲板提单（on deck bill of lading）又称舱面提单，是指承运人签发的、表明货物已装具名船只甲板（舱面）的提单。一般情况下，由于货装甲板（舱面）时风险较大，银行将拒绝接受货装甲板（舱面）提单。如果运输单据内有货物可能装于甲板（舱面）的规定，但未特别注明货物已装或将装甲板（舱面），除非信用证另有规定，银行将对此种单据予以接受。

（三）海运提单的内容

国际贸易中通常使用的班轮提单，其内容包括正文及背面条款两部分。

1. 提单正面的内容

提单正面的记载事项，分别由托运人和承运人或其代理人填写，通常包括下列事项：① 托运人；②收货人；③被通知人；④收货地或装货港；⑤目的地或卸货港；⑥船名及航次；⑦唛头及件号；⑧货名及件数；⑨重量和体积；⑩运费预付或运费到付；⑪正本提单的份数；⑫船公司或其代理人的签章；⑬签发提单的地点及日期。

2. 提单背面条款

在班轮提单背面，通常都有印制的运输条款，这些条款是作为确定承运人与托运人之间以及承运人与收货人及提单持有人之间的权利和义务的主要依据。

各船公司签发的提单，其背面条款规定不一。为了统一提单背面提案条款的内容，国际上先后签署了《统一提单的若干法律规则的国际公约》《修改统一提单的若干法律规则的国际公约的议定书》和《联合国海上货物运输公约》三个国际公约。一般以最后内容为依据者居多。

（四）海运提单的缮制要点

1. 托运人栏

当贸易合同是以 CIF、CFR、DES 以及 DEQ 等贸易术语成交时，由于是卖方负责签订运输合同，故一般均会填写为卖方。值得注意的是，当采用 F 组术语成交时，尽管是由买方负责签订运输合同，但在提单的托运人栏（shipper）仍应填写为卖方，以保证卖方在收妥货款之前能合法拥有提单项下的货物所有权，避免买方在付款之前就以提单托运人的合法身份提取货物，而在卖方结算货款时却百般刁难，造成卖方货、款两空的局面。

2. 收货人栏

一般只有在以汇付或托收方式结算，并且买方又是最终收货人时，收货人栏（consignee）才具体填写为买方。记名提单，只能由提单中指定的收货人提货，而不论其是否是提单持有人。因此，以信用证方式结算时也采用这种记名提单的形式，那么一旦出现进口商破产、倒闭，无力支付货款或有意欺诈的情形，作为提单合法持有人的银行的权益就无法得到保障。所以，采用信用证方式结算时，银行一般会在信用证中，要求将该栏填写为“To Order”或“To Order of ×××”的形式，即做成指示提单，以有效保护银行作为提单的合法持有人的正当权益。

3. 通知人栏

一般填写为贸易合同中的买方或买方代理人，务必详细准确，以确保货物抵达目的港时能被及时通知办理提货手续。

4. 运费费率及金额的填写

通常在业务实践中，托运人和船方出于各自的考虑，都不愿意注明此项，而代之以“freight prepaid”“freight paid”或“freight to collect”等表述方式。但无论如何，缮制提单时都必须做到与L/C要求严格相符以确保安全收汇。

5. 采用信用证结算

采用信用证结算时，对于提单中启运港、目的港、货物名称、规格、件数、重量、唛头等项目的填写务必严格按照信用证中所采用的词句及拼法，以确保符合信用证审单时所要求的表面一致的原则。

6. 关于正本提单的份数及认定

承运人在签发提单时，通常会签发几份正本。需要注意的是，由于许多船公司在其正本提单上事先印有“Original”（原始）“Duplicate”（第二份）“Triplicate”（第三份）等字样，容易在银行审单时被误解为是副本提单而导致结算的困难。因此，最稳妥的做法是在所有的正本提单上，全部标注“Original”字样，以确保安全收汇。

7. 关于提单签发日期与装船日的异同

（1）若签发提单时，货物已经装上具名的船只，则提单签发日即为装船日。

（2）若签发的提单是备运提单，则提单签发日不能被视为装船日，真正的装船日将以提单上日后所批注的装船日为准。

（3）如签发的提单上有“预期船”字样或类似的字句，则提单签发日也不能被视为装船日，真正的装船日也以提单上日后所批注的装船日为准。

四、不可转让海运提单

不可转让海运提单是根据提单的收货人的抬头不同而分的，也即记名提单，又称“收货人抬头提单”，是指提单上的收货人一栏内填明特定的收货人的名称的提单。该提单只能由该特定的收货人用以提货，而不能由承运人通过背书的方式转让给第三者，即记名提单不能流通。

第二节　其他运输方式：铁路运输、航空运输、公路运输、内陆水运、邮包运输、管道运输

一、铁路运输

在国际货物运输中，铁路运输（rail transport）是一种仅次于海洋运输的主要运输方式，也是陆地长距离运输的主要方式。海洋运输的进出口货物，许多是靠铁路运输进行货物的集中和分散的。

（一）铁路运输的优点

铁路运输有许多优点，一般不受气候条件的影响，可保障全年的正常运输，速度较快，有高

度的连续性，而且运量较大，因此运费和劳务费也较低。办理铁路货运手续比海洋运输简单，而且发货人和收货人可以在就近的始发站（装运站）和目的地办理托运和提货手续。但是列车需要在专用的线路上行驶，而且车站之间的距离通常很远，使得铁路运输缺乏机动性，运输的起点和终点常常需要汽车进行转运，增加了搬运次数。

（二）铁路运输的分类

我国对外贸易铁路运输可分为国际铁路货物联运和对香港特别行政区铁路货物运输两类。

1. 对香港特别行政区的铁路货物运输

对香港特别行政区的铁路运输，由内地段铁路运输和港段铁路运输两部分组成，是一种特殊的租车方式的两票运输。其全过程由内地段铁路运输和港段铁路运输两段组成，由中国对外贸易运输公司各地分支机构和香港中国旅行社联合组织进行。其具体工作是：

（1）按铁路局规定，按时提出月度要车计划和旬度装车计划；

（2）发货地外运公司或外贸进出口公司填制铁路运单向车站办理至深圳北站的托运手续；

（3）按车站指定的进货日期，将货物送到车站指定的货位，并办妥出口报关手续；

（4）发货单位以出口物资工作单委托深圳外运分公司办理接货租车过轨等手续，装车后立即拍发起运电报；

（5）深圳外运分公司接到各发货地工作单和启动电报后，及时通知香港中旅社做好接车准备工作；

（6）发货地发车后，当地外运分公司与铁路局进行票据交换，并编制货车过轨计划，办理租车手续；

（7）货车到达后，深圳外运分公司与铁路局进行票据交换，并编制货车过轨计划，办理租车手续；

（8）香港中旅社向香港海关报关，并向广九铁路公司办理托运手续；

（9）货到香港后，由香港中旅社负责卸货并送交货主。如属去澳门货物，则发至广州，由广州外运公司办理中转手续，其他手续与对香港运输货物的手续相同。

2. 港澳运输单证

（1）出口物资工作单，这是基本的必备单证之一。它是发货人委托深圳外运分公司和中旅社办理货物转运报关接货等的书面文件，也是被委托人的工作依据和核收运杂费的凭证。

（2）出口货物报关单。

（3）启运电报。货物装车后 24 小时内发出。

（4）承运货物收据。是结汇收款凭证。

（5）根据出口货物性质，有时还要提供商检证书文物出口证明书许可证等证件。

3. 供港货物运费计算

对港铁路货物运输的费用，按内地段铁路运输和港段铁路运输费用分别计算，内地按人民币计算，港段按港币计算。内地段运费包括铁路运费、深圳过轨租车费和深圳外运公司劳务费。港段运费包括铁路运费、港段终点站卸货费、港段调车费及劳务费等。港段的铁路运费按货物性质分为 5 级，一级最高，五级最低。以计费重量以等级运费率即得运费总额。港段运杂费均以港币支付。

（三）国际铁路货物联运

国际铁路货物联运是指使用一份统一的国际联运票据，由铁路负责经过的两国或两国以上铁路的全城运送，并且由一国铁路当局向另一国移交货物时，不须发货人和收货人参加。它通常是基于有关的国际条约进行的。

欧洲大陆的德国、法国、比利时等国家间有《国际铁路货物联运公约》（简称《国际货约》），我国没有加入该公约；由俄罗斯、中国、蒙古、朝鲜、越南、伊朗、匈牙利等亚欧国家签订有《国际铁路货物联运协定》（简称《国际货协》）。《国际货约》和《国际货协》都规定所包括的片内可以办理同一运单的联运。由于一些国家（如匈牙利、德国、波兰等）同时是两个公约的成员国，另外一些分属不同公约的接壤国之间亦有缔结双边协定，因此两大片之间的联运实际上也是可以办理的。

我国是《国际货协》的成员国，通过铁路出口的货物主要利用《国际货协》范围内的铁路进行联运。其业务范围是：①国际货协成员国之间的运送；②从国际货协成员国向非成员国运送；③从非成员国向国际货协成员运送；④通过成员国港口向其他国家港口运送。

我国对朝鲜、俄罗斯的大部分进出口货物都是采用国际铁路联运的方式运送的。

国际铁路联运所使用的铁路运单全称为国际铁路货物联运单据（international through waybill），是国际铁路联运的主要运输单据，也是国际联运中铁路承运人与托运人之间的运输契约。铁路运单及其副本对收、发货人和铁路都具有法律效力。当发货人向始发站提交全部货物，并付清应由发货人支付的一切费用时，经始发站在运单和运单副本上加盖日期章证明货物已被接受承运，即认为运输契约已经生效。运单随同货物自始发站至终到站运送，最后在终到站由收货人付清应由收货人支付的运杂费后，连同货物由铁路交给收货人。运单副本则是发货人凭以向银行办理结算的主要单据。由于收货人向铁路提取货物时并不需要提交运单，因此铁路运单并非物权凭证，因而是不能通过背书转让的。

二、航空运输

航空运输（air transport）是一种现代化的运输方式，它与海洋运输、铁路运输相比，具有运输速度快、货运质量高、且不受地面条件的限制等优点。因此，它最适宜运送急需物资、鲜活商品、精密仪器和贵重物品。

（一）国际空运货物的运输方式

一般而言，航空运输有班机运输、包机运输、集中托运和航空快递（又称航空急件传送）四种。

（1）班机运输。班机是指在固定时间、固定航线、固定始发站和目的站运输的飞机。一般航空公司都是用客货混合型飞机，一些大的航空公司也开辟定期全货机航班。班机定时、定航线、定站的特点，适用于运送急需的货物、鲜活商品及季节性强的商品等。

（2）包机运输。它是指包租整架飞机或由几个发货人（或航空货运代理公司）联合包租一架飞机来运送货物。因此包机又分为整包机和部分包机两种形式，前者适用于运送数量较大的商品；后者适用于多个发货人，但货物到达站后又是同一地点的货物运输。

（3）集中托运方式。它是指航空货运代理公司把若干批单独发运的货物组成一批货物，用一份总运单（附分运单）整批发运到预定目的地，由航空公司在那里的代理人收货、报关、分拨后交给实际收货人。集中托运的运价比国际空运协会公布的班机运价低 7% ～ 10%，因此发货人愿意将货物交给航空货运公司安排集中托运。

（4）航空急件传送。这是目前国际航空运输中最快捷的运输方式。它不同于航空邮寄和航空货运，而是由一个专门经营此项业务的机构与航空公司密切合作，设专人用最快的速度在货主、机场、收件人之间传送急件，特别适用于急需的药品、医疗器械、贵重物品、图纸资料货样及单证等的传送，被称为“桌到桌运输”。

（二）航空运输的承运人

（1）航空运输公司。它是航空货物运输中的实际承运人，负责办理从启运机场至到达机场的运输，并对全程运输负责。

（2）航空货运代理公司。它是货主的代理，负责办理航空货物运输的订舱、在启运机场和目的机场的交接货与进出口报关等事项。航空货运代理公司也可以是航空公司的代理，办理接货并以航空承运人的身份签发航空运单，对运输过程负责。

（三）航空运价

航空运价是指从启运机场至目的机场的运价，不包括其他额外费用（如提货、仓储费等）。运价一般是按重量（千克）或体积重量（6 000 立方厘米折合 1 千克）计算，以两者中高者为准。空运货物是按一般货物、特种货物和货物的等级规定运价标准。

（四）航空运单

航空运单（airway bill）是航空运输货物的主要单据，是航空承运人与托运人之间缔结的运输合同的书面凭证，也是承运人或其代理人签发的接受货物的收据，航空运单不仅应有承运人或其代理人签字，还必须有托运人签字。航空运单与铁路运单一样，不是物权凭证，不能凭以提取货物，必须做成记名抬头，不能背书转让。收货人凭航空公司的到货通知单和有关证明提货。航空运单正本一式三份，分别交托运人航空公司和随机带交收货人，副本若干份由航空公司按规定分发。

航空运单可以分为主运单（master air waybill）和分运单（house air waybill）。

航空主运单是由航空运输公司签发的，它是航空运输公司据以办理货物运输和交付的依据，是航空公司和托运人订立的运输合同，每一批航空运输的货物都有自己相对应的航空主运单。

集中托运人在办理集中托运业务时签发的航空运单被称作航空分运单。在集中托运的情况下，除了航空运输公司签发主运单外，集中托运人还要签发航空分运单。

三、公路运输

公路运输（road transport）同铁路运输一样，是货物陆上运输的基本运输方式。它不仅可以直接运进或运出对外贸易货物，而且也是车站、港口和机场集散进出口货物的重要手段。

公路运输机制灵活、简洁方便，可以深入到可通公路的任何地方，尤其是在“门到门”运输中，更离不开公路运输。但是公路运输同样存在缺陷，如载货量有限、运输成本较高、运输风险较大等。

四、内陆水运

内陆水运（inland waterway transport）是水上运输的一个组成部分。它是内陆腹地和沿海地区的纽带，也是边疆地区与邻国边境河流的连接线，在现代化的运输中起着重要的辅助作用。

内河运输投资少、运量大、成本低。我国拥有四通八达的内河航运网，长江、珠江等主要河流中的一些港口已对外开放，同一些邻国还有国际河流相通，这就为我国进出口货物通过河流运输和集散提供了十分有利的条件。

五、邮政运输

邮政运输（parcel post transport）是一种较简便的运输方式。各国邮政部门之间订有协定和公约，通过这些协定和公约，各国的邮件包裹可以互相传递，从而形成国际邮包运输网。

国际邮政运输具有国际多式联运和“门到门”运输的性质，托运人只需按邮局章程一次托运、一次付清足额邮资，取得邮政包裹收据（parcel post receipt），交货手续即告完成。邮件在国际间的传递由各国的邮政部门负责办理，邮件到达目的地后，收件人可凭邮局到件通知去邮局提取。所以，邮政运输适用于重量轻、体积小的货物的传递。此种运输，手续简便，费用也不高，故其成为国际贸易中普遍采用的运输方式之一。

六、管道运输

管道运输（pipeline transport）是一种特殊的运输方式。它是货物在管道内借助于高压气泵的压力输往目的地的一种运输方式，主要适用于运输液体和气体货物。它具有固定投资大、建成后运输成本低的特点。

管道运输在美国、欧洲的许多国家以及石油输出国组织（OPEC）的石油运输方面起到了积极的作用。我国管道运输起步较晚，但随着石油工业的发展，为石油运输服务的石油管道也迅速发展起来。迄今为止，我国的不少油田均有输油管道直通海港。我国至朝鲜也早已铺设管道，向朝鲜出口的石油，主要是通过管道运输。

第三节　集装箱运输

集装箱运输（container transport）是以集装箱作为运输单位进行货物运输的一种现代化运输方式。它可适用于海洋运输、铁路运输、公路运输、内河运输与国际多式联运等。航空运输也可使用集装箱。

一、集装箱的含义及其种类

集装箱是一种运输设备，应具备以下条件：

（1）具有耐久性，其坚固强度足以反复使用；

（2）便于商品运送而专门设计的，以一种或多种运输方式运输时无须中途换装；

（3）设有便于装卸和搬运的装置，特别是便于从一种运输方式转移到另一种运输方式；

（4）设计时应注意到便于货物装满或卸空；

（5）内容积为 1 立方米或 1 立方米以上。

国际标准化组织为统一集装箱的规格，推荐了三个系列的 13 种规格的集装箱，而在国际航运上运用的主要为 20 英尺和 40 英尺两种，及 1A 型、1A 型 8×8×40、1AA 型 8.6×8×40、1C 型 8×8×20。20 尺柜的内容积为 5.69M×2.13M×2.18M，配货毛重一般为 17.5 公吨，体积为 24 ～ 26 立方米。40 尺柜的内容积为 11.8M×2.13M×2.18M，配货毛重一般为 22 公吨，体积为 54 立方米。

为适应运输各类货物的需要，集装箱除通用的干货集装箱外，还有罐式集装箱、冷冻集装箱、框架集装箱、平台集装箱、开盖集装箱、通风集装箱、牲畜集装箱、散货集装箱、挂式集装箱等种类。

二、集装箱运输的优点

集装箱运输，特别是在海洋运输中具有许多优点，一是运输量大。事先把要运输的零散货物装在箱子里，便于机械化装卸，大大缩短了船只在港口停泊的时间和货物在仓库里存放的时间，加快了货物运送的速度，降低了运输费用；箱子规格统一，在同容积船上装的货物也多，增加了运输量。二是减少物品的破损。集装箱装卸，可以保证货运时完整无损，几乎可以完全消除物品的耗损量，大大减少损坏与赔偿。如平时运送玻璃板，损坏率达到 15%，采用集装箱运输，损坏率仅为 0.2% ～ 1%。三是节约包装材料。散装运输和采取简单包装的包装材料多一次性使用；而集装箱则可多次使用，并可减少装箱和拆箱费用，降低货运费用，对顾客有利。总之，集装箱化可以加快运输速度，降低运费，便于海陆联运。

三、集装箱货物运输的分类与交接方式

（一）集装箱运输的分类

集装箱运输有整箱货和拼箱货之分。**整箱**（full container load，FCL），是指货方自行将货物装满整箱以后，以箱为单位托运的集装箱。这种情况通常在货主有足够货源装载一个或数个整箱时采用，除有些大的货主自己置备集装箱外，一般都是向承运人或集装箱租赁公司租用一定量的集装箱。空箱运到工厂或仓库后，在海关人员的监管下，货主把货装入箱内、加锁、铅封后交承运人并取得场站收据，最后凭收据换取提单或运单。

拼箱（less than container load，LCL），是指承运人（或代理人）接受货主托运的数量不足整箱的小票货运后，根据货类性质和目的地进行分类整理。把去同一目的地的货，集中到一定数量拼装入箱。由于一个箱内有不同货主的货拼装在一起，所以叫拼箱。这种情况在货主托运数量不足装满整箱时采用。拼箱货的分类、整理、集中、装箱（拆箱）、交货等工作均在承运人码头集装箱货运站或内陆集装箱转运站进行。

（二）集装箱的交接方式

整箱货和拼箱货在交接方式上有所不同，纵观当前国际上的做法，大致有以下四类：

1．整箱交，整箱接（FCL／FCL）

货主在工厂或仓库把装满货后的整箱交给承运人，收货人在目的地以同样整箱接货，换言之，承运人以整箱为单位负责交接。货物的装箱和拆箱均由货方负责。

2．拼箱交，拆箱接（LCL／LCL）

货主将不足整箱的托运货物在集装箱货运站或内陆转运站交给承运人，由承运人负责拼箱和装箱（stuffing，vanning）运到目的地货站或内陆转运站，由承运人负责拆箱（unstuffing，devantting），拆箱后，收货人凭单接货。货物的装箱和拆箱均由承运人负责。

3．整箱交，拆箱接（FCL／LCL）

货主在工厂或仓库把装满货后的整箱交给承运人，在目的地的集装箱货运站或内陆转运站由承运人负责拆箱后，各收货人凭单接货。

4．拼箱交，整箱接（LCL／FCL）

货主将不足整箱的小票托运货物在集装箱货运站或内陆转运站交给承运人。由承运人分类调整，把同一收货人的货集中拼装成整箱，运到目的地后，承运人以整箱交，收货人以整箱接。

上述各种交接方式中，以整箱交、整箱接效果最好，也最能发挥集装箱的优越性。

专栏5-1 集装箱货物的交接地点

集装箱货物的交接，根据贸易条件所规定的交接地点不同一般分为：

（1）门到门（Door to Door）：从发货人工厂或仓库至收货人工厂或仓库；

（2）门到场（Door to CY）：从发货人工厂或仓库至目的地或卸箱港的集装箱堆场；

（3）门到站（Door to CFS）：从发货人工厂或仓库至目的地或卸箱港的集装箱货运站；

（4）场到门（CY to Door）：从起运地或装箱港的集装箱堆场至收货人工厂或仓库；

（5）场到场（CY to CY）：从起运地或装箱港的堆场至目的地或卸箱港的集装箱堆场；

（6）场到站（CY to CFS）：从起运地或装箱港的集装箱堆场至目的地或卸箱港的集装箱货运站；

（7）站到门（CFS to Door）：从起运地或装箱港的集装箱货运站至收货人工厂或仓库；

（8）站到场（CFS to CY）：从起运地或装箱港的集装箱货运站至目的地或卸箱港的集装箱堆场；

（9）站到站（CFS to CFS）：从起运地或装箱港的集装箱货运站至目的地或卸箱港的集装箱货运站。

以上九种交接方式，可进一步归纳为以下四种方式：

（1）门到门：这种运输方式的特征是，在整个运输过程中，完全是集装箱运输，并无货物运输，故最适宜于整箱交，整箱接；

（2）门到场站：这种运输方式的特征是，由门到场站为集装箱运输，由场站到门是货物运输，故适宜于整箱交、拆箱接；

（3）场站到门：这种运输方式的特征是，由门至场站是货物运输，由场站至门是集装箱运输，故适宜于拼箱交、整箱接；

（4）场站到场站：这种运输方式的特征是，除中间一段为集装箱运输外、两端的内陆运输均为货物运输，故适宜于拼箱交、拆箱接。

四、集装箱运输的费用

集装箱运输的费用构成和计算方法与传统的运输方式不同。以海洋运输为例，它包括内陆或装运港市内运输费、拼箱服务费、堆场服务费、海运运费、集装箱及其设备使用费等。

内陆运输费（inland transport charge）或装运港市内运输费主要包括区域运费、无效托运费、变更装箱地点费等。内陆或港口市内运输可以由承运人负责，也可以由货主自理。如由货主自理，有关费用负担和支付按买卖合同规定，由发货人或收货人负责。在一般情况下，在出口地发生的费用由发货人负责，在进口地发生的费用由收货人负责。

拼箱服务费（LCL service charge）包括拼箱货在货运站至堆场之间空箱或重箱的运输、理货，货运站内的搬运、分票、堆存、装拆箱以及签发场站收据、装箱单制作等各项服务费用。

堆场服务费（terminal handling charge），也称码头服务费，包括在装船港堆场接受货主或集装箱货运站的整箱货和堆存、搬运至装卸桥下的费用，以及在卸货港的从装卸桥下接收进口箱，将箱子搬运到堆场和在堆场堆存的费用。堆场服务费还包括在装卸港的有关单据费用。

集装箱及其他设备使用费（fee for use container and other equipments）是指当货主使用由承运人提供的集装箱及底盘车等设备时发生的费用。它还包括集装箱从底盘车上吊上吊下的费用。

集装箱海运运费由船舶运费和一些相关费用组成。目前集装箱海运运费基本上分成两大类：一类是沿用传统的件杂货即散货的运费计算方法，也就是以每运费吨作为计费单位；另一类是以每个集装箱作为计费单位，即包厢费率（box-rate）。但总的趋势是包厢费率的计算方法逐步取代传统件杂货运费的计算方法。

（一）集装箱运费的规定方法

集装箱的包厢费率有三种规定方法：

（1）FAK 包厢费率（freight for all kinds），即不分货物种类，也不计货量，只规定统一的每个集装箱收取的费率（见表 5-4）。

表 5-4　中国—新加坡航线集装箱费率表　　（单位：美元）

装港	货类	CFS/CFS	CY/CY	
		Per F/T	20'FCL	40'FCL
大连	杂货	78.50	1 250.00	2 310.00
新港	杂货	70.00	1 150.00	2 035.00
上海	杂货	70.00	1 150.00	2 035.00
黄浦	杂货	63.00	950.00	1 750.00
…	…	…	…	…

（2）FCS 包厢费率（freight for class），即按不同货物等级制定的包厢费率（见表 5-5）。

表 5-5 中国－澳大利亚航线集装箱费率表 （单位：美元）

基本港：Brisbane，Melbourne，Sydney，Fremantle

等级	计算标准	20'(CY/CY)	40'(CY/CY)	LCL(per F/T)
1～7	W/M	1 700	3 230	95
8～13	W/M	1 800	3 420	100
14～20	W/M	1 900	3 510	105
港口附加费		84	160	Null
燃油附加费		102	195	Null

（3）FCB 包厢费率（freight for class & basis），即按不同货物等级或货物类别以及计算标准制定的费率（见表 5-6）。

表 5-6 中国—地中海航线集装箱费率表 （单位：美元）

基本港：Algiers，Genoa，Marseilles

等级	LCL per W	LCL per M	20'(CY/CY)	40'(CY/CY)
1～7	131.00	100.00	2 250.00	4 200.00
8～13	133.00	102.00	2 330.00	4 412.00
14～20	136.00	110.00	2 450.00	4 640.00
港口附加费	Null	Null	74	142
燃油附加费	Null	Null	90	174

（二）集装箱运费的计算实例

【例 5-2】 某中国外贸公司以 CFR 价格条件出口到澳大利亚悉尼厨具一批，重量为 8 公吨，尺码为 10 立方米，求该批货物总运价。

解：（1）先确认重量 8 公吨，尺码 10 立方米，未达到一整箱，故采用拼箱装，按 LCL 方式计收运费；然后确认厨具的英文为“KICHENWARE”；

（2）从承运的运输公司的“货物分级表”（classification of commodities）中查找相应的货名，从中查到“KICHENWARE”等级为 8 级；

（3）查中国—澳大利亚航线集装箱费率表，得知 8 级货物相对应的基本费率为每运费吨运费 100 美元，计费标准为 W/M，确定该批货物应按体积吨计运费；

（4）拼箱方式下没有港口和燃油附加费；

（5）总运价 =100×10=1 000（美元）。

【例 5-3】 某中国外贸公司以 CFR 价格条件出口到西班牙马赛蘑菇罐头共 1 000 箱，每箱重量为 12 千克，尺码为 0.023 6 立方米，求该批货物的总运价。

解：（1）1 000 箱蘑菇罐头总重量 12 千克 ×1 000=12（公吨），总尺码 0.023 6×1 000=23.6（立方米），接近达到一整箱，故采用整箱装，按 FCL 方式计收运费；

（2）从承运的运输公司的“货物分级表”（classification of commodities）中查到蘑菇罐头的等级为 8 级；

（3）查到马赛的 20 尺箱的港口附加费和燃油附加费共计 74+90=164（美元）；

（4）总运价 =2 330+164=2 494（美元）。

第四节　国际多式联运与大陆桥运输

一、国际多式联运

国际多式联运（international multimodal transport）简称**多式联运**，是在集装箱运输的基础上产生和发展起来的，是指按照多式联运合同，以至少两种不同的运输方式，由多式联运经营人将货物从一国境内的接管地点运至另一国境内指定交付地点的货物运输。国际多式联运适用于水路、公路、铁路和航空多种运输方式。在国际贸易中，由于85%～90%的货物是通过海运完成的，故海运在国际多式联运中占据主导地位。

根据以上描述，构成多式联运应具备以下6个条件：

（1）要有一个多式联运合同，明确规定多式联运经营人（承运人）和托运人之间的权利、义务、责任、豁免的合同关系和多式联运的性质。

（2）必须使用一份全程多式联运单据，即证明多式联运合同以及证明多式联运经营人已接管货物并负责按照合同条款交付货物所签发的单据。

（3）必须是至少两种不同运输方式的连贯运输。这是确定一票货运是否属于多式联运的重要特征。为了履行单一方式运输合同而进行的该合同所规定的货物接送业务则不应视为多式联运，如航空运输中从仓库到机场的这种陆空组合则不属于多式联运。

（4）必须是国际间的货物运输，这是区别于国内运输和是否符合国际法规的限制条件。

（5）必须由一个多式联运经营人对全程的运输负总的责任。这是多式联运的一个重要特征。由多式联运经营人去寻找分承运人，实现分段的运输。

（6）必须是全程单一运费费率。多式联运经营人在对货主负全程责任的基础上，制订一个货物发运地至目的地的全程单一费率，并以包干形式一次向货主收取。

国际多式联运最大的好处是它能集中发挥各种运输方式的优点，使国际货物运输既快又安全。同时它简化了手续，减少了中间环节，加快了货运速度，降低了运输成本，并提高了货运质量，为实现“门到门”运输创造了有利条件。

多式联运合同是指多式联运经营人与托运人之间订立的凭以收取运费、负责完成或组织完成国际多式联运的合同。它明确规定了多式联运经营人和托运人之间的权利、义务、责任和豁免。多式联运经营人是指其本人或通过其代表订立多式联运合同的任何人，他是事主，而不是发货人的代理人或代表，或参加多式联运的承运人的代理人或代表，并且负有履行合同的责任。多式联运单据是指证明多式联运合同以及证明多式联运经营人接管货物并按照合同条款交付货物的单据，根据发货人的要求，它可以做成可转让的，也可以做成不可转让的。

国际多式联运的一般业务程序，主要包括以下环节：

（1）接受托运申请，订立多式联运合同；

（2）空箱的发放、提取；

（3）出口报关；

（4）货物装箱及交接；

（5）订舱及安排货物运送；

（6）办理货物运送保险；

（7）签发多式联运提单，组织完成货物的全程运输；
（8）货物运输过程中的海关业务；
（9）货物到达交付。

二、大陆桥运输

（一）大陆桥运输的定义

大陆桥运输（land bridge transport），是指使用横贯大陆的铁路、公路运输系统为中间桥梁，把大陆两端的海洋连接起来的运输方式。从形式上看，是海陆海的连贯运输，但实际在做法上已在世界集装箱运输和多式联运的实践中发展成多种多样。

大陆桥运输一般都是以集装箱为媒介，因为采用大陆桥运输，中途要经过多次装卸，如果采用传统的海陆联运，不仅增加运输时间，而且大大增加装卸费用和货损货差，以集装箱为运输单位，则可大大简化理货、搬运、储存、保管和装卸等操作环节，同时集装箱是经海关铝封，中途不用开箱检验，而且可以迅速直接转换运输工具，故采用集装箱是开展大陆桥运输的最佳方式。

（二）大陆桥运输产生的历史背景

大陆桥运输是集装箱运输开展以后的产物。它出现于 1967 年。当时苏伊士运河封闭，航运中断，而巴拿马运河又堵塞，远东与欧洲之间的海上货运船舶，不得不改道绕航非洲好望角或南美致使航程距离和运输时间倍增，加上油价上涨航运成本猛增，而当时正值集装箱运输兴起。在这种历史背景下，大陆桥运输应运而生。从远东港口至欧洲的货运，于 1967 年底首次开辟。使用大陆桥运输路线，把原来全程海运，改为海 / 陆 / 海运输方式，试办结果取得了较好的经济效果，达到了缩短运输里程、降低运输成本、加速货物运输的目的。

（三）西伯利亚大陆桥

1．西伯利亚大陆桥概念

西伯利亚大陆桥是利用俄罗斯西伯利亚铁路作为陆地桥梁，把太平洋远东地区与波罗的海和黑海沿岸以及西欧大西洋口岸连起来。此条大陆桥运输线东自海参崴的纳霍特卡港口起，横贯欧亚大陆，至莫斯科，然后分三路，一路自莫斯科至波罗的海沿岸的圣彼得堡港，转船往西欧、北欧港口；一路从莫斯科至俄罗斯西部国境站，转欧洲其他国家铁路（公路）直运欧洲各国；另一路从莫斯科至黑海沿岸，转船往中东、地中海沿岸。所以，从远东地区至欧洲，通过西伯利亚大陆桥有海 / 铁 / 海，海 / 铁 / 公路和海 / 铁 / 铁三种运送方式。

2．西伯利亚大陆桥的营运情况及主要问题

从 20 世纪 70 年代初以来，西伯利亚大陆桥运输发展很快。目前，它已成为远东地区往返西欧的一条重要运输路线。日本是利用此条大陆桥的最大顾主。整个 80 年代，其利用此大陆桥运输的货物数量每年都在 10 万个集装箱以上。为了缓解运力紧张情况，苏联又建成了第二条西伯利亚铁路。但是，西伯利亚大陆桥也存在三个主要问题：一是运输能力易受冬季严寒影响，港口有数月冰封期；二是货运量西向大于东向约二倍，来回运量不平衡，集装箱回空成本较高，影响了运输效益；三是运力仍很紧张，铁路设备陈旧。随着新亚欧大陆桥的正式营运，这条大陆桥的

地位正在下降。

（四）北美大陆桥

1．北美大陆桥概念

北美的加拿大和美国都有一条横贯东西的铁路公路大陆桥，它们的线路基本相似，其中美国大陆桥的作用更为突出。

2．美国的两条大陆桥运输线

美国有两条大陆桥运输线，一条是从西部太平洋口岸至东部大西洋口岸的铁路（公路）运输系统，全长约 3 200 公里，另一条是西部太平洋口岸至南部墨西哥湾口岸的铁路（公路）运输系统，长 500 ～ 1 000 公里。

3．美国的小陆桥与微型陆桥

美国的大陆桥运输由于东部港口拥挤等原因处于停顿状态，但在大陆桥运输的运用过程中，派生并形成小陆桥和微型桥运输方式。

所谓小陆桥（mini land bridge）运输，也就是比大陆桥的海 / 陆 / 海形式缩短一段海上运输，成为海 / 陆或陆 / 海形式。例如，远东至美国东部大西洋口岸或美国南部墨西哥湾口岸的货运，由原来全程海运，改为由远东装船运至美国西部太平洋口岸，转装铁路（公路）专用车运至东部大西洋口岸或南部墨西哥湾口岸，以陆上铁路（公路）作为桥梁，把美国西海岸同东海岸和墨西哥湾连起来。

所谓微型陆桥（micro land bridge）运输，也就是比小陆桥更短一段。由于没有通过整条陆桥，而只利用了部分陆桥，故又称半陆桥运输，是指海运加一段从海港到内陆城乡的陆上运输或相反方向的运输形式。微型桥运输近年来发展非常迅速。

4．关于美国OCP运输条款

“OCP”是 overland common points 的简写，意即“内陆公共点地区”，简称“内陆地区”。其含义是：根据美国费率规定，以美国西部九个州为界，也就是以洛矶山脉为界，其以东地区，均为内陆地区范围，这个范围很广，约占美国全国 2/3 的地区。从远东地区向美国 OCP 地区出口货物，如按 OCP 条款达成交易，出口商可以享受较低的 OCP 海运优惠费率，进口商在内陆运输中也可以享受 OCP 优惠费率，一般约低 3% ～ 5%。相反方向，凡从美国内陆地区启运经西海岸港口装船出口的货物同样可按 OCP 运输条款办理。该条款是太平洋航运公会为争取运往美国内陆地区的货物经美国西海岸港口转运而制定的。

采用 OCP 运输条款时必须满足以下条件：

（1）货物最终目的地必须属于 OCP 地区范围内，这是签订运输条款的前提。

（2）货物必须经由美国西海岸港口中转。因此，在签订贸易合同时，有关货物的目的港应规定为美国西海岸港口，即为 CFR 或 CIF 美国西海岸港口条件。

（3）在提单备注栏内及货物唛头上应注明最终目的地 OCP×× 城市。

例如，我国出口至美国一批货物，卸货港为美国西雅图，最终目的地是芝加哥。西雅图是美国西海岸港口之一，芝加哥属于美国内陆地区城市，此笔交易就符合 OCP 规定。经双方同意，就可采用 OCP 运输条款。在贸易合同和信用证内的目的港可填写“西雅图”（内陆地区），即

“CIF Seattle（OCP）”。除在提单上填写目的港西雅图外，还必须在备注栏内注明“内陆地区芝加哥”字样，即“OCP Chicago”。

（五）新亚欧大陆桥

1990 年 9 月 11 日，我国陇海－兰新铁路的最西段乌鲁木齐至阿拉山口的北疆铁路与苏联土西铁路接轨，第二条亚欧大陆桥运输线全线贯通，并于 1992 年 9 月正式通车。此条运输线东起我国连云港，西至荷兰鹿特丹，跨亚欧两大洲，连接太平洋和大西洋，穿越中国、哈萨克斯坦、俄罗斯，与第一条运输线重合。经白俄罗斯、波兰、德国到荷兰，辐射 20 多个国家和地区，全长 1.08 万公里，在我国境内全长 4 134 公里。这条运输线与第一条运输线相比，总运距缩短 2 000 ～ 2 500 公里，可缩短运输时间 5 天，减少运费 10% 以上。

第五节　合同中的装运条款

在国际贸易实务中，货物的装运是极其重要的一个环节。对于某些贸易术语来讲，装运就等于交货。例如 FOB 条件下，卖方只承担货到船上的费用和风险。因此合理规定装运条款，对于进出口双方都极其重要。合同中的装运条款一般包括运输方式、装运期、装运港和目的港、分批装运和转运、装运通知、滞期和速遣条款等内容。

在国际贸易中，存在着交货（delivery）和装运（shipment）两种不同的用语。因此，也就有“交货时间”（time of delivery）和“装运时间”（time of shipment）两种不同的提法，就严格意义而言，“交货”与“装运”各有其不同的概念。“装运”的原意是指将货物交由船方运往约定目的地的行为，即一般实务中所称的装船；而“交货”则是指卖方自愿将其对货物的占有权转移给买方的行为。在涉及运输的买卖合同中，卖方把货物交给承运人或在转运或联运情况下交给第二承运人以运交给买方，也是交货。

现代国际贸易大都使用 F 组与 C 组贸易术语，使用这类术语的货物买卖合同为装运合同（shipment contract），在这类交易中，卖方在装运港或启运地将货物装上运输工具或交付给承运人或第一承运人以运交买方就算完成交货义务。在此情况下，“交货”和“装运”的意义是一致的。因而在实务中，往往也把这两个词混合起来使用，“交货时间”与“装运时间”成为同义词。国际商会《跟单信用证统一惯例》对此也作了规定。第 500 号出版物就在第 46 条 a 款中明确指出：“除非信用证另有规定，用于规定最早及 / 或最迟装运日期的‘装运’（shipment）一词，将被理解为‘装船’（loading on board vessel）、‘发运’（dispatch）、‘收货日期’（date of pick up）等及类似词语，还包括在信用证要求多式运输单据下的‘接受监管’（taking in charge）。”但是，应当指出，在使用 F 组、C 组术语的装运合同项下，货物交给“承运人”的“交货”，在运输单据转让以前，特别是在 CIF、CFR 等通过海洋运输的情况下，货物的所有权并未转移到买方手中，所以这种“交货”只是“推定交货”（constructive delivery）。从这个意义上说，“交货”与“装运”又有所不同。因此，即使是“装运合同”，也不宜任意混用，在买卖合同中规定履行交货的时间条款，以使用“装运时间”为宜，以免引起误解。

一、装运时间

在采用 F 组与 C 组术语的买卖合同中，通常以装运时间作为交货时间，原则上必须在合同中明确具体地做出规定。但是国际货运情况错综复杂，存在许多不可控因素，很难保证在选定的某一天将货物准时装运。因此一般不采用规定一个具体日期，如于某月某日装运的做法。在实际业务中，最常见的有以下四种：

1．规定在某月内装运

例如：一月份装运（shipment during Jan.）。

按此规定，全部成交货物可在 1 月 1 日至 1 月 31 日这一期限内的任何一天装运。

2．规定在某月月底或某日前装运

例如：6 月底或以前装运（Shipment at or before the end of June），即自订立合同之日起，最迟不超过 6 月 30 日装运。

3．跨月装运，即规定在某两个月、三个月或几个月内装运

例如：1/2 月份装运或 1/2/3 月份装运（Shipment during Jan/Feb 或 Jan/Feb/March shipment），即指货物可分别在 1 月 1 日至 2 月 28 日止或 1 月 1 日至 3 月 31 日止这一期限内的任何一天装运。

4．规定在收到信用证后若干天内装运

对某些外汇管制较严的国家和地区的出口交易，或对买方资信情况不够了解，或专为买方特制的出口商品，为了防止买方不按时履行合同而造成损失，在出口合同中可采用在收到信用证后一定时间内装运的方法规定装运时间，以保障出口企业的利益。

例如：收到信用证后 45 天内装运

Shipment within 45 days after receipt of L/C

但是采用此种装运期规定时，必须同时规定有关信用证开到的期限，例如：

买方必须最迟于 6 月 15 日将有关信用证开抵卖方

The Buyers must open the relative L/C to reach the Sellers Before June 15th

如不订明信用证开到期限，则可能由于买方拖延开证，使卖方无法及时安排生产、装运而陷于被动。

以上四种方法在国际贸易中应用较广。这样规定，卖方可有一定时间备货和安排运输，买方也可预先作好支付货款和接货的准备。在实践中，也有个别情况使用规定在某一特定日期装运、具备某一条件（如接到确认样品通知书等）后确定装运期以及使用近期装运术语等做法。

总之，装运时间的规定应根据市场需要、商品性质和当时的运输条件、生产供应的可能和买卖双方的特定情况和要求等进行全面考虑，慎重对待。

装运时间规定模糊引起纠纷[㊀]

【案例介绍】

我 A 公司出口一批商品。某年 10 月 1 日国外开来信用证，A 公司在 10 月 4 日收到从通知

㊀ 秦超，陈颖．国际贸易实务 [M]. 北京：高等教育出版社，2011.

行转来的信用证，其中条款规定：总金额 1 232 000 美元，某商品 800 吨，数量允许增减 5%，价格为每吨净重 1 540 美元，CIF AH 港，立即装运至 AH 港，不许分批装运。A 公司接证后根据信用证条款立即安排装运出口，并与船方代理公司联系。据代理公司称至 AH 港最早的船期就是 11 月 6 日，再没有其他更早的船期。A 公司于 11 月 7 日将货装运出口，并取得 11 月 7 日签发的已装船提单，随后备妥信用证项下所需的其他单据向议付行交单办理议付。议付行经审单发现单证不符，不同意议付，原因是信用证规定总金额 1 232 000 美元，而发票和汇票金额却为 1 268 960 美元，议付金额比信用证规定总金额超额 36 960 美元。A 公司认为其不符点不成立，即向议付行申诉：信用证规定装运数量可允许增减 5%，而实际只装 824 吨，仅增装了 300 吨，其总金额 1 268 960 美元也是信用证允许的，所以不符点不成立。11 月 10 日外商来电："关于 800 吨商品，要求必须立即装运，而你方却实际拖延至 11 月 7 日才装运，你方对立即装运的条款没有执行。因你方未立即装运使我方无法按时向用户交货，你方应负担因此而引起的我方损失。"双方遂引发纠纷。

【案例分析】

在此案例中，由于外商将立即装运条款作为 A 公司未履行信用证条款的内容而给予拒付，很显然是行不通的。信用证付款业务是一种单据的买卖，很显然，外商本身在开证的时候就犯了个致命的错误，将信用证装运条款的内容规定得那么模糊。这就为今后纠纷的产生埋下了伏笔。因此，外商不得以此作为理由而加以拒付。

二、装运港（地）和目的港（地）

装运港（port of shipment）是指货物起始装运的港口。目的港（port of destination）是指最终卸货的港口。在采用 C 组和 F 组术语的合同中地点条款通常包括装运港（装运地）和目的港（目的地）两个内容。装运港和目的地不仅关系到卖方于何地履行交货义务和货物风险何时由卖方转移至买方，还关系到运输的安排、运费、保险费以至成本核算及确定售价等问题。因此必须在合同中做出具体规定。

（一）装运港（装运地）

国际贸易中，买卖合同通常只规定一个装运港（装运地），如"装运港：上海"（port of shipment：Shanghai）。有时按实际业务需要，如货物分散在多处，或磋商交易时尚不能确定在何处发运货物，也可规定两个或多个港口或地方的名称，甚至可以做笼统规定。

范例 装运港：青岛和 / 或上海

Port of Shipment：Qingdao and/or Shanghai

装运港：中国港口

Port of Shipment：China Ports

当买卖合同中规定两个或多个装运地，或对此仅作笼统规定时，凡由卖方负责安排运输的 CFR、CIF、CPT、CIP 合同，可由卖方于实际装运货物时在合同规定的范围内任意选定装运港（装运地），凡由买方负责安排运输，即由买方选派接运船舶或指定承运人的 FAS、FOB、FCA 合同，则卖方应该在合同规定的装运时间前，或者按照合同规定的时限将选定的装运港（装运地）通知买方，以便买方凭以办理派船接运或指定承运人等事宜。

并非所有的国际贸易合同都需要规定装运港（装运地），例如 CIF 合同的已经装船之货

（cargo afloat）交易，就不一定要规定装运港。

（二）目的港（目的地）

在 FAS、FOB、CFR、CIF、DAT 合同中，一般应规定港口；在 FCA、CPT、CIP、DAP、DDP 合同中，则可规定内陆地点。目的港（目的地）一般由买方提出，经卖方同意后确定。在实际业务中，通常只规定一个目的港（目的地），如“目的港：纽约”（Port of Destination：New York）；有时也可规定两个或两个以上的目的港或目的地，个别的甚至也有作笼统规定的。由买方在装运期开始前适当时间通知卖方，凭以安排装运。

范例　目的港：伦敦 / 利物浦

Port of Destination：London/Liverpool

在合同中规定装运港和目的港时应该注意下述问题：

（1）一般情况下，应该明确规定一个或若干个港口作为装运港或目的港。在出口业务中，对于装运港的规定以靠近货源地为宜；在进口业务中，对于目的港的规定以靠近最终用户为宜。

（2）当明确规定装运港或目的港存在困难时，也可采用“选择港口”（optional ports）的规定方法。如，“CIF London or Rotterdam”“CIF Main European Ports”。

（3）原则上不能接受内陆城市作为装运港或目的港，否则，进口商或出口商还要承担从内陆城市到港口或从港口到内陆城市的运费和风险。

（4）在规定装运港和目的港时应该注意有无重名的问题。如，名为“VICTORIA”的港口在世界上有 12 个之多，因此，必须结合注明港口所在国家的名称，以免混淆。

（5）必须结合考虑港口水域的深浅以及港口的装卸条件等。

（6）不能接受与我国没有贸易往来的一些国家的港口。

（7）不能接受不安全的港口（地区），如疫区或战区等。

（8）对于季节性港口，应避开冰冻期、雨季、季风等季节。

例如：欧洲北纬 59°22′ 以北的港口每年 12 月 15 日至次年 4 月 15 日，北纬 63°03′ 以北的港口每年 11 月 15 日至次年 5 月 15 日均为冰冻期；加拿大东海岸，除了圣约翰斯港和哈利法克斯港外，每年 11 月至次年 4 月为冰冻期；意大利西西里岛的港口如杰拉港每年 11 月至次年 3 月为季风季节，风大浪急，港口无法装卸。

三、分批装运和转运

分批装运和转运（船）都直接关系到买卖双方的利益，因此，买卖双方应根据需要和可能在合同中做出具体的规定。

（一）分批装运

分批装运（partial shipment）是指一笔成交的货物，分若干批交付装运。在合同中的分批装运条款中，即可笼统地规定允许卖方分批装运，也可明确规定各批次具体测得装运时间和相应的装运数量。按照国际商会《UCP600》第 32 条的规定：“如信用证规定在指定的时间段内分期支款或分期发运，任何一期未按信用证规定支取或发运时，信用证对该期及以后各期均告失效。”

《UCP600》中与分批装运有关的重要条款还包括：

（1）第 31 条 a 款，除非信用证另有规定，允许分批发运。

（2）第 31 条 b 款，表明使用同一运输工具并经由同航次航程运输的数套运输单据在同一次提交时，只要显示相同的目的地，将不被视为部分发运，即使运输单据上表明的发运日不同或装货港、接管地或发货地点不同。如果交单由数套运输单据构成，其中最晚的一个发运日将被视为发运日。含有一套或数套运输单据的交单，如果表明在同一种运输方式下经由数件运输工具运输，即使运输工具在同一天出发运往同一目的地，仍将被视为部分发运。

由于运输工具的限制，或是市场销售的需要，抑或交货分批的限制，分批装运是国际贸易中常见的做法。一般有以下三种做法：

（1）规定“不准分批装运”（partial shipment not to be allowed）。这意味着货物必须由同一运输工具在同一航次装运完毕。

（2）规定“准许分批装运”（partial shipment to be allowed）。这表明货物可以根据货源、船舶情况多批次装运。

（3）未规定禁止分批装运。

案例讨论5-2　UCP600对分批装运的规定

【案例介绍】

某国际贸易公司对国外乔治公司出口 500 吨花生。买方申请开来的信用证规定：“分 5 个月装运；3 月份 80 吨；4 月份 120 吨；5 月 140 吨；6 月份 110 吨；7 月份 50 吨。每月不许分批装运。装运从中国港口至伦敦。”

国际贸易公司接到信用证后，根据信用证规定于 3 月 15 日在青岛港装运了 80 吨；于 4 月 20 日在青岛港装运了 120 吨，均顺利收回了货款。

国际贸易公司后因货源不足于 5 月 20 日在青岛港只装了 70.5 吨。经联系得知烟台某公司有一部分同样规格的货物，所以国际贸易公司要求“HULIN”轮再驶往烟台港继续装其不足之数。船方考虑目前船舱空载，所以同意在烟台港又装了 64.1 吨。国际贸易公司向银行提交了两套单据：一套是在青岛于 5 月 20 日签发的提单，其货量为 70.5 吨；另一套是在烟台于 5 月 28 日签发的提单，货量为 64.1 吨。

该国际贸易公司交单议付时却遭开证行拒付，银行认为单据有两处不符点：①在青岛和烟台分批装运货物；②信用证规定五月份装运 140 吨，实际只装了 134.6 吨，短量。

问：银行拒付的理由成立吗？

【案例分析】

银行拒付的理由不成立。

国际商会《跟单信用证统一惯例》（UCP600）规定：运输单据表面上注明同一运输工具、同一航次、同一目的地的多次装运，即使单据表面注明不同的装运时间、不同的装运港，不作为分批装运论。

在国际货物买卖中，散装谷物、水果、粮食、矿砂、钢材等，交货时数量可以有一定的机动幅度，卖方可以选择多装或少装一定的百分比，因为国际商会《跟单信用证统一惯例》（UCP600）规定：卖方溢短装交货数量的机动幅度不超过 5%。

（二）转运

转运（transshipment）是指货物在运输过程中的转船、转机以及从一种运输工具上卸下再装上另一种运输工具的行为。如果在合同的转运地和目的地之间没有直达的运输工具，就应在合同中订明允许转船。

根据国际商会 UCP600 第 20 条 b 款的规定，转运系指在信用证规定的装货港到卸货港之间的运输过程中，将货物从一船卸下并再装上另一船的行为。除非信用证禁止转运，只要同一提单包括了海运全过程，银行将接受注明货物转运的提单。

凡目的港无直达船或无固定船期，或航次稀少、间隔时间长，或成交量大而港口拥挤，作业条件差，均应允许转船。

UCP600对转运的规定

【案例介绍】

H 进出口公司向泰国巴伐利亚有限公司出口一批电器电料，国外开来信用证有关条款规定："电器电料 100 箱，从中国港口至曼谷。禁止分批装运和转运。全套清洁已装船提单，注明'运费已付'，发货人抬头背书 K.T. 银行，通知买方。" H 公司审证无误后，即装集装箱运输，随后备妥各种单据向银行交单，要求付款。但却遭到开证行拒付。其理由是我方提交的是"联合运输单据"，不符合信用证不许转运的要求。

【案例分析】

根据国际商会《跟单信用证统一惯例》（UCP600）规定银行在下列情况下，可以接受注明货物将转运的提单（而不论其名称如何）：

（1）信用证未明确规定禁止转运；

（2）如果信用证禁止转运，但货物是由集装箱运输，而且同一提单包括全程运输；

（3）如果信用证禁止转运，但提单上声明有承运人保留转运权的条款。

所以，不符点不成立，银行必须议付。

（三）装船通知

卖方在将货物装上船后，应及时向买方发出已装船通知（shipping advice），以确保买方能及时安排接船接货以及在必要的时候及时投保。

装船通知的内容通常包括：

（1）合同号或订单号或信用证号以及相应日期，发票金额等。

（2）货物的名称，规格，重量，数量，唛头等。

（3）装货港名称，船公司名称，船名，预计开航日期以及预计抵达日期（ETA）等。

（4）提单号或装运单据号等。

装船指示范例 1

请将我方 7816 号订单项下化肥装上"无锡"轮，该轮预计于 1998 年 5 月 19 日抵达鹿特丹。请立即确认该货将按时备妥。有关交货的详情请与伦敦伦拜兄弟公司联络。

Please deliver our Order No.7816 for chemical fertilizer per s.s."Wu Xi" ETA the 19th May, 1998 at

Rotterdam and confirm by return that the goods will be ready in time. For detailed delivery instructions, please approach Messers. Lombard Bros. Co., London.

装船指示范例 2

兹通知你方，我们已经在“黄河”轮为我 123 号订单订妥舱位，该轮预计 5 月 15 日抵达。有关交货的详情请与伦敦伦拜兄弟公司联络。

We are pleased to inform you that we have booked freight for our Order No.123 of Chemical Fertilizer on s.s. “Huang He” with ETA the 15th May. For delivery instructions, please contact Messers. Lombard Bros. Co., London.

装船通知范例 1

兹通知你方，第 56565 号销售合同项下货物已于 7 月 5 日装“云南”轮运出，在哥本哈根装船，预计 9 月初运抵你港。

We wish to inform you that the goods under S/C No.56565 went forward per steamer “Yun Nan” on July 5, to be transshipped in Copenhagen and are expected to reach your port in early September.

装船通知范例 2

现欣然奉告，你方 4589 号订单项下货物已于 8 月 31 号装上直达轮“荣昌”号，有关装船样品已在该轮离港前航寄你方。

We are pleased to inform you that the goods under your order NO.4589 were shipped per direct steamer “Rong Chang” on August 31 and the relative shipping samples had been dispatched to you by air before the steamer sailed.

（四）装卸时间、装卸率和滞期费、速遣费条款

大宗货物的运输常常采用定程租船运输。因此合同中的装运条款还需对装卸费用、装卸时间、装卸率以及滞期费和速遣费等做出规定。

1. 装卸率

装卸率是指每日装卸货物的数量。对于装卸率的具体确定，一般应遵循港口惯常的装卸速度，规定得过高或过低都不合适。如果装卸率规定得过高，一旦完不成装卸任务，承租人就要承担滞期费（demurrage）的损失；反之，如果装卸率规定得过低，虽能因提前完成装卸任务而得到船方的速遣费（dispatch money）。但因船方在事先预算运费时已因较低的装卸率而规定了较高的运费，对承租人而言，也得不偿失。

2. 装卸费用

装卸费用条款是定程租船运输合同中规定装卸费用由谁承担的条款。主要规定方法有：

（1）F.I.O.（free in and out），即装、卸费用均由货方承担。有时还规定理舱费（stow）和平舱费（trim）的分担。即 F.I.O.S.（船方不承担装货费、卸货费和理舱费）、FIOT（船方不承担装货费、卸货费和平舱费）和 F.I.O.S.T.（船方不承担装货费、卸货费、平舱费和理舱费）。

（2）F.I.（free in），即船方承担卸货费，货方承担装货费。

（3）F.O.（free out），即货方承担卸货费，船方承担装货费。

（4）Berth Terms（或 liner terms），即船方承担装卸费。

3. 装卸时间

装卸时间是指承租人在港口完成装卸任务的时间期限，它一般以天数或小时数来表示。一旦超出装卸时间期限，承租人将向船方支付滞期费，用以弥补船方因超期滞留港口所发生的额外开支。

装卸时间的常用规定方法包括：

（1）连续日：指从午夜零点至 24 点日复一日的所有天数。

（2）工作日，即按照港口习惯，扣除法定假日，属于正常工作日的天数。

（3）晴天工作日，即天气良好可以进行装卸作业的工作日。

（4）连续 24 小时晴天工作日，即天气晴好时钟连续走 24 小时即算一个工作日，在此期间如有几个小时是坏天气不能作业，则予以扣除。这种方法比较公平，船货方均愿接受。

本章小结

在国际货物买卖中，卖方的义务是按国际货物买卖合同的规定交付货物、移交与货物有关的单据和把货物的所有权转移给买方。其中，交付货物是卖方最基本的义务，它涉及交货的时间、地点和方式、装运地、目的地、运输单据，是否分批装运，是否通过第三地转运等问题。由于这些问题都直接关系到买卖双方当事人的权益，因此，一般都需要在买卖合同中做出具体规定。本章介绍了国际货物运输的不同方式，包括海洋运输、铁路运输、航空运输、集装箱运输和国际多式联运等。其中海洋运输因其载运量大和运费低廉，而成为国际贸易中最主要的运输方式。班轮运输是常用的海洋运输方式。海洋运输方式中使用的单据主要是海运提单，其具有物权凭证的性质，代表了货物的所有权，因此是国际贸易中最重要的运输单据。使用的贸易术语不同，国际货物买卖合同中的装运条款的规定也不尽相同。为了确保及时有效地完成进出口交易，在交易磋商、订立合同和履约过程中，应根据销货意图和实际情况，合理选择运输方式，订好合同中的装运条款，并正确缮制和运用有关的运输单据。

关键词

班轮运输 liner transport

集装箱运输 container transport

速遣费 dispatch money

转运 transshipment

海运提单 ocean bill of loading

滞期费 demurrage

分批装运 partial shipment

装运条款 shipment clause

思考题

一、选择题

1. 在下列单据中，只有（　　）才能提货。

A. 航空货运单　　B. 大副收据　　C. 海运提单正本　　D. 海运提单副本

2. 在下列单据中，（　　）不能转让。

A. 空白提单　　B. 记名提单　　C. 不记名提单　　D. 指示提单

3. 海运提单的签发日期是指（　　）。

A. 海运公司接到货物的时间　　B. 签订运输合同的时间

C. 海运公司装运货物的时间　　D. 货物装运完毕的时间

4. 海运提单和航空运单（　　）。

A. 均为物权凭证

B. 均为“可转让”的物权凭证

C. 前者是物权凭证，后者不可转让，不作物权凭证

D. 均可凭其在目的港或目的地提货

5. 班轮运输的运费应该（　　）。

A. 包括装卸费，但不包括滞期费和速遣费

B. 包括装卸费，也包括应计滞期费和速遣费

C. 包括卸货费和应计滞期费，不计速遣费

D. 包括卸货费和应计速遣费，但不包括滞期费

6. 速遣费和滞期费是（　　）中的条款。

A. 班轮运输合同　　B. 期租船运输合同

C. 程租船运输合同　　D. 光租船运输合同

7. 在班轮运价表中，注明收费标准为“W/M”的是指（　　）。

A. 在货物的重量和体积当中，由船公司选择较高的一种作为计算运费的标准

B. 在货物的重量和体积当中，由船公司任选一个作为计算运费的标准

C. 在货物的重量和体积当中，由船公司选择较低的一种作为计算运费的标准

D. 按货物的重量计收运费后，再按货物的体积加收一定的百分比

8. 按提单对货物表面状况有无不良批注，可分为（　　）。

A. 清洁提单　　B. 不清洁提单　　C. 记名提单　　D. 不记名提单

9. 集装箱运费的计费标准有（　　）。

A. FAK 包箱费率　　B. FCS 包箱费率　　C. FAS 包箱费率　　D. FCB 包箱费率

10. 在国际贸易中，通常要求怎样的海运提单？

A. 一式三份提单　　B. 清洁提单　　C. 已装船的提单　　D. 正本提单

二、简答题

1. 班轮运输有什么特点？
2. 班轮运费的计费标准有哪几种？
3. 程租船合同的主要条款有哪些？
4. 简述航空运单的性质和作用。
5. 简述海运提单的性质与作用。
6. 简述国际多式联运的基本条件。
7. 简述按不同的分类方法，海运提单的主要类型有哪些？

三、计算题

1. 我方出口商品共 100 箱，每箱体积为 30cm×60cm×50cm，毛重为 40kg，查运费表得知该货为 9 级，计费标准为 W/M，基本运费为每运费吨 HK $109，另外收燃油附加费 20%，港口拥挤费 20%，货币贬值附加费 10%。试计算该批货物的运费是多少港元？

2. 我方某公司向东京某进口商出口自行车 100 箱，每箱一件，每箱体积是 20cm × 50cm×120cm，计收运费的标准为 M，基本运费为每运费吨 280HK$，另加收燃油附加费 30%，港口拥挤费

10%。问该批商品的运费是多少？

3. 我方按CFR价格出口洗衣粉100箱，该商品内包装为塑料袋，每袋0.5千克，包装为纸箱，每箱100袋，箱的尺寸47cm×30cm×20cm，基本运费为每尺码吨USD$367，另加收燃油附加费33%，港口附加费5%，转船附加费15%，计费标准为“M”，试计算该批商品的运费为多少？
4. 某公司出口箱装货物一批，原报价为每箱50美元FOB上海，英国商人要求改CFRC3% Hamburg。我方应报价多少？（已知，该批货物每箱体积0.05立方米，每箱毛重40千克，商品计费标准为W/M，每运费吨基本运费率为200美元，并加收燃油附加费10%）。

四、案例分析题

1. 我某公司向美某公司出口五金器材一批，价值数十万美元。付款方式为即期D/P托收。因货物须经日本转船而由某船公司出具转船联运提单。货到美国后因原进口公司倒闭，全部货物被另一家公司以伪造提单取走。待我正式提单及其他单据寄达国外后，已无人赎单付款，委托国外银行凭提单提货时也提货不着。随凭正本提单向船公司索赔，船公司以他是第一承运人为理由拒赔。试问：船公司的这种做法能否成立？
2. 我某公司按CFR条件、即期不可撤销信用证以集装箱装运出口成衣350箱，装运条件是CY/CY。货物交运后，我公司取得“清洁已装船”提单，提单上表明“Shippers load and count”，在信用证规定的有效期内，我公司及时交单议付了货款。20天后，接买方来函称：经有关船方、海关、保险公司、公正行会同对到货开箱检验，发现其中有20箱包装严重破损，每箱均有短少，共缺成衣512件。各有关方均证明集装箱外表完好无损，为此，买方要求我公司赔偿其货物短缺的损失，并承担全部检验费2 500美元。试问：对方的要求是否合理？为什么？
3. 山东某公司向国外出口一批花生仁，国外客户开来不可撤销信用证，证中的装运条款规定：“Shipment from Chinese port to Singapore in May, Partial shipment prohibited”。我公司因货源不足，先于5月15日在青岛港将200公吨花生仁装“东风”轮，取得一套提单；后又在烟台联系到一批货源，在我公司承担相关费用的前提下，该轮船又驶往烟台港装了300公吨花生仁于同一轮船，5月20日取得有关提单。然后在信用证有效期内将两套单据交银行议付，银行以分批装运，单证不符为由拒付货款。试问：银行的拒付是否合理？为什么？
4. 我某外贸公司以FOB上海与香港M公司成交铁矿砂一批，港商即转手以CIF价格条件转手给澳大利亚某公司，港商信用证规定：价格条件为FOB上海，目的港为悉尼，但提出在提单上表明“运费已付”。试问：港商为何这样做？我们应该如何处理才使我方的利益不受损害？
5. 我某公司按CIF价格条件出口货物一批，合同规定“9月份装运，信用证的有效期为10月15日”。卖方9月15日发货，取得清洁已装船提单，备齐全套单据向银行议付了货款。但买方收到货物后，发现货物受损严重，且短少50箱。买方因此拒绝收货，并要求卖方退回货款。试问：（1）买方有无拒收货物并要求退款的权利？为什么？（2）此案中的买方应如何处理此事才合理？
6. 我某公司向非洲出口某商品15 000箱，合同规定1～6月按月等量装运，每月2 500箱，凭不可撤销即期信用证付款，客户按时开来信用证，证上总金额与总数量均与合同相符，但装运条款规定为“最迟装运期6月30日，分数批装运”。我方1月份装出3 000箱，2月份装出4 000箱，3月份装出8 000箱。客户发现后向我方提出异议。试问：你认为对方这样做是否可以？为什么？

Chapter6
第六章
国际货物运输保险

学习目标

- 了解国际货物运输保险的基本原则
- 重点掌握海上货运保险的风险、损失和险别
- 掌握保险金额的确定和不同贸易术语下保费的计算
- 能够综合利用所学的保险知识进行案例分析
- 掌握英国伦敦协会货物保险条款和我国海洋货物运输保险条款的异同

案例导入

森德国际贸易公司与南非NEO公司通过磋商，确定达成交易，森德公司向NEO公司出口碎片蘑菇罐头1 800箱，并签订正式的买卖合同，以USD9.8/CARTON CIF CAPE TOWN成交。销货合同中保险条款为：Insurance: To be effected by the seller for 110% of the CIF invoice value covering ALL RISKS AND WAR RISK as per China Insurance Clauses。森德国际贸易公司按照CIF贸易术语惯例，购买了中国人民保险公司（Peoples Insurance Company of China，PICC）的一切险（all risks）和战争险（war risks）。

国际货物运输线长面广，可能会因遇到各种难以预料的风险，从而遭受损失。为在货物遇难受损时能得到一定的经济补偿，买方或卖方就需要在事先办理货物的运输保险。

国际货物运输保险（cargo transportation insurance）属于财产保险的范畴，它以运输过程中的各种货物作为保险标的，被保险人（the insured，即卖方或买方）在货物装运以前，向保险人（the insurer或underwriter，即保险公司）按投保金额、投保险别及保险费率支付保费。保险人承保后，如果保险标的在运输过程中发生约定责任的损失，应按照规定给予被保险人经济上的补偿。

保险是一种经济补偿制度，从法律角度看，它是一种补偿性契约行为，即被保险人向保险人提供一定的对价（保险费），保险人则对被保险人将来可能遭受的承保范围内的损失负赔偿责任。保险的基本原则是被保险人和保险人签订保险合同、履行保险义务以及索赔及理赔工作所必须遵守的原则，这些原则作为保险活动的准则，贯穿于整个保险业务，不论哪一类保险，投保人和保

险人都须订立保险合同并共同遵守保险原则，它是在保险的发展过程中逐步形成的并为国际保险业所公认。

保险的基本原则主要有：可保利益原则、最大诚实信用原则、补偿原则、近因原则、代为追偿的原则、重复分摊的原则等。

由于国际货物采取的运输方式很多，其中包括海洋运输、陆上运输、航空运输和邮包运输等，因此，国际货物运输保险也相应地分为海运货物保险、陆运货物保险、航空货运保险和邮包运输保险。在国际贸易中，如果涉及货物运输保险问题，买卖双方洽商交易时必须谈妥，并在合同中具体订明。为了订好合同中的保险条款和正确处理有关进出口货物运输保险事宜，凡从事国际贸易的人员都必须了解国际货运保险的有关基本知识。

第一节　海上货物运输保险的保障范围

国际货物运输方式主要有海上运输、陆上运输（包括铁路和公路）、航空运输和邮包运输等，由于海上货物运输保险形成得最早，应用得最多，因此本节主要讨论海上货物运输保险。海运货物保险承保的范围，包括海上风险、海上损失与费用以及外来原因所引起的风险损失。国际保险市场对上述各种风险与损失都有特定的解释。正确理解海运货物承保的范围和各种风险与损失的含义，对合理选择投保险别和正确处理保险索赔，具有十分重要的现实意义。

一、保险人所承保的风险

在各国海洋运输货物保险业务中，保险人承保的风险分为海上风险和外来风险。

（一）海上风险

海上风险（perils of the sea）又称海难，是指被保险货物及船舶在海上运输中所发生的风险。在现代海上保险业务中，保险所承保的海上风险有特定的范围，它并不包括一切在海上发生的风险，但也不是局限于在航海过程中的风险。按照国际保险市场的一般解释，海上风险一般包括自然灾害和意外事故两种。

1. 自然灾害

所谓**自然灾害**（natural calamities），是指不以人的意志为转移的自然界力量所引起的灾害，而非指一般自然力所造成的灾害。主要包括恶劣气候、雷电、洪水、流冰、地震、海啸以及其他人力不可抗拒的灾害。

2. 海上意外事故

海上意外事故（fortuitous accidents）不同于一般的意外事故，是指外来的 、偶然的、难以预料的原因所造成的事故。主要包括船舶搁浅、触礁、碰撞、爆炸、火灾、沉没、船舶失踪或其他类似事故。

（二）外来风险

外来风险（extraneous risks）是指海上风险以外的由于其他各种外来原因所造成的风险，外来风险可分为一般外来风险和特殊外来风险两种类型。

一般外来风险指一般的外来原因所造成的风险。通常是指偷窃、短量、破碎、雨淋、受潮、受热、发霉、串味、玷污、渗漏、钩损和锈损、船长和船员的恶意行为等一般外来原因所引起的风险。

特殊外来风险主要是指由于军事、政治、国家政策法令和行政措施等外来原因所致的风险，如战争、罢工、没收、交货不到等。

除上述各种风险损失外，保险货物在运输途中还可能发生其他损失，如运输途中的自然损耗以及由于货物本身特点和内在缺陷所造成的货损等。这些损失不属于保险公司承保的范围。

二、保障的损失

海上损失（简称海损）是指被保险货物在海运过程中，由于海上风险所造成的损坏或灭失。根据国际保险市场的一般解释，凡与海陆连接的陆运过程中所发生的损坏或灭失，也属海损范围。就货物损失的程度而言，海损可分为全部损失和部分损失；就货物损失的性质而言，海损又可分为共同海损和单独海损。

（一）全部损失

全部损失（total loss）简称全损，是指被保险货物在海洋运输中遭受全部损失。从损失的性质看，可分为实际全损和推定全损两种。

1．实际全损

实际全损（actual total loss，ATL）又称绝对全损，是指货物全部灭失或完全变质或不可能归还被保险人；实际全损是被保险人保险标的的可保利益发生全部毁损的情况，与推定全损相对应。其构成条件是：

（1）保险标的发生保险事故后灭失。

（2）保险标的发生保险事故后受到严重损坏完全失去原有形体、效用。

（3）保险标的发生保险事故后不能再归被保险人所拥有。

（4）船舶在合理时间内未从被获知最后消息的地点抵达目的地，除合同另有约定外，两个月后仍没有获知其消息的，为船舶失踪。船舶失踪视为实际全损。

2．推定全损

推定全损（constructive total loss，CTL）是指货物发生事故后，认为实际全损已不可避免，或者为避免实际全损所需支付的费用与继续将货物运抵目的地的费用之和超过保险价值。推定全损是海上保险所特有的制度，分两种情况：

（1）船舶发生保险事故后，认为实际全损已经不可避免，或者为避免发生实际全损所需支付的费用超过保险价值的，为推定全损。

（2）货物发生保险事故后，认为实际全损已经不可避免，或者为避免发生实际全损所需支付的费用与继续将货物运抵目的地的费用之和超过保险价值的，为推定全损。

（二）部分损失

部分损失（partial loss）是指保险标的物的部分损失或灭失，不属于实际全损和推定全损的损失为部分损失。

1．共同海损

共同海损（general average，GA）是指在海洋运输途中，船舶、货物或其他财产遭遇共同危险，为了消除共同危险，有意采取合理的救难措施，所直接造成的特殊牺牲和支付的特殊费用，称为共同海损。在船舶发生共同海损后，凡属共同海损范围内的牺牲和费用，均可通过共同海损理算，由有关获救受益方（即船方、货方和运费收入方）根据获救价值按比例分摊，这种分摊，称为共同海损分摊。以上表明，共同海损涉及各方的利害关系，因此，构成共同海损是有条件的。共同海损必须满足以下条件：第一，共同海损的危险必须是共同的，采取的措施是合理的，这是共同海损成立的前提条件。如果危险还没有危及船货各方的共同安全，即使船长有意做出合理的牺牲和支付了额外的费用，也不能算做共同海损。第二，共同海损的危险必须是真实存在的而不是臆测的，或者不可避免地发生的。第三，共同海损的牺牲必须是自动的和有意采取的行为，其费用必须是额外的。第四，共同海损必须是属于非常情况下的损失。第五，共同海损措施最终必须有效。

按照惯例，共同海损的牺牲和费用，应由受益方即船舶、货物和运费三方最后获救的价值多少，按比例进行分摊，这种分摊称为共同海损分摊。

2．单独海损

单独海损（particular average）是指仅涉及船舶或货物所有人单方面的利益损失，它与共同海损的主要区别是：

（1）造成海损的原因不同。单独海损是承保风险所直接导致的船、货损失；共同海损则不是承保风险所直接导致的损失，而是为了消除或减轻共同危险人为地造成的一种损失。

（2）承担损失的责任不同。单独海损的损失一般由受损方自行承担；而共同海损的损失，则应由受益的各方按照受益比例的大小共同分摊。

共同海损和单独海损案的处理

【案例介绍】

某货轮从青岛港驶往新加坡，在航行途中船舶货舱起火，大火蔓延到机舱，船长为了船、货的共同安全，决定采取紧急措施，往舱中灌水灭火。火虽被扑灭，但由于主机受损，无法继续航行，于是船长决定雇用拖轮将货船拖回新港修理，检修后重新驶往新加坡。事后调查，这次事件造成的损失有：① 800 箱货被火烧毁；② 600 箱货被水浇湿，无其他损失；③ 200 箱货既受热熏损失，又受水渍损失，但未发现火烧的痕迹；④ 100 箱货被火烧过且有严重水渍；⑤主机和部分甲板被烧坏；⑥拖轮费用；⑦额外增加的燃料和船长、船员工资。

问题：试分析上述损失的性质，并指出需投何种险别，才能取得保险公司的赔偿？

【案例分析】

①、④、⑤属单独海损，因为这两项损失是由于火灾这一风险直接造成的，应属于单独海损。其中④的损失，由于这 100 箱已着火，但被扑灭，虽有严重水渍，也只能列为单独海损。这是因为货物已着火，如不施救，该货将被烧毁，因此水渍部分不列入共同海损。

②、⑥、⑦属共同海损，其中⑥属于救助费用，⑦属于施救费用（风险和费用是不同的）。

构成共同海损有下面几个条件：第一，危险必须是实际存在的，是不可避免而产生的。第二，所采取的措施必须是消除船、货共同危险，即使知道采取的措施将使船或货物造成一些损失，或增加一些费用，却依旧义无反顾地去做。第三，必须是非正常情况下的损失。第四，费用支出是额外的。因为这三项损失是船长为了船、货共同的安全，进行救火而向船舱灌水，造成的特殊牺牲和支出的特殊费用，所以属于共同海损。

其中③的损失，由于没有任何着火的痕迹，仅受到热熏损失和水渍损失，按照保险业务的习惯做法，通常把热熏损失列为单独海损，这是因为热熏是火引起的，如果船长不下令施救，该部分货物有可能着火燃烧；对于水渍部分可列为共同海损，因为它是灌水施救的直接后果。

三、保障的费用

海上风险还会造成费用上的损失，海上货运保险费用是指为营救被保险货物所支出的费用，主要包括施救费用、救助费用和额外费用。

（一）施救费用

所谓**施救费用**（sue and labor expenses），是指被保险的货物在遭受承保责任范围内的灾害事故时，被保险人或其代理人与受让人，为了避免或减少损失，采取了各种抢救或防护措施而支付的合理费用。

（二）救助费用

救助费用（salvage expenses）是指被保险货物在遭受了承保责任范围内的灾害事故时，由保险人和被保险人以外的第三者采取了有效的救助措施，在救助成功后，由被救方付给救助人的一种报酬。保险人对这种费用也负责赔偿。

（三）额外费用

额外费用（extra charges）包括保险标的受损后，对其进行查勘、公证、理算或拍卖等支付的费用以及运输在中途中止时所支付的货物卸下、存仓及续运至目的地的费用等。如果保险标的遭遇保险责任范围内的事故，额外费用可由保险人负责赔偿；反之，如果保险标的损失的索赔不能成立，额外费用也不能获赔。

第二节 我国海洋运输货物保险条款

在我国，进出口运输保险最常用的保险条款是“中国保险条款”（China insurance clauses, C.I.C.）。该条款是中国人民保险公司（PICC），根据我国保险实际情况并参照国际保险市场的习惯做法，为了适应国际货物保险的需要，分别制定了各种条款，总称为中国保险条款。其中包括“海洋运输货物保险条款”“海洋运输货物战争险条款”以及其他专门条款。投保人可根据货物特点和航线与港口实际情况自行选择投保适当的险别。

我国货物运输基本险是指可以单独投保和承保的险别。而附加险是不能单独投保和承保的险别，投保人只能在投保基本险的基础上投保附加险（见表 6-1 中国人民保险公司保险费率表的加保条件）。

表 6-1　中国人民保险公司保险费率表（费率仅供参考）

中文名称	英文名称	加保条件	保险费率（%）
中国保险条款的险别	PICC CLAUSE		
一切险	ALL RISKS		0.8
水渍险	W.P.A./W.A.		0.6
平安险	F.P.A.		0.5
特别附加险			
战争险	WAR RISKS	AR、WA、FPA	0.08
罢工险	STRIKE	AR、WA、FPA	0.08
罢工、暴动、民变险	S.R.C.C.	AR、WA、FPA	0.08
存仓火险责任扩展条款	F.R.E.C.	AR、WA、FPA	0.08
一般附加险			
偷窃、提货不着险	T.P.N.D.	WA、FPA	0.08
淡水雨淋险	R.F.W.D.	WA、FPA	0.08
短量险	RISK OF SHORTAGE	WA、FPA	0.08
混杂、玷污险	RISK OF INTERMIXTURE & CONTAMINATION	WA、FPA	0.08
渗漏险	RISK OF LEAKAGE	WA、FPA	0.08
碰损、破碎险	RISK OF CLASH & BREAKAGE	WA、FPA	0.08
串味险	RISK OF ODOUR	WA、FPA	0.08
受热、受潮险	DAMAGE CAUSED BY HEATING & SWEATING	WA、FPA	0.08
钩损险	HOOKDAMAGE	WA、FPA	0.08
包装破裂险	RISKS OF BREAKAGE	WA、FPA	0.08
锈损险	RISK SOFRUST	WA、FPA	0.08

资料来源：南京世格 SIMTRADE 软件外贸模拟实习平台。

一、保险责任范围

保险险别是指保险人对风险和损失的承保责任范围，我国货物运输保险险别，按照能否单独投保，可分为基本险和附加险两类。基本险是指可以单独投保和承保的险别。而附加险是不能单独投保和承保的险别，投保人只能在投保基本险的基础上投保附加险。

按中国保险条款规定，我国海运货物保险的险别包括下列几种类型：

（一）基本险别

中国人民保险公司所规定的基本险别包括平安险（free from particular average，FPA）、水渍险（with average or with particular average，WA or WPA）和一切险（all risks）。

1．平安险

保险公司对平安险的赔偿责任范围是：

（1）被保险的货物在运输途中由于恶劣气候、雷电、海啸、地震、洪水等自然灾害造成整批货物的全部损失或推定全损。若被保险的货物用驳船运往或运离海轮时，则每一驳船所装的货物可视做一个整批。

（2）由于运输工具遭到搁浅、触礁、沉没、互撞、与流冰或其他物体碰撞以及失火、爆炸等意外事故所造成的货物全部或部分损失。

（3）在运输工具已经发生搁浅、触礁、沉没、焚毁等意外事故的情况下，货物在此前后又在海上遭受恶劣气候、雷电、海啸等自然灾害所造成的部分损失。

（4）在装卸或转船时由于一件或数件甚至整批货物落海所造成的全部或部分损失。

（5）被保险人对遭受承保责任内的危险货物采取抢救、防止或减少货损的措施所支付的合理费用，但以不超过该批被毁货物的保险金额为限。

（6）运输工具遭遇海难后，在避难港由于卸货引起的损失，以及在中途港或避难港由于卸货、存仓和运送货物所产生的特殊费用。

（7）共同海损的牺牲、分摊和救助费用。

（8）运输契约中如订有“船舶互撞责任”条款，则根据该条款规定应由货方偿还船方的损失。

上述责任范围表明，在投保平安险的情况下，保险公司对由于自然灾害所造成的单独海损不负赔偿责任，而对于因意外事故所造成的单独海损则要负赔偿责任。此外，如在运输过程中运输工具发生搁浅、触礁、沉没、焚毁等意外事故，则不论在事故发生之前或之后由于自然灾害所造成的单独海损，保险公司也要负赔偿责任。

2. 水渍险

投保水渍险后，保险公司除担负上述平安险的各项责任外，还对被保险货物如由于恶劣气候、雷电、海啸、地震、洪水等自然灾害所造成的部分损失负赔偿责任。

3. 一切险

投保一切险后，保险公司除担负平安险和水渍险的各项责任外，还对被保险货物在运输途中由于外来原因而遭受的全部或部分损失，也负赔偿责任。

从上述三种基本险别的责任范围来看，平安险的责任范围最小，它对自然灾害造成的全部损失和意外事故造成的全部和部分损失负赔偿责任，而对自然灾害造成的部分损失，一般不负赔偿责任。水渍险的责任范围比平安险的责任范围大，凡因自然灾害和意外事故所造成的全部和部分损失，保险公司均负责赔偿。

一切险的责任范围是三种基本险别中最大的一种，它除包括平安险、水渍险的责任范围外，还包括被保险货物在运输过程中，由于一般外来原因所造成的全部或部分损失，如货物被盗窃、钩损、碰损、受潮、发热、淡水雨淋、短量、包装破裂和提货不着等。由此可见，一切险是平安险、水渍险加一般附加险的总和。在这里还需特别指出的是，一切险并非保险公司对一切风险损失均负赔偿责任，它只对水渍险和一般外来原因引起的可能发生的风险损失负责，而对货物的内在缺陷、自然损耗以及由于特殊外来原因（如战争、罢工等）所引起的风险损失，概不负赔偿责任。

（二）附加险别

在海运保险业务中，进出口商除了投保货物的上述基本险别外，还可根据货物的特点和实际需要，在投保一种基本险的基础上加保一种或数种附加险。附加险别包括一般附加险（general additional risk）和特殊附加险（special additional risk）。

1．一般附加险

一般附加险不能作为一个单独的项目投保，而只能在投保平安险或水渍险的基础上，根据货物的特性和需要加保一种或若干种一般附加险。如加保所有的一般附加险，这就叫投保一切险。可见一般附加险被包括在一切险的承保范围内，故在投保一切险时，不存在再加保一般附加险的问题。

一般附加险共有下列 11 种：

（1）偷窃、提货不着险（theft，pilferage and non-delivery，T.P.N.D.）：保险有效期内，保险货物被偷走或窃走，以及货物运抵目的地以后，整件未交的损失，由保险公司负责赔偿。

（2）淡水雨淋险（fresh water rain damage，F.W.R.D.）：货物在运输中，由于淡水、雨水以至雪溶所造成的损失，保险公司都应负责赔偿。淡水包括船上淡水舱、水管漏水以及汗等。

（3）短量险（risk of shortage）：负责保险货物数量短少和重量的损失。通常包装货物的短少，保险公司必须要查清外包装是否发生异常现象，如破口、破袋、扯缝等，如属散装货物，装船和卸船重量之间的差额作为计算短量的依据。

（4）混杂、玷污险（risk of intermixture & contamination）：保险货物在运输过程中，混进了杂质所造成的损失。例如矿石等混进了泥土、草屑等，因而使质量受到影响。此外保险货物因为和其他物质接触而被玷污，例如布匹、纸张、食物、服装等被油类或带色的物质污染因而引起的经济损失。

（5）渗漏险（risk of leakage）：流质、半流质的液体物质和油类物质，在运输过程中因为容器损坏而引起的渗漏损失。

（6）碰损、破碎险（risk of clash & breakage）：碰损主要是对金属、木质等货物来说的，破碎则主要是对易碎性物质来说的。前者是指在运输途中，因为受到震动、颠簸、挤压而造成货物本身的损失；后者是在运输途中由于装卸野蛮、粗鲁、运输工具的颠震造成货物本身的破裂、断碎的损失。

（7）串味险（risk of odor）：例如，茶叶、香料、药材等在运输途中受到一起堆放、樟脑等异味的影响使品质受到损失。

（8）受热、受潮险（damage caused by heating & sweating）：例如，船舶在航行途中，由于气温骤变，或者因为船上通风设备失灵等使舱内水汽凝结、发潮、发热引起货物的损失。

（9）钩损险（hook damage）：保险货物在装卸过程中因为使用手钩、吊钩等工具所造成的损失，例如粮食包装袋因吊钩钩坏而造成粮食外漏所造成的损失，保险公司应予赔偿。

（10）包装破裂险（loss for damage by breakage of packing）：因为包装破裂造成物资的短少、玷污等损失。此外，对于因保险货物运输过程中续运、安全需要而产生的候补包装、调换包装所支付的费用，保险公司也应负责。

（11）锈损险（rust）：保险公司负责保险货物在运输过程中因为生锈造成的损失。不过这种生锈必须在保险期内发生，如原装时就已生锈，保险公司不负责任。

2．特殊附加险

特殊附加险是指对因特殊风险造成保险标的的损失负赔偿责任的附加险。特殊附加险与一般附加险的区别在于，一般附加险属于一切险的范围，保了一切险，就不必再附加任何一般附加险；而特殊附加险所承保的责任已超出了一切险的范围。特殊附加险主要包括：

（1）战争险（war risks）和罢工险（strike risks）。凡加保战争险时，保险公司则按加保战争险条款的责任范围，对由于战争和其他各种敌对行为所造成的损失负赔偿责任。按中国人民保险公司的保险条款规定，战争险不能作为一个单独的项目投保，而只能在投保上述三种基本险别之一的基础上加保。战争险的保险责任起讫和货物运输险不同，它不采取“仓至仓”条款（warehouse to warehouse clause，W/W Clause），而是从货物装上海轮开始至货物运抵目的港卸离海轮为止，即只负责水面风险。

根据国际保险市场的习惯做法，一般将罢工险与战争险同时承保。如投保了战争险又需加保罢工险时，仅需在保单中附上罢工险条款即可，保险公司不再另行收费。

（2）其他特殊附加险。中国人民保险公司除承保上述各种附加险外，还承保交货不到险（failure to deliver）、进口关税险（import duty）、舱面险（on deck）、拒收险（rejection）、黄曲霉素险（aflatoxin）以及我国某些出口货物运至港澳存仓期间的火险等特殊附加险。

保险人不论已投保何种基本险别，均可加保有关的特殊附加险别。一切险（或A险）已包括了所有一般附加险的责任范围，所以在投保一切险（或A险）时，不需要一般附加险，基本险只能选择一种投保，附加险则在基本险的基础上加保。

二、除外责任

除外责任（exclusion）指保险不予负责的损失或费用，一般都有属非意外的、非偶然性的或需特约承保的风险。

（一）基本险的除外责任

为了明确保险人承保的责任范围，中国人民保险公司《海洋运输货物保险条款》中对海运基本险别的除外责任有下列五项：

（1）被保险人的故意行为或过失所造成的损失。

（2）属于发货人责任所引起的损失。

（3）在保险责任开始前，被保险货物已存在的品质不良或数量短差所造成的损失。

（4）被保险货物的自然损耗、本质缺陷、特性以及市场跌落、运输延迟所引起的损失和费用。

（5）战争险和罢工险条款规定的责任及其险外责任。

（二）附加险的除外责任

类似于基本险的除外责任，战争险的除外责任是：对由于敌对行为使用原子或热核武器所致的损失和费用不负责任；对根据执政者、当权者或其他武器集团的扣押、拘留引起的承保航程的丧失和挫折而提出的索赔也不负责。罢工险的除外责任是，因罢工造成劳动力不足或无法使用劳动力而使货物无法正常运输、装卸以致损失，属于间接损失，保险人不负责任。

空运、陆运、邮运保险的除外责任与海运基本险别的险外责任基本相同。

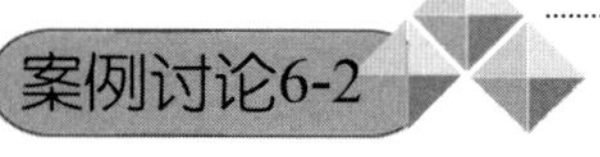

运输途中货物变质，保险公司是否应该赔偿

【案例介绍】

我国某外贸公司与荷兰进口商签订一份皮手套合同，价格条件为CIF鹿特丹，向中国人民保险公司投保了一切险，生产厂家在生产的最后一道工序将手套的湿度降到了最低程度，然后用牛皮纸包好装入双层瓦楞纸箱，再装入 20 尺的集装箱，货物到达鹿特丹后检验结果表明：全部货物湿、霉、变色、玷污，损失价值达 80 000 美元。据分析：该批货物的出口地不异常热，进口地鹿特丹不异常冷，运输途中无异常，完全属于正常运输。试问：（1）保险公司对该项损失是否赔偿，为什么？（2）进口商对受损货物是否支付货款，为什么？（3）你认为出口商应如何处理此事？

【案例分析】

保险公司对该批货物的损失不予赔偿。原因是：根据中国人民保险公司《海洋货物运输保险条款》基本险的除外责任，在保险责任开始之前，被保险货物已存在品质不良或数量短缺所造成的损失；被保险货物的自然损耗、本质缺陷、特性及市价跌落、运输延迟所引起的损失或费用保险公司不负责赔偿损失。在本案例中，运输途中一切正常，货物发生质变不属于保险公司的责任范围，故保险公司对该批货物的损失不予赔偿。

进口商应支付货款。因为本案例中交货条件为 CIF，根据《2000 年国际贸易术语解释通则》中的解释，按 CIF 条件成交，买卖双方交货的风险界点在装运港船上，货物在装运港装上船以前的风险由卖方承担，货物装上船后的风险由买方承担；另 CIF 是象征性交货，卖方凭单交货、买方凭单付款，即使货物在运输途中全部灭失，买方仍需付款，但如货物有品质问题，可凭商检机构的检验证书向卖方索赔。

出口商应为该批货物负赔偿责任，因为该批货物在运输途中并无任何风险导致损失，发生质变完全是因为生产工序问题，这属于货物的品质问题，故其应向买方负赔偿损失的责任。

三、保险期限

（一）基本险的保险期限

基本险保险期限在我国《海洋运输货物保险条款》中被称为“责任起讫”，即保险人对运输货物承担保险责任的责任期限。保险人仅对发生在保险期限内的保险事故造成的货物损失负责。海运货物保险承保运输过程中的风险，责任期限以运输过程为限，在保险实务中通常被称为“仓至仓”条款。具体指被保险货物运离保险单所载明的启运地仓库或储存处所开始运输时生效，包括正常运输过程中的海上、陆上、内河和驳船运输在内，直至该项货物到达保险单所载明目的地收货人的最后仓库或储存处所或被保险人用作分配、分派或非正常运输的其他储存处所为止。如未抵达上述仓库或储存处所，则以被保险货物在最后卸载港全部卸离海轮满 60 天为止。如在上述 60 天内被保险货物需转运至非保险单所载明的目的地时，则以该项货物开始转运时终止。

在非正常运输情况下，基本险保险期限规定，由于被保险人无法控制的运输延迟、绕道、被迫卸货、重新装载、转载或承运人运用运输契约赋予的权限所做的任何航海上变更或终止运输契约，致使被保险货物运到非保险单所载明目的地时，在被保险人及时将获知的情况通知保险人，并在必要时加缴保险费的情况下，可按“扩展责任条款”（extended cover clause）办理，扩展保险期内，本保险仍继续有效，保险责任按下列规定终止：

（1）被保险货物如在非保险单所载明的目的地出售，保险责任至交货时为止，但不论任何情况，均以被保险货物在卸载港全部卸离海轮后满 60 天为止。

（2）被保险货物如在上述 60 天期限内继续运往保险单所载原目的地或其他目的地时。

（二）战争险、罢工险的保险期限

按照国际惯例，战争险的保险期限以“水面风险”为限，保险期限以货物装上海轮开始，到卸离海轮为止。如果被保险货物不卸离海轮或驳船，保险责任最长期限以海轮到达目的港当日午夜起算，满15天保险责任自动终止。货物如果在中途港转船，不论货物在当地卸载与否，保险责任以海轮到达该港或卸货地点的当日午夜15天为止，等货物再装上续运海轮上方有效。

罢工险的保险期限也采用“仓至仓”条款。如果货物运输已投保战争险，加保罢工险一般无须加缴保险费。

是否属于承保范围㊀

【案例介绍】

1997年，我国WK外贸公司向香港出口罐头一批共500箱，按照CIF HONGKONG向保险公司投保一切险。但是因为海运提单上只写明进口商的名称，没有详细注明其地址，货物抵达香港后，船公司无法通知进口商来货场提货，又未与WK公司的货运代理联系，自行决定将该批货物运回起运港天津新港。在运回途中因为轮船渗水，有229箱罐头受到海水浸泡。货物运回新港后，WK公司没有将货物卸下，只是在海运提单上补写进口商详细地址后，又运回香港。进口商提货后发现罐头已经生锈，所以只提取了未生锈的271箱罐头，其余的罐头又运回新港。WK外贸公司发现货物有锈蚀后，凭保险单向保险公司提起索赔，要求赔偿229箱货物的锈损。保险公司经过调查发现，生锈发生在第二航次，而不是第一航次。投保人未对第二航次投保，不属于承保范围，于是保险公司拒绝赔偿。

【案例分析】

保险公司拒绝理赔是正当的。原因如下：

（1）保险事故不属于保险单的承保范围，本案例中被保险人只对货物运输的第一航次投了保险，但是货物是在由香港至新港的第二航次中发生了风险损失的，即使该项损失属于一切险的承保范围，保险人对此也不予负责。

（2）被保险人在提出保险索赔时明显违反了“诚信原则”。被保险人向保险人提出的索赔明显不是投保范围的航次。

四、被保险人的义务

在保险期限内，被保险人必须履行保险合同中规定的有关义务，否则，保险事故发生时，保险人可以拒赔损失。被保险人在投保时，应如实告知保险货物的情况及相关事实，不得隐瞒或虚报。合同订立后，被保险人如果发现航程有所变动或保险单所载明的货物数量、船舶名称等有误，应立即通知保险人，并在必要时加缴保险费。

如果在订立合同时，被保险人做了保证，就应自始至终遵循该项保证。这里所谓的保证，是指在保险合同中被保险人明确承诺要做或不做某事、保证某种情况的存在等。例如，某一海运保险合同中有这样一个条款，被保险人保证载货船舶的船龄不超过15年，则被保险人应始终保证

㊀ 案例来源：法律快车 www.lawtime.cn。

做到这一条。被保险人如果违反其所做的保证，不管后果如何，保险人都有权解除保险合同，但对在违反保证之前的损失保险人应予赔偿。货物到达目的地后，被保险人应及时提货。如果发现货损，被保险人应及时索赔，其中包括立即通知保险人的检验代理人，向有关方索取货损货差证明，向责任方提出书面索赔，采取措施防止损失扩大以及提交索赔单证等。

五、保险索赔时效

我国 1981 年 1 月 1 日修订的《海洋运输货物保险条款》规定：海运货物保险的索赔时效为两年，自被保险货物全部卸离海轮起算。一旦过了索赔时效，被保险人就丧失了向保险人请求赔偿的权利。

第三节 我国陆空邮运输货物保险的险别与条款

在对外贸易运输中，海洋运输是主要的运输方式，此外，陆运运输、航空运输和邮包运输在国际贸易运输量中的比重也日益明显上升。陆运、空运货物与邮包运输保险是在海运货物保险的基础上发展起来的，由于陆运、空运与邮运同海运可能遭致货物损失的风险种类不同，所以它们的险别及其承保责任范围也有所不同，现分别简要介绍如下。

一、陆运货物保险

（一）陆运风险与损失

货物在陆运过程中，可能遭受各种自然灾害和意外事故。

常见的风险有：车辆碰撞、倾覆和出轨、路基坍塌、桥梁折断和道路损坏以及火灾和爆炸等意外事故；雷电、洪水、地震、火山爆发、暴风雨以及霜雪冰雹等自然灾害；战争、罢工、偷窃、货物残损、短少、渗漏等外来原因所造成的风险。这些风险会使运输途中的货物造成损失。货主为了转嫁风险损失，就需要办理陆运货物保险。

根据 1981 年 1 月 1 日修订的《陆上运输货物保险条款》的规定，陆运货物保险的基本险别有陆运险（overland transportation risks）、陆运一切险（overland transportation all risks）两种，还有陆上运输冷藏货物险，它也具有基本险性质。此外，还有附加险即陆上运输货物战争险（overland transportation cargo war risks）。

1．陆运险与陆运一切险

陆运险的承保责任范围与海运货物保险条款中的“水渍险”相似。负责赔偿被保险货物在运输途中遭受暴风、雷电、洪水、地震等自然灾害所造成的全部损失或部分损失；运输工具遭受碰撞、倾覆、出轨造成的全部损失或部分损失；在驳运过程中，因驳运工具遭受搁浅、触礁、沉没、碰撞所造成的全部损失或部分损失；由于遭受隧道坍塌、崖崩或失火、爆炸等意外事故所造成的全部损失或部分损失；负责赔偿被保险人对遭受承保责任内危险的货物采取抢救、防止或减少货损的措施而支付的合理费用，但以不超过该批被救货物的保险金额为限。

陆运一切险的承保责任范围与海运货物保险条款中的“一切险”相似。保险公司除承担上述陆运险的赔偿责任外，还负责被保险货物在运输途中由于外来原因所致的全部损失或部分损失。

以上责任范围均适用于火车和汽车运输，并以此为限。

陆运险与陆运一切险的除外责任与海洋运输货物保险的除外责任基本相同。陆上运输货物保险的责任起讫也采用“仓至仓”责任条款。陆上运输货物险的索赔时效为，从被保险货物在最后目的地车站全部卸离车辆后起算，最多不超过2年。

2. 陆上运输冷藏货物险

陆上运输冷藏货物险是陆上运输保险中的一种专门保险，属于基本险。其主要责任范围是，保险公司除负责所列举的各项损失外，还负责赔偿被保险货物在运输途中由于冷藏机器或隔温设备的损坏或者车厢内贮存冰块的溶化所造成的解冻溶化而腐败的损失。被保险人对遭受承保责任内危险的货物采取抢救、防止或减少货损的措施而支付的合理费用，但以不超过该批被救货物的保险金额为限。

3. 陆上运输货物战争险

陆上运输货物战争险是陆上运输货物险的一种附加险，只有在投保了基本险之后才能投保，目前仍仅限于火车运输。

陆上运输货物战争险的责任起讫与海运战争险相似，是以货物置于运输工具时为限，即自被保险货物装上保险单所载起运地的火车时开始，到卸离保险单所载目的地火车时为止。如果被保险货物不卸离火车，则从火车到达目的地的当日午夜起算满48小时为止；如在运输中途转车，不论货物在当地卸载与否，保险责任从火车到达该中途站的当日午夜起算满10天为止。如货物在此期限内再行装车续运，仍恢复有效。同海洋运输货物保险一样，陆上运输货物可以在投保战争险的基础上加保罢工险，加保罢工险不另收费。但如单独要求加保罢工险，则按战争险收费。

二、航空运输货物保险

（一）空运风险与损失

货物在空运过程中，有可能因自然灾害、意外事故和各种外来风险而导致货物全部或部分损失。常见的风险有：雷电、火灾、爆炸、飞机遭受碰撞、倾覆、坠落、失踪、战争破坏以及被保险物由于飞机遇到恶劣气候或其他危难事故而被抛弃等。为了转嫁上述风险，故空运货物一般都需要办理保险，以便当货物遭到承保范围内的风险损失时，可以从保险公司获得赔偿。

（二）空运货物保险的险别

航空运输货物保险是以飞机为运输工具的货物运输保险。根据中国人民保险公司1981年1月1日修订的《航空运输货物保险条款》的规定，航空运输货物保险的基本险有航空运输险（air transportation risks）和航空运输一切险（air transportation all risks）两种。另外还有一种附加险，即航空运输货物战争险。航空运输险和航空运输一切险的责任起讫也采用“仓至仓”条款。航空运输货物战争险的责任期限，是自货物装上飞机时开始至卸离保险单所载明的目的地的飞机时为止。

1. 航空运输险和航空运输一切险

航空运输险的承保责任范围与海运货物保险条款中的“水渍险”大致相同。保险公司负责赔偿被保险货物在运输途中遭受雷电、火灾、爆炸或由于飞机遭受恶劣天气或其他危难事故而被抛弃，或由于飞机遭受碰撞、倾覆、坠落或失踪等自然灾害和意外事故所造成的全部或部分损失。

航空运输一切险的承保责任范围除包括上述航空运输险的全部责任外，保险公司还负责赔偿被保险货物由于一般外来原因所造成的全部损失或部分损失。

航空运输货物保险的两种基本险的保险责任起讫也采用“仓至仓”条款，但与海洋运输货物保险的“仓至仓”责任条款不同的是，如货物运达保险单所载明的目的地而未运抵保险单所载明的收货人仓库或储存处所，则以被保险货物在最后卸货地卸离飞机后满30天为止。如在上述30天内被保险货物需转运到非保险单所载明的目的地时，则从该项货物开始转运时终止。航空运输货物保险的两种基本险的除外责任与海运货物保险的基本险的除外责任基本相同。

2．航空运输货物战争险

航空运输货物战争险是航空运输货物险的一种附加险，必须在投保基本险的基础上，经被保险人申请，并加缴保险费后承保。航空运输货物战争险的保险责任是自被保险货物装上保险单所载明的启运地的飞机开始，直到卸离保险单所载明的目的地的飞机时为止。如果被保险货物不卸离飞机，则从载货飞机到达目的地的当日午夜起计算满15天为止。如被保险货物在中途转运，保险责任从飞机到达转运地的当日午夜起算满15天为止。一装上续运的飞机，保险责任再恢复有效。航空运输货物保险的附加险，除战争险外，还可加保罢工险，加保罢工险不另收费。如仅要求加保罢工险，则按战争险费率收费。航空运输罢工险的责任范围与海运罢工险的责任范围相同。

三、邮包运输保险

（一）邮包运输风险与损失

邮包运输通常须经海、陆、空辗转运送，实际上属于“门到门”运输，在长途运送过程中遭受自然灾害、意外事故以及各种外来风险的可能性较大。寄件人为了转嫁邮包在运送当中的风险损失，故须办理邮包运输保险，以便在发生损失时能从保险公司得到承保范围内的经济补偿。

（二）邮包运输保险的险别

根据中国人民保险公司制定的《邮政包裹保险条款》的规定，有邮包险（parcel post risks）和邮包一切险（parcel post all risks）两种基本险，此外还有邮包战争险（parcel post war risks）附加险。

1．邮包险与邮包一切险

邮包险的承保责任范围是保险人负责赔偿被保险邮包在运输途中由于恶劣气候、雷电、海啸、地震、洪水、自然灾害或由于运输工具搁浅、触礁、沉没、碰撞、出轨、倾覆、坠落失踪、或由于失火和爆炸意外事故所造成的全部或部分损失；另外还负责被保险人对遭受承保责任内危险的货物采取施救措施而支付的合理费用，但以不超过该批被救货物的保险金额为限。

邮包一切险承保责任范围除包括上述邮包险的全部责任外，还负责被保险邮包在运输途中由于一般外来风险所致的全部或部分损失。邮包险和邮包一切险的保险责任起讫是自被保险邮包离开保险单所载起运地点寄件人的处所运往邮局时开始生效，直至被保险邮包运达保险单所载明的目的地邮局，自邮局签发到货通知书当日午夜起满15天为止，但在此期限内邮包一经递交收件人的处所时，保险责任即行终止。

2．邮包战争险

邮包战争险是邮政包裹保险的一种附加险，该险的承保责任范围包括：在邮包运输过程中由于战争、敌对行为或武器冲突以及各种常规武器包括水雷、鱼雷、爆炸所造成的损失，但对使用原子或热核制造的武器所造成的损失不负责赔偿。

邮包战争险的保险责任是自被保险邮包经邮政机构收讫后自储存处所开始运送时生效，直至该邮包运达保险单所载明的目的地邮政机构送交收件人为止。邮政包裹保险的附加险，除战争险外还有罢工险。邮政包裹罢工险的责任范围与海运罢工险的责任范围相同。其责任起讫是，自被保险邮包离开保险单所载起运地点寄件人的处所运往邮局时开始生效，直至被保险邮包运达保险单所载明的目的地邮局发出通知书给收件人当日午夜为止，但在此期限内，邮包一经递交至收件人处所时，保险责任即告终止。

四种运输方式下的基本险别的责任范围归纳如表 6-2 所示。

表 6-2　四种运输方式下的基本险别的责任范围

	海　运	陆　运	空　运	邮包运输	责任范围
基本险	FPA				自然灾害、意外事故造成的损失、费用
	WPA	陆运险	空运险	邮包险	自然灾害、意外事故造成的损失、费用
	海运一切险	陆运一切险	空运一切险	邮包一切险	自然灾害、意外事故、一般外来风险造成的损失、费用

第四节　伦敦保险协会海洋运输货物保险条款

在国际保险业中，英国是一个历史悠久并十分发达的国家，其保险规章制度对世界各国有着广泛的影响，英国伦敦保险协会所制定的“协会货物保险条款”（Institute Cargo Clauses，ICC）对世界各国有着广泛的影响。按照《2010 年通则》的要求，如合同中没有其他规定，则卖方应按伦敦协会货物保险条款规定的最低险别，办理保险手续。目前使用的是 2009 年新版《伦敦协会货物保险条款》，世界上许多国家在海运保险业务中直接采用该条款，还有许多国家在制定本国保险条款时参考或采用该条款的内容。因此，我们对英国伦敦保险协会海运货物保险条款，也必须有所了解，以便制订保险条款和正确处理有关货运保险事宜。下面简要介绍协会货物保险条款的主要内容。

一、协会货物保险条款的种类

协会货物保险条款主要有以下六种：

- 协会货物条款（A）（Institute Cargo Clauses（A），ICC（A））
- 协会货物条款（B）（Institute Cargo Clauses（B），ICC（B））
- 协会货物条款（C）（Institute Cargo Clauses（C），ICC（C））
- 协会战争险条款（货物）（Institute War Clauses Cargo）
- 协会罢工险条款（货物）（Institute Strikes Clauses Cargo）
- 恶意损害险条款（Malicious Damage Clauses）。

在上述六种险别条款中，除“恶意损害险条款”外，其余五种险别均包括下列八项内容：承保范围（risks covered）、除外责任（exclusions）、保险期限（duration）、索赔（claims）、保险利益（benefit of insurance）、减少损失（minimizing losses）、防止延迟（avoidance of delay）和法律与惯例（law and practice）。另外加一个备注（note）。各个险别条款的结构统一，体系完整。

ICC（A）、ICC（B）、ICC（C）三种险别都有独立完整的结构，对承保风险及除外责任均有明确规定，因而都可以单独投保。战争险和罢工险，也具有独立完整的结构，如征得保险公司同意，必要时，也可作为独立的险别投保。唯独上述恶意损害险，属附加险别，故其条款内容比较简单。

专栏6-1

伦敦保险协会

在国际海运保险业务中，英国是一个具有悠久历史和比较发达的国家。它所制定的保险规章制度，特别是保险单和保险条款对世界各国影响很大。目前世界上大多数国家在海上保险业务中直接采用英国伦敦保险协会所制定的“协会货物条款”(Institute Cargo Clause，ICC)。还有许多国家在制定本国保险条款时参考或采用该条款内容。我国出口企业和保险公司对国外商人投保ICC的要求，一般均可接受。

“协会货物条款”最早制定于1912年，后来经过多次修订，最近一次的修订条款于2009年1月1日起生效。主要修订内容包括：澄清条款所载的不承保事项；条款改用现代化文字，以及加入某些词语的新释义。条款经过修订后，现更易为人明白，更重要的是扩大了保障范围，可以使受保人获得更全面的保障。

二、协会货物保险主要险别的承保风险与除外责任

（一）ICC（A）险的承保风险与除外责任

ICC（A）险大体相当于中国人民保险公司所规定的一切险，其责任范围最广，故协会货物条款采用承保“除外责任”之外的一切风险的概括式规定办法，即除了“除外责任”项下所列风险，保险人不予负责外，其他风险均予负责。

ICC（A）险的除外责任包括下列两方面：一般除外责任和特殊除外责任。

一般除外责任包括：因被保险人故意的不法行为造成的损失和费用；保险标的的自然渗漏、自然损耗或自然磨损；因包装或准备的不足或不当所造成的损失或费用；因保险标的的内在缺陷或特性所造成的损失或费用；直接由于延迟所引起的损失或费用；由于船舶所有人、经理人、租船人或经营破产或不履行债务所造成的损失或费用；由于使用任何原子或热核武器等所造成的损失或费用。

特殊除外责任包括：不适航、不适货除外责任，主要是指被保险人在保险标的装船时，已知船舶不适航，以及船舶、运输工具、集装箱等不适货；战争除外责任，指由于战争、内战、敌对行为等造成的损失或费用；由于捕获、拘留、扣留等（海盗除外）所造成的损失或费用；由于漂流水雷、鱼雷等造成的损失或费用；罢工除外责任，指由于罢工者、被迫停工工人等造成的损失或费用；罢工、被迫停工造成的损失和费用；任何恐怖主义者或出于政治动机而行动的人所致的损失或费用。

（二）ICC（B）险的承保风险与除外责任

ICC（B）险大体相当于中国人民保险公司所规定的水渍险，它比ICC（A）险的责任范围小，

故采用承保“除外责任”之外列明风险的办法，即将其承保的风险一一列举出来。这种规定办法，既便于投保人选择投保适当的险别，又便于保险人处理损害赔偿。ICC（B）险具体承保的风险包括：

灭失或损害合理归因于下列原因者：火灾、爆炸；船舶或驳船触礁、搁浅、沉没或倾覆；陆上运输工具倾覆或出轨；船舶、驳船或运输工具同水以外的外界物体碰撞；在避难港卸货；地震、火山爆发、雷电。

灭失或损害由于下列原因造成者：共同海损牺牲；抛货；浪击落海；海水、湖水或河水进入船舶、驳船、运输工具、集装箱、大型海运箱或贮存处所；货物在装卸时落海或摔落造成整件的全损。

ICC（B）险的除外责任与ICC（A）险的规定不同之处有下列两点。第一，在ICC（A）险中，仅规定保险人对归因于被保险人故意的不法行为所致的损失或费用，不负赔偿责任；而在ICC（B）险中，则规定保险人对被保险人以外的其他人的故意非法行为所致的风险不负责任。可见，在ICC（A）险中，恶意损害的风险被列为承保风险；而在ICC（B）险中，保险人对此项风险却不负赔偿责任。被保险人如想获得此种风险的保险保障，就需加保“恶意损害险”。第二，在ICC(A）险中，标明“海盗行为”不属除外责任；而在ICC（B）险中，保险人对此项风险不负保险责任。

（三）ICC（C）险的承保风险与除外责任

ICC（C）险的承保风险较ICC（A）和ICC（B）都小得多，它仅承保“重大意外事故”的风险，而不承保自然灾害及非重大意外事故的风险。ICC（C）险的具体承保风险如下：

灭失或损害合理归因于下列原因者：火灾、爆炸；船舶或驳船触礁、搁浅、沉没或倾覆；陆上运输工具倾覆或出轨；在避难港卸货。

灭失或损害由于下列原因所造成者：共同海损牺牲；抛货。

ICC（C）险的除外责任与ICC（B）险完全相同，在此不赘述。

为了便于比较和查阅，使人一目了然，现将ICC（A）、ICC（B）和ICC（C）三种险别条款中保险人承保的风险列入表6-3中。

表6-3 伦敦保险协会货物条款ICC（A）、（B）、（C）承包范围说明

承保范围（责任范围）	ICC（A）	ICC（B）	ICC（C）
1．火灾、爆炸	√	×	√
2．船舶、驳船的触礁、搁浅、沉没、倾覆	√	√	√
3．陆上运输工具的倾覆或出轨	√	√	√
4．船舶、驳船或运输工具同除水以外的任何外界物体碰撞	√	√	√
5．在避难港卸货	√	√	√
6．地震、火山爆发或雷电	√	√	×
7．共同海损牺牲	√	√	√
8．抛货	√	√	√
9．浪击落海	√	√	√
10．海水、湖水或河水进入船舶、驳船、运输工具、集装箱、大型海运箱或贮存处所	√	√	×
11．货物在船舶或驳船装卸时落海或跌落，造成任何整件的全损	√	√	×
12．由于被保险人以外的其他人（如船长、船员等）的故意违法行为所造成的损失费用	√	×	×
13．海盗行为	√	×	×
14．下列“除外责任”范围以外的一切风险	√	×	×

（续）

除 外 责 任	ICC（A）	ICC（B）	ICC（C）
1．被保险人的故意违法行为所造成的损失和费用	×	×	×
2．自然渗漏，重量或容器的自然损耗或自然磨损	×	×	×
3．包装或准备不足或不当造成的损失或费用	×	×	×
4．保险标的的内在缺陷或特性造成的损失或费用	×	×	×
5．直接由于延迟引起的损失或费用	×	×	×
6．由于船舶所有人、经理人、租船人或经营人破产或不履行债务所造成的损失和费用	×	×	×
7．由于使用任何原子武器或核裂变造成的损失和费用	×	×	×
8．船舶不适航，船舶、装运工具、集装箱等不适货	×	×	×
9．战争险	×	×	×
10．罢工险	×	×	×

注：表中“√”代表承保风险；“×”代表免责风险或不承保风险。

（四）战争险的承保风险与除外责任

战争险主要承保由于下列原因造成标的物的损失：①战争、内战、革命、叛乱、造反或由此引起的内乱，或交战国或针对交战国的任何敌对行为。②捕获、拘留、扣留、禁制或扣押，以及这些行动的后果或这方面的企图。③遗弃的水雷、鱼雷、炸弹或其他遗弃的战争武器。

战争险的除外责任与ICC（A）险的“一般除外责任”及“不适航、不适货除外责任”大致相同。

（五）罢工险的承保风险与除外责任

罢工险主要承保保险标的物的下列损失：

罢工者、被迫停工工人或参与工潮、暴动或民变人员造成的损失和费用。

罢工、被迫停工、工潮、暴动或民变造成的损失和费用。

任何恐怖主义者或任何人出于政治目的采取的行动所造成的损失和费用。

罢工险除外责任也与ICC（A）险中的“一般除外责任”及“不适航、不适货除外责任”大致相同。

除上述五种主要险别外，还有一种附加险别，即恶意损害险。它所承保的是被保险人以外的其他人（如船长、船员等）的故意破坏行动所致被保险货物的灭失或损害。这种风险仅在ICC（A）险中被列为承保风险的范畴，而在ICC（B）险和ICC（C）险中均列为“除外责任”。因此，如被保险人需要对此风险取得保险保障，在其投保ICC（B）险或ICC（C）险时，就需另行加保“恶意损害险”。

三、协会海运货物保险的保险期限

（一）ICC（A）（B）（C）险条款的保险期限

ICC（A）（B）（C）险条款的保险期限规定，主要反映在“运输条款”（Transit Clause）、“运输契约终止条款”（Termination of Contract of Carriage Clause）及“航程变更条款”（Change of Voyage Clause）三个条款之中。

运输条款规定保险人对被保险货物应负“仓至仓”的责任，在被保险人无法控制运输延迟、任何绕航、被迫卸货、重行装载、转运，以及船东或租船人行使运输契约赋予的权限所做的任何航海变更的情况下，保险仍继续有效。

运输契约终止条款规定，如由于被保险人无法控制的情况，致使运输契约在非保险单载明的目的地或港或处所终止，或者运输按上述规定交货前终止，保险亦应终止，除非被保险人立即通知保险人并提出续保要求，并在必要时加缴保险费的情况下，保险继续有效，直到货物在这个卸载港口或处所出售和交货。但最长时间以不超过货物到达该港口或处所满 60 天为止。变更航程条款规定在保险责任开始后，如被保险人变更目的地，则在立即通知保险人并经另行商定保险费和保险条件的情况下，保险继续有效。

（二）ICC 战争险保险期限的规定

协会货物战争险的保险期限与中国人民保险公司战争险的保险期限一样，都是仅负“水面危险”，但是下列几点又与中国人民保险公司对于战争险保险期限的规定不同：对于需用驳船转运的货物，保险人对从海轮上卸入驳船的货物的承保期限为 60 天；如果海轮到达中间港或地点卸下保险标的，以便由海轮或飞机继续载运或在避难港卸货，在需要时加缴一定保险费后，保险责任展延到海轮到达中途港或地点当日午夜起算满 15 天终止。在这 15 天内，如果货物卸载后仍留在码头，只要存放的地点不超出转船的港口区域范围，保险继续有效。货物一经装上续运的船舶或飞机，保险责任又重新开始。

（三）ICC 罢工险保险期限的规定

协会海运货物罢工险的保险期间同（A）、（B）、（C）一样；采用“仓至仓”原则，保险人对货物从卖方仓库到买方仓库的整个运输期间负保险责任。

第五节　国际贸易货物运输保险实务

一、进出口保险实务

在国际货物买卖合同中，为了明确交易双方在货运保险方面的责任，通常都订有保险条款，其内容主要包括：保险投保人、保险公司、保险险别、保险费率和保险金额的约定等事项。

（一）保险投保人的约定

每笔交易的货运保险，究竟由买方还是卖方投保，完全取决于买卖双方约定的交货条件和所使用的贸易术语。由于每笔交易的交货条件和所使用的贸易术语不同，故对投保人的规定也相应有别。例如，按 FOB 或 CFR 条件成交时，在买卖合同的保险条款中，一般只订明“保险由买方自理”。如买方要求卖方代办保险，则应在合同保险条款中订明：“由买方委托卖方按发票金额×××% 代为投保 ×× 险，保险费由买方负担。”按 DES 或 DEQ 条件成交时，在合同保险条款中，也可订明“保险由卖方自理”。凡按 CIF 或 CIP 条件成交时，由于货价中包括保险费，故在合同保险条款中，需要详细约定卖方负责办理货运保险的有关事项，如约定投保的险别、支付保险费和向买方提供有效的保险凭证等。

（二）保险公司和保险条款的约定

在按 CIF 或 CIP 条件成交时，保险公司的资信情况，与卖方关系不大，但与买方却有重大的利害关系。因此，买方一般要求在合同中限定保险公司和所采用的保险条款，以利于日后保险索赔工作的顺利进行。例如，我国按 CIF 或 CIP 条件出口时，买卖双方在合同中，通常都订明："由卖方向中国人民保险公司投保，并按该公司的保险条款办理。"

1．保险险别的约定

由于保险人对不同的险别承保不同的责任范围，因此投保人在投保时必须选择适当的险别进行投保。一般应考虑下列因素：货物的性质和特点；运输方式和路线及港口情况；国际形势的变化等。

按 CIF 或 CIP 条件成交时，运输途中的风险本应由买方承担，但一般保险费则约定由卖方负担，因货价中包括保险费，买卖双方约定的险别通常为平安险、水渍险、一切险三种基本险别中的一种。但有时也可根据货物特性和实际情况加保一种或若干种附加险。如约定采用英国伦敦保险协会货物保险条款，也应根据货物特性和实际需要约定该条款的具体险别。在双方未约定险别的情况下，按惯例，卖方可按最低的险别予以投保。

在 CIF 或 CIP 货价中，一般不包括加保战争险等特殊附加险的费用，因此，如买方要求加保战争险等特殊附加险时，其费用应由买方负担。如买卖双方约定，由卖方投保战争险并由其负担保险费时，卖方为了避免承担战争险的费率上涨的风险。

2．保险金额的约定

保险金额（insured amount）是被保险人对保险标的的实际投保金额，也是保险人依据保险合同所应承担的最高赔偿金额，也是计收保险费的基础。如果买卖双方在买卖合同中对保险金额未做出明确规定，按照有关的国际贸易惯例办理。根据国际保险市场的习惯，保险金额的计算公式为：

保险金额 = CIF（或 CIP）价 ×（1 + 投保加成率）

从上式中可以看出，参加投保的不仅是货物本身的价值，运费和保险费也参加了投保。保险金额既然是以 CIF 货价为基础计算的，那么如果对外报价为 CFR（或 CPT）价格而国外客户要求改报 CIF（或 CIP）价格，应先把 CFR（或 CPT）转化为 CIF（或 CIP）价格再加成计算保险金额。因此，在仅有 CFR（或 CPT）价格的情况下，CIF（或 CIP）价格应使用下式计算：

CIF（或 CIP）价 =CFR（或 CPT）价 /1 −（1 + 投保加成）× 保险费率

按 CIF 或 CIP 条件成交时，按国际贸易惯例，预期利润一般按 CIF 价的 10% 估算，因此，如果买卖合同中未规定保险金额时，习惯上是按 CIF 价或 CIP 价的 110% 投保。中国人民保险公司承保出口货物的保险金额，一般也是按国际保险市场上通常的加成率，即按 CIF 或 CIP 发票金额的 110% 计算。由于不同货物、不同地区、不同时期的利润不一，因此，在洽商交易时，如买方要求保险加成超过 10% 时，卖方也可酌情接受。如买方要求保险加成率过高，则卖方应同有关保险公司商妥后方可接受。

3．保险单的约定

在买卖合同中，如约定由卖方投保，通常还规定卖方应向买方提供保险单，如被保险的货物在运输过程中发生承保范围内的风险损失，买方即可凭卖方提供的保险单向有关保险公司索赔。保险单据是保险公司与投保人之间订立保险合同的证明文件，它反映了保险人与投保人之间的权利和义务关系，也是保险公司对投保人出具的承保证明。当发生保险责任范围内的损失时，它又是保险索赔和理赔的主要依据。常用的保险单据有：

（1）保险单（insurance policy）。保险单又称大保单，用于承保一个指定航程内某一批货物的运输保险。它是一种正式的保险契约的书面凭证，是使用最广的保险单据。它具有法律上的效力，对双方当事人具有约束力。

（2）保险凭证（insurance certificate）。保险凭证又称小保单，是一种简化的保险单。这种凭证除背面不载明保险人与投保人的权利和义务条款外，其余内容与保险单相同。保险凭证与保险单具有同等效力。

（3）联合凭证（combined certificate）。联合凭证是一种将发票和保险单相结合的，比保险凭证更为简化的保险单据。保险公司将承保的险别、保险金额及保险编号加注在投保人的商业发票上。

（4）预约保单（open policy）。预约保单又称预约保险合同，是经常有相同类型货物需要陆续分批装运时所采用的一种保险单。它是保险公司对投保人将要装运的属于约定范围内的一切货物自动承保的总合同。被保险人在获悉每批货物起运时，必须及时将装运通知书送交保险公司。

（5）批单（endorsement）。保险单签发以后，投保人如果需要对保险单的内容进行变更或修改，可以根据保险公司的规定，以书面形式向保险公司提出申请。经保险公司同意后即另出一种凭证，注明更改或补充的内容，这种凭证称为批单。保险单一经批改，保险公司即按批改后的内容承担责任。批单原则上须粘贴在保险单上，并加盖骑缝章，作为保险单不可分割的一部分。

（三）交付保险费

投保人向保险人交纳保险费（premium），是保险合同生效的前提条件。保险费既是保险公司经营业务的基本收入，也是被保险人获得损失赔偿权的对价。

保险公司收取保险费的计算方法是：

保险费 = 保险金额 × 保险费率

【例 6-1】 某商品出口到欧洲某港口，每吨成本是 2 000 元，运费为每吨 150 元，保险费率为 0.9%，加成 10% 投保，则按 CIF 价加成 10% 的保险金额为：

保险金额 =(2 000 ＋ 150)/[1 − 0.9%×(1 ＋ 10%)]×(1 ＋ 10%)=2 388.65（元）

【例 6-2】 一批货物 CIF 总价为 USD8 937.6，进口商要求按成交价格的 110% 投保协会货物保险条款（A）（保险费率 0.8%）和战争险（保险费率 0.08%），试计算出口商应付给保险公司的保险费用？

解：保险金额 =8 937.6×110%=9 831.36（美元）

保险费 =9 831.36×(0.8% ＋ 0.08%)=86.52（美元）

查人民币兑美元的汇率为 6.826 1，换算人民币 =86.52×6.826 1=590.59（元）

二、运输保险索赔和理赔

保险索赔是指进出口货物在保险责任有效期内发生属于保险责任范围内的损失，投保人按保险单的有关规定向保险公司要求赔偿损失的一种行为。

（一）索赔的程序和期限

1. 索赔的程序

被保险人向保险人索赔的范围，限于被保险货物因保险人承保风险的发生所遭受的损失，赔偿的最高限额一般不超过保险金额。被保险人在货物到港时如发现货物受损或短量，应及时向保险单指定的检验机构或理赔代理人申请检验，并要求其出具检验报告，或向承运人或有关当局索取货损货差证明，以确定损失原因和损失程度。如果当地没有保险公司指定的代理人，可邀请当地有资格的保险机构进行检验定损，出具检验报告。被保险人收到上述检验报告后，可连同有关单据向保险公司提赔。

2. 索赔期限

索赔期限也可称为索赔时效，是被保险货物发生保险责任范围内的风险与损失时，被保险人向保险人提出索赔的有效期限。中国人民保险公司的保险条款规定的索赔期限为两年，自被保险货物在目的地（港、站）全部卸离运输工具之日起计算。但按我国 1993 年 7 月 1 日施行的海商法的规定，上述索赔时效是自保险事故发生之日起计算。

（二）货物运输保险的理赔

保险理赔是指保险公司受理投保人提出的索赔要求，并对保险赔案进行处理的整个过程。保险人在收到被保险人的提赔通知后，不是立即按被保险人提供的索赔清单给予赔偿，而是要对以下 5 个方面予以审定：

（1）提赔的被保险人是否具有可保利益。
（2）损失是否是由保险人承保责任范围内的风险引起的直接损失。
（3）货损的确定。
（4）赔款的计算。
（5）代位追偿。

第六节　国际货物买卖合同中的保险条款

保险条款是国际货物买卖合同的重要组成部分之一，它涉及买卖双方的利益，必须订得明确、合理。选用不同的贸易术语，保险条款的内容不同。

一、出口合同中的保险条款

在以 FOB、CFR 或 FCA、CPT 条件成交的出口合同，保险由买方办理，保险条款可定为：保险由买方负责“INSURANCE: TO BE COVERED BY THE BUYER”。如果买方委托卖方代办保险，并在签约时达成了代保险协议，应在合同中注明：“由买方委托卖方按发票金额 ×××% 代为投保 ××× 险，保费由买方负责，同时应规定保险费的支付时间和方法。”

如用 CIF、CIP 成交的出口合同，保险由卖方办理，保险条款要有险别、保险金额的确定方法、具体适用的保险条款，并注明生效日期。具体举例如下：

范例 1 （用于海洋运输）

“保险由卖方按发票进金额的 ××% 投保 ×× 险，按照中国人民保险公司 × 年 × 月 × 日的有关海洋运输货物保险条款为准。”

Insurance：To be covered by the Seller for…% of total invoice value against…as per and subject to the relevant ocean marine cargo clauses of the People's Insurance Company of China ,dated…

范例 2

“保险由卖方按发票进金额的 ××% 投保 ×× 险，按照伦敦保险业协会 × 年 × 月 × 日货物 ×× 条款负责。”

Insurance：To be covered by the Seller for…% of total invoice value against…, … as per Institute Cargo Clause… dated…

范例 3 加保附加险的条款

“加保碰损、破碎险。”

Including Risk of Clashing and Breakage.

二、进口合同中的保险条款

为促进我国保险业和对外贸易的共同发展，进口货物多为我方办理保险。进口货物在国内保险具有多方面的好处。风险的保障可靠又充分，手续简便。在国内办理保险无论是投保、付费，还是申请检验、保险索赔，手续均十分简便。此外，在国内办理保险还有利于保险公司加强防损，为国家积累基金，促进我国保险业的发展。

进口合同中对保险条款的规定比较简单，一般只注明：“装船后由买方投保”。(Insurance to be effected by the buyer after loading.)

本章小结

货物运输保险属于财产保险的范畴，是当事人用来转移运输风险及由此造成的损失的一种措施。保险人和被保险人为了确定保险关系、双方当事人的权利、义务以及妥善处理索赔和理赔工作，都要签订保险合同并须共同遵守保险的基本原则。为了准确掌握海上运输货物保险的保障范围，本章重点介绍了四个方面的问题：

（1）就保险人的承保范围做了介绍。就海上货物运输保险而言，保险人承保的范围主要包括风险、损失和费用。风险分海上风险和外来风险，海上风险包括自然灾害和意外事故。外来风险包括一般外来风险和特殊外来风险。损失分全部损失和部分损失，全部损失包括实际全损与推定全损。部分损失包括单独海损和共同海损。费用分施救费用和救助费用。

（2）对中国人民保险公司在不同运输方式下的货物运输保险的承保责任范围、保险期限、除外责任等做了一般介绍，其中重点介绍了我国海运货物保险险别和条款。海运货物保险的险别包括基本险别和附加险别两类。基本险别包括平安险、水渍险和一切险；附加险别包括一般附加险和特殊附加险。

（3）考虑到目前世界上有许多国家在海上保险业务中直接采用了英国伦敦保险协会所制定的《协会货物条款》，或者在制定本国保险条款时参考或部分地采用了上述条款，对英国伦敦保险协会制定的《协会货物条款》也做了简要介绍。

（4）重点介绍了海运货物保险的实际操作技术，着重讲明了办理保险的基本程序以及如何向保险人进行索赔。

关键词

海上风险 perils of the sea
全部损失 total loss
共同海损 general average
中国人民保险公司 Peoples Insurance Company of China，PICC
协会货物保险条款 Institute Cargo C1auses, ICC
平安险 free from particular average，FPA
水渍险 with average or with particular average，WA or WPA
一切险 all risks，AR
保险单 insurance policy
外来风险 extraneous risks
部分损失 partial Loss
部分海损 particular average
除外责任 exclusion
保险费 premium

思考题

一、选择题

1．The one who buy insurance is called（　　）.

A．an insurance company　　B．a broker
C．the insured　　D．an insurer

2．Under FOB contract, the（　　）is to arrange insurance.

A．seller　　B．insurer　　C．buyer　　D．carrier

3．（　　）does not have the normally accepted meaning, but means loss in the insurance business.

A．Partial loss　　B．Total loss　　C．Coverage　　D．Average

4．（　　）is the most restrictive coverage.

A．All Risks　　B．T.P.N.D
C．Free from Particular Average　　D．With Average

5．Which of the following is included in All Risks coverage?

A．particular loss due to cargo thrown overboard to keep afloat
B．total loss due to the destruction of war
C．partial loss due to the workers’ strike on the dock
D．total loss due to failure to delivery

6．根据我国“海洋货物运输保险条款”规定，“一切险”包含（　　）。

A．平安险加 11 种一般附加险　　B．一切险加 11 种一般附加险
C．水渍险加 11 种一般附加险　　D．11 种一般附加险加特殊附加险

7．我方按 CIF 条件成交一批罐头食品，卖方投保时，按下列（　　）投保比较合适。

A．平安险＋水渍险　　B．一切险＋偷窃、提货不着险

C．水渍险＋偷窃、提货不着险　　D．平安险＋一切险

8．CIF 合同的货物在装船后因火灾被焚，应由（　　）。

A．卖方承担损失　　B．卖方负责请求保险公司赔偿

C．买方负责请求保险公司赔偿　　D．承担运费的一方赔偿

9．我某公司出口大豆一批，因保险事故被海水浸泡多时而丧失其原有用途，货到目的港后只能以低价出售，这种损失属于（　　）。

A．单独损失　　B．共同损失　　C．实际全损　　D．推定全损

10．"仓至仓"条款是（　　）。

A．承运人负责运输起讫的条款　　B．保险人负责运输起讫的条款

C．出口人负责运输起讫的条款　　D．进口人负责运输起讫的条款

二、简答题

1．我国海洋运输货物保险的基本险别有哪三种？三种基本险别的责任范围有何区别？

2．请举例说明实际全损和推定全损。

3．简述共同海损和单独海损区别。

4．我国某公司按 CIF 贸易术语对外发盘，若按下列险别作为保险条款提出是否妥当？如有不妥，试予更正并说明理由。

（1）一切险、偷窃提货不着险、串味险；

（2）平安险、一切险、受潮受热险、战争险、罢工险；

（3）水渍险、碰损破碎险；

（4）偷窃提货不着险、钩损险、战争险、罢工险；

（5）航空运输一切险、淡水雨淋险。

三、计算题

1．我方对外报价为 CFR 纽约，每公吨 2 000 美元。客户要求改为 CIFC5% 纽约，投保一切险和战争险，保险费率为 0.5% 和 0.04%，按 CIF 单价的 110% 加成，则新的报价为多少？

2．某货主在货物装船前，按发票金额的 110% 办理了货物投保手续，投保一切险加保战争险。该批货物以 CIF 成交的总价值为 20.75 万美元，一切险和战争险的保险费率合计为 0.6%。问：（1）该货主成交的保险费是多少？（2）若发生了保险公司承保范围内的风险，导致该批货物全部灭失，保险公司的最高赔偿金额是多少？

3．某公司对外报某商品每吨 10 000 美元 CIF 纽约，现外商要求将价格改报为 CFR 纽约，保险费率为 1%。问：我方应从原报价中减去的保险费是多少？

4．我国出口某商品净重 100 吨，装 5 000 箱，每箱单价为 89 美元，加一成投保一切险。货到目的港后，买方发现除短少 5 箱外，还短量 380 千克。问：保险公司负责赔偿的金额是多少？

四、案例分析

1．我方以 CFR 贸易术语出口货物一批，在从出口公司仓库运到码头的待运过程中，货物发生损失，该损失应由何方负责？如买方已经向保险公司办理了货物运输保险，保险公司对该项损失是否给予赔偿？说明理由。

2．某货轮在航行途中因设备故障起火，该船的第四舱内发生火灾，经灌水灭火后统计损失，被火烧毁货物价值 6 000 美元，因灌水救火被水浸坏货物损失 6 000 美元，船方宣布所有损失为

共同海损，试根据上述案例分析回答下列问题：

（1）该轮船长宣布共同海损是否合理？

（2）被水浸的货物损失 6 000 美元属什么性质的损失？应由谁负责？

3．一份 CIF 合同，出售大米 50 公吨，卖方在装船前投保了一切险加战争险，自南美内陆仓库起，直至英国伦敦的买方仓库为止。货物从卖方仓库运往码头装运途中，发生了承保范围内的货物损失。当卖方凭保险单向保险公司提出索赔时，保险公司以货物未装运，货物损失不在承保范围内为由，拒绝给予赔偿。问：上述情况下，卖方有无权利向保险公司索赔？为什么？

Chapter7

第七章 国际货款结算

学习目标

- 了解结算工具的特点，掌握国际货款结算的三种结算工具，汇票、本票和支票的定义、种类、内容及业务流程
- 掌握汇付、托收的含义、种类、当事人及业务流程
- 掌握信用证的含义、特点、当事人、主要内容及业务流程，了解信用证的种类和《跟单信用证统一惯例》的主要内容
- 了解其他几种国际结算方式
- 学会在国际贸易不同条件下，正确选择适当的结算方式及其组合

案例导入

森德公司与南非 NEO 公司签订的销货合同商定，支付方式为即期信用证。支付条款规定：By 100% Confirmed Irrevocable Sight Letter of Credit opened by the buyer to reach the Seller 30 days before the date of shipment and to be available for negotiation in China until the 15th day after the date of shipment.（买方开出 100% 保兑的不可撤销即期信用证，于装运日期前 30 天送达卖方，并于装运日期后 15 天内中国议付为有效。）信用证的通知行为中国银行上海分行。在合同签订半个月后（2011 年 3 月 15 日），森德公司还未收到 NEO 开来的信用证，于是发出催证的电子邮件，催促 NEO 公司迅速办理开证手续。2011 年 3 月 22 日，中国银行上海分行通知森德公司收到 NEO 公司通过南非标准银行开来的信用证电开本。森德公司在审证时，发现附加条款中的“Payment under the goods were approved by South African government lab（货物经南非官方实验室检验合格后方可付款）”不能接受，立即联系 NEO 公司要求修改信用证。3 月 28 日，中国银行通知森德公司收到了南非标准银行开来的信用证修改电文。经审核，森德公司认为其符合改证要求，随即开始根据信用证的有关规定备货出运。

国际货款结算，即货款的收付，远较国内货款结算复杂，不仅因为使用的货币不同，且在做法上也有很大差异，同时还涉及不同国家的有关法律、国际惯例和银行习惯等。支付条款是国际

货物买卖合同中的一个重要组成部分。根据各国的法律和《联合国国际货物销售合同公约》，按照合同规定支付货物价款是买方的基本义务，收取货物价款则是卖方的主要权利。支付条款中主要涉及结算工具和结算方式，主要包括使用何种货币、票据，以及在什么时间，以何种方式收付等问题。这些问题直接关系到买卖双方的切身利益，因此，也常常成为买卖双方磋商交易的重点，并在经过磋商取得一致意见后在买卖合同中做出明确的规定。

第一节　结算工具——票据

一、票据的含义与特点

国际贸易货款的收付主要是采用非现金结算，即使用票据代替现金作为流通手段和支付手段的信贷工具来进行国际间债权债务的结算。所谓票据是指以支付一定数额金钱为目的、用于清偿债权债务的凭证，即由出票人在票据上签名，无条件地规定自己或他人支付确定金额的、可流通的证券。其结算功能主要体现在流通手段、支付手段和信用手段。作为一种非现金结算工具，票据具有以下主要特点：

1．无因性

票据上权利和义务的发生，都是由某种原因引起的，这种原因即为票据的基础关系。但是票据一旦做成，票据上的权利与义务即与产生票据的原因相分离，成为独立的票据债权债务关系，不再受先前的原因关系的存在与否影响。票据上权利的内容，完全依据票据上所记载的内容确定，不能进行任意解释或者根据票据以外的其他文件来确定。即使票据的基础关系有缺陷，也不能影响当事人之间根据票据记载所产生的权利义务关系，只要持票人自己是依法取得的，就享有票据权利，票据债务人就必须对持票人支付票款。票据的无因性使得票据可以广泛流通。

2．要式性

票据的要式性指票据的形式和内容必须符合法律规定，必要记载的项目必须齐全，对票据的处理，包括出票、提示、承兑、背书、保证、追索等行为都必须符合票据法的要求。各国票据法对票据的形式和内容都做了详细规定，使其规范化，进而产生票据的效力。只有形式和内容都符合法律规定的票据，才是合格的票据，才会受到法律的保护，持票人的票据权利才会得到严格保障。只有这样，才能减少票据纠纷，保证票据的顺利流通。因此，票据是一种要式证券。

3．流通性

票据是可流通证券，票据的权利可以凭背书交付而转移，无须通知债务人，债务人也不能以未接到转让通知为由拒绝向票据权利人清偿债务。在票据流通中，受让人的权利优于让与人的权利，不受其前手票据权利缺陷的影响，票据受让人获得全部票据权利，并能以自己的名义提出司法诉讼。

总之，无因性、要式性和流通性是票据的三个最基本的特性，这三个特性保证了票据的顺利流通，使其能够在经济活动中发挥支付和信用工具的作用。

国际贸易中使用的票据主要有汇票、本票和支票，其中以使用汇票为主。

二、汇票

（一）汇票的定义

关于汇票（bill of exchange，draft）的定义，各国的法律规定并不统一。根据各国广泛引用或参照的 1882 年英国《票据法》的规定："汇票是由一个人向另一个人签发的无条件书面命令，要求受票人见票时或于未来某一规定的或可以确定的时间，将一定金额的款项支付给某一特定的人或其指定的人或持票人。"

汇票定义英文：

A bill of exchange is an unconditional order in writing, addressed by one person to another, signed by the person giving it, requiring the person to whom it is addressed to pay on demand or at a fixed or determinable future time a sum certain in money to or to the order of a specified person or to bearer.

我国 1996 年 1 月 1 日施行的《中华人民共和国票据法》（简称《票据法》）第 19 条对汇票下了如下定义："汇票是出票人签发的，委托付款人在见票时或者在指定日期无条件支付确定的金额给收款人或者持票人的票据。"

（二）汇票的必备内容

汇票是一种要式证券，按照各国票据法的规定，汇票的要项必须齐全，必须载明必要的法定事项，才能成为完整的汇票，从而具有票据的效力，否则受票人有权拒付。我国《票据法》第 22 条明确规定，汇票必须记载下列事项：

（1）表明"汇票"字样；
（2）无条件支付的命令；
（3）确定的金额；
（4）收款人名称；
（5）付款人名称；
（6）出票日期；
（7）出票人签章。

汇票上未记载上述规定事项之一的，汇票无效。

上述内容为汇票的要项，但并不是汇票的全部内容。在实际业务中，汇票上通常还列明付款日期、付款地点和出票地点等内容。我国《票据法》第 23 条中规定："汇票上记载付款日期、付款地、出票地等事项的，应当清楚、明确。汇票上未记载付款日期的，为见票即付。汇票上未记载付款地的，付款人的营业场所、住所或者经常居住地为付款地。汇票上未记载出票地的，出票人的营业场所、住所或者经常居住地为出票地。"

此外，汇票上还可记载一些法律上允许的其他事项，如利息和利率、付一不付二、免做退票通知、免做拒绝证书、出票条款等。汇票样式如图 7-1 所示。

Bill of Exchange	
NO.__________	Shanghai, China ________________
Drawn under ______________________________________L/C No.________________	
Dated __________________ Payable with interest @_________% Exchange for ________	
At __________ sight of this FIRST of Exchange (Second of Exchange being unpaid) Pay to	
the order of **BANK OF CHINA** the sum of ______________________________	
______________________________ Value received.	
To __________________	

图 7-1　汇票样式

（三）汇票的种类

汇票从不同的角度可分为以下 4 种：

1. 按照有无随附商业单据，汇票可分光票和跟单汇票

光票（clean bill）又称**净票**或**白票**，指出具时不附带任何商业单据的汇票。国际结算中光票使用较少，一般仅在从属费用、佣金以及货款尾数的托收或支付时使用。银行汇票多为光票。

跟单汇票（documentary bill）又称**押汇汇票**，是指附带有商业单据的汇票。跟单汇票的付款以附交货运单据，如提单、发票、保险单等为条件。汇票的付款人要取得运输单据提取货物，必须付清货款或提供一定的担保。跟单汇票体现了钱款与单据对流的原则，对进出口双方提供了一定的保证。因此在国际货款结算中，大多采用跟单汇票作为结算工具。商业汇票一般为跟单汇票。

2. 按照出票人的不同，汇票分为银行汇票和商业汇票

银行汇票（banker's draft），是指出票人和付款人都是银行的汇票。在国际结算中，汇票由银行签发后交给汇款人，由汇款人自行交付国外收款人，供其向指定付款行取款。出票行签发汇票后，必须将付款通知书寄给国外付款行，以便付款行在收款人持票取款时进行核对。银行汇票一般为光票，不随附货运单据；通常用于汇款业务，即票汇。

商业汇票（commercial draft），是指出票人是工商企业或个人，付款人可以是工商企业或个人，也可以是银行的汇票。在国际贸易结算中，使用商业汇票居多。商业汇票通常由出口商开立，并委托银行向国外进口商或指定银行收取货款时使用。

3. 按照付款时间的不同，汇票可分为即期汇票和远期汇票

即期汇票（sight draft 或 demand draft），是指当持票人向付款人提示汇票时，付款人见票即付的汇票。

远期汇票（time bill 或 usance bill），是指在出票一定期限后或特定日期付款的汇票。远期汇票多为商业汇票。

远期汇票的远期汇票付款时间，有以下 4 种规定办法：

（1）见票后若干天付款（At ××days after sight）。

（2）出票后若干天付款（At ×× days after date of draft）。

（3）提单签发日后若干天付款（At ×× days after date of bill of lading)。

（4）指定日期付款（Fixed Date)。

4．按承兑人不同，汇票分为商业承兑汇票和银行承兑汇票

商业承兑汇票（commercial acceptance bill）是指由银行承兑的远期汇票。通常是由工商企业出票但以银行为付款人，它是建立在银行信用基础之上，通常比商业承兑汇票更容易在票据市场上流通，并享受更优惠的贴现率。

银行承兑汇票（banker's acceptance bill）是指由工商企业或个人承兑的远期汇票。它是建立在商业信用的基础上，其出票人也是工商企业或个人。

一张汇票往往可以同时具备几种特性，例如一张商业汇票，同时又可以是即期的跟单汇票；一张远期的商业跟单汇票，同时又是银行承兑汇票。

（四）汇票的使用

汇票的使用也称汇票的票据行为，一般包括出票、提示、承兑、付款等。汇票如需转让，通常经过背书行为转让。汇票遭到拒付时，还要涉及做成拒绝证书、依法行使追索权等法律问题。汇票的使用程序随其是即期汇票还是远期汇票有所不同。

1．出票

出票（draw，issue）即汇票的签发，是指出票人在汇票上填写付款人、付款金额、付款日期和地点以及收款人等项目，经签字交给收款人的行为。可见，汇票的出票包含两项必要行为：一是由出票人写成汇票并在汇票上签章（To draw a draft and sign on it）；二是将汇票交付给持票人（To deliver the draft to the payee)。由于出票是设立债权债务的行为，所以只有经过交付，汇票才开始生效。出票人构成汇票的主债务人，承担汇票的债务责任。

出票时，对收款人通常有三种写法：

（1）限制性抬头。例如，“仅付 ABC 公司”（Pay ABC Co., only)，或“付 ABC 公司，不准转让”（Pay ABC Co., not transferable)。这种抬头的汇票不能流通转让，只限指定的收款人收取票款。

（2）指示性抬头。例如，“付 ABC 公司或指定人”（Pay ABC Co.or order or Pay to the oder of ABC Co.)。这种抬头的汇票，除 ABC 公司可以收取票款外，也可以经过背书转让给第三者。

（3）持票人或来人抬头。例如，“付给来人”（Pay bearer）或“付给持票人”（Pay holder)。这种抬头的汇票无须由持票人背书，仅凭交付即可转让。

国际货款结算中使用的商业汇票通常需签发一式两份，分次寄发，以防遗失，但只对其中一份承兑或付款。为了防止重复承兑和付款，汇票上一般注明“付一不付二”或“付二不付一”。银行汇票通常只签发单份（sole)。

2．提示

提示（presentation）是持票人将汇票提交付款人要求承兑或付款的行为。付款人见到汇票，叫做见票（sight)。提示可以分为付款提示和承兑提示两种。

付款提示（presentation for payment)，即汇票的持票人向付款人出示汇票，要求付款的行为。

承兑提示（presentation for acceptance)，即远期汇票的持票人向付款人出示汇票，要求付款人承诺到期付款的行为。

付款提示和承兑提示均应在法定期限内进行。我国《票据法》规定，即期和见票后定期付款的汇票自出票日后 1 个月内向付款人提示付款或提示承兑；定日付款或出票后定期付款汇票应在到期日前向付款人提示承兑；已经承兑的远期汇票的提示付款期限为自到期日起 10 日内。

3. 承兑

承兑（acceptance）指汇票付款人对远期汇票表示承担到期付款责任的行为。我国《票据法》第 41 条规定，汇票付款人应当自收到提示承兑的汇票之日起 3 日内承兑或者拒绝承兑；第 43 条规定，付款人承兑汇票，不能附有条件；承兑附有条件的，视为拒绝承兑。但按票据法的一般规则，承兑附有条件的，承兑人仍应按所附条件承担责任。

承兑的手续是由付款人在汇票上写明“承兑”（accepted）字样，注明承兑日期，并由付款人签名，交还持票人。我国《票据法》第 44 条规定：“付款人承兑汇票后，应当承担到期付款的责任。”因此，汇票一经承兑，付款人就成为汇票的承兑人，并成为汇票的主债务人，承兑人事后不得以诸如“出票人的签字是伪造的”等理由来否认承兑汇票的效力。而汇票一经付款人承兑，出票人便成为汇票的从债务人，或称为次债务人。

4. 付款

付款（payment）指付款人向持票人按汇票金额支付票款的行为。对即期汇票，在持票人提示汇票时，付款人应见票时即付款；对远期汇票，付款人经过承兑后，在汇票到期日付款。付款人付清款额后，持票人在汇票上要记载“收讫”字样并签名，交出汇票，汇票上的一切债务关系即告终止。

5. 背书

背书（endorsement）是转让汇票权利的一种法定手续，由汇票持有人在汇票背面或粘单上签上自己的名字，或再加上受让人即被背书人（endorsee）的名字，并把汇票交给受让人的行为。经过背书，汇票的权利便由背书人（endorser）转移给被背书人（endorsee），即受让人，被背书人获得票据所有权。对于受让人来说，所有在他以前的背书人（endorser）以及原出票人都是他的“前手”（prior party）；而对出让人来说，所有在他让与以后的受让人都是他的“后手”（sequent party），前手对后手负有担保汇票必然会被承兑或付款的责任。在国际市场上，汇票既是一种结算工具，又是一种流通工具，可以在票据市场上流通转让，而经过背书的汇票可以不断转让下去。

背书方式通常有限制性背书、空白背书和记名背书三种。

（1）限制性背书（restrictive endorsement），即不可转让背书，背书人对支付给被背书人的指示带有限制性的词语。例如，“仅付 ABC 公司”（Pay ABC Co., only），“付给 ××× 银行，不可转让”（Pay to ××× Bank, not transferable）。做成限制性背书的汇票只能由指定的被背书人凭票取款，而不能再行转让或流通。我国《票据法》第 34 条明确规定：背书人在汇票上记载了“不得转让”字样后，其后手再背书转让的，原背书人对后手的被背书人不承担保证责任。在国际贸易结算中，限制性背书用得较少。

（2）空白背书（blank endorsement），又称略式背书或不记名背书，背书人只在票据背面签名，不记载被背书人的名称。经空白背书后的汇票，受让人可以不须背书，仅凭交付即可继续转让汇票。

（3）记名背书（special endorsement），又称特别背书，指背书人在票据背面签名外，还写明被背书人名称或其指定人。例如，“付给 ××× 银行或其指定人”（Pay ××× Bank or order, Pay to the order of ××× Bank)。这种经过记名背书的汇票，被背书人可以进一步凭背书交付而将汇票进行转让。这种再背书可以是记名背书，也可以是空白背书。

我国《票据法》第30条规定："背书必须记载被背书人名称。"即按我国法律规定不允许对汇票做不记名背书。限制性背书和记名背书应记载的事项包括被背书人名称、背书日期和背书人签章。其中背书人签章和被背书人名称是绝对应记载事项，欠缺记载的，按我国《票据法》，背书行为无效。按国外票据法，一般只需背书人签章，背书即为有效。

此外，在国际市场上，一张远期汇票的持有人如想在付款人付款前取得票款，可以经过背书转让汇票，即将汇票进行贴现。贴现 (discount) 是指远期汇票承兑后，尚未到期，由银行或贴现公司从票面金额中扣减按一定贴现率计算的贴现息后，将余款付给持票人的行为。贴现后余额的计算公式是：

贴现后余额 = 票面金额 −（票面金额 × 贴现率 × 日数 /360）− 有关费用

6．拒付与追索

拒付（dishonor）也称退票，指持票人提示汇票要求承兑时，遭到拒绝承兑（dishonor by non-acceptance），或持票人提示汇票要求付款时，遭到拒绝付款（dishonor by non-payment）。此外，因付款人或承兑人拒不见票、死亡、宣告破产或因违法被责令停止业务活动等情况下，以致付款在事实上已不可能时，也称拒付。

如汇票在合理时间内提示，遭到拒绝承兑，或在到期日提示，遭到拒绝付款，则持票人立即产生追索权，他有权向其"前手"追索票款。持票人可以不按照汇票债务人的先后顺序，而对其中任何一人、数人或者全体行使追索权。

所谓**追索权**（right of recourse）是指汇票遭到拒付时，持票人对其前手 (背书人、出票人) 有请求其偿还汇票金额及费用的权利。为了行使追索权，持票人将拒付事实书面通知其前手，并提供被拒绝承兑或被拒绝付款的证明或退票理由书。在国外，通常要求持票人提供拒付证书 (protest)。拒付证书是由付款地的法定公证人或其他依法有权做出证书的机构如法院、银行、公会、邮局等做出的证明拒付事实的文件，它是持票人凭以向其背书人、出票人以及汇票的其他债务人进行追索权的法律依据。如拒付的汇票已经承兑，出票人可凭此向法院起诉，要求承兑汇票的承兑人付款。因此，汇票的出票人、背书人、承兑人和保证人对持票人承担连带责任。

按照各国票据法的规定，持票人在行使追索权时必须具备以下条件：

（1）汇票遭到付款人拒绝承兑或拒绝付款。

（2）持票人已在法定期限内向付款人作承兑提示或付款提示。

（3）持票人为了行使追索权应及时做出拒付证书。

汇票的出票人或背书人为了避免承担被追索的责任，可在出票或背书时加注"不受追索"（without recourse）字样。但带有这种批注的汇票在市场上很难流通转让。

三、本票

（一）本票的定义

英国《票据法》关于本票的定义是：**本票**（promissory note）是一个人向另一个人签发的，保证于见票时或定期或在可以确定的将来的时间，对某人或其指定人或持票人支付一定金额的无条件的书面承诺（A promissory note is an unconditional promise in writing made by one person to another, signed by the maker, engaging to pay on demand or at a fixed or determinable future time a sum certain in money to or to the order of a specified person, or to bearer）。简言之，本票是出票人对收款人承诺无条件支付一定金额的票据。

我国《票据法》第 73 条规定："本票是出票人签发的，承诺自己在见票时无条件支付确定的金额给收款人或者持票人的票据。本法所称本票，是指银行本票。"

（二）本票的必备内容

各国法律对本票的必备内容有不同的规定。我国《票据法》规定，本票必须记载下列事项：

（1）表明"本票"字样；

（2）无条件支付的承诺；

（3）确定的金额；

（4）收款人名称；

（5）出票日期；

（6）出票人签章。

本票上未记载规定事项之一的，本票无效。此外，该法规定本票上未记载付款地的，出票人的营业场所为付款地，未记载出票地的，出票人的营业场所为出票地。本票的样式如图 7-2 所示。

Promissory Note

For ________________（本票金额）　________________________（出票日期地点）

On the ______________________________（付款时间）　fixed by the Promissory Note,

We promise　to pay　the order of　____（收款人）

the sum of　____（大写金额）

________________（出票人）

signature

图 7-2　本票样式

（三）本票的种类

本票按出票人不同，可分为商业本票和银行本票。商业本票（trader's promissory note）又称为一般本票，由工商企业或个人签发的。银行本票（banker's promissory note）的出票人是银行。商业本票按付款时间分为即期和远期两种，银行本票则都是即期的。在国际贸易结算中使用的本票，大都是银行本票。有的银行发行见票即付、不记载收款人的本票或是来人抬头的本票，它的流通性与纸币相似。我国《票据法》第 78 条规定，我国只允许开立自出票日起，付款期限不超过 2 个月的银行本票。

（四）本票与汇票的区别

作为结算工具，本票与汇票都属于票据范畴，两者除定义上的不同外，主要有以下区别：

1. 基本当事人不同

本票有两个基本当事人，即出票人和收款人；而汇票有三个基本当事人，即出票人、付款人和收款人。

2．票据性质不同

本票的出票人自己出票自己付款，是承诺式票据；汇票是出票人要求付款人无条件支付给收款人的书面命令，付款人没有义务必须支付票款，除非他承兑了汇票，所以汇票是命令式或委托式票据。

3．承兑项目不同

本票的出票人就是付款人，远期本票无须办理承兑手续；见票后定期付款的本票，持票人只需向出票人提示“签见”，即签字确认见票，以确定到期日，如出票人拒绝签见，从提示日起算。远期汇票需经付款人承兑。

4．主债务人不同

本票在任何情况下，出票人都是绝对的主债务人，一旦拒付，持票人可以立即要求法院裁定，命令出票人付款；而汇票的出票人在承兑前是主债务人，在承兑后，承兑人是主债务人，出票人则处于次债务人地位。

5．出票份数不同

汇票可以出一式两份；而本票只能开立一张。

四、支票

（一）支票的定义

根据英国《票据法》规定：简言之，支票（cheque 或 check）是以银行为付款人的即期汇票。详细说，支票是银行存款客户向他开立账户的银行开出的，授权该银行即期支付一定数额的货币，给一个特定的人或其指定人或来人的无条件支付命令（Briefly speaking, a cheque is a bill of exchange drawn on a bank payable on demand. Detailedly speaking, a cheque is an unconditional order in writing addressed by the customer to a bank , signed by that customer authorizing the bank to pay on demand a sum certain in money to or to the order of a specified person, or to bearer）。我国《票据法》第 81 条规定，支票是出票人签发的，委托办理支票存款业务的银行或者其他金融机构在见票时无条件支付确定金额给收款人或持票人的票据。

出票人在签发支票后，应负票据上的责任和法律上的责任。前者是指出票人对收款人担保支票的付款；后者是指出票人签发支票时，应在付款银行存有不低于票面金额的存款。如存款不足，支票持有人在向付款银行提示支票要求付款时，就会遭到拒付。这种支票叫做空头支票。开出空头支票的出票人要负法律上的责任。

（二）支票的必备内容

我国《票据法》第 84 条规定，支票必须记载下列事项：

（1）表明“支票”字样；
（2）无条件支付的委托；
（3）确定的金额；
（4）付款人名称；

（5）出票日期；

（6）出票人签章。

支票上未记载规定事项之一的，支票无效。

我国《票据法》还规定，支票上的金额可以由出票人授权补记；支票上未记载收款人名称的，经出票人授权可以补记；支票上未记载付款地的，付款人的营业场所为付款地；支票上未记载出票地的，出票人的营业场所、住所或者经常居住地为出票地。另外，根据法律规定出票人可以在支票上记载自己为收款人。支票的样式如图 7-3 所示。

The Bank of Communication（账户行）

__________（支票号码）

______________（支票金额）　__________________（出票日期地点）

Pay against this Check to the order of ____________________（收款人）

the sum of ________________________________（大写金额）

__________（出票人）

signature

图 7-3　支票样式

（三）支票的种类

根据我国《票据法》，支票可以分为普通支票、现金支票和转账支票三种。支票可以支取现金，也可以转账。用于转账时，应当在支票正面注明，这是指普通支票。现金支票只能用于支取现金；转账支票则只能用于转账，不能支取现金。此外，支票还可以分为以下几种：

1. 记名支票

记名支票是指在支票收款人栏内写明收款人姓名，在取款时必须由收款人签章，在流通时以背书方式转让。收款人姓名可以由出票人在出票时记载，也可以由出票人授权补记。

2. 不记名支票

不记名支票是指支票的收款人栏不记载收款人姓名、保留空白或仅记载“付来人”（to bearer），取款时持票人无须在支票上签章，仅凭支票，付款人即向持票人付款，转让时可仅凭交付也可凭背书转让。

3. 划线支票

在国际上，支票可以通过划线的方式来限制持票人或收款人的收款方式。所谓划线即由出票人或收款人或代收银行在支票的左上角划两条平行线，支票经划线后只能委托银行凭以办理转账，将票款记入支票上记载的收款人账户，持票人不能直接提款，可以使不正当持票人转让支票或领取票款更加困难，有利于保护票款真正权利人的票据权利。

（四）支票与汇票、本票的区别

支票与汇票、本票均具有票据的一般特性，但仍有明显差别。

1. 基本当事人不同

汇票和支票均有三个基本当事人，即出票人、付款人和收款人，但支票的出票人一定是银行存户，付款人一定是银行；本票基本当事人有两个，即出票人和收款人。

2．票据性质不同

汇票和支票均是委托他人付款的票据，属委托支付证券；本票是由出票人自己付款的票据，属于自付证券或承诺证券。

3．付款期限不同

支票均为见票即付；汇票和本票则有即期和远期之分。

4．承兑项目不同

远期汇票需付款人履行承兑手续；远期本票由出票人承担付款责任，因而无须承兑，但见票后定期付款的本票必须经出票人见票才能确定到期日，因此有提示见票，即“签见”；支票都是即期的，无须承兑。

5．责任不同

汇票的出票人对付款人没有法律上的约束，付款人是否愿意承兑或付款，是付款人自己的独立行为，但一经承兑，承兑人就应承担到期付款的绝对责任；本票的付款人即出票人自己，一经出票，出票人即应承担付款责任；支票的付款人只有在出票人在付款人处有足以支付支票金额存款的条件下才负有付款义务。

第二节　汇付与托收

国际货款结算方式主要有汇付、托收和信用证三种。本节主要介绍汇付和托收两种结算方式以及它们在国际贸易中的应用。

结算方式按资金的流向与结算工具的传递方向不同，可以分为顺汇和逆汇两种方法。顺汇是指资金的流向与结算工具（委托通知、票据）的传递方向相同。汇付就属于顺汇性质。逆汇指资金的流向与结算工具的传递方向相反。托收方式收取货款采用的是逆汇方法。

一、汇付

（一）汇付的含义及当事人

汇付（remittance）又称**汇款**，指付款人（债务人）主动通过银行或其他途径将款项汇交收款人（债权人）的一种结算方式。国际贸易的货款如采用汇付，一般是由买方按合同约定的条件（如收到单据或货物）和时间，将货款通过银行，汇交给卖方。

在汇付业务中，通常涉及四个基本当事人：

（1）汇款人（remitter），即汇出款项的人，在进出口交易中，通常是进口商，买卖合同的买方或其他经贸往来中的债务人。

（2）收款人（payee or beneficiary），即收取款项的人，在进出口交易中通常是出口商，买卖合同的卖方或其他经贸往来中的债权人。

（3）汇出行（remitting bank），即受汇款人的委托、汇出款项的银行，通常是在进口商或其他经贸往来中的债务人所在地的银行。

（4）汇入行（receiving bank），又称解付行（paying bank），即受汇出行委托解付汇款的银行，通常是收款人所在地的银行。

（二）汇付的种类及其业务程序

采用汇付方式结算货款时，汇款人首先要向汇出行出具汇款申请书，载明收款人的名称和地址、汇款金额、具体汇款方式等，同时交付所汇款项和汇费。此项申请书是汇款人和汇出行之间的一种契约。汇出行一经接受申请，就有义务按照汇款申请书的指示使用一定的传递方式（如电报、电传、信件、票据等）通知汇入行。汇出行与汇入行之间，事先订有代理合同，在代理合同规定的范围内，汇入行对汇出行承担解付汇款的义务（见图 7-4）。

图 7-4 汇款方式的一般业务程序

根据汇出行发出汇款委托书的途径不同，汇付方式可具体划分为电汇、信汇和票汇三种。

（1）**电汇**（telegraphic transfer，T/T），是汇出行应汇款人的申请，采用电报（cable）、电传（telex）、环球银行间金融电讯网络（SWIFT）等电讯手段向汇入行发出委托书，并指示汇入行将一定金额的款项解付给指定收款人。电汇结算业务流程如图 7-5 所示。

电汇方式的优点是收款人可迅速收到汇款，但费用较高。

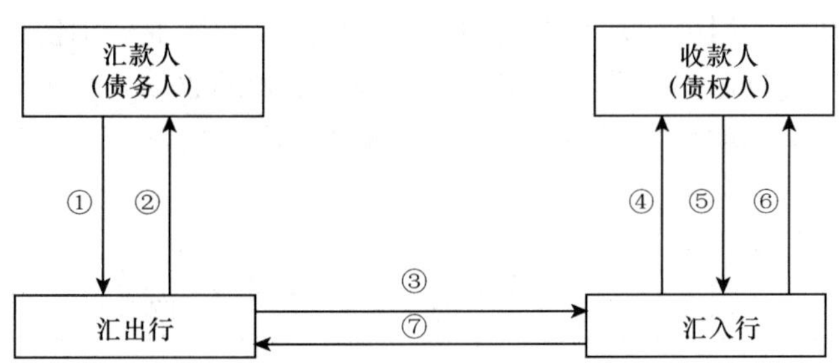

图 7-5 电汇结算业务流程图

① 汇款人填写电汇汇款申请书，交款付费给汇出行。

② 汇款人取回电汇回执。

③ 汇出行发出加押电报给汇入行，委托汇入行解付汇款给收款人。

④ 汇入行收到电报，核对密押无误后，缮制电汇通知书，通知收款人收款。

⑤ 收款人收到通知书后，在收款联上盖章，交汇入行。

⑥ 汇入行借记汇出行账户，取出头寸，解付汇款给收款人。

⑦ 汇入行将借记付讫通知书电告汇出行，通知它汇款解付完毕。

（2）**信汇**（mail transfer，M/T）与电汇相似，是汇出行应汇款人的申请，将信汇委托书（mail advice）或支付通知书（payment order）寄给汇入行，授权其解付一定金额给收款人的一种汇款方式。信汇结算业务流程如图 7-6 所示。

信汇方式的优点是费用较为低廉，但资金在途时间长，收款人收到汇款的时间较迟。

（3）**票汇**（remittance by banker's demand draft，D/D），是汇出行应汇款人的申请，代汇款人

开立以其分行或代理行为解付行的银行即期汇票（banker's demand draft），支付一定金额给收款人的一种汇款方式。

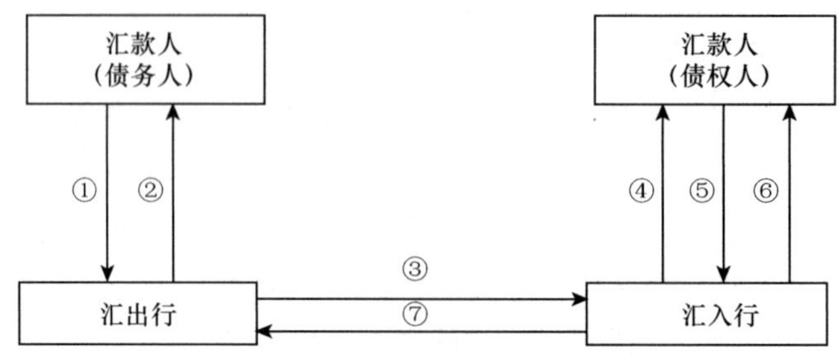

图 7-6 信汇结算业务流程图

① 汇款人填写信汇汇款申请书，交款付费给汇出行。

② 汇款人取回信汇回执。

③ 汇出行制作信汇委托书或支付委托书经过两人双签，邮寄汇入行。

④ 汇入行收到信汇委托书或支付委托书，核对签字无误后，将信汇委托书的第二联及第三、四联收据正副本一并通知收款人。

⑤ 收款人凭收据取款。

⑥ 汇入行借记汇出行账户，取出头寸，解付汇款给收款人。

⑦ 汇入行将借记付讫通知书寄给汇出行，通知它汇款解付完毕。

票汇与电汇、信汇的不同在于票汇的汇入行无须通知收款人取款，而由收款人持票登门取款；这种汇票除有限制转让和流通的规定外，经收款人背书，可以转让流通，而电汇、信汇的收款人则不能将收款权转让。但由于存在丢失和损毁的风险，实际业务中使用的不是很多。在我国出口业务中使用票汇方式时，银行即期汇票的收款人是汇款的收款人，出票人是汇出行，付款人是汇入行（或称解付行），两者皆是银行，票面没有表示付款期限，即为即期。票汇结算业务流程图如图 7-7 所示。

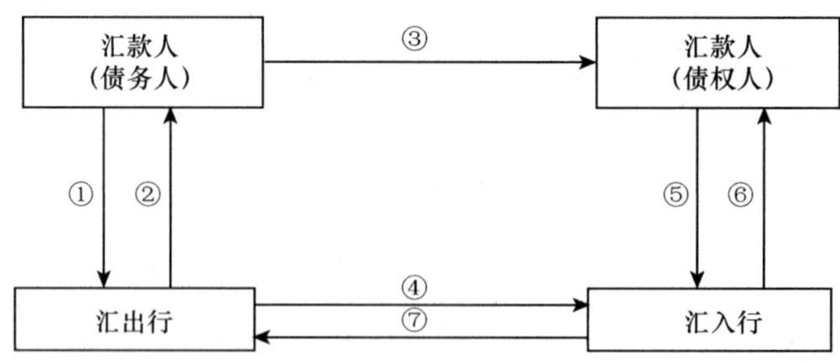

图 7-7 票汇结算业务流程图

① 汇款人填写票汇汇款申请书，交款付费给汇出行。

② 汇出行开立一张以汇入行为付款人的银行即期汇票交给汇款人。

③ 汇款人将汇票寄给收款人。

④ 汇出行将汇票通知书寄汇入行。

⑤ 收款人提示银行即期汇票给汇入行要求付款。

⑥ 汇入行借记汇出行账户，取出头寸，解付汇款给收款人。

⑦ 汇入行将借记付讫通知书寄给汇出行，通知它汇款解付完毕。

（三）汇付方式在国际贸易中的使用

汇付是一种简便、快速的结算方式，但汇付方式的使用，完全取决于进出口双方中一方对另一方的信任，并在此基础上向对方提供信用保证和资金融通，银行只提供服务而不提供信用，因此属于商业信用。卖方在收到货款后是否交货，买方在收到货物后是否付款，完全依靠买卖双方的商业信用。因此汇付结算方式下，总存在着一方要冒占压资金、损失利益并承担货款两空的风险。所以在我国外贸实践中，汇付方式通常对信用极为可靠的客户用于预付货款（payment in advance）、货到付款（payment after arrival of the goods，cash on delivery）、随订单付款（cash with order），即赊销（open account trade）交易，此外，汇付方式还主要用于支付定金、分期付款、待付货款尾数以及佣金、费用等方面的支付。

1．预付货款

预付货款是进口商（付款人）在出口商（收款人）将货物或货运单据交付以前将货款的全部或者一部分通过银行付给出口商，出口商收到货款后，再根据约定发运货物。出口商可以无偿占用对方资金，且不承担风险，因此预付货款对出口商较为有利。但对进口商来说，却要过早地垫出资金，承担出口商延迟交货和不交货的风险。

通常当进出口双方关系密切，相互了解对方资信状况，进口商愿以预付货款购入货物；或者出口商的商品是进口国市场上的抢手货，进口商需求迫切以取得高额利润，因此不惜预付货款。此外，卖方货物旺销，出口商与进口商初次成交，卖方对买方资信不甚了解，顾虑买方收货后不按合约履行付款义务，为了收汇安全，卖方提出预付货款作为发货的前提条件。

2．货到付款

货到付款与预付货款相反，是进口商在收到货物后，立即或一定时期以后再付款给出口商的一种结算方式。也被称为延期付款，或赊销（O/A）。货到付款对买方有利。因为买方不承担资金风险，货未到或货不符合合同要求则不付款，在整个交易中买方占据主动地位；由于买方常在收到货物一段时间后再付款，无形中占用了出口商的资金。同时出口商要承担较大风险。卖方先发货，必然要承担买方不付款或不足额付款的风险；由于货款常常不能及时收回，卖方资金被占用，会造成一定的损失。

货到付款一般有两种类型。

（1）售定（be sold out），即进出口商达成协议，规定出口商先发货，再由进口商按合同规定的货物售价和付款时间进行汇款的一种结算方式，即“先出后结”。

由于鲜活商品数量、质量不固定，难以用 l/C 结算，所以售定主要用于鲜活商品的贸易。出口单据不是通过银行寄出，而是随货物带出。售价及付款时间事先确定，通常是货到立即付款或一个月后付款。

（2）寄售（consignment），指出口方将货物运往国外，委托国外商人按照事先商定的条件在当地市场上代为销售，待货物售出以后，国外商人将扣除佣金和有关费用的货款再汇给出口商的结算方法。出口方和进口方其实是委托与受托关系，不是买卖关系。

3．凭单付汇

凭单付汇或交单付现（cash against documents，CAD）是进口商通过银行将款项汇给出口商所在地银行（汇入行），并指示该行凭出口商提供的某些商业单据或某种装运证明付款给出口商。

凭单付汇对双方都有一定的保证作用，即对出口商和进口商都比较公平，较之一般汇付方式易为买卖双方所接受。因为对进口商来说，可以防止在预付货款下可能出现的出口商支取货款后不及时交货、交单的风险；对出口商来说，只要及时交货、交单，便可立即向汇入行支取全部货款，避免了在货到付款下可能出现的发了货后收不回款的风险。但是由于汇款在尚未被支取之前是可以撤销的，汇款人随时可以通知汇款行将汇款退回，所以出口商在收到银行的汇款通知后，应尽快发货，并从速向汇入行交单支款。

综上所述，汇付方式对于预付货款的买方及货到付款的卖方风险大，资金负担较重。但是汇付方式的手续是最简单的，就像一笔没有相对给付的非贸易业务，银行的手续费也最少，只有一笔数额很少的汇款手续费。因此在交易双方相互信任的情况下，或者在跨国公司的不同子公司之间，用汇付方式结算是最理想的。因此，汇付方式尽管有不足之处，但在国际贸易结算中还时有运用。

二、托收

（一）托收的含义

国际商会制定的《托收统一规则》（URC522）对托收的定义为：托收是指由接到托收指示的银行，根据所收到的指示处理金融单据或商业单据（货运单据）以便取得付款或承兑，或凭付款或承兑交出商业单据，或凭其他条款或条件交出单据。

这里的金融单据（financial documents）意指汇票、本票、支票，或其他用于获得货币付款的相似票据。商业单据（commercial documents）指发票、运输单据、保险单、物权单据或其他类似单据，或除金融单据以外的其他单据。

简言之，托收（collection）是指债权人（出口人）出具债权凭证（汇票、本票、支票等）委托银行向债务人（进口人）收取货款的一种结算方式。

托收分为光票托收（clean collection）和跟单托收（documentary collection）两种。光票托收是指出口商仅开具汇票而不附商业单据（主要指货运单据）的托收，即仅提交金融单据委托银行代为收款。光票托收可以用于收取货款尾数、小额货款、索赔款和其他贸易从属费用等小额款项。跟单托收是指金融单据附带商业单据或不附有金融单据的商业单据托收。跟单托收的基本做法是：出口商根据买卖合同先行发运货物，然后开立以进口商为付款人的汇票（或不开汇票）连同商业单据，向出口地银行（托收行）提出托收申请，委托出口地银行通过其在进口地的代理行或往来银行（代收行）向进口商收取货款。国际贸易中使用托收方式进行货款的收取时，大多采用跟单托收。本节主要介绍跟单托收。

（二）托收的当事人

托收方式的当事人主要有：

（1）委托人（principal），是指委托银行办理托收业务的客户，通常是出口商、出票人及托运人。

（2）托收行（remitting bank），是接受委托人的委托，办理托收业务的银行，通常是出口地银行。委托人与托收行之间的关系是委托代理关系，两者关系的依据是托收申请书。托收行有义务按照委托人的指示办事，但托收行对单据的正确性不负责任。

（3）代收行（collecting bank），是接受托收行的委托向付款人收取票款的进口地银行，通常是托收行的国外分行或代理行。代收行应严格遵从托收行的指示办事，尽快向付款人提示汇票，要求其付款或承兑，付款人付款或承兑后，应无延误地通知托收行。

（4）付款人（payer），是代收行根据托收行的指示向其提示汇票、收取票款的人，也是汇票的受票人（drawee），通常是买卖合同的进口商。

（5）指示行（presenting bank），是向付款人提示汇票和单据的银行。提示行可以是代收行委托与付款人有往来账户关系的银行，也可以由代收银行自己兼任提示行。

（6）需要时的代理（customer's representative in case of need），即委托人指定的在付款地的代理人。如托收发生拒付时，由此代理人代替委托人处理货物的存仓、保险、转售、运回等事宜。按《托收统一规则》的规定，委托人如需指定需要时的代理人，应在托收指示书中明确该代理人的具体权限，否则，银行对需要时的代理人的任何指示可以不予受理。

（三）跟单托收的种类及其业务程序

跟单托收情况下，根据出口商交单条件的不同，又可分为付款交单和承兑交单两种。

1. 付款交单

付款交单（documents against payment，D/P）是指出口商的交单是以进口商的付款为条件。即出口商发货后，取得装运单据，委托银行办理托收，并在托收申请书中指示银行，只有在进口商付清货款后，才能把装运单据交给进口商。

按付款时间的不同，付款交单又可分为即期付款交单和远期付款交单两种：

（1）**即期付款交单**（documents against payment at sight，D/P sight），指出口商发货后开具即期汇票连同货运单据，通过银行向进口商提示，进口商见票后立即付款，进口商在付清货款后向银行领取货运单据。即期付款交单流程见图 7-8。

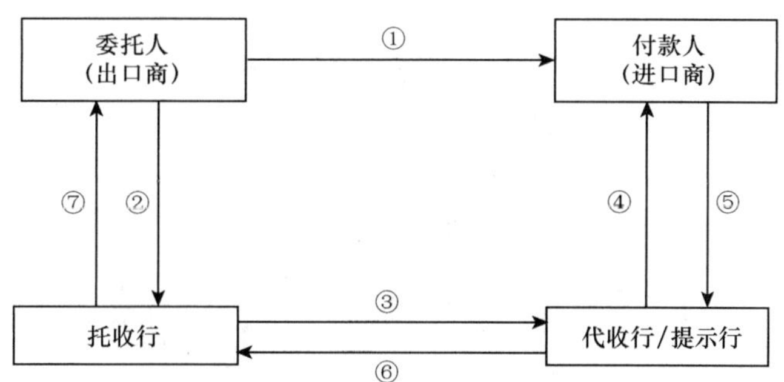

图 7-8 即期付款交单流程图

① 进出口商在贸易合同中，规定采用即期付款交单方式支付货款。
② 出口商按照合同规定装货后，填写托收申请书，开出即期汇票，连同全套货运单据送交托收银行代收货款。
③ 托收行将汇票同货运单据，并说明托收委托书上各项指示，寄交进口地代理银行，即提示银行。
④ 提示行收到汇票及货运单据，即向进口商做出付款提示。
⑤ 进口商付清货款，赎取全套货运单据。
⑥ 代收行电告（或邮告）托收行，款已收妥并转账。
⑦ 托收行将货款交给出口商。

（2）**远期付款交单**（documents against payment after sight，D/P after sight），指出口商发货后开具远期汇票连同货运单据，通过银行向进口商提示，进口商审核无误后即在汇票上进行承兑，于汇票到期日付清货款后再领取货运单据。远期付款交单流程如图 7-9 所示。

2. 承兑交单

承兑交单（documents against acceptance，D/A）是指出口商的交单以进口商在汇票上承兑为条件。即出口商在装运货物后开具远期汇票，连同货运单据，通过银行向进口商提示，进口商承兑汇票后，代收行即将货运单据交给进口商，在汇票到期时，方履行付款义务。

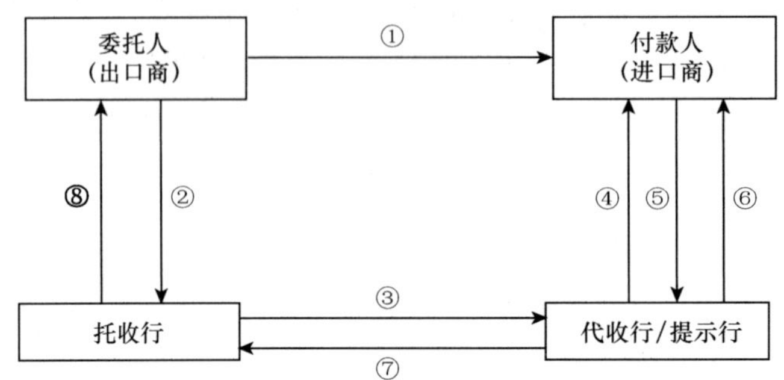

图 7-9 远期付款交单流程图

① 进出口商在合同中，规定用远期付款交单支付。
② 出口商按照合同规定装货后，填写托收申请书，声明“付款交单”，开出远期汇票，连同全套货运单据送交托收银行代收货款。
③ 托收行将汇票连同货运单据，并说明托收委托书上各项指示，寄交出口地代理银行，即提示银行。
④ 提示行收到汇票及货运单据，即向进口商做出承兑提示。
⑤ 进口商承兑汇票后，提示行保留汇票及全套单据。
⑥ 在汇票到期日提示行向进口商做出付款提示。进口商付清货款，赎取全套货运单据。
⑦ 代收行电告（或邮告）托收行，款已收妥转账。
⑧ 托收行将货款交给出口商。

承兑交单方式只适用于远期汇票的托收。由于承兑交单是进口商只要在汇票上承兑之后，即可取得货运单据，凭以提取货物。也就是说，出口商已交出了物权凭证，其收款的保障依赖进口商的信用，一旦进口商到期不付款，出口商便会遭到货物与货款全部落空的损失。因此，出口商对接受这种方式，一般采用很慎重的态度。承兑交单流程如图 7-10 所示。

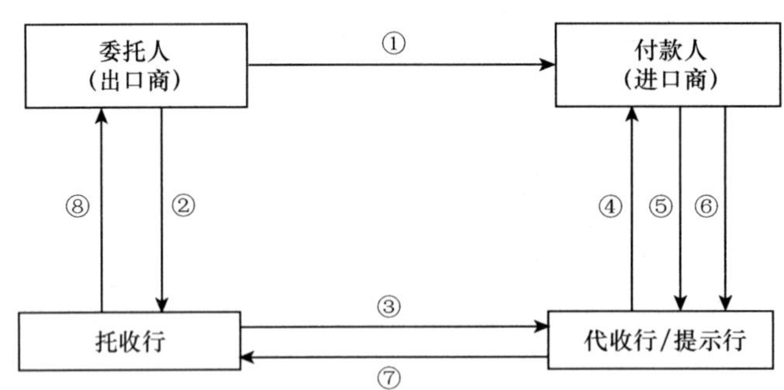

图 7-10 承兑交单流程图

① 进出口商在贸易合同中，规定采用承兑交单方式支付货款。
② 出口商按照合同规定装货后，填写托收申请书，声明“承兑交单”，开出远期汇票连同全套货运单据，交托收银行代收货款。
③ 托收行将汇票连同货运单据并说明委托书上各项指示，寄交进口地代理银行，即提示银行。
④ 提示行收到汇票及货运单据，即向进口商做出承兑提示。
⑤ 进口商承兑汇票后，取得全套货运单据，代收行保留汇票。
⑥ 在到期日代收行再作付款提示，进口商付清货款。
⑦ 代收行电告（或邮告）托收行，款已收妥转账。
⑧ 托收行将货款交给出口商。

（四）跟单托收下的资金融通

在托收方式业务中，银行只是作为代理人办事，不提供信用保障，但是在适当的条件下，银行也可以为进出口商提供资金融通的便利。

1．托收出口押汇

托收出口押汇（collection bills purchased，B/P）是指托收行以买入出口商向进口商开立的跟单汇票的办法向出口商融通资金的一种方式。具体做法是出口商在按照合同规定发运货物后，由托收行买入出口商开具的跟单汇票及其所附单据，按照汇票金额扣除从付款日（买入汇票日）至预计收到票款日的利息和手续费，将款项先行付给出口商。此时托收行成为跟单汇票的善意持票人，将汇票和单据寄至代收行并通过代收行向进口商提示，票款收到后，即归还托收行的垫款。

托收行叙做托收出口押汇，就是以汇票和单据作为抵押品的一种放款，有利于出口商加速资金周转和扩大业务量。但是，银行仅凭一张出口商开立的汇票和提交的货运单据垫款，缺乏第三者，特别是没有其他银行对进口商的付款做出信用保证，因此，为防止遭到进口商拒付的风险，避免陷入追索出口方甚至被迫变卖货物的被动局面，托收行在做出口押汇时通常比较慎重。除非托收行对这笔业务的出口方特别是进口方的资信非常信任，有关出口商品的种类、价值合适，该商品的市场行情和进口地区的政治经济情况良好，大部分银行不愿或很少去做。在承做时，大都也只根据托收的交单条件（大都仅限于付款交单）酌情发放一部分汇票金额的贷款，如按汇票金额贷放一半或 70%、80% 不等。因此，押汇并不是一种常见的融资方式。

2．凭信托收据借单

在远期付款交单条件下，如果付款日期晚于到货日期，进口商为了抓住有利行市，不失时机地转售货物，可以采取两种做法：一是在付款到期日之前提前付款赎单，扣除提前付款日至原付款到期日之间的利息，作为进口商享受的一种提前付款的现金折扣。另一种做法是代收行对于资信较好的进口商，允许进口商凭信托收据（trust receipt）借取货运单据，先行提货。

所谓**信托收据**，是进口商借单时提供一种书面信用担保文件，用来表示愿意以代收行的受托人身份代为提货、报关、存仓、保险或出售，并承认货物所有权仍属银行。货物售出后所得的货款，应于汇票到期时交银行。这是代收行自己向进口商提供的信用便利，而与出口商和托收行无关。因此，如果代收行借出单据后，汇票到期不能收到货款，则代收行应对出口商和托收行负全部责任。但如系出口商指示代收行借单，就是由出口商主动授权银行凭信托收据借单给进口商，即远期付款交单凭信托收据借单（D/P at ××× days after sight to issue trust receipt in exchange for documents，D/P · T/R），那么进口商在承兑汇票后可以凭信托收据先行借单提货。日后如果进口商在汇票到期时拒付，则与银行无关，应由出口商承担一切风险。

远期付款交单提前放单的风险[⊖]

【案例介绍】

我国 A 公司向泰国 B 公司出口一批货物，付款方式为 D/P 90 天。货物出运后，汇票及货运

⊖ 李昭华，李军. 国际贸易实务[M]. 北京：北京大学出版社，2010.

单据通过出口地的托收银行寄抵国外代收行，B 公司进行了汇票承兑。货抵目的港后，由于用货心切，B 公司于是出具了信托收据向本地代收行借得货运单据，先行提货转售。当汇票到期时，B 公司因经营不善，失去偿付能力。代收行以汇票付款人拒付为由通知托收行，并建议由 A 公司直接向 B 公司索取货款。此时距离汇票到期日还有 30 天。试分析 A 公司于汇票到期时收回货款的可能性，并提出处理该案的建议。

【案例分析】

在远期付款交单的条件下，如果付款日期晚于到货日期，进口商为了抓住有利时机转售货物，可以采取两种做法。一是在付款到期日之前付款赎单，扣除提前付款日至原付款到期日之间的利息，作为进口商享受的一种提前付款的现金折扣。另一种做法是代收行对于资信较好的进口商，允许其凭信托收据借取货运单据，先行提货，于汇票到期时再付清货款，这是代收行自己向进口商提供的信用便利，而与出口商无关。因此，如代收行借出单据后，到期不能收回货款，则应由代收行负责。但如系出口商指示代收行借单，就是由出口商主动授权银行凭信托收据借单给进口商，即所谓远期付款交单凭信托收据借单方式，也就是进口商承兑汇票后凭信托收据先行借单提货，日后如进口商到期拒付的风险，应由出口商自己承担。因此，使用远期付款交单凭信托收据借单方式时，出口商必须特别慎重。本案例中，代收行以汇票付款人拒付为由通知托收行，并建议由 A 公司直接向 B 公司索取货款的处理意见值得商榷。如银行擅自放单，则由代收行承担责任；如出口商授权银行放单给进口商，其后果由其自己承担。

（五）托收的风险及其防范

1. 托收的风险

托收属于商业信用，托收虽然是通过银行办理，但是银行只是按照出口方的指示办事，不承担付款的责任，也不过问货运单据的真伪，如无特殊约定，对已运到目的地的货物不负提货和看管责任。因此，出口方交货后，能否收回货款，完全取决于进口方的信誉。

托收方式对出口方来说是先发货后收款。如果是远期托收，出口方还可能要在货到后才能收回全部货款，这实际上是向进口方提供信用。而出口方是否能按时收回全部货款，取决于进口方的信誉。因此出口方要承担一定的信用风险。出口方在跟单托收中可能承担下列风险：①发货后进口地货价下跌，进口商不愿付款赎单或承兑取单，借口货物规格不符或包装不良等原因要求减价；②因政治或经济原因，进口国改变进口政策，进口商没有领到进口许可证，或者申请不到进口所需的外汇，以致货物抵达进口地而无法进口或不能付款；③进口商因破产或倒闭而无力支付货款等。

托收对买方来说也有一定的货物与信用风险，主要表现在：由于付款交单强调了货物单据化的重要性，有可能在买方付款赎单提货后发现货物与合同不符，或者卖方伪造单据骗取买方的钱财，从而使买方遭到财货两空的危险。

但是相对于卖方而言，托收对买方较为有利，可以免去申请开立信用证的手续，不必预付银行押金，减少费用支出，有利于资金融通和周转。所以在出口业务中采用托收，有利于调动买方采购货物的积极性，从而有利于促进成交和扩大出口。

2. 托收风险的防范

在采用托收方式时，为了避免风险，成交之前应该做好调查工作，如进口商的资信情况、经营规模、进口地的市场销售情况、进口国的有关政策规定，特别是与托收业务关系较密切的贸易和外汇管制法令、海关规定，主要是进口国家的银行（代收行）是否做远期付款交单业务以及如何处理这类业务；进口国外汇管制方面的有关规定；进口国海关方面在进口手续、港口管理等方面的有关规定。以及进口商是否已领到该批货物的进口许可证，或者是否已申请到外汇等。另外出口商最好在国外有自己的机构，或是在当地找好代理人，以便在出口货物遭到拒付时，有自己在国外的机构或代理人代办货物的存仓、保险、转售或运回等手续。

第三节　信　用　证

一、信用证的含义

国际商会第600号出版物《跟单信用证统一惯例》（Uniform Customs and Practice for Documentary Credit，UCP600）第2条规定：信用证是一项不可撤销的安排，无论其名称或描述如何，该项安排构成开证行对相符交单予以承付的确定承诺。所谓“承付”（honor）是指：

（1）如果信用证为即期付款信用证，则即期付款。

（2）如果信用证为延期付款信用证，则承诺延期付款并在承诺到期日付款。

（3）如果信用证为承兑付款信用证，则承兑受益人开出的汇票并在汇票到期日付款。

简而言之，信用证是一种银行开立的有条件的承诺付款的书面文件。

二、信用证的特点

（一）信用证是一种银行信用，开证行承担第一付款人的责任

信用证结算方式是由开证银行以自己的信用做出付款的保证。在信用证付款的条件下，开证银行是信用证的第一付款人。出口商发货后，凭有关合格的单据，就能取得开证行或其授权的银行的付款，而无须担心进口商是否履行其付款责任。在信用证业务中，开证银行对受益人的付款责任不仅仅是第一性的，而且是独立的、终局的。即使进口商在开证后失去偿付能力，只要出口商提交的单据符合信用证条款，开证行也要负责付款，履行开证行的付款承诺。付了款如发现有误，也不能向受益人和索偿行进行追索。但如出现开证银行破产倒闭等无力付款的情况，出口商仍有权根据买卖合同向进口商索取货款。

（二）信用证是一项独立、自足的文件

信用证的开立是以买卖合同作为依据的，但信用证一经开出，就成为独立于买卖合同以外的另一种契约，不受买卖合同的约束。出口商提交的单据即使符合买卖合同要求，但若与信用证条款不一致，仍会遭银行拒付。对此UCP600第4条明确规定：“就其性质而言，信用证与可能作为其开立基础的销售合同或其他合同是相互独立的交易，即使信用证中含有对此类合同的任何援引，银行也与该合同无关，且不受其约束。”所以，出口商在收到开证行发来的信用证时，应审慎地审核该证，如有与合同规定不相符合之处时，出口商有权要求修改。

案例讨论7-2 信用证独立于贸易合同[1]

【案例介绍】

我国某公司向美国出口一批货物，合同规定8月份装船，后国外开来信用证装船期定为8月15日前。但8月15日前无船去美国，我方立即要求美商将装船期延至9月15日前装运。美商来电称：同意修改合同，将装船期、有效期顺延1个月。该公司于9月10日装船，15日持全套单据向指定银行办理议付，但被银行以单证不符拒绝议付。试问议付行的做法合理吗？

【案例分析】

议付行做法正确。根据UCP600第4条的相关规定，信用证是独立于贸易合同以外的另一份契约，是一份独立、完整的自足文件。银行只对信用证负责，对贸易合同没有审查和监督执行的义务。贸易合同的修改、变更甚至失效都丝毫不影响信用证的效力。

该出口商应该做的就是：在货物出运前联系进口商要求改证，使信用证与修改的合同有关内容相符。出口商在收到开证行修改书后方能发货，这样才能保障自己的利益。

（三）信用证是一种单据的买卖

UCP600第5条规定："银行处理的是单据，而不是单据可能涉及的货物、服务或履约行为。"在信用证方式之下，实行的是凭单付款的原则。受益人只要提交了符合信用证条款的单据，开证银行就必须履行其付款承诺，进口商也应接受单据并向开证行付款赎单。如果进口商付款后发现货物有缺陷，可凭单据向有关责任方提出损害赔偿要求，而与银行无关。反之，如果单据与信用证有不符之处，则虽然货物完全正确，开证行仍有权拒付货款，出口商只能找进口商协商解决或通过法律途径解决有关纠纷。此外，应该注意的是，根据UCP600第14、34条规定，银行虽有义务审核单据，但这种审核只是用以确定单据表面上是否符合信用证条款，开证银行只根据表面上符合信用证条款的单据付款、承担延期付款责任、承兑汇票或议付。所以银行在信用证业务中是按"严格符合的原则"办事的。"严格符合的原则"要求做到"单证一致"，即受益人提交的单据在表面上与信用证规定的条款一致；还要做到"单单一致"，即受益人提交的各种单据之间表面上一致。

由上述信用证的特点可知，信用证方式在国际贸易结算中可以起到以下两个方面的主要作用：

1. 安全保证作用

通过信用证方式可以缓解买卖双方互不信任的矛盾，使本来彼此不熟悉或并不很了解的买卖双方，以及资信一般的中小企业，只要采用信用证方式结算货款，就能更好地控制结算风险。

对进口商来说，信用证可以保证进口商在支付货款时即可取得代表货物的单据，并可通过信用证条款来控制出口商的性质，按量、按时交货。对于出口商来说，信用证可以保证出口商在履约交货后，按信用证条款规定向银行交单取款，即使在进口国实施外汇管制的情况下，也可保证凭单收到外汇。

2. 资金融通作用

信用证业务中，银行不仅提供信用和服务，还可以通过打包贷款、叙做出口押汇（即议付）

[1] 庞红，等．国际结算[M]. 3版．北京：中国人民大学出版社，2009.

向出口商融通资金，可以通过凭信托收据借单、叙做进口押汇向进口商进行资金融通。

三、信用证当事人及其权利与义务

信用证业务的主要当事人有开证申请人、开证行、受益人和通知行，其他当事人还有议付行、付款行、保兑行、承兑行和偿付行等，统称为指定银行（nominated bank），是开证行在信用证中明确指定的有关银行。

（一）开证申请人

开证申请人（applicant）又称开证人（opener），指向银行申请开立信用证的人，通常是进口商。进口商作为开证申请人受到两个合同的约束：贸易合同和与开证行签订的业务代理合同，即开证申请书。

（二）开证行

开证行（opening bank，issuing bank）是指应开证申请人要求或者代表自己开出信用证的银行，一般是进口地的银行。开证行受三方面契约的约束：一是与开证申请人的契约关系；二是对受益人的付款承诺；三是与通知行、议付行、付款行、保兑行等的委托代理关系。信用证一经开出，开证行需承担第一性的付款责任。

（三）受益人

受益人（beneficiary）是指信用证上所指定的有权使用该证的人，是信用证金额的合法享受人。一般为出口商，有时也可能是中间商。受益人应按合同发货并提交相符单据、接受议付行的追索。同时受益人有权决定是否接受及要求修改信用证；有权依照信用证条款和条件提交汇票及/或单据向指定的付款银行要求取得信用证的款项。受益人交单后，如遇开证行倒闭，信用证无法兑现，则受益人有权向进口商提出付款要求，进口商仍应负责付款。

（四）通知行

通知行（advising bank，notifying bank）是指应开证行的委托，将信用证通知（或转递）给受益人的银行，通常是出口地银行。如果通知行决定通知信用证，须合理谨慎地鉴别信用证的表面真实性。如通知行不能确定信用证的表面真实性，即无法核对信用证的签署或密押，则应毫不迟延地告知开证银行，说明其不能确定信用证的真实性，并及时澄清疑点；如通知行仍决定通知该信用证，则必须告知受益人它未能鉴别该证的表面真实性。

（五）议付行

根据UCP600第2条的解释，议付是指“指定银行在相符交单下，在其应获偿付的银行工作日当天或之前向受益人预付或者同意预付款项，从而购买汇票（其付款人为指定银行以外的其他银行）及/或单据的行为。”该指定的银行即为**议付行**（negotiating bank）。开证行可以在信用证中指定议付行，也可以不具体指定。如信用证中未指定，则可由受益人酌情选择通知行或与其有往来的其他银行担任议付行。

议付行有义务严格审单，并在信用证有效期内决定接受或拒绝受益人提交的单据。议付行进行议付时也应满足“单证一致，单单一致”的条件，这样才能在垫付货款后，从开证行收回垫款。议付后，议付行取得正当持票人的权利。在开证行无力支付或倒闭或拒付时，议付行立即产生对受益人的追索权。

（六）付款行

付款行（paying bank，drawee bank）是指信用证上规定的汇票付款人或在付款信用证下执行付款的银行，适用于即期及延期付款信用证。一般是开证行，也可以是接受开证行委托代为付款的另一家银行。例如，以出口地货币开证时，付款行通常是出口地银行。信用证以第三国货币开立时，付款行通常为第三国银行。付款行只是代开证行对受益人所提交的与信用证条款相符的单据付款。付款行验单并付款后，即为终局性付款，即使事后发现有误，也无权向受益人或议付行行使追索权。

（七）保兑行

保兑行（confirming bank）指根据开证行的授权或要求对信用证加具保兑的银行。根据UCP600第2条的解释，保兑“指保兑行在开证行承诺之外做出的承付或议付相符交单的确定承诺”。UCP600第8条“保兑行的责任”规定：“保兑行自对信用证加具保兑之时起即不可撤销地承担承付或议付的责任”，汇票、单据一经保兑行付款或议付，即使开证行倒闭或无理拒付，保兑行均无权向出口商追索票款。因此保兑行承担与开证行相同的承诺和独立的付款责任，保兑信用证下的受益人可获得开证行和保兑行的双重独立付款保证。而当“开证行授权或要求一银行对信用证加具保兑，而其不准备照办，则必须毫不延误地通知开证行”。

（八）承兑行

远期信用证如要求受益人出具远期汇票的，会指定一家银行作为受票行，由它对远期汇票做出承兑，这就是**承兑行**（accepting bank）。承兑行可以是开证行本身，也可以是通知行或其他指定的银行。

如果承兑行不是开证行，承兑后又最后不能履行付款，开证行应负最后付款的责任。若单证相符，而承兑行不承兑汇票，开证行可指示受益人另开具以开证行为受票人的远期汇票，由开证行承兑并到期付款。承兑行付款后向开证行要求偿付。

（九）偿付行

偿付行（reimbursing bank）是开证行指定的对议付行、承兑行或付款行进行偿付的代理人。为了方便结算，开证行有时委托另一家有账户关系的银行代其向议付行、承兑行或付款行偿付，偿付行只有在开证行存有足够的款项并收到开证行的偿付指示时才付款。偿付行偿付后再向开证行索偿。偿付行的费用以及利息损失一般由开证行承担。根据UCP600第13条b、c款规定：开证行在向偿付行发出指示或授权时，不应以索偿行必须向偿付行提供与信用证条款相符的证明为先决条件；如偿付行未能进行偿付时，开证行并不能解除其提供偿付的任何义务。因此偿付行无审单义务，只是代开证行付款，本身没有对受益人必须付款的义务。如事后开证行发现单证不符，只能向索偿行追索而不能向偿付行追索。

四、信用证的业务流程

信用证的业务流程随信用证类型的不同而有所差异，但就其基本流程而言，大体来说要经过申请、开证、通知、交单、议付、索偿、偿付、赎单等环节。由于以信用证方式结算，结算工具（汇票、单据、索偿证明等）与资金流向相反，因此，信用证也属于逆汇。现以最常见的即期跟单议付信用证为例，简要说明其业务流程以及各环节的操作要点。

（一）订立买卖合同

进出口商订立以信用证为结算方式的国际货物买卖合同。同时在合同的支付条款中对信用证的开证时间、开证银行、信用证的种类、金额、到期日和到期地点等做出明确规定。

（二）申请开证

开证申请人，即进口商，应在规定的开证时间内向出口商可接受的本地银行申请开立信用证。

开证申请人应提交内容完整、明确适用的开证申请书，该申请书是开证申请人对开证行的付款指示，也是开证申请人与开证行之间的一种书面契约，规定了开证申请人和开证行的责任和义务。因此开证申请书的内容应与买卖合同条款一致，不能将与信用证无关的内容和合同中过细的条款写入申请书，更不能将模糊的、模棱两可的、可作弹性解释的或有争议的内容写入申请书。

同时申请人须按开证金额的一定比例向开证行支付开证保证金，即押金或其他担保品。收取押金的比例取决于开证人的资信状况和业务实力以及开证银行的习惯做法和有关当局的规定，一般来说对于资信良好或拥有开证银行授信额度的申请人可以免交或少交押金。

（三）开立信用证

开证行接受开证申请人的开证申请后，应严格按照开证申请书的内容拟定信用证条款，向指定的受益人开出信用证，并以信函、电传电报或 SWIFT 等方式通知出口商所在地的分行或代理行 (统称通知行) 转递。

信用证可以通过信开本形式和电开本形式开立。信开本（open by airmail）是指开证行通过采用印就的信函格式开立的信用证，开证后以空邮寄送通知行。目前，通过这种方式开立的信用证已经很少。

电开本（open by cable）是指开证行使用电报、电传、传真、SWIFT 等各种电信方法将信用证条款传达给通知行。电开本信用证可以分为以下三种：

（1）简电本（brief cable），即开证行只是通知已经开证，将信用证主要内容，如信用证号码，受益人名称、地址，开证人名称，金额，货物名称、数量、价格、装运期以及信用证有效期等预先通告通知行，详细条款将另外航寄通知行。值得注意的是，简电本信用证不具有法律效力，不足以作为交单议付的依据。因此开立简电本时一般注明“详情后告”（Full details to follow）等类似词语。

（2）全电本（full cable），即开证行以电信方式开证，把信用证全部条款传达给通知行。全电本信用证是一个内容完整的信用证，可以作为交单议付的依据。有些银行在电文中注明“有效文本”，借以明确该全电本的性质。若未标明“详情后告”或“随寄证实书”等字样，应视为全电本。

（3）SWIFT 信用证。目前国际结算中所使用的信用证，绝大多数是 SWIFT 信用证。所谓 SWIFT 信用证就是依据国际商会所制定的电信信用证格式，利用 SWIFT 网络系统所设计的特殊格式（Format），通过 SWIFT 网络系统传递信用证信息的方式开立的信用证。SWIFT 信用证具有标准化、固定化和统一化的特性，其传统速度快，开证成本较低，被银行和客户广为采用。

（四）通知信用证

UCP600 第 9 条“信用证及其修改的通知”规定：“a. 信用证及其任何修改可以经由通知行通知给受益人。非保兑行的通知行通知信用及修改时不承担承付或议付的责任。b. 通知行通知信用证或修改的行为表示其已确信信用证或修改的表面真实性，而且其通知准确地反映了其收到的信用证或修改的条款。……e. 如一银行被要求通知信用证或修改但其决定不予通知，则应毫不延误地告知自其处收到信用证、修改或通知的银行。f. 如一银行被要求通知信用证或修改但其不能确信信用证、修改或通知的表面真实性，则应毫不延误地通知看似从其处收到指示的银行。如果通知行或第二通知行决定仍然通知信用证或修改，则应告知受益人或第二通知行其不能确信信用证、修改或通知的表面真实性。”

通知行在收到信用证后，应即对信用证进行审核，在核对印鉴或密押无误并将有关信用证的情况记录在案后，及时地将信用证转交受益人。如是信开本信用证，通知行缮制信用证的通知书，说明信用证的真实性，将通知书、正本信用证交给受益人，副本归档；如是电开本信用证，则以信用证通知书的形式转告受益人，留复印件备查。通知行照来电复印，复印本随附面函通知受益人，原本留存。

（五）审证、交单、议付

1. 审证及改证

受益人收到经通知行转来的信用证后，应即根据买卖合同和《跟单信用证统一惯例》进行全面审核。如发现任何与合同或国际惯例（例如 INCOTERMS®2010，UCP600）不符而又不能接受或无法照办的条款和规定，应通知开证人，要求进行必要的修改。如开证人同意修改，则应由开证申请人向原信用证的开证银行提交信用证修改申请书，提出改证申请，在开证行审核同意后向信用证原通知行发出修改通知书，通知行验明修改通知书的表面真实性后，再将其传递给受益人。

2. 交单

受益人审核信用证无误，或经修改收到修改通知书认可后，即可按信用证及其修改书规定装运货物，并备齐各项符合信用证规定的装运单据，开出汇票连同信用证正本（经修改的还需连同修改通知书），在信用证交单期和有效期内，递交议付行办理议付。

3. 议付

UCP600 第 2 条对议付的定义为：“指定银行在相符交单下，在其应获偿付的银行工作日当天或之前向受益人预付或者同意预付款项，从而购买汇票（其付款人为指定银行以外的其他银行）及 / 或单据的行为。”

议付实际是议付行在受益人向议付行提交符合信用证条款单据的前提下，对受益人的垫款，也是银行叙做的一种“出口押汇”业务。议付行按信用证条款审核单据无误后，按照汇票金额扣除利息，把货款垫付给出口商。议付行办理议付后，成为汇票的善意持票人，如遇开证行拒付，有向其前手出票人即受益人进行追索的权利。议付行议付后，通常在信用证正本背面做必要的有关议付事项的记录，俗称“背批”，目的主要是防止超额和重复议付。

（六）寄单索偿

索偿指议付行办理议付后，缮制好寄单面函，根据信用证指示，凭单向开证行或其指定的银行（付款行或偿付行）请求偿付的行为。信用证项下的寄单路线一般有两种情况：

（1）如国外开证行在信用证中授权另一家银行作为信用证的偿付行，则寄单索偿的时候，往往将汇票寄往该偿付行，其余单据寄开证行。

（2）如果信用证规定将全部议付单据寄往开证行，则应根据规定照办，全部单据寄往开证行。

（七）偿付

信用证业务中的偿付指开证行或被指定的付款行或偿付行向议付行进行付款的行为。

开证行接到议付行寄来的单据后，应立即审核单据，并于收到单据的次日起 5 个营业日内通知议付行表示接受或拒绝接受单据。

UCP600 第 13 条规定：如果信用证中没有银行间偿付规则，则①开证行必须给予偿付行有关偿付的授权，授权应符合信用证关于兑用方式的规定，且不应设定截止日。②开证行不应要求索偿行向偿付行提供与信用证条款相符的证明。③如果偿付行未按信用证条款见索即偿，开证行将承担利息损失以及产生的任何其他费用。④偿付行的费用应由开证行承担。⑤如果偿付行未能见索即偿，开证行不能免除偿付责任。

开证行 (或其指定的付款行) 核对单据无误后，付款给议付行。

（八）付款赎单

开证行履行偿付责任后，马上通知开证申请人赎单。开证行的赎单通知称为 AB 单 (accepted bill)。申请人接到开证行的赎单通知后，必须立即到开证行付款赎单，但在赎单前要审查单据，如果发现不符点，也可以提出拒付，但拒付理由一定是单证之间或单单之间不符的问题。实务中，有时尽管存在不符点，但申请人也愿意接受单据，但只要接受单据，就不能是有条件的，而且必须在合理时间内付款。

申请人赎单后就可以安排提货、验货、仓储、运输、索赔等事宜。一笔以信用证为结算方式的交易即告终止。若发现货物与合同不符，不能向开证行提出赔偿要求，只能向出口商索赔，也可以进行仲裁或诉讼。

五、信用证的主要内容

无论何种形式开立的信用证，其基本内容是相同的，主要包括以下几方面：

（1）信用证本身的说明：信用证是否可撤销㊀，是否可转让㊁，是否经另一家银行保兑；信用证的编号、开证日期、到期日及到期地点、交单期限等。

（2）信用证的当事人：开证申请人、开证行、受益人、通知行等；此外，可能记载的当事人有承兑行、指定议付行、付款行、偿付行等。

（3）信用证的金额和汇票：信用证金额的大小写、单价和总值、币别等；以及汇票的种类、出票人、付款人、付款期限、出票条款及出票日期等（如信用证不需汇票则可无此内容）。

（4）货物条款：包括货物的名称、规格、数量、包装、价格等方面的记载和说明。

㊀ 根据 UCP600 第 10 条的规定，信用证默认是不可撤销的。

㊁ 参见 UCP600 第 38 条相关规定。

（5）装运条款：包括运输方式、装运地和目的地、最迟装运期，可否分批装运、可否转运以及如何分批装运、转运的规定等。

（6）单据条款：说明须提交单据的种类、份数、内容要求等。信用证所要求的单据主要可分为三类：①货物单据，以发票为中心，包括装箱单、重量单、产地证、商检证明书等；②运输单据，如提单，这是代表货物所有权的凭证；③保险单据，如保险单等。除上述三类单据外，还有可能提出其他单证，如寄样证明、装船通知电报副本等。

（7）特殊要求与指示：根据具体业务的需要而异。常见的有要求通知行加保兑；限制议付银行，限装某船或不许装某船；不准在某港停靠或不准选取某条航线等。另外还有对银行费用的说明，对议付行寄单方式、议付背批和索偿方式的指示等。

（8）开证行保证付款的责任文句：包括开证行对受益人及汇票持有人保证责任的文句，以及遵守《跟单信用证统一惯例》的文句等。

（9）有权签字人的签名或电传密押：签署和密押应与代理行控制文件一致，以便证实。

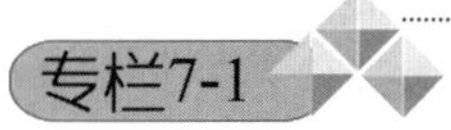

SWIFT[⊖]

SWIFT是"环球同业银行金融电信协会"（Society for Worldwide Interbank Financial Telecommunications）的英文缩写，它是一个国际银行间非营利性的国际合作组织，该组织成立于1973年5月，总部设在比利时的布鲁塞尔，同时在荷兰阿姆斯特丹和美国纽约分别设立交换中心(Swifting Center)，并为各参加国开设集线中心(National Concentration)，为国际金融业务提供快捷、准确、优良的服务。SWIFT运营着世界级的金融电文网络，银行和其他金融机构通过它与同业交换电文（Message）来完成金融交易。除此之外，SWIFT还向金融机构销售软件和服务，其中大部分的用户都在使用SWIFT网络。

SWIFT自投入运行以来，以其高效、可靠、低廉和完善的服务，在促进世界贸易的发展，加速全球范围内的货币流通和国际金融结算，促进国际金融业务的现代化和规范化方面发挥了积极的作用。我国的中国银行于1983年加入SWIFT，是SWIFT组织的第1034家成员行。目前除中国银行外，中国农业银行、中国工商银行、中国建设银行、交通银行、中信实业银行等都已成为环球银行金融通信协会的会员。

在国际贸易结算中，凡依据国际商会所制定的电信信用证格式设计，利用SWIFT网络系统设计的特殊格式，通过SWIFT网络系统传递的信用证的信息，即通过SWIFT开立或通知的信用证称为SWIFT信用证，有时也被称为"环银电协信用证"。采用SWIFT信用证必须遵守SWIFT的规定，也必须使用SWIFT手册规定的代号（Tag)，而且信用证必须遵循国际商会2007年修订的《跟单信用证统一惯例》各项条款的规定。在SWIFT信用证中可省去开证行的承诺条款(Undertaking Clause)，但不因此免除银行所应承担的义务。SWIFT信用证的特点是快速、准确、简明、可靠。

六、信用证的种类

根据信用证的性质、付款期限、流通方式、可否转让等特点，可以分为以下几种。

⊖ 根据百度百科SWIFT整理。

（一）跟单信用证和光票信用证

根据信用证项下的汇票是否附有货运单据，信用证可分为跟单信用证和光票信用证：

（1）**跟单信用证**（documentary credit），是指凭附带货运单据的跟单汇票或仅凭规定的货运单据付款的信用证。国际结算中使用的信用证绝大部分都是跟单信用证。这里的“单据”泛指任何依照信用证规定所提供的、用以记录或证明某一事实的书面文件，通常是譬如运输单据、商业发票、保险单、商检证书、产地证明书、装箱单等单据。汇票则是可有可无，而且出于避免交纳流通票据印花税的考虑，跟单信用证不要求汇票的情况已经相当普遍。

（2）**光票信用证**（clean credit），是指开证行仅凭不附单据的汇票（clear draft）付款的信用证。有的信用证要求汇票附有非货运单据，如发票、垫款清单等，此也属光票信用证。预支信用证和旅行信用证都属于光票信用证。

（二）保兑信用证和不保兑信用证

根据是否有另一银行加以保证兑付，信用证可分为保兑信用证和不保兑信用证：

（1）**保兑信用证**（confirmed letter of credit），是指开证行开出的信用证，由另一银行保证对符合信用证条款规定的单据履行付款义务。对信用证加保兑的银行，称为保兑行（confirming bank）。保兑行通常是通知行，有时也可以是出口地的其他银行或第三国银行。

不可撤销的保兑的信用证，就意味着该信用证不但有开证行不可撤销的付款保证，而且有保兑行以“本人”的身份对受益人独立负责，并对受益人负第一性的付款责任。所以一般说来，这种有双重保证的信用证对出口商的安全收汇是有利的。但是保兑行收取的费用由开证行支付，并最终转嫁到进口商身上，这会影响商品的价格和竞争能力，因此出口商在是否加具保兑的问题上要慎重考虑，如果开证行资信甚佳，进口国国内形势良好，则可不加保兑。

（2）**不保兑信用证**（unconfirmed letter of credit），是指开证银行开出的信用证没有经另一家银行保兑，只有开证行一家的确定付款承诺。当开证银行资信良好和成交金额不大时，一般都使用这种不保兑的信用证。

（三）即期付款信用证、延期付款信用证、承兑信用证和议付信用证

根据兑付方式的不同，信用证可分为即期付款信用证、延期付款信用证、承兑信用证和议付信用证。UCP600 第 6 条 b 款规定：“信用证必须规定其是以即期付款、延期付款、承兑还是议付的方式兑用。”

1. 即期付款信用证

即期付款信用证（sight payment credit）是指开证行、保兑行或指定的付款行在收到符合信用证条款的汇票和 / 或装运单据后，立即履行付款义务的信用证。即期付款信用证的付款行付款后无追索权，有时由通知行兼任。即期信用证有凭汇票付款信用证，如信用证中规定：“This credit is available with A Bank（Issuing bank）or B Bank（Nominated bank）, by sight payment against presentation of beneficiary's drafts at sight drawn on A Bank or B Bank and of the documents detailed herein.”也有凭单据或收据付款信用证，如信用证中规定：“This credit is available with us（Issuing bank）by sight payment against presentation of documents detailed herein.”如规定需用汇票，以指定银行为汇票付款商。这种信用证的特点是出口商收汇迅速安全，有利于资金周转。

在即期信用证中，有时还加列电汇索偿条款（T/T reimbursement clause），这是指开证行允许

议付行用电报或电传通知开证行或指定付款行，说明各种单据与信用证要求相符，开证行或指定付款行接到电报或电传通知后，有义务立即用电汇将货款拨交议付行。

2. 延期付款信用证

延期付款信用证（deferred payment credit）是指仅凭受益人提交的单据，经审核单证相符确定银行承担延期付款责任起，延长一段时间及至付款到期日付款的信用证。延期付款信用证的付款期限一般有如下两种规定：

（1）运输单据开出后若干天付款（Available at ××× days after the date of issuance of the transport documents）。

（2）交单日后若干天付款（Available at ××× days after presentation of the documents）。延期付款信用证不要求受益人出具汇票，因而不能利用贴现市场的资金，只能自行垫款或向银行借款。UCP600 第 7 条 a.iii 款、第 8 条 a.i.c 款规定：如信用证规定为延期付款，开证行和保兑行（如有保兑）应按信用证规定所能确定的到期日付款。所以受益人交单后，只能等到付款到期日才能取得付款。但一旦发生如开证行破产、进口国实行外汇管制等意外，则受益人无法正常收汇。而此时，受益人自己不掌握单据，很可能遭受钱货两空的损失或者是延迟收汇。因此在出口业务中，若使用这种信用证，货价应比银行承兑远期信用证高一些，以拉平利息率与贴现率之间的差额。

3. 承兑信用证

承兑信用证（acceptance credit）是指开证行或付款行在收到符合信用证条款的单据及远期汇票时先予以承兑，待汇票到期日再行付款的信用证。所以承兑信用证是要求出具汇票的远期信用证，一般规定“Credit available with ××× bank by acceptance”。受益人取得银行承兑汇票后可在当地贴现市场办理贴现收回货款，也可持有承兑汇票等待到期收款。这种信用证项下的汇票，在承兑前，付款行对受益人的权利义务以信用证为准；在承兑后，付款行作为汇票的承兑人，应按票据法规定，对出票人、背书人、持票人承担到期付款责任。根据贴现费用支付方不同，银行承兑信用证又可分为远期信用证（seller’s usance L/C）和买方远期信用证（buyer’s usance L/C）。

买方远期信用证又称假远期信用证（usance credit payable at sight）。它是指受益人开立远期汇票，由付款行负责贴现，并规定一切利息和费用由进口人负担。这种信用证，表面上看是远期信用证。但从上述条款规定来看，出口人却可即期收到十足的货款。因此，这种信用证对出口人而言，实际上仍属即期收款，但对进口人来说，则待远期汇票到期时才付款给付款行。假远期信用证一方面能满足受益人即期收汇的要求，另一方面能适应进口商即期交易远期付款的愿望。

4. 议付信用证

议付信用证（negotiation credit）是指开证行在信用证中邀请其他银行买入受益人在信用证项下交来的汇票及 / 或单据的信用证。

议付信用证项下的汇票的出票人是受益人，收款人也是受益人自己，再由他背书转让给议付行，或者收款人即为议付行。付款人多是开证行，也可以是议付行以外的其他银行，但不得以申请人为付款人。㊀议付信用证按是否限定议付行，又可分为限制议付信用证和自由议付信用

㊀ 如信用证仍以申请人作为付款人，银行将视此汇票为附加单据（additional document），意味着申请人为付款人的汇票将被解释为被开证行使用的融通汇票，仅作为跟单信用证以外的、开证行与申请人之间的融通单据。银行只要根据基础信用证来审核这种附加单据即可。

证两种。

（1）限制议付信用证（restricted negotiation credit）。开证行预先指定出口地的一家或几家银行承办议付买单业务，受益人应向指定银行提示单据。这种信用证一般注明“Negotiation restricted to ××× bank”。

（2）自由议付信用证（freely negotiation credit），又称公开议付信用证。开证行授权出口地的任意银行议付买单，受益人可以随意选择。此类信用证一般注明“Available with any bank by negotiation”。

另需注意的是，议付信用证项下，议付行凭单向受益人付款，如果不是因为议付行的直接过错而使得信用证无法得到开证行的正当偿付，议付行有向受益人追索的权利。但如果由保兑行议付，则无追索权。

（四）可转让信用证和不可转让信用证

根据受益人对信用证的权利可否转让，分为可转让信用证和不可转让信用证：

1. 可转让信用证

UCP600 第 38 条规定：“可转让信用证系指特别注明‘可转让’（transferable）字样的信用证。可转让信用证可应受益人（第一受益人）的要求转为全部或部分由另一受益人（第二受益人）兑用。”

该条还规定：只有开证行在信用证中明确注明“可转让”信用证方可转让。

可转让信用证（transferable credit）只能转让一次，即只能由第一受益人转让给第二受益人。第二受益人不得要求将信用证转让给其后的第三受益人，但是，再转让给第一受益人，不属被禁止转让的范畴。如果信用证不禁止分批装运，在总和不超过信用证金额的前提下，可分别按若干部分办理转让，该项转让的总和，将被认为构成信用证的一次转让。

信用证只能按原证规定条款转让，但信用证金额、商品的单价、到期日、交单日及最迟装运日期可以减少、提前或缩短，保险加保比例可以增加到原信用证要求保足的金额。信用证申请人可以变动。

在实际业务中，要求开立转让信用证的第一受益人，通常是中间商。为了赚取差额利润，中间商可将信用证转让给实际供货商，由供货商办理装运手续。但信用证的转让并不等于买卖合同的转让，倘若信用证的第二受益人不能按时发货或提交的单据有不符点，第一受益人 (即买卖合同的出口商) 仍要承担买卖合同中规定的卖方责任。

2. 不可转让信用证

不可转让信用证（non-transferable credit）是指受益人无权将信用证的转让给他人使用的信用证。凡信用证中未注明“可转让”字样的信用证，就是不可转让信用证，只限于受益人本人使用。

（五）循环信用证

循环信用证（revolving credit），是指信用证被全部或部分使用后，其金额又恢复到原金额并被再次使用，直至达到该证规定的次数或累计总金额用完为止的信用证。

循环信用证与一般信用证的不同之处就在于：一般信用证在使用后即告失效；而循环信用证则可多次循环使用。这种信用证通常适用于货物大宗单一，可定期均衡供应、分批支款的长期合同。因此，其优点在于进口商可以不必多次开证从而节省开证费用，减少押金占用，有利于资金周转；同时也可简化出口商的审证、改证等手续，有利于合同的履行。

（六）对开信用证

对开信用证（reciprocal credit），是指两张信用证的开证申请人互以对方为受益人而开立的信用证。对开信用证的特点是第一张信用证的受益人（出口人）和开证申请人（进口人）就是第二张信用证的开证申请人和受益人，第一张信用证的通知行通常就是第二张信用证的开证行。两张信用证的金额相等或大体相等，两证可同时互开，也可先后开立。对开信用证多用于易货交易或来料加工和补偿贸易业务等。

（七）背对背信用证

背对背信用证（back to back credit），是指受益人要求原证的通知行或其他银行以原证为基础，另开一张内容相似的新信用证。背对背信用证的受益人可以是国外的，也可以是国内的。背对背信用证的开证银行只能根据不可撤销信用证来开立。背对背信用证的开立通常是基于中间商转售货物的需要，使进口商与实际供货人相互隔离，这样中间商可以保守住商业秘密。或者两国不能直接办理进出口贸易的情况下，通过第三者以开立背对背信用证的方法来沟通开展贸易。

（八）预支信用证

预支信用证（anticipatory credit）是指开证行授权代付行 (通常是通知行) 向受益人预付信用证金额的全部或部分，由开证行保证偿还并负担利息。预支信用证与远期信用证相反，它是开证人付款在先，受益人交单在后。预支信用证可分全部预支或部分预支。预支信用证凭出口人的光票付款，也有要求出口人附一份负责补交信用证规定单据的声明书的。如出口人以后不交单，开证行和代付行并不承担责任。当货运单据交到后，代付行在付给剩余货款时，将扣除预支货款的利息。为引人注目，这种预支货款的条款，常用红字打成，故习称“红条款信用证”（red clause L/C）。

七、国际商会《跟单信用证统一惯例》

随着国际贸易的发展，信用证方式成为国际贸易中通常使用的一种结算方式。但是，由于对跟单信用证有关当事人的权利、责任、信用证所用条款和术语的定义等在国际上缺乏统一的解释和公认的准则，各国银行根据各自的习惯和利益自行其是，因此，信用证各有关当事人之间的争议和纠纷经常发生，甚至引致司法诉讼。国际商会为了减少因解释不同或操作不同而引起的争端，调和各有关当事人之间的矛盾，于 1930 年拟订了《商业跟单信用证统一规则》（Uniform Regulations for Commercial Documentary Credits），并组织专门小组进行修改，于 1933 年作为国际商会的第 82 号出版物正式公布，定名为《商业跟单信用证统一惯例》（Uniform Customs and practice for Commercial Documentary Credits），建议各国银行采用。其后，随着国际贸易、运输工具和运输方式以及保险的不断发展与变化，国际商会分别于 1951 年、1962 年、1974 年、1983 年和 1993 年对该惯例进行了修订，改称为《跟单信用证统一惯例》（Uniform Customs and Practice for Documentary credit，UCP）。1994 年 1 月 1 日开始实行的《跟单信用证统一惯例》称为《国际商会第 500 号出版物》（UCP500）。

UCP500 实施 13 年后，2003 年 5 月国际商会授权 ICC 银行技术和实务委员会（银行委员会）开始对 UCP500 进行修改，在广泛征求各国各有关方面的意见下，修改稿几易其稿，最终于 2006

年11月颁布了国际商会第600号出版物，《跟单信用证统一惯例》（2007年修订本），并于2007年7月1日起实施。

国际商会的《跟单信用证统一惯例》虽然不是一个国际性的法律规则，但它作为一种国际惯例，已为世界上绝大多数国家和地区的银行和银行公会普遍采用，成为国际上处理信用证业务的惯例。开证行如采用该惯例，就可在信用证中加注："除另有规定外，本证根据国际商会《跟单信用证统一惯例》（2007年修订）即国际商会600号出版物办理。"

专栏7-2 《跟单信用证统一惯例》（UCP600）㊀

《跟单信用证统一惯例》共39条，第1～5条为UCP的适用范围，定义，解释，信用证与合同，单据与货物、服务或履约行为；第6～13条为兑用方式、截止日和交单地点，开证行责任，保兑行责任，信用证及其修改的通知，修改电信传输和预先通知的信用证和修改指定银行之间的偿付安排；第14～16条为单据审核标准，相符交单，不符单据的放弃及通知；第17～28条为正本单据及副本，商业发票，涵盖至少两种不同运输方式的运输单据，提单，不可转让的海运单，租船合同提单，空运单据，公路、铁路或内陆水运单据，快递收据、邮政收据或投邮证明，"货装舱面""托运人装载和计数""内容据托运人报称"及运费之外的费用，清洁运输单据，保险单据及保险范围；第29～32条为截止日或最迟交单日的顺延，信用证金额、数量与单价的伸缩度，部分支款或部分发运，分期支款或分期发运；第33～37条为交单时间，关于单据有效性的免责，关于信息传递和翻译的免责，不可抗力，关于被指示方行为的免责；第38条是可转让信用证；第39条是款项让渡。

此外，国际商会把《〈跟单信用证统一惯例〉电子交单补充规则》（UCP Supplement to UCP500 for Electronic Presentation，国际商会eUCP1.0版）修改为《跟单信用证电子交单统一惯例》（the Uniform Customs and Practice for Documentary Credits for Electronic Presentation，eUCP1.1）作为UCP600的补充规则。eUCP共有12个条款。UCP600很多条款不对电子交单产生影响，要与eUCP一起使用。在以电子交单或电子和纸质单据混合方式提交单据时，要同时使用eUCP和UCP600两个规则。

第四节 其他国际货款结算方式

一、银行保函

（一）银行保函的含义与作用

银行保函（banker's letter of guarantee，L/G）或**银行保证书**，是指商业银行根据申请人的要求向受益人开出的担保申请人正常履行合同义务的书面证明。它是银行有条件承担一定经济责任的契约文件。当申请人未能履行其所承诺的义务时，银行负有向受益人赔偿经济损失的责任。

银行保函用银行信用代替或补充商业信用，故信用性更好，灵活性更强，因此被广泛应用于国际结算的众多领域中，诸如贸易支付、工程承包、租金支付、资金借贷等。从本质上来说，保

㊀ 资料来源：中国商务部网站。

函有两大基本作用：第一，保证合同价款的支付；第二，发生合同违约时，对受害方进行补偿并对违约责任人进行惩罚。依据保函的这两项基本职能，人们既可以用它来充当各种商务支付的手段，以解决交易中合同价款及费用的支付问题，又可以利用它来作为对履约责任人必须按期履行其合同义务的制约手段和对违约受害方的补偿保证工具。

（二）银行保函的种类

1．直接保函和间接保函

根据有无反担保，银行保函可分为直接保函（direct guarantee）和间接保函（indirect guarantee）。前者指没有反担保的保函；后者指有反担保的保函。

2．独立性保函和从属性保函

根据其与贸易合同的关系，银行保函可分为独立性保函（independent guarantee）和从属性保函（accessory guarantee）。前者指该保函是独立于贸易合同之外的，担保行承担第一性赔偿责任的见索即付银行保函；后者指该保函是依附于贸易合同的、担保行承担从属性赔偿责任的非见索即付银行保函。

3．有条件保函和无条件保函

根据保函索赔条件的不同，银行保函可分为有条件保函（conditional guarantee）和无条件保函（unconditional guarantee）。前者指受益人向担保行索赔时需提供由受益人之外的他人所出具的单据及其他附加条件的银行独立性保函或从属性保函；后者指受益人向担保行索赔时无须提供由受益人以外的他人所出具的单据，也没有其他任何附加条件的银行独立性保函。

4．结算保函和信用保函

根据保函不同的基本功能，银行保函可分为结算保函（settlement guarantee）和信用保函（credit guarantee）。前者指担保行承担第一性付款责任的，作为交易结算工具的银行独立性保函；后者指担保行承担从属性或第一性支付或赔偿责任的，作为支付担保或履约担保工具的备用性的银行从属性保函或独立性保函。

二、备用信用证

（一）备用信用证的含义

备用信用证（standby letter of credit）又称**担保信用证**（guarantee L/C），是指开证行根据开证申请人的请求，对受益人开立的承诺某项义务的凭证。即开证行保证申请人未能履行其应履行的义务时，受益人只要凭备用信用证的规定向开证行开具汇票(或不开汇票)，并随附开证申请人未履行义务的声明或证明文件，即可得到开证行的偿付。备用信用证作为一种付款承诺，虽然形式上是第一性的，但意图上却只是在委托人违反基础合同的情况下使用，具有备用之意。备用信用证实质上是一种银行保函。

（二）备用信用证的种类

按照用途的不同，备用信用证可以分为以下几种类型：

（1）履约保证备用信用证（performance standby L/C）。若开证申请人违约，开证行将根据受益人提交的必要单据（如违约声明等）偿付相应金额。

（2）预付款保证备用信用证（advanced payment standby L/C）用于担保申请人对受益人的预付款所应承担的义务和责任。这种备用信用证通常用于国际工程承包项目中业主向承包人支付的合同总价 10% ～ 25% 的工程预付款，以及进出口贸易中进口商向出口商支付的预付款。

（3）反担保备用信用证（counter standby L/C），又称对开备用信用证，它支持反担保备用信用证受益人所开立的另外的备用信用证或其他承诺。

（4）融资保证备用信用证（financial standby L/C）用于保证偿还对外借款的义务，广泛用于国际信贷融资安排。如外商投资企业用以抵押人民币贷款的备用信用证就属于融资保证备用信用证。

（5）投标备用信用证（tender bond standby L/C）用于担保开证申请人中标后执行合同义务和责任，若投标人未能履行合同，开证行必须按备用信用证的规定向受益人履行赔款义务。投标备用信用证的金额一般为投标报价的 1% ～ 5%（具体比例视招标文件规定而定）。

（6）直接付款备用信用证（direct payment standby L/C）用于担保到期付款，尤指到期没有任何违约时支付本金和利息。其已经突破了备用信用证备而不用的传统担保性质，主要用于担保企业发行债券或订立债务契约时的到期支付本息义务。

（7）保险备用信用证（insurance standby L/C）用于保证申请人的保险或再保险义务。

（8）商业备用信用证 (commercial standby L/C) 是开证行应申请人要求，对受益人开立的承诺特定义务的凭证。

三、国际保理

（一）国际保理的含义

国际保理（international factoring）全称国际保付代理业务，又称承购应收账款，是指在以商业信用出口货物时（如以承兑交单作为付款方式），出口商交货后把应收账款的发票和装运单据转让给保理商（factor），即可取得应收取的大部分货款，日后一旦发生进口商不付或逾期付款，则由保理商承担付款责任。在国际保理业务中，保理商承担第一付款责任。国际保理服务的项目主要有：销售分户账管理（maintenance of the sales ledger）、债款回收（collection from debtors）、信用销售控制（credit control）、坏账担保（full protection against bad debts）和贸易融资（trade financing）等。

（二）国际保理的种类

由于各个国家和地区的商业交易习惯及法律、法规的不同，各国办理国际保理业务的内容以及做法也有不同。根据不同的划分标准，保理业务可进行以下分类。

1．融资保理和到期保理

根据保理商对出口商提供预付融资与否，可以将国际保理分为融资保理（financial factoring）和到期保理（maturity factoring）。

融资保理又称预支保理，是一种预支应收账款业务。当出口商将代表应收账款的票据交给保理商时，保理商立即以预付款方式向出口商提供不超过应收账款 80% 的融资，剩余 20% 的应收账款待保理商向债务人(进口商)收取全部货款后，再行清算。这是比较典型的保理方式。到期保理是指保理商在收到出口商提交的、代表应收账款的销售发票等单据时并不向出口商提供融资，而是在单据到期后，向出口商支付货款。

2. 公开型保理和隐蔽型保理

根据保理商公开与否，可以将国际保理分为公开型保理（disclosed factoring）和隐蔽型保理（undisclosed factoring）。公开型保理是指出口商必须以书面形式将保理商的参与通知进口商，并指示他们将货款直接付给保理商。目前的国际保理业务多是公开型的。隐蔽型保理是指保理商的参与是对外保密的，进口商并不知晓，货款仍由进口商直接付给出口商。这种保理方式往往是出口商为了避免让他人得知自己因流动资金不足而转让应收账款，并不将保理商的参与通知给买方，货款到期时仍由出口商出面催收，再向保理商偿还预付款。至于融资与有关费用的清算，则在保理商与出口商之间直接进行。

3. 无追索权保理和有追索权保理

根据保理商是否保留追索权，可以将国际保理分为无追索权保理（non-recourse factoring）和有追索权保理（recourse factoring）。在无追索权保理中，保理商根据出口商提供的名单进行资信调查，并为每个客户核对相应的信用额度，在已核定的信用额度内为出口商提供坏账担保。出口商在有关信用额度内的销售，因为已得到保理商的核准，所以保理商对这部分应收账款的收购没有追索权。由于债务人资信问题所造成的呆账、坏账损失均由保理商承担。国际保理业务大多是这类无追索权保理。有追索权保理中，保理商不负责审核买方资信，不确定信用额度，不提供坏账担保，只提供包括贸易融资在内的其他服务。如果因债务人清偿能力不足而形成呆账、坏账，保理商有权向出口商追索。

4. 单保理和双保理

根据运作机制是否涉及进出口两地的保理商，可以将国际保理分为单保理（single-factor system）和双保理（two-factor system）。单保理是指仅涉及一方保理商的保理方式。如在直接进口保理方式中，出口商与进口保理商进行业务往来。涉及买卖双方保理商的保理方式则叫做双保理。国际保理业务中一般采用双保理方式，即出口商委托本国出口保理商，本国出口保理商再从进口国的保理商中选择进口保理商，进出口国两个保理商之间签订代理协议，整个业务过程中，进出口双方只需与各自的保理商进行往来。

（三）国际保理业务适用的范围

国际贸易中在下列情况下，可考虑选择国际保理业务：

（1）出口商对国外客户或者新客户的信誉及经营情况不够了解，而对方又不愿采用信用证的结算方式时；

（2）出口商为了扩大市场，同意对进口商采用赊账交易或者托收等方式，但是又不愿承担汇率风险且有融资需要时；

（3）出口商由于其自身经营商品的特点，如每次发货数量少但批次较多，为力求减少中间环节以适应市场变化的需要时。

（四）国际保理业务流程

国际贸易中，最常见的是双保理方式，欧洲各国一般都采用双保理方式。单保理具体做法与双保理基本相同，不同的是，双保理多了一个出口保理商，进口保理商直接与出口保理商交易。在此以双保理为例介绍其流程，如图 7-11 所示。

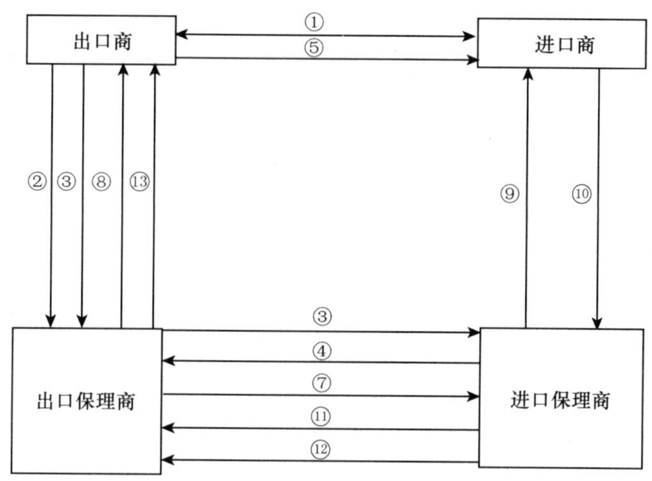

图 7-11 国际双保理业务流程

① 出口商寻找有合作前途的进口商。

② 出口商向出口保理商提出叙做保理的需求并要求为进口商核准信用额度。

③ 出口保理商要求进口保理商对进口商进行信用评估。

④ 如进口商信用良好，进口保理商将为其核准信用额度。

⑤ 如果进口商同意购买出口商的商品或服务，出口商开始供货，并将附有转让条款的发票寄送进口商。

⑥ 出口商将发票副本交出口保理商。

⑦ 出口保理商通知进口保理商有关发票详情。

⑧ 如出口商有融资需求，出口保理商付给出口商不超过发票金额的 80% 的融资款。

⑨ 进口保理商于发票到期日前若干天开始向进口商催收。

⑩ 进口商于发票到期日向进口保理商付款。

⑪ 进口保理商将款项付出口保理商。

⑫ 如果进口商在发票到期日 90 天后仍未付款，进口保理商做担保付款。

⑬ 出口保理商扣除融资本息（如有），将余款转入出口商的银行账户。

国际保理：外贸融资的一个重要手段[⊖]

【案例介绍】

经营日用纺织品的英国 Tex UK 公司主要从我国、土耳其、葡萄牙、西班牙和埃及进口有关商品。几年前，当该公司首次从我国进口商品时，采用的是信用证结算方式。最初采用这种结算方式对初次合作的公司是有利的，但随着进口量的增长，他们越来越感到这种方式的烦琐与不灵活，而且必须向开证行提供足够的抵押。为了继续保持业务增长，该公司开始谋求至少 60 天的赊销付款方式。虽然他们与我国出口商已建立了良好的合作关系，但是考虑到这种方式下的收汇

⊖ http://nc.mofcom.gov.cn/articlepx/px/dnkt/200801/3513064_1.html。

风险过大，因此我国供货商没有同意这一条件。在这种情况下，Tex UK 公司可以采取哪种结算方式，满足进出口双方的需求？

【案例分析】

Tex UK 公司可以通过保理商寻求解决方案。事实上，该国的进口保理商为 Tex UK 公司核定了一定的信用额度，并通过中国银行通知了我国出口商。通过双保理制，进口商得到了赊销的优惠付款条件，而出口商也得到了 100% 的风险保障以及发票金额 80% 的贸易融资。随后，Tex UK 公司将保理业务推广到了 5 家中国的供货商以及土耳其的出口商。双保理业务为进口商提供了极好的无担保延期付款条件，使其拥有了额外的银行工具，帮助其扩大了从中国的进口量，而中国的供货商对此也十分欢迎。

虽然出口商会将保理费用加入到进口货价中，但对进口商而言，国际保理业务也有它的好处。当进口商下订单时，交货价格就已确定，他们不须负担信用证手续费等其他附加费用。而对于出口商十分关心的保理业务中的合同纠纷问题，相对而言，虽然理论上说信用证方式可以保护出口商的利益，但实务中由于很难做到完全的单证一致、单单一致，因此出口商的收汇安全也受到挑战。以 Tex UK 公司为例，该公司与中国供货商合作的五年时间里仅有两笔交易出现一些货物质量方面的争议，但问题都很快得到解决，且结果令双方满意。

四、福费廷

（一）福费廷的含义

福费廷（forfaiting）又称**包买票据**，是一种改善出口商现金流和财务报表的无追索权融资方式。通常是包买商（forfaiter，一般为商业银行或其他金融企业）从出口商那里无追索地购买已经承兑的，并通常由进口商所在地银行担保的远期汇票或本票或其他应收账款债权凭证的金融交易。

办理包买票据业务后，出口商放弃对所出售债权凭证的一切权益，将收取债款的权利、风险和责任转嫁给包买商，而银行作为包买商也必须放弃对出口商的追索权；出口商在背书转让债权凭证的票据时均加注“无追索权”（without recourse）字样，从而将收取债款的权利、风险和责任转嫁给包买商。

（二）福费廷的特点

（1）一般以国际间正常贸易为背景，不涉及军事产品；

（2）无追索权，即出口商必须放弃对所出售债权凭证的一切权益，贴现银行也必须放弃对出口商的追索权；

（3）期限一般在 1 ～ 5 年，属于中期融资业务。但近年来国际上发展出最短的包买票据业务为 180 天（6 个月），最长的可至 10 年；

（4）属批发性融资业务，适合于 100 万美元以上的大中型出口合同；

（5）出口商必须对资本货物的数量、质量、装运、交货期担负全部责任；

（6）较多地使用美元、德国马克及瑞士法郎作为结算和融资货币。

（三）福费廷的当事人

1．包买商

包买商多为出口所在国的银行及有中长期信贷能力的大金融公司，当包买商与出口商达成包买票据业务的协议，并购入出口商转让的票据后，其既成为该项延期付款交易的信贷机构，又承担了向进口商分期收回货款以及利率、汇率变动的风险。

2. 出口商

出口商为资本交易中的供货方。当出口方以延期付款的方式与进口商达成交易而需要资金支持时，可向包买商申请包买票据融资。当出口商将表明交易金额的若干张票据全部转售包买商并向其支付贴息后，即可取得贴现净值，提前收回货款。

3. 进口商

进口商为资本交易中的出口方。当进口商在包买商的资助下以延期付款方式购入货物后，在作为正当持票人的包买商向其提出付款要求时，应无条件地履行其在票据上的债务责任，按期归还贷款。

4. 担保人

担保人虽然不是包买票据中的直接当事人，但是担保人及其担保对包买业务有着至关重要的影响。包买商为转移及规避风险，只购入经担保人担保的票据。若进口商不能按期偿还贷款，担保人有责任代其偿还。担保人多为进口地银行，在履行付款责任后，担保人有权向进口商索偿，但追索能否成功，取决于进口商的资信情况，故担保人承担着追索不成功的风险。

（四）福费廷业务的操作程序

（1）进出口商签订进出口合同与福费廷合同，同时进口商申请银行担保。

（2）出口商发货，并将单据和汇票寄给进口商。

（3）进口商将自己承兑的汇票或开立的本票交给银行要求担保。银行同意担保后，担保函和承兑后的汇票或本票由担保行寄给出口商。

（4）出口商将全套出口单据（物权凭证）交给包买商，并提供进出口合同、营业执照、近期财务报表等材料。

（5）收到开证行有效承兑后，包买商扣除利息及相关费用后贴现票据，无追索权地将款项支付给出口商。

（6）包买商将包买票据经过担保行同意向进口商提示付款。

（7）进口商付款给担保行，担保行扣除费用后把剩余货款交给包买商。

第五节 结算方式的选择与运用

在订立合同中的支付条款时，正确选用货款的结算方式非常重要，往往是买卖双方反复磋商的重点问题。在选择结算方式时，一般要对各种因素进行全面考虑，如对方资信状况与经营作风的好坏、货物本身是否畅销、市场竞争是否激烈、交易金额是否较大等，并在此基础上确定采用一种对交易双方都比较安全的结算方式。但为了吸引客户，促成交易，有时也需要采用对对方较为有利、对自己风险较大的结算方式。

一、汇付、托收和信用证结算方式的比较

汇付、托收和信用证结算方式的比较如表 7-1 所示。

表 7-1 汇付、托收和信用证三种结算方式的比较

比较 \ 方式	汇付		托收	信用证
	预付货款	货到付款		
对卖方交单的约束或对买方付款的约束	不能约束交单	不能约束付款	D/P（付款交单）以交单约束付款	以相符单据约束银行或买方付款
对卖方是否有利	最有利	收款无保证	收款缺乏保证	收款有保证
对买方是否有利	收货无保证	最有利	有利	交单有保证
手续	简单	简单	稍多	多
费用	很少	很少	稍多	多
资金负担	不平衡	不平衡	不平衡	平衡
银行风险	没有	没有	没有	有风险

二、选择结算方式时应考虑的因素

（一）买卖双方的合作关系

买卖双方通过业务不断交往，对交易伙伴的资信情况和市场行情有了更多的了解。刚刚建立业务关系的时候，可以采用比较保守且安全的结算方式，如信用证结算方式，随着双方业务的逐步深入，了解也更多，可逐步采取更为宽松的、手续简便且费用较少的结算方式，如托收和汇付。

（二）产品的特点

买卖双方在选择结算方式时，应根据产品的市场销路情况，灵活选用结算方式。若商品是畅销货或适销对路的货物，出口方可以要求对自己有利，特别是资金占用方面对自己有利的结算方式，如信用证、预付货款等。若商品是滞销货或市场竞争激烈的商品，进口方可以要求对自己有利，特别是资金占用方面对自己有利的结算方式，如托收、货到付款等。

（三）贸易术语

国际货物贸易合同中采用不同的贸易术语，它所表明的交货方式与适用的运输方式是不同的。而在实际业务中，也不是每一种交货方式和运输方式都能适用于任何一种结算方式。例如，在使用 CIF、CFR 等属于象征性交货方式术语的交易中，卖方交货与买方收货不同时发生，转移货物所有权是以单据为媒介，就可选择跟单信用证方式；在买方信用较好时，也可采用跟单托收方式收取货款。但在使用 EXW、DAP 等属于实际交货方式术语的交易中，由于是卖方或通过承运人向买方直接交货，卖方无法通过单据控制物权，因此一般不能使用托收。因为如果通过银行向进口方收款，其实质是货到付款，即属赊销交易性质，卖方承担的风险极大。即使是以 FOB、FCA 条件达成的买卖合同，虽然在实际业务中也可凭运输单据，如凭提单和多式联合运输单据交货付款，但这种合同的运输由买方安排，由卖方将货物装上买方指定的运输工具，或交给买方指定的承运人，卖方或接受委托的银行很难控制货物，所以也不宜采用托收或信用证方式，若不得已采取这两种术语成交，卖方应在当地投保卖方利益险。

（四）运输方式

由于有些运输单据是物权凭证，有些运输单据并非物权凭证，因此不同的运输方式需选择不同的结算方式。例如，货物通过海上运输，出口人装运货物后得到的运输单据为海运提单，而提单是货物所有权凭证，是凭以在目的港向船公司或承运人提取货物的凭证，所以，在交付给进口人前，出口人尚能控制货物，故可适用于信用证和托收方式结算货款。如若货物通过航空、铁路或邮政运输时，出口人装运货物后得到的运输单据为航空运单、铁路运单或邮包收据，这些都不是货物所有权凭证，买方可以凭承运人到货通知等提货，因此，在这些情况下都不适宜做托收或信用证，最好采用预付货款方式。

三、结算方式的结合使用

在国际贸易业务中，一笔交易的货款结算，通常只使用一种结算方式，也可以根据需要，譬如不同的交易商品，不同的交易对象，不同的交易做法，将两种以上的结算方式结合使用，从而或有利于促进交易，或有利于安全及时收汇，或有利于妥善处理付汇。常见的不同结算方式结合的形式有：信用证与汇付相结合、信用证与托收相结合、汇付与银行保函或信用证结合。

（一）信用证与汇付相结合

这种方式是指部分货款采用信用证支付，余额采用汇付方式结算。例如，对于矿砂、煤炭等初级产品的交易，买卖合同规定进口商凭装运单据先以信用证付发票金额的 90%，其余的 10% 待货物运抵目的港后，根据检验的结果，按实际品质或重量计算出确切的金额，再用汇付方式支付。又如，对于特定商品或特定交易需进口商预付定金的，也有规定预付定金部分以汇付方式支付，余额货款以信用证支付。

（二）信用证与托收相结合

这种方式是部分货款用信用证支付，余额用托收方式结算。采用这种做法时，发票和其他单据并不分开，仍按全部货款金额填制。信用证规定出口商开立两张汇票，属于信用证部分的货款凭光票付款，而全套货物单据附在托收部分的汇票项下，按即期或远期付款交单方式托收。这种做法既减少了进口商的开证费用，又使出口商的收汇有一定的安全保障，故受到进出口双方的欢迎。为保证出口商的收汇安全，可在信用证上订明信用证的种类和支付金额以及托收方式的种类，并订明“在全部付清发票金额后才可交单”的条款。

（三）托收与汇付相结合

托收与汇付相结合一般是指在跟单托收方式下，出口商要求进口商以汇付方式支付一定的押金或预付款。在货物出运后，出口商可从货款中扣除已预付的款项，余款通过银行托收。如托收金额被拒付，出口商可以押金或预付款来抵偿自己的损失。

（四）汇付、托收、信用证与银行保函相结合

在成套设备、大型机械产品和大型交通工具的交易中，因为成交金额较大，产品生产周期较长，可以按工程进度和交货进度分若干期付清货款。比如要求买方以汇付方式预付部分货款或定金，其余大部分货款则由买方按信用证规定或加开保函分期付款或延期付款。此时，可以将汇

付、托收、信用证、保函等结算方式结合起来使用。究竟选择哪一种结合形式，在对外贸易实践中，可酌情而定。

本章小结

国际货款结算，即货款的收付，远比国内货款结算复杂，这不仅是因为使用的货币不同和做法上的差异，而且还由于其涉及不同国家的法律、国际惯例和银行习惯等。国际货款结算中的主要结算工具是票据，国际贸易结算中使用的票据包括汇票、本票和支票，以汇票为主。结算的基本方式有汇付、托收和信用证三种。其中汇付和托收属于商业信用，对买卖合同的当事人有一定的风险。托收有光票托收和跟单托收两种，跟单托收又分为付款交单和承兑交单。信用证方式涉及六个基本当事人，不同种类的信用证，其条款、内容和收付程序都有所不同，但基本项目和基本环节大致相同。信用证业务中银行承担第一性的付款责任，银行以自己的信用代替商业信用，缓解了买卖双方的资金融通。随着国际贸易的发展，逐渐形成了当今世界在国际货物买卖中货款结算方式的多样化。不同的结算方式要求在国际货物买卖合同中订立不同的支付条款。在外贸实践中，外贸企业除应考虑资金周转和费用成本因素外，还要及时掌握国际金融市场的动态，客户的资信及经营作风，恰当选择结算工具，灵活运用各种结算方式，保证用汇安全。

关键词

汇票 bill of exchange
本票 promissory note
支票 cheque
出票 issue
背书 endorsement
承兑 acceptance
提示 presentation
拒付 dishonor
追索 recourse
跟单汇票 documentary bill
即期汇票 sight draft, demand draft
远期汇票 time bill, usance bill
汇付 remittance
汇款人 remitter
收款人 payee
汇出行 remitting bank
汇入行 receiving bank
信汇 mail transfer, M/T
电汇 telegraphic transfer, T/T
票汇 remittance by banker's demand draft, D/D
预付货款 payment in advance
货到付款 payment after arrival of goods
跟单托收 documentary collection
委托人 principal
托收行 remitting bank
代收行 collecting bank
付款人 payer
即期付款交单 D/P at sight
远期付款交单 D/P after sight
承兑交单 documents against acceptance, D/A
信用证 letter of credit
开证申请人 applicant
受益人 beneficiary
开证行 issuing bank
通知行 advising bank
议付行 negotiating bank
跟单信用证 documentary credit
保兑信用证 confirmed letter of credit
即期付款信用证 sight payment credit
延期付款信用证 deferred payment credit
承兑信用证 acceptance credit
议付信用证 negotiation credit

思考题

一、简答题

1. 汇票的必要项目和主要票据行为有哪些？
2. 试比较汇票、本票与支票的异同。
3. 汇付的性质是什么？汇付有哪几种类型？各有怎样的优缺点？
4. 什么是托收？付款交单与承兑交单有何异同？采用托收方式时，出口商应注意些什么？
5. 信用证的特点是什么？简述跟单信用证的业务流程。
6. 信用证基本当事人之间的法律关系如何？简述信用证与买卖合同的关系。

二、判断题（True or False）

1. In the case of MT, the remitting bank issues a draft to its customer, and directs its foreign branch or correspondent by mail to make the payment to the beneficiary.（ ）
2. Among TT, MT and DD, TT is the cheapest method of payment.（ ）
3. If the instructions are D/P the importer's bank will release the documents to the importer only against payment.（ ）
4. When the contract requires payments to be effected in US dollar, the relevant L/C may choose to effect payment in RMB.（ ）
5. According to the UCP600, a freely negotiable credit must stipulate a place for presentation of documents for negotiation.（ ）
6. According to Article 20 of the UPC600, when the shipment date and the expiry date of L/C are August 30 and September 15 respectively, the beneficiary may present the documents between September 16 and 20 because these dates have not exceeded a period of 21 days.（ ）
7. 汇票与支票的区别在于：后者以银行为付款人，而前者的付款人不限于银行。（ ）
8. 汇票经背书后，使汇票的收款权利转让给被背书人，被背书人若日后遭到拒付，可向前手行使追索权。
9. 按照汇款使用的支付工具不同，汇款可分为电汇、信汇、票汇三种。（ ）
10. 在托收业务中，当进口商没有能力付款时，托收行负有连带责任。（ ）
11. 承兑交单，即 document against payment，卖方开立的一定是远期汇票。（ ）
12. 付款交单（D/P）与承兑交单（D/A）都有一定的风险，一般来说，D/A 方式风险较小，更易为卖方所接受。（ ）
13. 按照 UCP600 的规定，信用证有“不可撤销”或“可撤销”两种。（ ）
14. 延期付款信用证下，指定银行审单无误后收进单据，在受益人开具的远期汇票上做出承兑，待汇票到期再行付款。（ ）
15. 可转让信用证只能按原证规定条款转让，因此，有关信用证金额、商品单价、到期交单日及最迟装运日期均不可以改变。（ ）

三、单项选择题

1. 某公司签发一张汇票，上面注明“at 90 days after sight”，则这是一张（ ）。

   A. 即期汇票　　B. 远期汇票　　C. 跟单汇票　　D. 光票

2. 背书人在汇票背面只签字，不写被背书人名称，这是（　　）。
   A. 限定性背书　　B. 特别背书　　C. 记名背书　　D. 空白背书
3. 以下关于汇款表述正确的是（　　）。
   A. 是汇款人通过银行将款项交付给收款人的方式
   B. 属于银行信用
   C. 是一种保证汇款人收到款项的方式
   D. 是一种逆汇方式
4. 预付货款对（　　）来说是预收货款。
   A. 进口商　　B. 出口商　　C. 汇出行　　D. 解付行
5. 托收方式中使用的汇票是（　　）。
   A. 商业汇票，属于商业信用　　B. 商业汇票，属于银行信用
   C. 银行汇票，属于商业信用　　D. 银行汇票，属于银行信用
6. 在托收方式下，下列对出口商最有利的交单条款是（　　）。
   A. 即期付款交单　　B. 远期付款交单
   C. 承兑交单　　D. 远期限付款交单，凭信托收据借单
7. 开证银行是主债务人，其对（　　）负有不可推卸的、独立的付款责任。
   A. 付款人　　B. 受益人　　C. 代理行　　D. 解付行
8. 所谓信用证“相符”的原则，是指受益人必须做到（　　）。
   A. 单据与合同相符　　B. 单据与信用证相符
   C. 信用证与合同相符　　D. 单据与货物相符
9. 某信用证上，若想通过“议付”方法使用信用证，应该在（　　）之前的方框上做标记。
   A. By payment at sight　　B. By negotiation
   C. By deferred payment at:　　D. By acceptance of drafts at
10. 信用证业务中，负责对信用证进行审核，核对印鉴或密押，并将其转交受益人的银行是（　　）。
   A. 保兑行　　B. 通知行　　C. 议付行　　D. 偿付行

四、多项选择题

1. 下列说法中，正确的是（　　）。
   A. 远期本票的当事人有三个：出票人、收款人、付款人
   B. 商业本票有即期和远期之分
   C. 远期本票不需承兑
   D. 本票的付款人是出票人
   E. 本票是无条件支付的命令
2. 本票与汇票的区别在于（　　）。
   A. 前者是无条件支付承诺，后者是无条件支付命令
   B. 前者的票面当事人是两个，后者的是三个
   C. 前者在使用过程中无须承兑，后者则有承兑环节
   D. 前者的主债务人不会改变，后者的主债务人因承兑而改变

3. 为什么预付货款对出口商有利？（　　）
   A. 货物未发出，已收到一笔货款，等同于得到无息贷款
   B. 收款后再发货，降低了货物出售的风险，如果进口商毁约，出口商可没收预付款
   C. 出口商可以充分利用预收货款，甚至可在收到货款后，再发出购货
   D. 货物到手前付出货款，会造成进口商资金周转困难及利息损失
4. 在跟单托收中，出口方可能遭遇的风险主要有（　　）。
   A. 进口方因故倒闭破产，无力偿付
   B. 进口方因主观原因拒付货款
   C. 进口国外汇管制方面的规定造成的风险
   D. 代收行出现错误
5. 对于下列单据，银行有权拒绝接受的有（　　）。
   A. 迟于信用证规定的到期日提交的单据
   B. 迟于装运日期后 21 天提交的单据
   C. 内容与信用证内容不相符的单据
   D. 单据之间内容有差异的单据
   E. 内容与合同规定有差异的单据

五、请根据以下信息，选择合适的结算方式。

序　号	信息资料	结算方式
1	（1）出口的货物是库存的服装商品，且国内没有市场 （2）进口商是我方的长期客户，有着良好的商业信誉	
2	（1）出口的货物是为欧盟研制的新产品，首次打入该市场，不知前景如何 （2）为了获取更多的市场信息，改进新产品，提升品牌 （3）进口商是我方多年的客户，有着良好的商业信誉	
3	（1）出口的货物是一般的电器产品，在该国有一定的市场占有率 （2）该进口商是我方的新客户，商业信誉程度不知	
4	（1）出口的货物是一般的农作物产品，长期出口该国，具有较大的市场占有率 （2）该进口商是我方多年的客户，商业信誉较好 （3）该国最近经济状况不太好，政局有所动荡	

六、案例分析题

1. 天津 M 公司向香港 G 公司出口一批货物，价格条件为 CIF 香港，付款条件为 D/P 见票后 30 天付款，M 公司同意 G 商指定香港汇丰银行为代收行。M 出口公司在合同规定的期限内将货物装船，取得清洁提单，随即出具汇票，连同提单和商业发票等委托中行通过香港汇丰银行向 G 商收取货款。5 天后，所装货物安全抵达香港，因当时商品的行市看好，G 商凭信托收据向香港汇丰银行借取提单，提取货物，并将部分货物出售。不料，因到货过于集中，货物价格迅速下跌，G 商以缺少保险单为由，在汇票到期时拒绝付款。你认为 M 公司应如何处理此事，为什么？
2. 我出口公司与某外商订立一出口合同，规定货物分两批装运，支付条件为即期不可撤销信用证。对方按约开来限定通知行议付的信用证，经审核无误，第一批货物随即装运，我出口公司在规定交单期限内向通知行交单议付，通知行经审单认可后向出口公司议付了货款，接着，开证行也向议付行做了偿付。出口公司正准备发运第二批货物时，我通知行忽接开证行电传，

声称申请人收到第一批货物后，发现品质不符合合同规定，要求拒付第二批货物的货款，据此，请通知受益人停止发运第二批货物，如已发运，则不要再议付该项货款。我通知行在与出口公司联系后，立即回电拒绝。试分析我通知行这样做是否合理，为什么？

3. 我某公司收到国外客户开来的不可撤销信用证一份，并按来证要求装货出运，但尚未将单据交广州中行议付之前，突然收到开证行通知，称开证人已经倒闭，为此开证行不再承担付款责任。试问：我出口公司应如何处理？为什么？

4. 某公司接到一份经B银行保兑的不可撤销信用证，当该公司按信用证规定办完装运手续后，B银行提交符合信用证各项要求的单据要求付款时，B银行却声称：该公司应先要求开证行付款，如果开证行无力偿付时，则由其保证付款。试问：B银行的要求合理吗？为什么？

Chapter8

第八章

商品检验、索赔、不可抗力和仲裁

学习目标

- 掌握商品检验的内容、关于检验时间和地点的规定
- 了解商品检验检疫机构、检验证书种类和合同中的检验条款
- 掌握违约责任的分类及法律后果
- 掌握索赔依据和索赔期限的规定，熟悉合同中的索赔条款
- 了解不可抗力事件及其法律后果，熟悉合同中的不可抗力条款
- 掌握仲裁的特点和仲裁协议的形式与作用，熟悉合同中的仲裁条款

案例导入

森德公司与南非 NEO 公司签订了碎片蘑菇罐头销售合同，合同中除约定成交价格、成交数量、交货时间、支付方式等主要条款，还对商品检验、索赔、仲裁和不可抗力等进行了约定。关于检验和索赔条款，双方同意以装运港中国出入境检验检疫局签发的品质和数量（重量）检验证书作为信用证项下议付所提交的单据之一。买方有权对货物的质量和重量（数量）进行复验。复验费由买方承担。若发现质量或数量（重量）与合同规定不符，买方有权向卖方索赔，但须提供经卖方同意的公证机构出具的检验报告。如买方提出索赔，凡属品质异议须于货到目的口岸之日起 3 个月内提出，凡属数量异议须于货到目的口岸之日起 15 日内提出。关于仲裁条款中的仲裁地点，森德公司提出在我国仲裁，但是 NEO 公司提出为保证公平性，要求在第三国仲裁。最终森德公司做出让步，同意在发生争议时，双方首先应通过友好协商的方式解决。如果协商不成，应将争议提交中国香港国际仲裁中心，根据该中心的仲裁规则进行仲裁。

在国际贸易中，一笔交易达成需要的时间较长，涉及的因素种类繁多，履行的手续较复杂，使用的语言各异，涉及的当事人众多，法律条文及惯例也各有不同，这些都可能造成买卖双方或各有关方面之间的误解或纠纷。为了在合同履行中尽量减少争议，或者在发生争议时能妥善解决，以使交易得以顺利地进行，并保持和发展双方当事人之间的良好关系，在国际货物买卖合同中通常订立一些预防发生争议以及一旦发生争议时如何进行处理的条款——商品检

验、索赔、不可抗力和仲裁条款。对货物进行检验有利于货物的交接和交易的顺利进行；买方有权对收取的货物进行检验，如果交易双方中的任何一方违约，受害方都有权提出索赔；合同签订后，如果是由于人力不可抗拒事件致使合同不能履行或不能如期履行，可按合同中不可抗力条款的规定，免除违约方的责任；买卖双方在履约过程中产生的争议，如难以和解，可以通过仲裁方式加以解决。

第一节　商品的检验

商品检验（commodity inspection），是指在国际货物贸易中，检验机构对进出口商品的质量、数量、包装进行检验，或对装运技术、货物残损短缺等情况进行检验或鉴定，并出具相应的检验证书的行为。

一、商品检验的意义

在国际货物买卖中，由于买卖双方分处两个国家（地区），进出口货物经过长途运输，多次装卸，很可能发生货物残损、短缺甚至灭失等现象，这就需要有一个公正的、有权威的，独立于买卖双方以外的第三方对货物进行检验或鉴定，以查明原因，确定责任归属，保证货物交接和交易的顺利进行。因此，进出口货物检验是国际货物贸易中必不可少的重要业务环节。进出口商品检验具有两方面的重要意义：

1．有利于商品出口

从商品出口的角度来看，通过商品检验，卖方能够保证向买方交付合格货物，以此提高自己的信誉。同时，商检也为出口合同履行状况起到监督和摸底的作用。出口商品检验可以为出口商及时发现问题，以便有机会采取补救措施，提高履行合约的质量。

2．有利于维护进口方的权益

从商品进口的角度来看，进口方可通过行使检验权来维护自己的正当权益。商品检验的结果既为接受合乎质量要求的货物提供了保证，又为可能因货物质量不好而拒收货物或提出索赔要求提供必要的根据，从而可有效防止国际贸易中的欺诈行为，维护进口方的合法权益。

二、商品检验的内容

商品检验的内容通常包括：商品品质检验、商品数量和重量检验、商品包装检验、商品残损检验、商品卫生检验和商品安全性能检验。

（一）商品品质检验

商品品质检验亦称质量检验，是指运用各种检验手段，包括感官检验、化学检验、仪器分析、物理测试、微生物学检验等，对商品的品质、规格、等级等进行检验，确定其是否符合贸易合同（包括成交样品）、标准等规定。

品质检验的范围很广，大体上包括外观质量检验与内在质量检验两个方面：外观质量检验主要是对商品的外形、结构、花样、色泽、气味、触感、疵点、表面加工质量、表面缺陷等的检验；内在质量检验一般指有效成分的种类、含量、有害物质的限量、商品的化学成分、物理性能、机械性能、工艺质量、使用效果等的检验。

（二）商品数量和重量检验

商品的数量和重量是贸易双方成交商品的基本计量计价单位，是结算的依据，直接关系到双方的经济利益，也是贸易中最敏感而且容易引起争议的因素之一。商品的数量和重量检验包括商品的个数、件数、长度、面积、体积、容积、重量等。商品的数量和重量检验是按合同规定的计量单位和计量方法对商品的数量和重量进行检验，看其是否符合合同规定。在实务中，商品重量检验允许有一定的合理误差。

（三）商品包装检验

包装检验是根据购销合同、标准和其他有关规定，对进出口商品或内销商品的外包装和内包装以及包装标志进行检验。包装检验首先核对外包装上的商品包装标志（标记、号码等）是否与有关标准的规定或贸易合同相符。对进口商品主要检验外包装是否完好无损，包装材料、包装方式和衬垫物等是否符合合同规定要求。对外包装破损的商品，要另外进行验残，查明货损责任方以及货损程度。对发生残损的商品要检查其是否由于包装不良所引起。对出口商品的包装检验，除包装材料和包装方法必须符合外贸合同、标准规定外，还应检验商品内外包装是否牢固、完整、干燥、清洁，是否适于长途运输和保证商品质量、数量的要求。

（四）商品残损检验

商品残损检验主要是对进口受损货物的残损部分予以鉴定，了解致残原因及对商品使用价值的影响，估定残损程度，出具证明，作为向有关各方索赔的依据。商品的残损主要是指商品的残破、短缺、生锈、发霉、虫蛀、油浸、变质等情况。检验的依据包括发票、装箱单、保险单、重量单、提单、商务记录及外轮理货报告等有效单证或资料。

（五）商品卫生检验

卫生检验主要是根据《中华人民共和国食品卫生法》《化妆品卫生监督条例》《中华人民共和国药品管理法》等法规，对食品、药品、食品包装材料、化妆品、玩具、纺织品、日用器皿等进行卫生检验，检验其是否符合卫生条件，以保障人民健康和维护国家信誉。如《食品卫生法》规定：食品、食品添加剂、食品容器、包装材料和食品用工具及设备，必须符合国家卫生标准和卫生管理办法的规定。进口食品应当提供输出国（地区）所使用的农药、添加剂、熏蒸剂等有关资料和检验报告。海关凭国家卫生监督检验机构的证书放行。

（六）商品安全性能检验

安全性能检验是根据国家规定、标准（对进出口产品，应根据外贸合同以及进口国的法令要求），对商品有关安全性能方面的项目进行的检验，如易燃、易爆、易触电、易受毒害、易受伤害等，以保证生产、使用和生命财产的安全。目前，除进出口船舶及主要船用设备材料和锅炉及压力容器的安全监督检验，根据国家规定由国家有关专业部门负责监督检查外，其他进出口商品涉及安全性能方面的项目，由商检机构根据外贸合同规定和国内外的有关规定和要求进行检验，以维护人身安全和确保经济财产免遭侵害。

三、检验的时间和地点

如上所述，虽然国际上一般都承认买方在接受货物前，有权检验货物，但应在何时何地检验，各国法律并无统一规定，而货物的检验权直接关系到买卖双方在货物交接过程中的权利和义务，因此，为了明确责任，买卖双方通常都在买卖合同中就买方是否行使和如何行使检验权的问题做出明确规定，其中的核心就是检验的时间和地点。检验的时间和地点关系到买卖双方的切身利益，因为它涉及检验权、检验机构以及有关的索赔问题。而检验的时间和地点通常又与合同中使用的贸易术语、商品的特性、使用的包装方式以及当事人所在国的法律、行政法规的规定等有密切的联系。

在国际货物买卖合同中，关于检验的时间和地点的规定，基本做法有三种。

（一）在出口国检验

这种做法可分为在产地检验和装运前或装运时在装运港或装运地检验。

（1）在产地检验，即在货物离开生产地点（如工厂、农场或矿山等）之前，由卖方或其委托的检验机构人员或买方的验收人员或买方委托的检验机构人员对货物进行检验或验收。在货物离开产地之前进行检验或验收为止的责任，由卖方承担。

（2）装运前或装运时在装运港或装运地检验，即以离岸质量、重量（或数量）为准（Shipping quality，weight or quantity as final）。据此规定，货物在装运港或装运地装运前或装运时经由双方所约定的检验机构对货物的质量和重量或数量进行检验，并由该机构出具的检验证书作为决定交货质量和重量或数量的依据。货物运抵目的港或目的地后，买方如再对货物进行复验时，即使发现问题，但这时已无权再表示拒收或提出异议和索赔。

（二）在进口国检验

在进口国检验是指货物运抵目的港或目的地卸货后检验，或在买方营业处所或最终用户的所在地检验。

（1）在目的港或目的地卸货后检验，也就是以到岸质量、重量（或数量）为准（landing quality, weight or quantity as final）。据此规定，在货物运抵目的港或目的地卸货后的一定时间内，由双方约定的目的港或目的地的检验机构进行检验，该机构出具的检验证书作为决定交付货物的质量、重量或数量的依据。如检验证书证明货物与合同规定不符系属卖方责任，卖方应予负责。

（2）在买方营业处所或最终用户的所在地检验。这一做法是将检验延伸或推迟至货物运抵买方营业所或最终用户的所在地后的一定时间内进行，并以双方约定的该地的检验机构所出具的检验证书作为决定交货质量和数量的依据。这种做法主要适用于那些需要安装调试进行检验的成套设备、机电仪表产品以及在口岸开件检验后难以恢复原包装的商品。

（三）在出口国检验、在进口国复验

这种做法即以装运港或装运地的检验证书作为收付货款的依据，货物运抵目的港或目的地后买方有复验权。按此规定，货物须于装运前由双方约定的装运港或装运地的检验机构进行检验，其检验证书作为卖方要求买方支付货款或要求银行支付、承兑或议付时提交的单据之一。在货物运抵目的港或目的地卸货后的一定时间内，买方有权复验。如经约定的检验机构复验后发现货物不符合同规定，并证明这种不符情况系原装不良，即由于卖方责任而不属于承运人或保险公司的

责任范围，买方有权在规定时间内凭复验证书向卖方提出异议和索赔。

以上三种做法各有特点，前两种的特点在于，以当事人中的一方所提供的检验证书为准，而第三种做法则对买卖双方来说，都比较方便而且公平合理。它既承认卖方所提供的检验证书是有效的文件，作为双方交接货物和结算货款的依据之一，并给予买方复验权。这种做法在国际贸易中也已为大多数国家所接受，因而已成为一条公认的原则：即除非合同另有规定，买方有权在货物到达目的港或目的地后复验，如复验证明在货物的风险转移到买方时，已存在任何不符合同规定的情形，卖方应负责任。由于这个原则既与我国对外贸易的平等互利原则相一致，又符合国际贸易惯例，因此，我国的进出口贸易基本上都采用这一做法。

应当指出的是，近年来，在检验的时间、地点及具体做法上，国际上也出现了一些新的做法和变化，例如，在出口国装运前预检验，在进口国最终检验，即在买卖合同中规定货物在出口国装运前由买方派员自行或委托检验机构人员对货物进行预检验，货物运抵目的港 / 地后，买方有最终检验权和和索赔权。采用这一做法，有的还伴以允许买方或其指定的检验机构人员在产地或装运港或装运地实施监造或监装。对进口商品实施装运前预检验，这是当前国际贸易中较普遍采用的一种行之有效的质量保证措施。在我国进口交易中，对关系到国计民生、价值较高、技术又复杂的重要进口商品和大型成套设备，必要时也应采用这一做法，以保障我方的利益。

四、商品检验检疫机构

在国际贸易中，商品的检验工作一般都由专业的检验机构负责办理。

（一）国外的检验机构

在国外，商品检验机构从组织的性质来分，有官方的，有同业公会、协会或民间私人经营的，也有半官方的。从经营的业务范围来分，有综合性的、专业性的，也有只限于检验特定商品的。检验机构的名称也多种多样，如检验公司、公证行、鉴定公司、公证鉴定人（authentic surveyor）、实验室（laboratory）或宣誓衡量人（sworn measurer）等。

目前，国际上比较著名的检验机构有：美国粮谷检验署（FGES）、美国食品药物管理局（Food an Drugs Administration，FDA）、法国国家实验室检测中心、日本通商产业检查所等由国家政府设置的官方检验机构，以及瑞士通用公证行（Societe Generale De Surveillance S.A.，S.G.S.）、美国保险人实验室（Underwriters Laboratory，UL）、英国劳合氏公证行（Lloyd's Surveyor）、日本海事鉴定协会（Japan Marine Surveyors & Measurer's Association，NKKK）、中国香港天祥公证化验行等民间或社团检验机构，它们中有的由政府授权代表政府行使某项商品或某一方面的检验管理工作。

（二）我国的检验检疫机构及其基本任务

中华人民共和国成立后，我国建立了独立自主的国家商品检验部门——中华人民共和国商品检验局，1982 年改名为中华人民共和国国家进出品商品检验局，并在各省、自治区、直辖市以及进出口商品口岸、集散地设立进出口商品检验局及其分支机构。此外，我国各有关部门还设立了专门从事动植物、食品卫生、药物、船舶、飞机、计量器具等检验或检疫的检验机构，例如，动植物检疫局、卫生检疫局、药品检验局（所）、船舶检验局等。1980 年又建立了中国进出口商品检验总公司（China National Import and Export Commodity Inspection Corporation，CCIC），使之成为经中国政府批准注册的第一家从事进出口检验鉴定和认证业务的独立第三方机构。CCIC 总部设在北京，现已成为以北京为中心的跨国检验认证机构，专门从事进出口商品检验、进出口商品鉴定业务及包括认证、测试在内的其他服务。

改革开放以来，我国商检机构在一些国家或地区设立了独资或合资的检验机构，与不少国家或地区的检验机构建立了委托代理业务关系或达成了长期或短期的合作协议。同时，经国家质检总局审核同意，外国可以在中国境内设立进出口商品检验鉴定机构，这些机构可以在指定的范围内接受委托办理进出口商品检验、鉴定业务，并接受国家质检总局的监督管理。

为了适应建立和完善社会主义市场经济体制的要求，加强质量监督和检验检疫执法，国务院于 2001 年 4 月决定将原国家质量技术监督局和国家出入境检验检疫局合并，成立中华人民共和国国家质量监督检验检疫总局（General Administration of Quality Supervision，Inspection and Quarantine of the People's Republic of China），简称国家质检总局（AQSIQ）。国家质检总局是主管全国出入境卫生检验、动植物检疫、商品检验、鉴定、认证和监督管理的行政执法机构。

为了加强进出口商品检验检疫工作，规范进出口商品检验检疫行为，我国曾相继颁布和实施了一系列进出口检验检疫的法律法规。其中最主要的有：《中华人民共和国进出口商品检验法》《中华人民共和国进出境动植物检疫法》《中华人民共和国国境卫生检疫法》等。为适应入世要求，2002 年 4 月，九届人大第 27 次会议审议通过了《中华人民共和国进出口商品检验法修正案》（以下简称《商检法》），并于 2002 年 10 月 1 日正式施行。《商检法》的颁布施行是我国质量监督检验检疫法制建设的一个重要标志，对进一步加强出入境检验检疫工作，规范出入境检验检疫行为，保证进出口商品质量，维护社会公共利益，促进对外经济贸易健康发展发挥了重要作用。

根据我国《商检法》，国家质检总局主管全国进出口商品检验工作，国家质检总局设在各地的出入境检验检疫局（以下简称商检机构）负责管理其所辖地区内的进出口商品检验工作。

《商检法》规定，在进出口商品检验方面商检机构的基本任务有三项：对进出口商品实施法定检验；办理进出口商品检验鉴定业务；对进出口商品的质量和检验工作实施监督管理。

1．实施法定检验

法定检验是指商检机构根据国家法律法规，对规定的进出口商品或有关的检验检疫项目实施强制性的检验或检疫。我国对进出口商品实施法定检验的主要目的是保护人类健康和安全、保护动物或者植物的生命和健康、保护环境、防止欺诈行为、维护国家安全。属于法定检验的出口商品，未经检验合格的，不准出口；属于法定检验的进口商品，未经检验的，不准销售，不准使用。

实施法定检验的范围是指列入《必须实施检验的进出口商品目录》（以下简称《目录》）中的进出口商品的检验以及法律、行政法规规定实施检验的进出口商品或者检验项目。《目录》由国家质检总局制定和调整，并公布实施。

法定检验的内容是指确定列入《目录》的进出口商品是否符合国家技术规范的强制性要求的合格评定活动。合格评定程序包括：抽样、检验和检查；评估、验证和合格保证；注册、认可和批准以及各项的组合。

2．办理检验鉴定业务

经国家质检总局许可的检验机构可以接受对外贸易关系人或者外国检验机构的委托，办理进出口商品检验鉴定业务，签发检验鉴定证书。

进出口商品检验鉴定业务内容广泛，包括进出口商品的质量、数量、包装检验鉴定和货载衡量；进出口商品的监视装载和监视卸载；进出口商品的积载鉴定、残损鉴定和海损鉴定；装载进出口商品的船舶、车辆、飞机、集装箱等运载工具的适载鉴定；装载进出口商品的船舶封舱、舱口检视、空距测量；集载箱及集装箱货物鉴定；与进出口商品有关的外商投资的价值、品种、质量、数量和损失鉴定；抽取并签封各类样品；签发价值证书及其鉴定证书和其他进出口商品检验鉴定业务㊀。

与法定检验不同，进出口商品检验鉴定业务的范围广及内容多，且不是强制性的。对外贸易关系人，如买卖合同的当事人、运输合同或保险合同的关系人等，可以委托经许可的检验机构办理进出口商品的检验鉴定业务，并要求提供各种检验鉴定证明。当买卖合同的当事人委托检验机构办理进出口商品检验鉴定业务时，应当提供合同、信用证以及有关的单证。

3．对进出口商品的质量和检验工作实施监督

国家质检总局、地方出入境检验检疫机构通过行政管理手段，对进出口商品的收货人、发货人及生产、经营、储运单位以及经国家质检总局许可的检验机构和认可的检验人员的检验工作实施监督管理，以推动和组织有关部门对进出口商品按规定要求进行检验。

根据《商检法》规定，国家质检总局以及地方出入境检验检疫机构对进出口商品检验工作实施监督管理的主要内容有：对法定检验以外的进出口商品根据国家规定实施抽查检验；对列入《目录》的出口商品进行出厂前的质量监督和检验；对经许可的检验机构的进出口商品检验鉴定业务活动进行监督，对其检验的商品抽查检验，根据国家统一的认证制度，对有关的进出口商品实施认证管理；对实施许可制度的进出口商品实行验证管理，查验单证，核对证货是否相符；对检验合格的进出口商品加施商检标志㊁或者封识㊂等。

对进出口商品的质量和检验工作实施监督管理是国家质检总局的各地出入境检验检疫机构对进出口商品执行检验把关的另一种重要手段。

专栏8-1

瑞士通用公证行㊃

瑞士通用公证行（SGS）是一家总部设在瑞士日内瓦，专门提供检验、鉴定、测试及认证服务的跨国集团。SGS 前身是法国谷物装运检测所，1878 年成立于里昂。1919 年，公司在日内瓦注册，定名通用公证行（Société Générale de Surveillance）。该集团目前在全球拥有 1 350 多个分支机构和实验室，聘雇 70 000 多名员工。SGS 与法国的必维国际（Bureau Veritas）及英国的全国公证（Intertek）被认为是全球前三大的检验认证集团。

㊀ 参见《中华人民共和国进出口商品检验法实施条例》第 33 条。

㊁ 商检标志，即进出口商品检验标志，是指在进出口商品的外包装或小包装的明显部位，加附我国规定的各种检验标志，以证明该商品符合国家或国际安全、卫生、质量标准。

㊂ 封识，是指采用铅丸、钢卡（钢扣）、封条、封识章、不干胶纸、火漆加封等各种方式对进出口商品或样品实施加封识别。

㊃ 根据 http://www.sgsgroup.com.cn/、维基百科、百度百科资料整理。

SGS于1991年和中国标准技术开发公司成立合资公司——通标标准技术服务有限公司（以下简称“通标”），总部设在北京，在全国成立了40多个分支机构和50多个实验室，全国员工超过8 000人。SGS的服务对象包括国内外企业、政府和国际机构，服务范围覆盖农产、矿产、石化产品、工业品和消费品的检验、鉴定、测试、贸易保障服务和国际认证服务等领域。根据中国的国情和市场环境，通标推出了许多针对国内情况的服务内容，并成为中国境内首家获得中国合格评定国家认可委员会（CNAS）ISO17020认可的第三方合资检验机构。

五、商品检验的程序

办理进出口商品检验，是国际贸易中的一个重要环节。进出口商品的检验程序如下。

（一）申请检验

申请检验包括报验和商检机构受理报验两个部分。报验是指对外贸易关系人向商检机构报请检验。首先由报验人填写“进（或出）口检验申请书”，填明申请检验、鉴定工作项目和要求，并提供有关的单证和资料，如外贸合同、信用证、厂检结果单正本、成交小样及其他必要的资料等。商检机构在审查上述单证符合要求后，受理该批商品的报验。如发现有不符合要求者，可要求申请人补充或修改有关条款。

（二）抽样

商检机构接受报验之后，由商检机构派员及时赴货物堆存地点进行现场检验鉴定。抽样时，采取随机取样方式，在货物的不同部位抽取一定数量的、能代表全批货物质量的样品（标本）供检验之用。报验人应提供存货地点情况，并配合商检人员做好抽样工作。

（三）检验

检验部门可以使用从感官到化学分析、仪器分析等各种技术手段，对进出口商品进行检验。检验的形式有商检自检、共同检验、驻厂检验和产地检验。

（四）签发证书

在出口方面，商检机构对检验合格的商品签发检验证书，或在“出口货物报关单”上加盖放行章。出口企业在取得检验证书或放行通知单后，在规定的有效期内报运出口。

在进口方面，进口商经检验后，分别签发“检验情况通知单”或“检验证书”，供对外结算或赔偿用。凡由收、用货单位自行验收的进口商品，如发现问题，应及时向商检机构申请复验并出证，以便向外商提出索赔。对于验收合格的，收、用货单位应在索赔有效期内把检验结果报送商检机构。

六、检验证书

检验检疫机构对进出口商品检验检疫或鉴定后，根据不同的检验结果或鉴定项目签发的各种检验证书、鉴定证书和其他证明书，统称为检验证书（inspection certificate）。

（一）商品检验证书的作用

（1）作为买卖双方交接货物的依据。国际货物买卖中，卖方有义务保证所提供货物的质量、数（重）量、包装等与合同规定相符。因此，合同或信用证中往往规定卖方交货时须提交商检机构出具的检验证书，以证明所交货物与合同规定相符。

（2）作为索赔和理赔的依据。如合同中规定在进口国检验，或规定买方有复验权，则若经检验货物与合同规定不符，买方可凭指定检验机构出具的检验证书，向卖方提出异议和索赔。

（3）作为买卖双方结算货款的依据。在信用证支付方式下，信用证规定卖方须提交的单据中，往往包括商检证书，并对检验证书名称、内容等做出了明确规定。当卖方向银行交单，要求付款、承兑或议付货款时，必须提交符合信用证要求的商检证书。

（4）检验证书还可作为海关验关放行的凭证。凡属于法定检验的商品，在办理进出口清关手续时，必须提交检验机构出具的合格检验证书，海关才准予办理通关手续。

（二）检验证书的种类

目前，我国检验检疫机构签发的检验证书主要有：

（1）品质检验证书（inspection certificate of quality），是证明进出口商品的质量、规格、等级等实际情况的证明文件。具体证明进出口商品的质量、规格是否符合买卖合同或有关规定。

（2）重量或数量检验证书（inspection certificate of weight/quantity），是证明进出口商品重量或数量的证件。其内容为货物经何种计重方法或计量单位得出的实际重量或数量，以证明有关商品的重量或数量是否符合买卖合同的规定。

（3）包装检验证书（inspection certificate of packing），是用于证明进出口商品包装及标志情况的证书。进出口商品包装检验，一般列入品质检验证书或重量（数量）检验证书中证明，但也可根据需要单独出具包装检验证书。

（4）兽医检验证书（veterinary inspection certificate），是证明出口动物产品经过检疫合格的证件，适用于冻畜肉、冻禽、禽畜肉罐头、冻兔、皮张、毛类、绒类、猪鬃、肠衣等出口商品。凡加上卫生检验内容的，称兽医卫生检验证书（veterinary sanitary inspection certificate）。

（5）卫生检验证书（sanitary inspection certificate），亦称健康检验证书 (inspection certificate of health) 是证明可供人类食用或使用的出口动物产品、食品等经过卫生检验或检疫合格的证件。适用于肠衣、罐头、冻鱼、冻虾、食品、蛋品、乳制品、蜂蜜等。

（6）消毒检验证书（inspection certificate of disinfection），是证明出口动物产品经过消毒处理，保证卫生安全的证件。适用于猪鬃、马尾、皮张、山羊毛、羽毛、人发等商品。其证明内容也可在品质检验证书中附带。

（7）熏蒸证书（inspection certificate of fumigation），是证明出口粮谷、油籽、豆类、皮张等商品，以及包装用木材与植物性填充物等，已经经过熏蒸灭虫的证件。主要证明使用的药物、熏蒸的时间等情况。如国外不需要单独出证，可将其内容列入品质检验证书中。

（8）温度检验证书（certificate of temperature），是证明出口冷冻商品温度的证书。如国外仅需证明货物温度，不一定要单独的温度检验证书，可将测温结果列人品质检验证书。

（9）残损检验证书（inspection certificate on damaged cargo），简称验残证书，是证明进口商品残损情况的证书。主要内容为确定商品的受损情况和对使用、销售的影响，估定损失程度，判断致损原因，作为向发货人或承运人或保险人等有关责任方索赔的有效证件。

（10）船舱检验证书（inspection certificate on tank/hold），是证明承运出口商品的船舱清洁、

牢固、冷藏效能及其他装运条件是否符合保护承载商品的质量和数量完整与安全的要求的证书。

（11）货载衡量检验证书（inspection certificate on cargo weight & measurement），亦称衡量检验证书，是证明进出口商品重量、体积吨位的证书。它是作为计算运费和制定配载计划的依据。

（12）价值证明书（certificate of value），主要用于证明发票所列商品的价格真实正确。

在实际业务中，买卖双方应根据成交货物的种类、性质、有关国家的法律和行政法规、政府的涉外经济贸易政策和贸易习惯等来确定卖方应提供何种检验证书，并在买卖合同中予以明确。

七、合同中的检验条款

国际货物买卖合同中的货物检验条款一般包括下列内容：有关检验权的规定；检验或复验的时间和地点；检验机构；检验项目和检验证书等。具体条款如何订法，举例如下：

【例 8-1】 买卖双方同意以装运港（地）中国出入境检验检疫局签发的质量和重量（数量）检验证书作为信用证项下议付提交单据的一部分，买方有权对货物的质量和重量（数量）进行复验，复验费由买方负担。但若发现质量和 / 或重量（数量）与合同规定不符时，买方有权向卖方索赔，并提供经卖方同意的公证机构出具的检验报告。索赔期限为货物到达目的港（地）后 ×× 天内。

It is mutually agreed that the Certificate of Quality and Weight (Quantity) issued by the China Exit and Entry Inspection and Quarantine Bureau at the port / place of shipment shall be part of the documents to be presented for negotiation under the relevant L / C. The Buyers shall have the right to re-inspect the quality and weight (quantity) of the cargo. The re-inspection fee shall be borne by the Buyers. Should the quality and / or weight (quantity) be found not in conformity with that of the contract, the Buyers are entitled to lodge with the Sellers a claim which should be supported by survey reports issued by a recognized surveyor approved by the Sellers. The claim，if any，shall be lodged within ... days after arrival of the goods at the port / place of destination.

本例的索赔期限，也就是买方复验货物的期限。具体期限应根据货物的性质、国内运输、检验的繁简等情况而定。例如，对较易变质和损坏的货物，可以短一些；不易变质或损坏的货物，可以长一些。需安装、调试的机械设备还可长至安装调试所需的合理时间。

【例 8-2】 双方同意以制造厂（或某公证行）出具的质量和数量 / 重量检验证书作为有关信用证项下付款的单据之一。货到目的港（地）卸货后 ×× 天内经中国出入境检验检疫局复验，如发现质量或数量 / 重量与本合同不符时，除属保险公司或承运人负责退货或索赔，所有退货或索赔引起的一切费用（包括检验费）及损失，均由卖方负责。在此情况下，如抽样是可行的，买方可应卖方要求，将有关货物的样品寄交卖方。

It is mutually agreed that the Certificate of Quality and Quantity / Weight issued by the Manufacturer (or ... Surveyor) shall be part of the documents for payment under the relevant L / C. In case the quality、quantity or weight of the goods be found not in conformity with those stipulated in this contract after re-inspection by the China Exit and Entry Inspection and Quarantine Bureau within ... days after discharge of the goods at the port / place of destination，the Buyers shall return the goods to or lodge claim against the Sellers for compensation of losses upon the strength of Inspection Certificate issued by the said Bureau，with the exception of those claims for which the insurers or the carriers are liable. All expenses (including inspection fees) and losses arising from the return of the goods or claims should be borne by the Sellers. In such case，the Buyers may，if so requested，send a sample of the goods in question to the Sellers，provided that the sampling is feasible.

合同中的检验条款还可根据业务需要规定检验的标准和检验方法。

检验标准是指检验机构从事检验工作在实体和程序方面所遵循的尺度和准则，是评定检验对象是否符合规定要求的准则。

根据我国《商检法》规定，凡列入《目录》的进出口商品，按照国家技术规范的强制性要求进行检验；没有国家技术规范的强制性要求的，可以参照国家质检总局指定的国外有关标准进行检验；法律、行政法规规定由其他检验机构实施检验的进出口商品或者检验项目，依照有关法律、行政法规的规定办理。

国外有关标准是指国际标准和国外先进标准。国际标准是指国际标准化组织（ISO）、国际电工委员会（IEC）和国际电信联盟（ITU）制定的标准，以及国际标准化组织确认并公布的其他国际组织制定的标准。国外先进标准是指发达国家的国家标准，在国际贸易中被广泛采用，如英国为 BS，美国为 ANSI，法国为 NF，德国为 DIN，日本为 JIS、JAS 等。在我国，采用国际标准是指将国际标准的内容，经过分析研究和试验验证，等同或修改转化为我国标准（包括国家标准、行业标准、地方标准和企业标准），并按我国标准审批发布程序审批发布。

由于买卖合同是进出口商品检验的重要依据，除买卖合同检验条款中通常要约定检验标准外，合理并明确订立作为检验依据的质量、数量、包装条款也是十分重要的。

检验方法是指对进出口商品的质量、数量、包装等进行检验的做法，包括抽样的数量及方法。在实践中，商品的检验方法主要有：感官检验、化学检验、物理检验、微生物学检验等。有些商品，用不同的检验方法可能会得出不同的检验结果。为避免事后发生争议，必要时，可在合同中对检验方法做出明确的规定。

第二节　商品的索赔

国际货物买卖履约时间长，涉及面广，业务环节多，一旦在货物的生产、收购、运输、资金移动等任何一个环节发生意外或差错，都可能给合同的顺利履行带来影响。加上国际市场变幻莫测，一方当事人往往有可能在市场行情发生不利变化时，不履行合同义务或不完全履行合同义务，致使另一方当事人的权利受到损害，从而引起争议，甚至导致索赔和理赔。

一、违约责任

（一）违约的含义

国际货物买卖合同是确定买卖双方权利义务的法律文件。在国际货物买卖中，卖方的主要义务是交付货物，移交一切与货物有关的单据并转移货物所有权；买方的主要义务是支付货物价款和收取货物。[一]在履约过程中，任何一方当事人如不履行合同义务，或者履行合同义务不符合约定的，就在法律上构成违约行为，违约一方应当承担继续履行、采取补救措施或者赔偿损失等违约责任[二]。

（二）不同法律对违约行为的规定

根据各国法律和国际条约的规定，不同性质的违约行为，其承担的责任是不同的。但各国法律对于违约行为的性质划分及据此可以采取的补救办法，却很不一致：有的国家是以合同中交易条件的主次为依据进行划分；而有的国家却以违约的后果轻重程度为依据来进行划分。

英国的《货物买卖法》将违约分为违反要件和违反担保两种。该法规定，当事人一方违反合同中带实质性的主要约定条件，如卖方交货的质量或数量不符合合同规定，或不按合同规定的期限交货，均作为"违反要件"（breach of condition），受损害的一方除可要求损害赔偿外，还有权解除合同。如违反的是合同中的次要条件，称为"违反担保"或"违反随附条件"（breach of warranty），则受损害一方不能解除合同，仍需继续履行他所应承担的合同义务，但有权请求违约的一方给予损害赔偿。至于货物买卖合同中哪些条款属于"要件"，哪些条款属于"担保"或"随附条件"，英国的法律未作具体规定，要由法官在审理案件时根据合同的内容和推定双方当事人的意思做出决定，因此，有较大的任意性。但在实际业务中，受损害的一方对于另一方的违反要件，可以放弃作为要件处理，即不要求解除合同，而只要求损害赔偿。英国的法律也允许当事人不把另一方的违反要件作为解除合同的理由。此外，如果买方在法律上已被视为接受了货物，并且因此而丧失了拒收货物的权利，买方就必须将对方的违反要件作为违反担保处理。值得注意的是，近年来，英国法院在司法实践中已承认了一种新的违约类型，称为"违反中间性条款或无名条款"（breach of intermediate / innominate terms）。所谓中间性条款或无名条款，是一种既不是要件，也不是担保的合同条款。违反这类条款应承担的责任需视违约的性质及其后果是否严重而定。如果性质及后果严重，受损害的一方有权解除合同，并可要求损害赔偿，否则，就只能要求损害赔偿。

美国的法律规定，一方当事人违约，已致使另一方无法取得该交易的主要利益，则是"重大违约"（material breach）。在此情况下，受损害的一方有权解除合同，并要求损害赔偿。如果一方违约，情况较为轻微，并未影响对方在该交易中取得的主要利益，则为"轻微违约"（minor breach），受损害的一方只能要求损害赔偿，而无权解除合同。

我国《合同法》规定，当事人一方迟延履行合同义务或者有其他违约行为致使不能实现合同目的，对方当事人可以解除合同；当事人一方迟延履行主要债务，经催告后在合同期间内仍未履行的，对方当事人可以解除合同。[三]《合同法》又规定，合同解除后，尚未履行的，终止履行；已经履行的，根据履行情况和合同性质，当事人可以要求恢复原状、采取其他补救措施，并有权要求赔偿损失。[四]

《联合国国际货物销售合同公约》对违约的后果及其严重性进行判断，将违约分为根本性违约和非根本性违约。《公约》第25条规定："一方当事人违反合同的结果，如使另一方当事

㊀ 参见《联合国国际货物销售合同公约》第30、53条。

㊁ 参见《中华人民共和国合同法》第107条。

㊂ 参见《中国人民共和国合同法》第94条。

㊃ 参见《中国人民共和国合同法》第97条。

人蒙受损害，以至于实际上剥夺了他根据合同规定有权期待得到的东西，即为根本违反合同（fundamental breach of contract）。”若一方违反合同构成根本违反合同时，受损害的一方就可以宣告合同无效，同时有权向违约方提出赔偿损害的要求。㊀如违约的情况尚未达到根本违反合同的程度，则受损害方只能要求损害赔偿而不能宣告合同无效。

综上所述，由于各国法律和国际条约对于违约行为的区分有不同的方法，对于不同的违约行为应承担的违约责任以及另一方可以采取的补救方法都有不同的规定，因此，为维护我方的权益，根据我国法律和国际上有关的法律和惯例，订好国际货物买卖中的索赔条款，并在合同的履行中加以正确运用，是十分重要的。

二、索赔和理赔

（一）索赔与理赔的含义

在国际贸易实践中，损害赔偿是最重要，也是最常用的违约补救措施。按照法律的一般规则，受损害的一方当事人在采取其他违约补救措施时，都不影响该方当事人向违约一方提出损害赔偿的要求。要求赔偿和进行赔偿，也就是索赔和理赔，实际上是一个问题的两个方面。**索赔**（claim）是指合同的一方当事人违约，使另一方当事人遭受损失，受损方向违约方提出损害赔偿的行为。**理赔**（settlement of claim）是指违约方受理受损方提出的索赔要求。在处理索赔的工作中，必须注意以下问题。

（二）索赔种类

国际货物买卖中涉及的索赔，根据责任和环节的不同，可以分为三种：一是由于贸易合同当事人任何一方的违约行为造成的损失，向违约方提出的贸易索赔。如卖方未按期交货、包装不合要求、买方延期付款等，除不可抗力原因外，应向违约方提出索赔。二是由于运输过程中承运人的过失而造成的损失，向运输承运人提出的运输索赔。三是属于保险公司承保责任范围内的货物损失，向保险公司提出的保险索赔。

（三）索赔依据

一方当事人提出索赔时，必须要有充分的索赔依据。索赔依据包括法律依据和事实依据两个方面。前者是指买卖合同和适用的法律、惯例；后者则是指违约的事实、情节及其书面证明。如果索赔时证据不全、证据不足或出证机构不符合要求，都可能遭到对方拒赔。买卖合同中的索赔条款通常包括索赔依据，主要规定索赔时必须提供的证据，以及出具证明文件的机构。一般需出具的索赔依据包括索赔函、公证机构出具的检验报告和索赔清单等。如向船公司索赔时还须另附事故证明文件、破损事故证明书或短卸证明书、提单正本或副本等；向保险公司索赔须另附事故证明文件、保单正本或副本、出口地公证机构出具的检验证明书等。

（四）索赔期限

索赔的期限是指受损方有权向违约方提出赔偿要求的有效期限。按照法律和国际惯例，受损一方只能在索赔期限内提出索赔，如果逾期索赔，除非对方同意，否则违约方可以不予理赔。索

㊀ 参见《联合国国际货物销售合同公约》第25条、第49条（1）款、第46条（1）款、第81条（1）款。

赔期限有约定和法定之分。

约定的索赔期限是指买卖双方在合同中明确规定的索赔期限。规定索赔期限的长短，应根据商品的性质、港口条件、检验货物的可能性及所需时间等加以确定。按我国的习惯做法，一般货物的索赔有效期为货物到达目的地后的 30 天或 45 天，机电设备仪器等为 60 天或 90 天，一般不超过 180 天。索赔期限的规定方法通常有以下 4 种：

（1）货物到达目的港 / 地后 ××× 天内；

（2）货物到达目的港 / 地卸离海轮或运输工具后 ××× 天内；

（3）货物到达买方营业处所或用户所在地 ××× 天内；

（4）货物经过检验后 ××× 天内。

如果国际货物买卖合同的当事人双方没有在合同中约定索赔期限，则应适用有关法律规定的索赔期限。法定的索赔期限是指根据有关法律，受损害的一方有权向违约方要求损害赔偿的期限。例如《联合国国际货物销售合同公约》规定，买方可在实际收到货物后两年内提出索赔；《中华人民共和国涉外经济合同法》则规定当事人知道或应当知道其权利受侵害时 4 年内提出索赔均有效；《海牙规则》规定向船公司索赔的期限为货到目的港交货后一年内；我国《海运货物保险条款》规定向保险公司索赔的期限为货物在目的港全部卸离海轮后 2 年内。就约定索赔期限和法定索赔期限的效力而言，前者的效力一般高于后者。当合同中有关于索赔期限的约定时，适用双方当事人约定的索赔期限；只有在双方当事人未约定索赔期限时，才适用法定的索赔期限，而约定索赔期限的效力可以超过法定索赔期限，所以，合同中规定合理、适当的索赔期限是十分必要的。

（五）索赔金额

由于索赔金额事先难以预计，故订约时一般不作具体规定，待出现违约事件后，再由有关方面酌情确定。如果买卖合同中约定了损害赔偿的金额，则按约定的金额提出索赔。如果合同中未对索赔金额进行具体规定的，根据国际贸易惯例，要求的赔偿金额应与因违约而遭受的包括利润在内的损失额相等，但限度不能超过订立合同时可以预料到的合理损失。[㊀]当违约行为出现后，如果受损方采取合理措施能够减轻违约损失的程度但没有行动，那么违约方可以要求从损害赔偿中扣除原可以减轻的损失数额。[㊁]

（六）索赔责任

所谓索赔责任就是由哪一方当事人提出索赔要求。通常情况下的索赔责任在受损方，由受损方提出索赔要求。但为了让企业能够专心于生产经营业务，在我国的进口索赔中，如果是向承运人或保险公司索赔，一律由外运公司代办。

三、合同中的索赔条款

在国际贸易中，为了使索赔和理赔有据可依，买卖双方一般在合同中都订有索赔条款。合同中的索赔条款主要有“异议与索赔条款”和“罚金条款”两种形式。

㊀ 参见《联合国国际货物销售合同公约》第 74 条。

㊁ 参见《联合国国际货物销售合同公约》第 77 条。

（一）异议和索赔条款

异议和索赔条款（Discrepancy and Claim Clause）一般是针对卖方交货的品质、数量或包装不符合合同规定而订立的。它规定的基本内容包括索赔权、索赔依据、索赔期限，有时也规定索赔金额和索赔的处理方法。

范例

买方对于装运货物的任何索赔，必须于货物到达提单或运输单据所订目的港之日起60天内提出，并须提供卖方同意的公证机构出具的检验报告。属于保险公司、船公司或其他有关运输机构责任范围内的索赔，卖方不予受理。

Any claim by the buyer regarding the goods shipped should be filed within 60 days after the arrival of the goods at the port of destination specified in the relative bill of lading or transport document and supported by a survey report issued by a surveyor approved by the seller. Claims in respect of matters within responsibility of insurance company, shipping company or other transportation organization will not be considered or entertained by the seller.

异议和索赔条款同商品检验条款有着密切的联系，买方索赔的期限实际上就是买方行使对货物进行复验的有效期限，而索赔条款中的索赔依据一般都要求出具检验证书，因此，在有些国际货物买卖合同中，有时将这两项条款结合起来订立，并称为“检验与索赔条款”（Inspection & Claim Clause）。

（二）罚金条款

罚金条款（Penalty Clause）也称违约金条款，是在买卖合同中规定罚金的数额或百分比率，当一方违约时，按规定向对方支付，以补偿对方的损失。它一般适用于卖方延期交货、买方迟开信用证或延期接货等情况。罚金的高低应视违约时间的长短而定，并规定罚金的最高限额。因此罚金的实质就是违约金。

范例

如卖方不能按合同规定的时间交货，在卖方同意由付款银行在议付货款中扣除罚金或由买方支付货款时直接扣除罚金的条件下，买方同意延期交货。罚金率按每 7 天收取延期交货货物价值的 0.5%，不足 7 天按 7 天算。但罚金不得超过延期交货货物价值的 5%。如卖方延期交货超过合同规定期限 10 周时，买方有权撤销合同，但卖方仍应不延迟地按上述规定向买方支付罚金。

Should the seller fail to make delivery on time as stipulated in the contract, the buyer shall agree to postpone the delivery on the condition that the seller agree to pay a penalty which shall be deducted by the paying bank from the payment under negotiation, or by the buyer direct at the time of payment. The rate of penalty is charged at 0.5% of the value of the goods whose delivery has been delayed for every seven days, odd days less than seven days should be counted as seven days. But the total amount of penalty, however, shall not exceed 5% of the total value of the goods involved in the late delivery. In case the seller fail to make delivery ten weeks later than the time of shipment stipulated in the contract, the buyer shall have the right to cancel the contract and the seller, in spite of the cancellation, shall still pay the aforesaid penalty to the buyer without delay.

各国法律对合同中的罚金条款解释不尽相同。如法国、德国等大陆法系国家的法律认可和保护合同中的罚金条款，认为对于不履行或不适当履行合同的一方当事人，另一方可要求其支付一定金额的违约金，作为惩罚或损害赔偿。但英国、美国等英美法系国家的法律则认为违约只能要求赔偿，不能予以惩罚，如果双方当事人约定支付的金额是属于预定的损害赔偿，则不管损失大小，均按合同规定的固定金额判付；如属于罚金则不予承认。至于约定的赔偿金额究竟属于预定的损害赔偿还是罚金，全凭法院根据具体案情进行解释，而不依据合同中的措辞。所以，在国际贸易业务中，具体执行罚金条款时应特别注意。

我国法律对于罚金条款是给予承认和保护的。《中华人民共和国涉外经济合同法》规定："当事人可以在合同中约定，一方违反合同时，向另一方支付一定数额的违约金……合同中规定的违约金，视为合同中违反合同的损失赔偿……约定的违约金过分高于或低于违反合同所造成的损失时，当事人可以请求仲裁机构或者法院予以适当减少或增加。"在一般情况下，我国的进出口合同只订立异议和索赔条款，对于连续分批交货的大宗商品或成套设备的合同中，才订立罚金条款。在有的情况下，还会明确规定索赔的处理办法。

案例讨论8-1 索赔期限已过质量索赔案[㊀]

【案例介绍】

中国A公司（买方）与外国B公司（卖方）达成协议，以CIF上海价格向B公司购买某种工业精密仪器，买方以不可撤销的即期信用证分两次付款，在交货前的一个月委托中国银行上海分行开立以卖方为受益人的信用证。合同第10条规定，品质保证期限为货到目的港12个月内，在保证期限内，因制造厂商在设计制造过程中的缺陷造成货物损害，应由卖方负责赔偿。合同第11条规定，货物到达目的港后，买方可委托中国商品检验局对货物进行复检。如果发现货物有损坏、残缺或规格及数量与合同规定不符，买方得于货到目的港的30天内凭中国商品检验局出具的检验证书向卖方要求索赔。2009年3月24日货物到达目的港，买方A公司申请中国商品检验局对该批货物进行商检后，发现货物存在品质问题，A公司于2009年4月25日书面通知B公司，要求索赔。B公司以A公司已超过了合同规定的30天索赔期为由拒绝赔偿。A公司遂提起仲裁。

【案例分析】

本案例所涉及的问题是：在国际货物买卖中，买卖双方在对货物品质规格认识不一致的情况下，当货物经检验确认品质确实存在问题，但买方未在合同规定的30天商检索赔期内提出索赔，而在货物品质保证期限的12个月内提出索赔，卖方是否还应该负责赔偿。

本案例中，根据合同第10条的规定，品质保证期限为货到目的港12个月内。买方于2009年3月24日收到货物后，于同年4月25日即因货物品质问题向卖方提出索赔。仲裁庭认为，买方的索赔时间并未超过合同关于货物品质保证期限的规定。买方A公司虽然过了30天的合同索赔期，但根据合同另一质量保护期12个月的条款，A公司仍有权因货物质量不良向卖方B公司索赔。对于有品质保证期限的商品，索赔方只要能在品质保证期限内提出索赔请求，即使该请求的提出已超出双方约定或法律规定的索赔期限，违约方仍应予以受理。

㊀ 根据 http://yingketrade.blog.163.com/blog/static/1098362112009119112856148/ 整理。

根据上述事实和分析，仲裁庭认为，本合同争议的产生是由于卖方所供货物不符合双方当事人共同认可的品质标准要求所致，卖方应对此承担责任，应给买方以相应赔偿。买方索赔货款及利息的要求是合理的，应予满足。买方A公司虽然是过了30天的合同索赔期，但根据合同另一质量保护期12个月的条款，A公司仍有权因货物质量不良向卖方B公司索赔。

通过上述分析，我们可以获得以下启示：第一，在签订合同时，买卖双方应将货物的品名、规格、质量等在合同中订明，以免发生如本案例所发生的争议；第二，买卖双方交易的货物如属特殊用途的货物，就像本案例涉及的合同一样，根据货物的不同性质和特点，分别货物的外在和内在标准，列明不同的索赔期限。

第三节 不可抗力

国际货物买卖合同成立以后，有时客观情况会发生非当事人所能控制的重大变化，使之失去原有履行合同的基础，对此，法律可以免除未履行或未完全履行合同一方对另一方的责任，这就是免责。在实践中，为了确定哪些事件可以构成当事人有权免责，防止产生不必要的纠纷，维护当事人的各自利益，通常在买卖合同中订立不可抗力条款。

一、不可抗力概述

（一）不可抗力的含义

不可抗力（force majeure）又称**人力不可抗拒**，是指在货物买卖合同签订以后，不是由于当事人的过失或疏忽，而是发生了当事人既不能预见、又无法事先采取预防措施的意外事故，以致不能履行或不能如期履行合同，遭受意外事故的一方可以据此免除履行合同的责任或延期履行合同，对方无权要求损害赔偿。因此，不可抗力条款是一种免责条款，也是一项法律规则。在国际贸易实践中，尽管不同法律、法规对不可抗力的确切含义在解释上并不统一，叫法也不一致，但其精神原则大体相同。主要包括以下几点：①意外事故必须发生在合同签订以后；②不是因为合同当事人双方自身的过失或疏忽而导致的；③意外事故是当事人双方所不能控制的，无能为力的。

（二）不可抗力事件的认定

不可抗力事件主要包括两种情况，包括自然原因引起的和社会原因引起的。前者如水灾、地震、暴风雨、大雪、飓风等；后者如战争、罢工、政府禁令、民众骚乱等。关于不可抗力事件的性质和范围，买卖双方可在商定合同时具体写明，以免事后引起争议。此外，不是所有的意外事故都可以构成不可抗力事件的。如签约后，市场价格上涨或下跌、货币升值或贬值等，这对当事人来说是无法控制的，但这是国际交易中常见的现象，并不是不可预见的，不属于不可抗力的范围。

（三）不可抗力的法律后果

不可抗力事件的法律后果主要有两种情况：一是变更合同，二是解除合同。变更合同是指对原订合同的条件或内容作适当的修改，包括替代履行、减少履行或延迟履行，但还是要承担履约的责任；解除合同则是双方责任的彻底免除。究竟是变更合同还是解除合同取决于意外事故对合同履行的影响程度，也可由买卖双方在合同中具体规定。一般而言，如果不可抗力事故的发生只是部分的或暂时的阻碍合同的履行，只能暂时中止合同或延期履行合同，而不能解除有关当事人履行合同的义务，一旦事故消除后仍需履行合同。如果不可抗力事故的发生使履行合同成为不可能，即可解除合同。

二、合同中的不可抗力条款

不可抗力条款（Force Majeure Clause）是指合同中订明如当事人一方因不可抗力不能履行合同的全部或部分义务的，免除其全部或部分的责任。另一方当事人不得对此要求损害赔偿。不可抗力条款是一种免责条款。㊀

合同中的不可抗力条款通常包括以下几方面内容：不可抗力事件的范围；不可抗力事件的法律后果；出具证明文件的机构；事件发生后通知对方的时限和方式。各国法律都承认当事人规定的不可抗力内容的有效性。

（1）不可抗力事件的范围。不可抗力事件的范围较广，一般容易引起当事人的争议，应当规定得尽可能具体一些，避免含糊、笼统，以防一旦发生不可抗力事件，双方当事人因不同的解释而产生纠纷。

（2）不可抗力事件的法律后果。发生不可抗力事件后，应按约定的处理原则和办法进行处理。因此合同应明确规定在哪些情况下可以解除合同，在哪些情况下只能变更合同。究竟如何处理，应视事件的原因、性质、规模及其对履行合同所产生的实际影响程度而定。

（3）出具证明文件的机构。在国际贸易实践中，当一方当事人援引不可抗力条款要求免除责任时，都必须向对方提交一定机构出具的证明文件。在国外，一般是由事故发生地的商会或合法公证机构出具。在我国，一般是由中国国际贸易促进委员会或其设在口岸的分会出具。进出口买卖合同中应明确规定出证机构。

（4）事件发生后通知对方的时限和方式。当发生不可抗力事件影响到合同履行时，遭受事件的一方应按事先约定的通知时限和通知方式，将不可抗力事件如实通知对方，对方接到通知后应及时答复，如有异议也应及时提出。

三、不可抗力条款的规定方法

在我国的进出口买卖合同中，不可抗力条款的规定大致采用三种方法，即概括式、举例式和综合式。

（一）概括式

概括式即在合同条款中对不可抗力事件不做具体明确的规定，只是笼统地承认双方可以援引不可抗力事件免除责任。此种方法比较笼统，任意性很大，容易产生争议，应尽量避免采用。如：

如由于不可抗力的原因，致使卖方不能全部或部分装运，或延迟装运合同货物，卖方对于这种不能装运，或延迟装运本合同货物不负有责任。但卖方须用电报或电传通知买方，并须在15天内，以航空挂号信件向买方提交由中国国际贸易促进委员会出具的证明此类事件的证明书。

㊀ 在国际货物买卖合同中，除不可抗力条款外，还可能有其他的免责条款。例如卖方在合同中限定所售货物的用途，卖方对买方移作他用的后果不负责等。

If the shipment of the contracted goods is prevented or delayed in whole or in part due to force majeure，the seller shall not be liable for non-shipment or late shipment of the goods of this contract. However，the seller shall notify the buyer by cable or telex and furnish the latter within 15 days by registered airmail with a certificate issued by the China Council for the Promotion of International Trade attesting such event or events.

（二）列举式

列举式是将可能出现的不可抗力事件一一列明。凡合同中没有列明的均不能作为不可抗力事故援引。此种方法虽然具体明确，但不可抗力事件种类很多，难免出现遗漏，引发争议。如：

如由于战争、地震、水灾、火灾、暴风雨、雪灾的原因，致使卖方不能全部或部分装运。或延迟装运合同货物，卖方对于这种不能装运，或延迟装运本合同货物不负有责任。但卖方须用电报或电传通知买方，并须在 15 天内，以航空挂号信件向买方提交由中国国际贸易促进委员会出具的此类事件的证明书。

If the shipment of the contracted goods is prevented or delayed in whole or in part by reason of war，earthquake，flood，fire，storm，heavy snow，the seller shall not be liable for non-shipment or late shipment of the goods of this contract. However，the seller shall notify the buyer by cable or telex and furnish the latter within 15 days by registered airmail with a certificate issued by the China Council for the Promotion of International Trade attesting such event or events.

（三）综合式

综合式是将概括式与列举式结合起来的规定方法。此种方法既明确具体，又有一定的灵活性，比较科学实用。我国进出口买卖合同中，大多采用此种规定方法。如：

如由于战争、地震、水灾、火灾、暴风雨、雪灾或其他不可抗力的原因，致使卖方不能全部或部分装运。或延迟装运合同货物，卖方对于这种不能装运，或延迟装运本合同货物不负有责任。但卖方须用电报或电传通知买方，并须在 15 天内，以航空挂号信件向买方提交由中国国际贸易促进委员会出具的证明此类事件的证明书。

If the shipment of the contracted goods is prevented or delayed in whole or in part by reason of war，earthquake，flood，fire，storm，heavy snow or other causes of force majeure，the seller shall not be liable for non-shipment or late shipment of the goods of this contract. However，the seller shall notify the buyer by cable or telex and furnish the latter within15 days by registered airmail with a certificate issued by the China Council for the Promotion of International Trade attesting such event or events.

四、援引不可抗力条款的注意事项

（1）不可抗力事件发生后，不能按规定履约的一方当事人要取得免责的权利，必须及时通知另一方，并提供必要的证明文件，而且在通知中应提出处理的意见。一方接到对方关于不可抗力事件的通知或证明文件后，无论同意与否都应及时答复，否则将被视为默认。

（2）当收到对方援引不可抗力条款要求免责时，应按照合同规定严格审查对方的免责要求，以便确定其所援引的内容是否属于不可抗力条款规定的范围。如不属于该范围又无“双方同意的其他人力不可抗拒事故”规定时，不能按不可抗力事故处理。即使有此规定，也应由双方协商，如一方不同意，也不能算作不可抗力事故。

（3）确定不可抗力事故后，就不可抗力的后果，双方当事人应按约定的处理原则和办法进行协商处理。处理时应本着实事求是的精神，弄清情况，确定影响履约的程度，以此来判断是解除合同还是延期履行合同。

案例讨论8-2 日本地震不可抗力[㊀]

【案例介绍】

2011年2月，我国贸易公司与日本福岛某硅芯片制造商签订进口芯片合同，约定交货期为5月份。2011年3月11日，日本发生强震及海啸，造成该公司受到重创停产。次日，日本政府首次公开承认福岛第一核电站有放射性物质泄漏，并开展20公里范围的核安全撤离。试就以上情况说明日商是否有权向我方提出免责要求。

【案例分析】

根据不可抗力的定义，买卖双方签订合同后，不是由于合同当事人的过失或疏忽，而是由于发生了合同当事人无法预见、无法预防、无法避免和无法控制的事件，导致合同一方当事人不能履行或不能如期履行合同的，可以免除或推迟履行合同责任。本案例中，由于日本遭受特大地震和海啸，致使福岛芯片厂商受到重创，工厂停产，工人也因核安全问题撤离福岛地区，属于由于自然力量造成的不可抗力事件的范围。

日本地震和海啸发生在订立合同之后，其履约期未满，且为当事人无法预见、无法避免、无法预防和无法控制的事件，其造成的危害也非当事人过失或疏忽行为主观造成的，符合不可抗力的基本要件。因此，日本芯片厂商可以根据合同和公约规定，有权向我方提出免责要求，免除履约责任。

第四节 仲 裁

在国际货物贸易中，情况错综复杂，市场变化多端，买卖双方在合同履行过程中因种种原因发生争议是难以避免的。正确处理和妥善解决对外贸易过程中发生的争议，不仅关系到国家和企业的权益与对外声誉，而且直接关系到买卖双方的切身利益。

实际业务中，买卖双方解决争端的方式主要有友好协商（negotiation）、调解（conciliation）、仲裁（arbitration）及司法诉讼（litigation）四种。其中，仲裁是被广泛采用的一种行之有效的方式。

一、仲裁的含义和特点

（一）仲裁的含义

仲裁（arbitration）又称**公断**，是指买卖双方在争议发生之前或发生之后，签订书面协议，自愿将争议提交双方所同意的第三者予以裁决（award），以解决争议的一种方式。 由于仲裁是依照

㊀ 秦超，陈颖．国际贸易实务 [M]. 北京：高等教育出版社，2011.

法律所允许的仲裁程序裁定争端，因此仲裁裁决是最终裁决，具有法律约束力，因而双方必须遵照执行。

（二）仲裁的特点

同司法诉讼相比，仲裁有以下特点：

（1）仲裁机构是属于社会性民间团体所设立的组织，不是国家政权机关，不具有强制管辖权，对争议案件的受理，以当事人自愿为基础。

（2）当事人双方通过仲裁解决争议时，必须先签订仲裁协议；双方均有在仲裁机构中推选仲裁员以裁定争议的自由。

（3）仲裁机构之间互不隶属，各自独立，实行一裁终局，所以仲裁机构的裁决一般是终局性的，已生效的仲裁裁决对双方当事人均有约束力。

（4）仲裁比诉讼的程序简单，处理问题比较迅速及时，而且费用也较为低廉，同时仲裁比诉讼的专业权威性更强。

而诉讼是当事人单方面的行为，只要法院受理，另一方就必须应诉，法院具有强制管辖权。一审的判决并不是终局判决，当事人有权上诉进入二审程序。而且诉讼立案时间长，诉讼费用高，异国法院的判决未必公正，各国司法程序不同，当事人在异国诉讼比较复杂。

二、仲裁协议

仲裁协议是双方当事人达成的、自愿将其已发生或将来可能发生的争议交付仲裁机构解决的书面表示，是申请仲裁的必备材料。

我国《仲裁法》规定，当事人采用仲裁方式解决纠纷，应当双方自愿，达成仲裁协议。没有仲裁协议，一方申请仲裁的，仲裁机构不予受理。[㊀]据此，发生争议的双方中任何一方申请仲裁时必须提交双方当事人达成的仲裁协议。仲裁协议是指当事人在合同中订明的仲裁条款或者以其他方式达成的提交仲裁的书面协议。[㊁]

（一）仲裁协议的形式

仲裁协议必须是书面的，它有两种形式：

（1）仲裁条款（arbitration clause）是双方当事人在争议发生之前订立的，通常作为合同中的一项条款出现，表示自愿把将来可能发生的争议交付仲裁机构解决的书面文件。

（2）仲裁协议（submission）是指双方当事人订立的提交仲裁的协议，此种协议必须是双方以书面形式订立的，包括通过往来信件、数据电文（包括电报、电传、传真、电子数据交换和电子邮件）等方式达成的协议。此种协议可以在争议发生之前达成，也可以在争议发生之后达成。这两种形式的仲裁协议，其法律效力是相同的。

我国仲裁规则确认了仲裁协议的独立性，明确规定，合同中的仲裁条款应视为与合同其他条款分离地、独立地存在的条款，附属于合同的仲裁协议也应视为与合同其他条款分离地、独立地存在的一个部分；合同的变更、解除、终止、失效或无效以及存在与否，均不影响仲裁条款或仲

㊀ 参见《中华人民共和国仲裁法》第4条。

㊁ 参见《中国国际经济贸易仲裁委员会仲裁规则》（2000年）第3条。

裁协议的效力。㊀

（二）仲裁协议的作用

按照我国和多数国家仲裁法的规定，仲裁协议的作用主要表现在以下 3 个方面：

（1）表明双方当事人在发生争议时自愿提交仲裁。约束双方当事人在和解、调解不成时，只能以仲裁方式解决其争议，且不得向法院起诉。

（2）排除法院对有关案件的管辖权。如果一方违背仲裁协议，自行向法院起诉，另一方可根据仲裁协议要求法院不予受理，并将争议案件退交仲裁庭裁断。世界上绝大多数国家的法律都规定法院不受理争议双方订有仲裁协议的争议案件。

（3）使仲裁机构取得对争议案件的管辖权。任何仲裁机构都无权受理没有仲裁协议的案件，这是仲裁的基本原则。

三、仲裁裁决的承认与执行

仲裁裁决对双方当事人都具有法律上的约束力，当事人必须执行。双方当事人都在本国的情况下，如一方不执行裁决，另一方可要求法院强制执行。但是，如一方当事人在国外，涉及一个国家的仲裁机构所做出的裁决要由另一个国家的当事人去执行的问题。在此情况下，如国外当事人拒不执行裁决，则只有到国外的法院去申请执行，或通过外交途径要求对方国家有关主管部门或社会团体（如商会、同业公会）协助执行。

为了解决在执行外国仲裁裁决问题上的困难，国际上除通过双方协定就相互承认与执行仲裁裁决问题做出规定外，还订立了多边国际公约。1958 年 6 月 10 日，联合国在纽约召开了国际商事仲裁会议，签订了《承认与执行外国仲裁裁决公约》（Convention on the Recognition and Enforcement of Foreign Arbitral Award，简称《1958 年纽约公约》）。该公约强调了两点：一是承认双方当事人所签订的仲裁协议有效；二是根据仲裁协议所做出的仲裁裁决，缔约国应承认其效力并有义务执行。只有在特定的条件下，才根据被诉人的请求拒绝承认与执行仲裁裁决。例如，裁决涉及仲裁协议未提到的，或不包括在仲裁协议之内的一些争议；仲裁庭的组成或仲裁程序与当事人所签仲裁协议不符等。

我国于 1986 年加入上述《1958 年纽约公约》，并同时提出两项声明：①中华人民共和国只在互惠的基础上对在另一缔约国领土内做出的仲裁裁决的承认和执行适用公约；②中华人民共和国只对根据中华人民共和国法律认定为属于契约和非契约性商事法律关系所引起的争议适用该公约。我国政府对上述公约的加入和所作的声明，为我国承认与执行外国仲裁裁决提供了法律依据，同时，也有利于我国仲裁机构所作的裁决在国外各公约成员国内的执行。

四、合同中的仲裁条款

国际贸易合同中的仲裁条款，通常包括仲裁地点、仲裁机构、仲裁程序、仲裁裁决的效力和仲裁费用的负担。

（一）仲裁地点

仲裁地点是进行仲裁的所在地。在何处仲裁，是买卖双方在磋商仲裁条款时极为关心的重要

㊀ 参见《中国国际经济贸易仲裁委员会仲裁规则》（2000 年）第 5 条。

问题。因为仲裁地点与仲裁所适用的程序法，以及合同所适用的实体法密切相关。仲裁地点不同，适用的法律可能不同，对买卖双方的权利、义务的解释就会有差别，其结果也会不同。因此，交易双方都力争在自己比较了解和信任的地方，尤其是力争在本国仲裁。我国进出口贸易合同中的仲裁地点，通常有以下三种规定方法。

（1）力争规定在我国仲裁。

（2）有时规定在被告所在国仲裁。

（3）规定在双方同意的第三国仲裁。若此，应选择受理双方当事人都不是本国公民的争议案的仲裁机构，且还应具备公正。

（二）仲裁机构

仲裁机构的选择有两种：一种是由双方当事人在仲裁协议中规定一个常设的仲裁机构；另一种是由双方当事人指定仲裁员所组成的临时仲裁机构，当争议案处理完毕后，它将自动解散。合同当事人究竟选用哪个国际（地区）的仲裁机构审理争议，应在合同条款仲裁中具体说明。

1．常设仲裁机构

常设仲裁机构又可分为两种：一种是国际性和全国性的特设机构。国际性的如国际商会仲裁院；全国性的如英国伦敦仲裁院、英国仲裁协会、美国仲裁协会、瑞典斯德哥尔摩商会仲裁院、瑞士苏黎世商会仲裁院、日本国际商事仲裁协会及中国香港国际仲裁中心等。我国的常设仲裁机构有设在北京的中国国际经济贸易仲裁委员会和其分别设在深圳和上海的分会，及海事仲裁委员会。

2．临时仲裁机构

临时仲裁机构是根据当事人的仲裁条款或仲裁协议，在争议发生后由双方当事人指定的仲裁员临时组成的仲裁庭，争议案件审理完毕后，临时仲裁庭即告解散。因此，采用临时仲裁庭解决争议时，双方当事人要在仲裁条款或仲裁协议中规定双方指定仲裁员的办法、人数、组成仲裁庭的成员，以及是否需要首席仲裁员等。

（三）仲裁程序

仲裁程序主要是规定进行仲裁的手续、步骤和做法，包括仲裁的申请、仲裁员的指定、仲裁条件的审理、仲裁裁决的效力和仲裁费用的支付等内容。各国仲裁机构一般都制定了自己的仲裁程序规则，按照国际仲裁的通行做法，原则上都采用仲裁所在地的仲裁规则，但法律上也允许根据双方当事人的约定，采用仲裁地点以外的其他国家（或地区）所制定的仲裁规则进行仲裁。我国现行的仲裁程序规则是自 1994 年 6 月 1 日起施行的《中国国际经济贸易仲裁委员会仲裁规则》。根据该规则规定，凡当事人同意将其争议提交中国国际经济贸易仲裁委员会仲裁的，均视为同意按照该仲裁规则进行仲裁。

（四）仲裁效力

仲裁裁决的效力主要是指由仲裁庭做出的裁决，对双方当事人是否具有约束力，是否为终局性的，能否向法律起诉要求变更裁决。根据中国仲裁规则规定，仲裁庭应当根据事实，依照法律和合同规定，参照国际惯例，并遵循公平合理原则，独立公正地做出裁决。仲裁裁决是终局的，对双方当事人均有约束力。任何一方当事人不得向法院起诉，也不得向其他任何机构提出变更裁决的请求。如败诉方不执行裁决，则胜诉方有权向法院起诉，请求法院强制执行。

（五）仲裁费用

仲裁费用由谁负担，应在仲裁条款中订明。通常由败诉方承担，也有的规定由仲裁庭酌情决定。我国仲裁规则规定，败诉方所承担的费用不得超过胜诉方所得胜诉金额的10%。

（六）仲裁条款范例

凡因合同履行，或与本合同相关的一切争议，双方应通过友好协商的方式解决。如果协商不成，应将争议提交北京中国国际经济贸易仲裁委员会，根据该会的仲裁规则进行仲裁。仲裁裁决是终局的，对双方当事人都有约束力。仲裁费用，除仲裁庭另有裁决外，应由败诉方承担。

All disputes arising out of the performance of, or relating to this contract, shall be settled through friendly negotiation. In case no settlement can be reached through negotiation the case shall then be submitted to the China International Economic and Trade Arbitration Commission, Beijing, China for arbitration in accordance with its Rules of Arbitration. The arbitral award is final and binding upon both parties. The arbitration fee shall be borne by the losing party unless otherwise awarded by the arbitration court.

液晶显示器交易争议仲裁案[⊖]

【案例介绍】

11月5日，内江T公司（买方）与M公司（卖方）签订液晶显示器订购合同。双方约定，由T公司向M公司订购液晶显示器共2 880片，合同单价为USD175 per piece FCA Hongkong，合同总价为USD5 041 000，装船期为收到L/C后1日内发货，付款条件为L/C AT SIGHT。如果货物质量或数量经中国商检局或买方检测与合同不符时，买方可在货到目的港后60天内，凭中国商检局出具的检验证明向卖方提出退货或索赔。

11月9日，M公司收到L/C副本；11月10日，M公司发货；11月12日，收到L/C正本；T公司随后自行验收了此单货物。12月1日，M公司在信用证有效期内向开证银行寄单索偿时，因单证瑕疵遭到开证银行拒付。其后，信用证过期，M公司虽多次要求T公司支付货款，但是T公司却以货物质量存在问题提出部分换货，并且在没有出具中国商检局的检验证明的情况下，于2005年3月运回M公司部分货品537片。M公司进行维修后，继续通过信函、委派专人前去向T公司催收合同项下的货款，但是T公司始终拖延不予支付，从而给M公司的财务周转造成了严重的损害，M公司因此向中国国际经济贸易仲裁委员会提交仲裁申请，请求T公司支付合同项下的全部货款。针对M公司的主张，T公司认为，导致双方交易无法完成的原因不是T公司不履行义务，而是由于M公司自身的原因造成单证不符遭到银行的拒付；之后，经双方协商达成《退换货协议》，但是M公司却没有按照协议来履行，进而导致货款没有支付。因此，根据法律和国际惯例以及双方签订的合同约定，由于M公司没有履行相关义务，其便没有任何理由要求T公司付款，仲裁庭应当依法驳回其仲裁请求。M公司的仲裁请求是否合理？仲裁机构将如何裁决？

⊖ 根据中国国际经济贸易仲裁委员会网站案例整理。

【案例分析】

本案例是在货物存在质量问题的情况下为支付货款引发的争议。对于因货物质量双方出现的争议，按照合同的约定，“如货物的质量或数量经中国商检局或买方检测出与合同不符时，买方可在货到目的港后的60天内，凭中国商检局出具的检验证明向卖方提出退货或索赔。”本案例中，当T公司即买方检测出货物存在质量问题时，并未提交商检局出具的商检证明，而是与M公司即卖方经协商签订了《退换货协议》。这一协议是对原订购合同的补充协议，其目的在于解决履行订购合同中出现的不良显示屏问题。因此，关于交易涉及的货款金额及其支付应按照订购合同的约定履行，而对不良显示屏的按价退还问题应以《退换货协议》的约定为准。同时仲裁庭认为，订购合同选用的贸易术语是FCA，根据当前适用的《2010年国际贸易术语解释通则》，FCA项下买方的第一项义务就是“必须按照销售合同约定支付价款”，另一项义务是受领货物。既然本案例合同项下的全部货物已经交付给买方，则买方按照国际惯例和合同，必须如数支付价款，否则即为违约。因而仲裁庭支持T公司向M公司支付货款总额扣除不良显示屏的价值的剩余款项。与此同时，在本案例合同项下，因货物存在质量问题，按照双方当事人签订的《退换货协议》，不良的537片显示屏已经退还给M公司，但由于各种原因，维修后的显示屏未能及时返还给T公司，因此，仲裁庭认为，按照《退换货协议》的约定，T公司应当将537片不良显示屏的价值从货款总金额5 041 000美元中扣除后，剩余的款项4 101 025美元立即支付给M公司。

本案例告诉我们，在遇到贸易纠纷时，如双方协商无法达成一致意见时，仲裁是解决争议的一种可选的有效形式。因此，在签订贸易合同时，买卖双方应注意仲裁条款的磋商与拟定。同时，我们还应吸取教训，签约后要严格遵守合同的约定，同时遵守相关的国际法规和惯例。

本章小结

商检、索赔、不可抗力和仲裁经常被称为合同中的“一般贸易条款”，是保证合同顺利进行的重要因素。

商品检验检疫是商品买卖双方交接货物过程中必不可少的环节。商品检验检疫机构对商品的品质、数量、重量、包装、安全性能、卫生指标、残损情况、商品装运技术条件等方面进行检验和鉴定，并出具检验证书。在合同中应对商品检验检疫的时间、地点和方法等做出明确的规定。

违约是指买卖双方中，任何一方违反合同义务的行为。索赔是指在争议发生后，受害方向违约方提出赔偿要求，对违约方而言就是理赔，索赔是处理违约的一种重要补救措施，而且在采取其他补救措施时仍不影响索赔的权利。因此，在合同中应明确规定索赔条款，包括索赔的时间、索赔的依据等。

不可抗力条款是指在合同中订明，如果是由于发生了人力不可抗拒的意外事件才使交易当事人违约，则遭受这一事件的当事人可以援引合同中的不可抗力条款免除自己履行合同的责任，或延迟履行合同。因此，应在合同中规定不可抗力事件的范围、法律后果、证明文件等内容，以使自己在这些事件发生时得以免责。另外，还应对不可抗力事件加以防范，在合同中应有明确具体的规定。

争议是由于在国际贸易中情况复杂多变，买卖双方经常出现贸易摩擦而引起的。为解决争议，双方可在合同中规定仲裁条款，预先选择仲裁机构和仲裁程序规则，仲裁以简洁、高效、费用低、可跨国执行等优势成为贸易纠纷的主要解决方式。

关键词

商品检验 commodity inspection　　索赔 claim
不可抗力 force majeure　　仲裁 arbitration

思考题

一、简答题

1．简述国际贸易中商品检验的意义。
2．根据《联合国国际货物销售合同公约》，违约的情况可以分为几种？不同性质的违约各有怎样的法律后果？

二、多选题

1．在国际贸易中，下列哪项属于从事商品检验的机构：（　　）。
A．生产制造厂商　　B．国家设立的检验机构
C．公证行附设的检验机构　　D．使用单位
2．为了协调买卖双方在商品检验上的矛盾，目前国际上通常采用的关于商品检验的折中方法是：（　　）。
A．离岸重量，离岸品质　　B．到岸重量，到岸品质
C．离岸重量，到岸品质　　D．在出口国检验，在进口国复验
3．不可抗力是指（　　）。
A．非当事人所能控制的
B．当事人无法预防的
C．不是当事人的过失引起的意外事件
D．不是当事人订立合同时所能考虑到的障碍
4．我国商检机构所签发的检验证，其作用是（　　）。
A．买卖双方交接货物、装卸的情况，明确责任归属的依据
B．证明货物运输、装卸的情况，明确责任归属的依据
C．通关验放的有效证件
D．进行仲裁的有效证件
E．对外索赔的有效证件
5．在国际贸易中，解决交易双方所发生的争议的方式很多，包括（　　）。
A．协商　　B．调解　　C．仲裁　　D．诉讼

三、判断题

1．不可抗力条款对买卖双方同样适用，但主要是保护卖方利益的，卖方援引不可抗力的机会比买方多。（　　）
2．不可抗力又称人力不可抗拒，是指买卖合同签订前由于自然原因或社会原因而引起的无法预防、避免和控制的意外事故，致使合同无法履行。（　　）
3．仲裁裁决一经做出，即具有法律效力，双方当事人均应自觉遵守，如败诉方拒不执行，胜诉方可向法院提出申请，要求强制执行。（　　）

4. 仲裁裁决是终局的，对双方都有约束力。双方都必须执行，任何一方都不得向法院起诉要求变更。即使上诉，法院一般也只审查程序，不审查实体。（ ）
5. 仲裁费用一般由败诉方承担，也可在条款中明确双方各自负担的比例或规定由仲裁员来决定。（ ）
6. 援引不可抗力条款的法律后果是撤销合同或推迟合同的履行。（ ）
7. 买卖双方为解决争议而提请仲裁时，必须向仲裁机构递交协议，否则，仲裁机构不予受理。（ ）
8. 不可抗力事件包括两种类型：一种是由于自然原因引起的，另一种是社会原因引起的。各国对不可抗力的解释一般是一致的。（ ）
9. According to usual international trade practice, buyers lose the right to claim for damages if they have processed or resold the goods. （ ）
10. Once a force majeure event happens, the party who fails to perform its obligations must inform the other party of the event. （ ）
11. The party who incurs a force majeure event may delay the performance of the contract if this party is able to continue the contract. （ ）
12. Usually the parties who require arbitration in settlement of claims may not appeal to the court.（ ）

四、案例分析题

1. 我出口公司 A 向新加坡公司 B 以 CIF 新加坡条件出口一批土特产品，公司 B 又将该批货物转卖给马来西亚公司 C。货到新加坡后，公司 B 发现货物质量有问题，但公司 B 仍将货物转船至马来西亚。其后，公司 B 在合同规定的索赔期限内凭马来西亚商检机构签发的检验证书，向公司 A 提出退货要求。试问：公司 A 应如何处理？为什么？
2. 我国从阿根廷进口普通豆饼 20 000 吨，交货期为 8 月份，然而 4 月份阿根廷原定收购地点发生洪灾，收购计划落空，阿商要求按不可抗力事件处理，免除交货责任，我方应如何处理？
3. 我国某出口公司向外商出口货物一批，合同中明确规定一旦在履行过程中发生争议，如友好协商不能解决，即将争议提交中国国际经济贸易仲裁委员会在北京进行仲裁。后来，双方就商品的品质发生争议，对方在所在地法院起诉我方。法院也发来了传票，传我公司出庭应诉，我方应如何处理？

第九章

进出口合同的履行

学习目标

- 了解进出口合同履行的基本程序
- 能根据合同的条款开立信用证
- 掌握审核信用证的方法
- 掌握制作各种结汇单据的方法

案例导入

在签订出口合同时，NEO公司要求森德公司传真发票供其开立信用证。在2011年3月28日收到信用证修改件后，森德公司即向合作工厂（徐州某食品厂）下单，签订内销合同。本批出口商品系采用集装箱班轮运输，故森德公司委托上海凯通国际货运代理有限公司代为订舱，2011年4月12日，森德公司传真出口货物明细单给上海凯通，以便其缮制集装箱货物托运单等单据。上海凯通向中远集装箱运输有限公司订舱，并在随后传真配舱通知及费用确认件给森德公司。

由于森德公司出口的罐装食品属于法定检验的商品范围，在商品报关时，报关单上必须有商检机构的检验放行章方可报关。因此，2011年4月16日，森德公司委托合作工厂向徐州商检局申请出口检验。根据信用证条款，本批出口商品还需商检局出具健康证明。4月17日，此批货物经检验合格，徐州商检局出具换证凭单和健康证明给工厂。4月18日，工厂将健康证明书寄给森德公司用于议付，将换证凭单寄给森德公司指定的上海凯通国际货运代理公司用于报关。4月20日，上海凯通收到工厂商检换证凭单，当天即凭此单到上海出入境检验检疫局换取出境货物通关单。4月21日，上海凯通收到森德公司寄来的前述单据，然后向上海海关报关。

4月25日，在确定货物安全离港后，森德公司传真装运通知给NEO公司。在办理货物出运工作的同时，森德公司也开始了议付单据的制作。根据信用证的规定，森德公司备齐了全套议付单据（商业发票、海运提单、装箱单、健康证书、检验证书、汇票、一般产地证、受益人证明），于5月8日向议付银行——中国银行上海分行交单议付。5月25日，森德公司收到银行的收汇水单，至此，该笔交易已安全收汇。

6月15日，森德公司收到上海凯通寄来的上海海关退回的出口收汇核销单和报关单。当天，核销员在网上将此核销单向外汇局交单核销。核销完成后，6 月 25 日，森德公司的财务办税人员将退税要用的单据收集齐全无误后装订成册，7 月 5 日到国税局办理退税事宜。

第一节　出口合同的履行

买卖双方经过交易磋商达成协议，或者签订书面买卖合同，只是表达了双方当事人各自的经济愿望。只有履行所订立的合同，才能实现双方当事人的经济利益。在国际贸易中，买卖合同一经依法有效成立，有关当事人则必须履行合同规定的义务，履行合同是当事人双方共同的责任。“重合同、守信用”是我国对外贸易以至整个经济活动一贯遵守的重要原则，也是订立和履行国际货物买卖合同时必须遵循的一项原则。

在履行出口合同过程中，工作环节较多，涉及面较广，手续也较繁杂。各进出口企业为圆满履行合同义务，必须十分注意加强同各有关单位的协作和配合，把各项工作做到精确细致，尽量避免工作脱节、延误装运期限以及影响安全、及时收汇等事故的发生。

我国绝大多数出口合同都采用 CIF 或 CFR 贸易术语，并且一般都采用信用证付款方式，故在履行这类合同时，必须切实做好备货、催证、审证、改证、租船订舱、报验、报关、投保、装船和制单结汇等环节的工作，在这些环节中，以货（备货、报验）、证（催证、审证和改证）、船（租船订舱、办理货运手续）、款（制单结汇）四个环节的工作最为重要。另外，上述环节在出口合同履行中具有一定的普遍性和代表性，其他贸易术语或使用其他运输方式的出口合同，其所涉及的环节也同上述环节大体相近或相似。我国的出口贸易流程如图 9-1 所示。

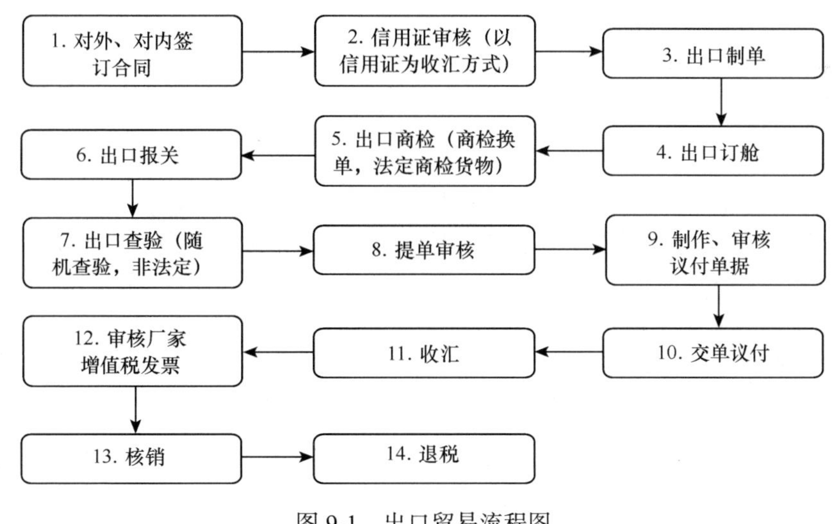

图 9-1　出口贸易流程图

一、备货

为了保证按时、按质、按量交付应交的货物，在订立合同之后，卖方必须及时落实货源，备妥要交的货物。备货是进出口企业根据合同或信用证规定，向有关企业或部门采购和准备货物的过程。

目前在我国有两种情况：一种是生产型企业备货；另一种是贸易型企业备货。生产型企业备货是向生产加工或仓储部门下达加工通知单，要求该部门按加工通知单的要求，对应交的货物进行清点、加工整理、包装、刷制运输标志以及办理申报检验和领证等项工作。对于贸易型企业，如果该企业没有固定的生产加工部门，那么就要向国内有关生产企业联系货源，订立国内采购合同。

（一）备货的基本要求

无论是哪种类型的企业，在备货过程中都必须做到：

（1）货物的品质、规格应按合同的要求核实，必要时应进行加工整理，以保证货物的品质、规格与合同或信用证规定一致。

（2）货物的数量应保证满足合同或信用证对数量的要求，备货的数量应适当留有余地，万一装运时发生意外或损失，以备调换和适应舱容之用。

（3）备货时间应根据合同、信用证规定，结合船期安排，以利于船货衔接。

（4）货物的包装符合合同的规定和运输的要求，出口货物要经过各种环节的长途运输，中途还要经过多次搬运和装卸，甚至多次转换运输工具，为了最大限度地使货物保持完好无损，应满足长途运输的要求。包装上的运输标志应与所有出口单据上对运输标志的描述一致，运输标志应既简洁，又能提供充分的运输信息。

（二）备货时应注意的问题

在备货的过程中，除了上述基本的要求，还应注意以下问题：

（1）在规定的装运时间内备妥货物，有的企业盲目地接订单，生产安排与各订单交货期不能相适应，结果到了交货期，出口方不得不花大量的精力与进口方协商，严重的延迟交货会引起对方的索赔。

（2）凡是属于法定检验的出口货物，或买卖双方约定检验的商品，应按规定及时报检，并取得要求的检验证明。

（3）对于信誉一般的客户或新客户，最好收到信用证或银行保函后才开始组织生产，以防止对方不履行合同而造成的产品积压。

（4）备货过程中，业务部门要亲自检查产品的质量情况，发现问题及时解决，以免引起质量纠纷而违约。

二、落实信用证

在使用信用证方式结算货款的交易中，落实信用证是履行出口合同不可或缺的重要环节。对信用证的掌握、管理和使用，直接关系到进出口企业的收汇安全，落实信用证主要包括催证、审证和改证等几项内容，这些都是与履行合同有关的重要工作。

（一）催证

在出口合同中，买卖双方如约定采用信用证方式付款，买方则应严格按照合同的规定按时开立信用证。如合同中对买方开证时间未做规定，买方应在合理时间内开出，因为买方按时开证是卖方正常履约的前提。但在实际业务中，有时经常会遇到国外进口商拖延开证，比如在市场发生变化或资金发生短缺的情况下，进口商往往会拖延或故意不开证。对此，我们应提醒和催促对方在合同规定期限内开立信用证。特别是针对大宗商品交易或应买方要求而特制的商品交易，更应结合备货情况及时进行催证。催证的方法，一般为直接向国外客户发函电通知，必要时，也可请驻外机构或有关银行协助代为催证。

（二）审证

信用证与买卖合同是国际货物买卖中两个相互关联而又各自独立的法律文件。信用证是依据买卖合同开立的，信用证内容应该与买卖合同条款保持一致。但在实践中，由于种种原因，如工作的疏忽、电文传递的错误、贸易习惯的不同、市场行情的变化或进口商有意利用开证的主动权加入对其有利的条款，往往会出现开立的信用证条款与合同规定不符，或者在信用证中规定一些出口商看似无所谓但实际无法满足的信用证付款条件（在业务中也被称为“软条款”）等，使得出口商根本无法按该信用证收取货款。为确保收汇安全和合同顺利执行，防止给我方造成不应有的损失，我们应该在国家对外政策的指导下，对不同国家、不同地区以及不同银行的来证，依据合同进行认真的核对与审查。一般来说，在审查国外来证时，应考虑政治上是否符合我国的对外政策；安全及时收汇是否有保障；与我国签订贸易协定的国家的来证是否符合协定的规定；来证的条款是否符合合同规定，信用证内所列条款我方能否履行，依据合同进行认真的核对与审查。

根据 UCP600 中有关义务与责任条款的规定：银行必须合理小心地审核一切单据，以确定单据表面是否符合信用证条款。单据之间表面上的不一致，都将被认为不是表面上符合信用证条款。单据不符就会失去安全收汇的保证，所以在装运之前，审查信用证工作显得尤为重要。在实际业务中，银行和进出口公司应共同承担审证任务。

1．银行审核的主要内容

银行主要审核信用证的真伪。当信用证从开证行转到出口方银行（一般为通知行），出口方银行着重审核该信用证的真实性、开证行的政治背景、资信能力、付款责任和索汇路线等方面的内容。包括对开证银行、保兑行、偿付行的资信、作风、态度的审查；还有付款方法、使用货币、利率、汇差等条款；开证行资产的多少，银行历史的长短，经营作风的好坏，业务往来与关系等。还有所在国的政治态度是否友好，信用证中是否有对我国的歧视性条款。银行对于审核后已确定其真实的信用证，应打上类似“印押相符”的字样。出口公司收到通知银行转来的信用证后，则着重审核信用证内容与买卖合同是否一致。

2．出口方审核的主要内容

为了安全起见，出口商应参照合同条款对信用证的内容进行全面审核，审核信用证和合同是否一致。往往进口商开来的信用证与合同条款不一致或自相矛盾，如果出口方一旦不认真审核接受了信用证条款，无形中变成开证行和出口方之间的新的契约。信用证基本内容的审核包括商品的名称、品牌、品质规格、价格条件、包装、运输方式、交货期限、总值等条款，须逐一进行审查，对不能接受的条款须及早提出修改。

出口企业审核信用证条款的主要依据是买卖合同，但同时还应结合《跟单信用证统一惯例》的解释和规定。因为信用证是以买卖合同为基础，所列条款应与买卖合同相一致，但信用证本身又是一个独立的法律文件，因此在信用证业务中，银行只凭信用证而不受买卖合同的约束，例如出口合同允许分批装运，而信用证对此未提及，按 UCP600 第 31 条 a 款规定，应认为两者并无二致。

信用证的内容审核主要包括：商品的名称、品质规格、数量，包装是否和合同一致；信用证的到期地点；信用证中注明的买方和卖方名称、地址的准确性；信用证的金额；信用证所规定的汇票的提交要求；信用证付款银行的所在地址；信用证要求受益人提交的单据；有关货物的描述和单价；装运地点和到货地点；有关分批和转运的规定；信用证是否受国际商会《跟单信用证统一惯例》的约束；有关特别提示。

（三）改证

在信用证业务中，修改信用证较为常见。对信用证进行了全面细致的审核以后，如果发现问题，应区别问题的性质，分别同银行、运输、保险、商检等有关部门研究，做出恰当妥善处理。在改证时注意以下几点：

第一，属于不符合我国对外贸易方针政策，影响合同执行和安全收汇的情况，我们必须要求国外客户通过开证行进行修改，并坚持在收到银行修改信用证通知书后才能对外发货，以免发生货物发出后而修改通知书未到的情况，造成我方工作上的被动和经济上的损失。修改费用一般由提出修改方案方承担。

第二，在办理改证工作中，凡需要修改的各项内容，应做到一次向国外客户提出，尽量避免由于我方考虑不周而多次提出修改要求。否则，不仅会增加双方的手续和费用，而且对外造成不良影响。

第三，信用证修改应按照一定的程序进行，可由出口方提出，也可由进口方提出，但必须由进口方向开证行提出修改申请，开证行经相关各方确认后方可修改。

第四，国际商会《跟单信用证统一惯例》规定：未经开证行、保兑行（若已保兑）和受益人同意，不可撤销信用证既不能修改，也不能取消。因此，对不可撤销信用证中任何条款的修改，都必须在有关当事人全部同意后才能生效。该惯例还规定，信用证在修改时，“原证的条款（或先前接受过修改的信用证）在受益人向通知该修改的银行发出他接受修改之前，仍然对受益人有效”。“对同一修改通知中的修改内容不允许部分接受，因此，部分接受修改内容当属无效”。

第五，对来证不符合同规定的各种情况，还需要具体分析，不一定坚持要求对方办理改证手续，只要信用证的内容不违反政策原则并能保证我方安全迅速收汇，我们也可灵活掌握。总之，对信用证的审核和修改，是保证顺利履行合同和安全迅速收汇的重要前提，我们必须给予足够的重视，认真做好审证工作。

三、出口报验

报检是指出口方向商品检验机构申报检验，商品检验机构经过抽样检查或化验合格后，向出口方颁发合格的检验证书（也称出境货物通关单）。报验属国家规定法检的商品，或合同规定必须经中国进出口商品检验检疫局检验出证的商品，在货物备齐后，应向商品检验局申请检验。只有取得商检局发给的合格检验证书，海关才准放行。经检验不合格的货物，一般不得出口。

（一）出口法定检验范围

（1）列入《商检机构实施检验的进出口商品种类表》（以下简称《种类表》）的出口商品；

（2）出口食品的卫生检验；

（3）贸易性出口动物产品的检疫；

（4）出口危险物品和《种类表》内商品包装容器的性能检验和使用鉴定；

（5）装运易腐烂变质食品出口的船舱和集装箱；

（6）有关国际条约、协议规定须经商检机构检验的出口商品；

（7）其他法律、行政法规规定须经商检机构检验的出口商品。

（二）出口报检时间和地点

1．出口报检时间

出境货物最迟应于报关或出境装运前 10 天向检验检疫机构申请报检，若货需要做进一步检查，货到场地后至少两天才能报检完毕，因此出口方应把握好报检时间。

需隔离检疫的出境动物，应在出境前 60 天预报，隔离前 7 天报检。

出境的运输工具和人员应在出境前向口岸检验检疫机构报检或申报。

2．出口报检地点

出境货物应在货物所在地检验检疫机构办理报检。对有内地运往口岸分批、并批的货物，应在产地办理预检，合格后，方可运往口岸办理出境货物的查验换证手续。对由内地运往口岸后，由于改变国别或地区有不同检疫要求的、超过检验检疫有效期的、批次混乱货证不符的，或经口岸查验不合格的，须在口岸重新报检。

（三）出口报检的流程

出口报检的流程如下：

（1）出口商填制“出境货物报检单”，随附商业发票、装箱单、合同复印件向出入境检验检疫机构办理货物出境报检手续。

（2）出入境检验检疫机构受理并收取检验检疫费后，对出口货物实施必要的检验、检疫、消毒等。

（3）出口货物经检验合格后，出入境检验检疫机构对产地和报关地一致的出境货物，向出口商出具“出境货物通关单”即“商检证书”；对产地和报关地不一致的出境货物，则出具“出境货物换证凭单”，出口商凭此单向报关地出入境检验检疫机构换发“出境货物通关单”。

四、托运、投保和报关

出口企业在备货的同时，还必须及时办理运输、报关和投保等手续。

（一）托运

在国家货物买卖中，如果采用 CIF 或 CFR 术语成交，根据《2010 年国际贸易术语解释通则》的有关规定，出口方必须自付费用同承运人签订合同，同时负责租用适航船舶或班轮公司订妥必要的舱位。办理出口货物基本程序为：

（1）出口公司先填写出口货物托运单（shipping note）；

（2）船公司或代理签发发货单（shipping order）；

（3）装船完毕后，船上大副签发大副收据（mate’s receipt）；

（4）支付运费后，换取提单（bill of lading）；

（5）发装船通知（shipping advice）

目前，国际物流、现代信息技术的发展与创新正在迅速改变国际货物运输的运作方式。特别是 EDI 电子数据交换技术用电子方式的信息传递正在代替纸单据的传递。随着技术的进步，更具有实际意义的是，货主越来越少地与运输工具承运人，如船公司直接打交道，而是由专业性较强的货运服务机构从中提供中介服务，根据货运公司提供服务的不同类型划分，其可以分为国际储运公司、国际货运代理公司和国际货运联盟。

国际储运公司都有自己的仓储设施，最初国际储运公司为了给出口商等待装运的货物提供仓储服务，负责货物拼箱（less than container loads，LCL）和装箱，然后负责将货物直接运到装运港码头或航空港进行实际装运。许多大的外贸公司都有自己的内部储运公司和仓储设施，负责上述工作。由于受到现代物流管理潮流的影响，现在的国际储运公司，其业务已经不仅局限于提供仓储服务或货物的拼箱、装箱和装运前的运输，它们也充当了国际货运代理人的角色，即在为进出口商提供仓储服务的同时也负责办理国际运输。

国际货运代理公司的业务范围通常比国际储运公司的业务范围广阔，其主要的优势就是掌握国际上四通八达的运输网络，有的在世界各国的港口有许多代理机构。国际货运代理公司为货主服务，并从货主那里获得报酬。常见的货运代理公司的业务有：租船订舱、货物报关、转运及理货、仓储、集装箱拼箱及拆箱、国际多式联运、物流管理以及运输咨询等。国际货运代理公司通常都在某个地区或国家具有综合性的运输优势，业务逐渐拓展到全球范围。

国际运输联盟是指在国际上具有一定实力的大的货运公司，它们凭借在全世界各地的运输代理机构，与不同地区的各有优势的货运代理公司结成运输战略联盟（alliances）。通常它们的优势是为客户提供复杂、系统的大型工程项目的运输。由于大型工程项目的运输周期长、货物规格复杂、运输航线不定，这通常要求运输公司具有较强的协调能力。国际运输联盟将许多国际货运代理公司和国际储运公司的优势结合起来，并利用现代信息技术手段，能够满足任何特殊运输的需要。

以上三种类型运输公司服务的内容虽然有交叉，但各有优势和侧重。出口企业应根据货物和运输线路的情况，合理选择合适的货运服务机构。

（二）投保

按 CIF 术语出口，卖方必须办理货物保险。在确定船期、船名后，出口方可以向保险公司办理投保手续，以取得保险单。

填制投保单，出口商品的投保手续，一般都是逐笔办理的。投保人投保时，应将货物名称、保额、运输路线、运输工具、开航日期、投保险别等一一列明。出口企业收到由保险公司签署的投保单后，向保险公司缴纳保费，然后取得由保险公司签发的保险凭证。

（三）报关

报关是指出口货物装运前，向海关申报其出口货物合法性所办理的手续。根据《中华人民共和国海关法》的规定：凡是进出国境的货物，必须经由设有海关的港口、车站、国际航空站进出，并由货物的发货人或其代理人向海关如实申报，交验规定的单据文件，请求办理查验放行手续，经过海关放行后，货物才可提取或者装运出口。

目前，我国的出口企业在办理报关时，可以自行办理报关手续，也可以通过专业的报关经纪行或国际货运代理公司来办理。无论是自行报关，还是由报关行来办理，都必须填写出口货物报关单，必要时，还需提供出口合同副本、发票、装箱单或重量单、商品检验证书及其他有关证件，向海关申报出口。办理报关手续一般有以下几个步骤：

1．货物的申报

出口货物的发货人或者他们的代理人，在货物出口时，应在海关规定的期限内，按海关规定的格式填写出口货物报关单，随附有关的货运、商业单据，同时提供批准货物出口的证件，向海关申报。报关的主要单证有以下几种：

（1）出口货物报关单；

（2）随报关单交验的商业单据；

（3）出口货物许可证商检证书；

（4）除上述单证外，对国家规定的其他进出口管制货物，报关单位也必须向海关提交由国家主管部门签发的特定的进出口货物批准单证，由海关查验合格无误后再予以放行。诸如食品卫生检验、药品检验、动植物检疫、文物出口、金银及其制品的管理、珍贵稀有野生动物的管理、进出口射击运动、狩猎用枪支弹药和民用爆破物品的管理、进出口音像制品的管理等均属此列。

2．货物的查验

出口货物，除海关总署特准查验的以外，都应接受海关查验。查验的目的是核对报关单证所报内容与实际到货是否相符，有无错报、漏报、瞒报、伪报等情况，审查货物的出口是否合法。海关查验货物，应在海关规定的时间和场所进行。如有特殊理由，事先报经海关同意，海关可以派人员在规定的时间和场所以外查询。申请人应提供往返交通工具和住宿并支付费用。海关查验货物时，要求货物的收、发货人或其代理人必须到场，并按海关的要求负责办理货物的搬移、拆装箱和查验货物的包装等工作。海关认为必要时，可以径行开验。

3．缴纳出口税

按照我国进出口关税征收办法的规定，须纳税的货物必须交纳完税后方可出口。

4．货物的放行

海关对出口货物的报关，经过审核报关单据、查验实际货物，并依法办理了征收货物税费手续或减免税手续后，在有关单据上签盖放行章，货物的所有人或其代理人才能装运货物。此时，海关对进出口货物的监管才算结束。另外，出口货物因各种原因需海关特殊处理的，可向海关申请担保放行。海关对担保的范围和方式均有明确的规定。

案例讨论9-1　报关单计量单位填写错误延误正常退税㊀

【案例介绍】

A公司在2009年委托其客户指定的船公司出口近50万美元的货物，涉及50多万元的出口退税。具体情况是，由于A公司采购时是以“盒”为单位采购的，A公司提供的报关单上也是注明“506 000 BOXES”，所以工厂的增值税发票也是以“506 000盒”为单位。由于船公司在重新

㊀ 秦超，陈颖．国际贸易实务[M]．北京：高等教育出版社，2011.

填写报关单时将“BOXES”漏打，只标明“6 000 KGS”，因此海关计算机上该产品的数量为“6 000 千克”，导致报关单上的内容与发票上的数量和单位不同，A 公司不能正常退税。A 公司要求船公司办理改单（修改报关单据），就是要在品名下注明“506 000 BOXES”，但是由于船公司的一再拖延，导致 A 公司无法办理退税手续。A 公司不断催促船公司办理改单，考虑到手续麻烦需要较长时间，要求对方必须在 3 个月内将改后的单据退还给 A 公司，否则要其承担由于不能正常退税造成的相关经济损失。3 个月后，总算了结此案。

【案例分析】

为了使报关不发生问题，卖方在报关时需注意，最好用铅笔在报关单上注明正确的品名、数量单位等以防发生错误。

关于报关单据和改单，要注意以下问题：

（1）报关时应注意报关单上资料的准确性。可能由于一个资料的问题，会造成不能正常报关、正常出运、正常退单、正常退税等。

（2）注意报关单据上的单位，为了避免这样的类似事情再次发生，应完整填写法定单位和成交单位。

（3）可能会因为货名的英文品名太长，在报关单商品名下加注数量和单位时由于海关的计算机问题不能全部显示，所以为了避免这样的事情发生，将须注明数量和单位的英文货名尽量简写。

（4）报关的品名与数量、单位，必须和工厂开具的增值税发票一致。

（5）报关过程中，可能会碰到我们提供的 H.S. 的编号与货物中文品名有所出入的问题，海关提出更改品名，但是不管怎样，都要显示我们要求的中文品名，可以加在括号内。

五、制单结汇、出口收汇核销和出口退税

（一）制单结汇

出口货物装运之后，出口企业按照合同或信用证的规定，正确缮制各种单据，持单向银行进行结汇，即出口商通过银行收取货款。制单结汇分为信用证下制单结汇和非信用证下制单结汇，由于信用证下付款方式属于银行信用，象征性交货，只有正确完整的制单才能收取货款，因此在这里着重介绍信用证下的制单结汇。

1．信用证付款条件下的制单结汇

在信用证付款条件下，我国目前出口商在银行可以办理出口结汇的做法主要有三种：收妥结汇、押汇和定期结汇。不同的银行，其具体的结汇做法不一样。即使是同一个银行，针对不同的客户信誉度，以及不同的交易金额等情况，所采用的结汇方式也有所不同。现将上述在我国常见的三种结汇方式简单介绍如下：

（1）收妥结汇。收妥结汇又称收妥付款，是指信用证议付行收到出口企业的出口单据后，经审查无误，将单据寄交国外付款行索取货款的结汇做法。这种方式下，议付行都是待收到付款行的货款后，即从国外付款行收到该行账户的贷记通知书（credit note）时，才按当日外汇牌价，按照出口企业的指示，将货款折成人民币拨入出口企业的账户。

（2）押汇。押汇又称买单结汇，是指议付行在审单无误情况下，按信用证条款贴现受益人（出口公司）的汇票或者以一定的折扣买入信用证项下的货运单据，从票面金额中扣除从

议付日到估计收到票款之日的利息，将余款按议付日外汇牌价折成人民币，拨给出口企业。议付行向受益人垫付资金、买入跟单汇票后，即成为汇票持有人，可凭票向付款行索取票款。银行之所以做出口押汇，是为了给出口企业提供资金融通的便利，这有利于加速出口企业的资金周转。

（3）定期结汇。定期结汇是指议付行根据向国外付款行索偿所需时间，预先确定一个固定的结汇期限，并与出口企业约定该期限到期后，无论是否已经收到国外付款行的货款，都主动将票款金额折成人民币拨交出口企业。

2．非信用证付款条件下的制单结汇

随着国际贸易格局的变化，国际市场竞争日益激烈。除了特殊情况，进口商愿意预付货款之外，一般都希望采用优惠灵活的非信用证支付方式，如托收中的承兑交单（documents against acceptance，D/A）和记账赊销（open account）等。这些方式对于进口商而言，不占压资金，能增强进口商在当地市场上的竞争力。然而，对于出口商来讲，却要承担资金占压，甚至经常出现的追不回货款的风险。出口企业为了规避风险，非信用证下的制单结汇常常和其他金融服务相结合，譬如保理业务、福费廷等，以降低进口方的资信风险。

3．主要出口结汇单据

现代国际贸易绝大部分采用凭单交货、凭单付款方式。因此，在出口业务中做好单据工作，对及时安全收汇有特别重要的意义。在信用业务中，由于银行只凭信用证，不管买卖合同，只凭单据，不管货物，对单据的要求就更为严格。对于出口单据，基本的要求必须符合“正确、完整、及时、简明、整洁”的要求。

出口单据主要有：发票、汇票、海关发票、提单、装箱单、原产地证明、商检证、保险单等。

（1）发票。商业发票（commercial invoice）简称发票（invoice）。它是出口人对进口人开立的发货价目清单，是装运货物的总说明。其主要作用是便于进口人核对已装运的货物是否符合买卖合同的规定。在信用证方式下，便于银行核对所显示的货物是否与信用证条款的规定相一致。再者，发票也是供进口人凭此收货、支付货款和作为进出口人记账、报关、纳税的依据，在即期信用证业务中不要求提供汇票的情况下，常以发票替代汇票作为付款的收据。发票全面反映了交付货物的状况，是各种单据的中心单据，是出口人必须提供的主要单据之一。

有些国家的海关制定一种固定的发票格式，要求国外出口商填写。这类发票有下列三种不同的叫法：海关发票（customs invoice）；估价和原产地联合证明书（C. C. V. O. 即 combined certificate of value and origin）；根据 ××× 国海关法令的证实发票（certified invoice in accordance with×××customs regulations）。对上述三种叫法的发票，在习惯上我们统称为海关发票，进口国要求提供这种发票，主要是作为估价完税或征收差别待遇关税或征收反倾销税的依据。此外，还供编制统计资料之用。除此之外还有领事发票（consular invoice）、厂商发票（manufacturer's invoice）、形式发票（proforma invoice）等。

发票并无统一格式，但内容大致相同。主要包括出具人名称、发票字样、抬头人名称、发票号码、合同号码、信用证号码、开票日期、装运地点、目的港或目的地、唛头、货物的名称、规格、数量、包装方法、单价、总值等。有的在发票下端还印有“有错当查”（E.&O.E. 即 errors and omissions excepted 的缩写，指错误和遗漏不在此限）的字句，这是为了一旦发生错误或遗漏可以更正或更换，但这并非必要项目。发票内容必须符合买卖合同规定。在采用信用证支付方式时，还应与信用证的规定严格相符，不能有丝毫差异。

（2）汇票。汇票（bill of exchange；draft）一般是各种结汇方式中都使用的主要单据之一。其填制方法和内容是否正确无误，对出口商安全收汇很重要。出口商开具汇票时，首先要明确如下事项：出票条款、汇票金额和币制，付款人（payer，又称受票人）采用信用证支付方式时，汇票的付款人应按信用证的规定填写，如来证没有具体规定付款人名称，一般可理解为付款人是开证人。如果是采取托收方式，一般汇票的付款人是进口商。受款人（payee，又称汇票抬头人）除个别情况另有规定外，无论是信用证付款方式，还是其他付款方式，如托收，汇票的受款人一般做成凭指示抬头（pay to order），由收款银行指示将该货款打入出口公司的银行账号。汇票一般开具一式两份，两份具有同等效力，其中一份付讫，另一份自动失效。

（3）运输单据 。运输单据因不同的贸易方式而异。有海运提单、海运单、航空运单、铁路运单、货物承运收据及多式联运单据等，具体见第五章。

（4）保险单。保险单（insurance policy）是保险人与被保险人之间订立保险合同的凭证，是保险人索赔与被保险人理赔的依据。在 CIF 或 CIP 合同中，出口商在向银行或进口商收款时，提交符合合同、信用证规定的保险单据是出口商必不可少的义务。投保单一般是在逐笔投保方式下采用的做法。出口企业在投保单中要填制的内容包括货物名称、运输标志、包装及数量、保险金额、保险险别、运输工具、开航日期、提单号等。

（5）原产地证明。原产地证明（certificate of origin）是一种证明货物原产地或制造地的证件。不用海关发票或领事发票的国家，要求提供产地证明，以便确定对货物应征收的税率。有的国家限制从某个国家或地区进口货物，也有的要求以产地证来证明货物的来源。原产地证明一般由出口地的公证行或工商团体签发。在我国，可由国家出入境检验检疫局或贸促会签发。我国出口商品所使用的产地证主要有普惠制产地证和普通产地证。

关于普惠制产地证（generalized system of preferences，GSP），目前，除美国外，世界上大部分发达国家或地区[㊀]都给予我国普惠制待遇。凡是出口到给惠国家的出口货物，须提供普惠制单据，作为给惠国海关减免关税的依据。

普通产地证用于证明货物的生产国别，进口国海关凭以核定应征收的税率。在缮制产地证时，应按照《中华人民共和国原产地规则》及其他规定办理。

专栏9-1 普惠制[㊁]

普惠制（GSP）全称为普遍优惠制（GENERALIZED SYSTEM OF PREFERENCES），是发达国家给予发展中国家出口制成品和半制成品（包括某些初级产品）一种普遍的、非歧视的和非互惠的关税优惠制度。普遍的，即发达国家对发展中国家所有出口制成品和半制成品给予普遍的进口关税优惠待遇；非歧视的，即应使所有发展中国家都无歧视和无例外地享受普惠制待遇；非互

㊀ 目前普惠制的给惠国有：欧盟 27 国（法国、英国、爱尔兰、德国、丹麦、意大利、比利时、荷兰、卢森堡、希腊、西班牙、葡萄牙、奥地利、芬兰、瑞典、爱沙尼亚、立陶宛、塞浦路斯、拉脱维亚、波兰、匈牙利、斯洛文尼亚、捷克、斯洛伐克、马耳他、瑞士、罗马尼亚）、挪威、日本、加拿大、澳大利亚、新西兰、俄罗斯、白俄罗斯、哈萨克斯坦、乌克兰、土耳其、美国、保加利亚、列支敦士登公国。

㊁ 中国国际贸易促进委员会 http://www.ccpit.org/。

惠的，即非对等的，发达国家应单方面给予发展中国家特别的关税给让，而不要求发展中国家给予同等优惠。普遍的、非歧视的和非互惠的是普惠制的三项原则。实施普惠制的目的，是通过给惠国对受惠国产品给予减免关税优惠待遇，使发展中的受惠国增加出口收益，促进工业化，加速国民经济增长。

原产地规则是各给惠国对于受惠国出口产品享受普惠制待遇必备条件的规定，它是普惠制的主要组成部分和核心内容。为了确保普惠制关税优惠待遇的好处，对于在发展中国家生产、收获和制造，并从发展中国家运出的产品，各给惠国都制定了详细的原产地规则。原产于第三国的产品，如果仅在受惠国进行轻微的加工，或经受惠国转运，一般是没有资格享受普惠制待遇的。

原产地规则包括三个部分：原产地标准、直接运输规则和书面证明。

（6）检验证书和报关单。报验单也称检验申请单，是指根据我国《商检法》规定，针对法定检验的出口货物向指定商检机关填制和申报货物检验的申请单。在填制和提交“出口检验申请单”时，要注意按一种商品，一次出运，一个受货人为一批，填写一张出口检验申请单。

报关单是向海关申报出口货物，供海关验关估税和放行的法定单据；也是海关对进出口货物统计的原始资料。《出口货物报关单》其主要填写项目为：经营单位、贸易性质、贸易国别（地区）、原产国别（地区）、货名、规格及货号、成交价格、数量等。

（7）包装单据。装箱单和重量单（packing list and weight memo）这两种单据是用来补充商业发票内容的不足，便于国外买方在货物到达目的港时，供海关检查和核对货物。

装箱单又称花色码单，列明每批货物的逐件花色搭配；重量单则列明每件货物的毛重、净重。

案例讨论9-2　单证与信用证不符遭拒付[1]

【案例介绍】

2001年4月广交会上某公司A与科威特某一老客户签订合同，客人欲购买A公司的玻璃餐具（名：GLASS WARES），A公司报价FOB WENZHOU，温州出运到科威特，海运费到付。合同金额达USD25 064.24，共1×40’高柜，支付条件为全额信用证，客人回国后开信用证到A公司，要求6月出运货物。

A公司按照合同与信用证的规定在6月按期发了货，并向银行交单议付，但在审核过程中发现两个不符点：一是发票上：GLASS WARES错写成GLASSWARES，即没有空格；二是提单上：提货人一栏，TO THE ORDER OF BURGAN BANK，KUWAIT错写成了TO THE ORDER OF BURGAN BANK，即漏写KUWAIT。A公司认为这两个是极小的不符点，根本不影响提货。A公司本着这一点，又认为客户是老客户，就不符点担保出单了。但A公司很快就接到由议付行转来的拒付通知，银行就以上述两个不符点作为拒付理由拒绝付款。A公司立即与客户取得联系，原因是客户认为到付的运费（USD2 275.00）太贵（原来A公司报给客户的是5月的海运费，到付价大约是USDl 950.00，而6月海运费价格上涨，但客户并不知晓），拒绝到付运费，因此货物滞留在码头，A公司也无法收到货款。

经A公司人员进行各方面的协调后，与船公司联系要求降低海运费，船公司将运费降到

[1] 秦超，陈颖．国际贸易实务[M]. 北京：高等教育出版社，2011.

USD2 100.00，客户才勉强接受，到银行付款赎单，A 公司被扣了不符点费用。整个解决纠纷过程使得 A 公司推迟收汇大约 20 天。

【案例分析】

从以上案例中我们可以看出，首先，“不符点”没有大小之分。在本案例中，A 公司在事先知道单据存在“不符点”的情况下还是出单，存在潜在的风险。A 公司认为十分微小的“不符点”却恰恰成了银行拒付的正当理由。因此，在已知“不符点”的情况下，最好要将其修改。别外，FOB 运费的上涨，与 A 公司并无关系，因此客户主要是借“不符点”进行讨价还价。

（二）出口收汇核销

根据我国现行的对外贸易政策，我国出口企业在办理货物装运出口及制单结汇后，应及时办理出口收汇核销和出口退税手续。

出口收汇核销制度是国家为加强出口收汇管理，确保国家外汇收入，防止外汇流失，指定外汇管理部门对出口企业贸易下的外汇收入情况进行监督检查的一种制度。根据《出口收汇核销管理办法及其实施细则》规定，出口收汇核销程序与做法为：

（1）出口企业应提前到外汇管理部门领取出口收汇核销单。

（2）出口企业报关时，向海关提交事先从外汇管理部门领取的有顺序编号的外汇核销单，经海关审核无误，在核销单和与核销单有相同编号的报关单上盖“验讫章”。

（3）报关后，出口企业在规定期限将核销单存根送回外汇管理局接受外汇管理部门对企业出口收汇情况的监督。

（4）货物出口后，出口企业将海关退给的核销单、报关单和有关单据送交银行收汇。货款汇交至出口地银行以后，银行向出口单位出具结汇水单或收账通知并在结汇水单或收账通知上填写有关核销单编号。

（5）出口单位凭出口收汇核销单和出口收汇核销专用联的结汇水单或收账通知及其他规定的单据，到国家外汇管理部门办理核销手续。

（6）国家外汇管理部门按规定办理核销后，在核销单上加盖“已核销”章，并将其中的出口退税专用联退还给出口单位作为日后退税依据。

（三）出口货物退税

出口退税（export rebates）是指对出口产品退还其在国内生产和流通环节实际交纳的增值税、营业税和特别消费税，这也是国际惯例。出口退税主要是通过退还出口产品的国内纳税款来平衡国内产品的税收负担，使本国产品以不含税成本进入国际市场，与国外产品在同等条件下进行竞争，从而增强竞争能力，扩大出口创汇。

根据《增值税暂行条例》规定，企业货物出口后，税务部门应按照出口商品的进项税额为企业办理退税，由于税收减免等原因，商品的进项税额往往不等于实际负担的税额，如果按出口商品的进项税额退税，就会产生少征多退的问题，于是就有了计算出口商品应退税款的比率——出口退税率。

出口退税所需附送材料包括：报关单、出口销售发票、进货发票、结汇水单或收汇通知书、产品征税证明、出口收汇已核销证明、与出口退税有关的其他材料。

从以上出口合同履行的环节可以看出，在出口合同履行过程中，货、证、船的衔接是一项极其细致而又复杂的工作。因此，进出口企业为做好出口合同的履行工作，必须加强对出口合同的科学管理，建立起能反映出口合同执行情况的进程管理制度，采取相应的合理措施，力求做到证、货、船三方面的衔接和平衡。

第二节　进口合同的履行

进口合同签订以后，交易双方都要坚持“重合同、守信用”的原则，及时履行合同规定的义务。即买方应及时开证，卖方应按合同规定履行交货义务。

在我国的进口业务中。一般按 FOB 价格条件成交的情况较多，如果是采用即期信用证支付方式成交，履行这类进口合同的一般程序是：开立信用证、租船订舱、装运、办理保险、审单付款、接货报关、检验、拨交、索赔。这些环节的工作，是由进出口公司、运输部门、商检部门、银行、保险公司以及用货部门等各有关方面分工负责、紧密配合而共同完成的。因此进口商应与各有关部门密切配合，逐项履行各环节涉及的工作。我国的进口贸易流程如图 9-2 所示。

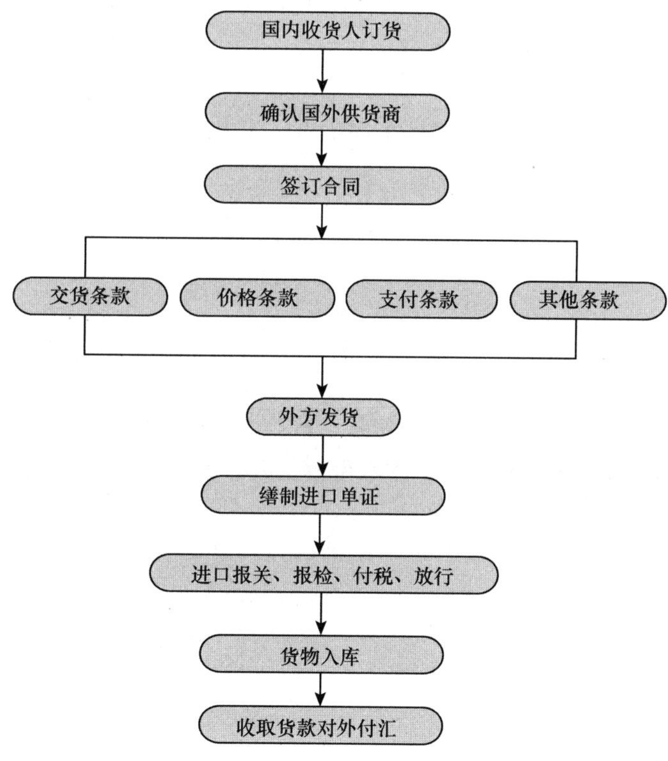

图 9-2　进口贸易流程图

一、信用证的开立和修改

（一）开立信用证

进口合同签订后，按照合同规定填写开立信用证申请书（application for letter of credit）向银行办理开证手续。开证申请书是银行开具信用证的依据。银行按照开证申请书开立信用证后，在法律上就与进口商构成了开立信用证的权利与义务关系，形成了两者之间的契约。进口商申请开立信用证，应向开证银行交付一定比率的押金（margin）或抵押品，开证人还应按规定向开证银行支付开证手续费。

1．申请开立信用证

进口人在合同规定的时间向有关银行办理申请开立信用证手续，递交有关合同的副本及附件（如进口许可证、进口配额证、某些部门的审批文件等），交付保证金，支付开证手续费，填写开证申请书。

2．填写开证申请书

进口人根据银行规定的统一开证申请格式，填写一式三份，其中一份交银行，另两份留公司的业务部门和财务部门。开证申请书是银行开立信用证的依据，必须按合同的具体规定，写明对信用证的各项要求，内容要明确、完整、无词义不清的记载。开证申请书主要包括两部分内容：正面为格式化的开证申请人对信用证的要求，即开证申请人按照买卖合同条款，要求在信用证上列明的条款；背面为开证申请人对开证行的声明，用以明确双方的责任。开证申请书主要有下列一些内容：

（1）开证行名称；

（2）开证通知方式，要明确指示信用证采用全电、简电或信开方式；

（3）申请日期；

（4）信用证有效期及地点；

（5）通知行名址；

（6）申请人名址；

（7）受益人名址；

（8）金额（大小写）和币别；

（9）信用证类型，即明确信用证是即期付款、承兑、议付或延期付款；

（10）受益人必须提供的单据种类、正副本份数、内容及要求等；

（11）有关货物的简要描述；

（12）必要的附加指示，如国外银行费用由谁负担、提交单据的期限、以第三者为发货人的运输单据可否接受等；

（13）价格条件及原产国；

（14）装运条款；

（15）开证申请人签章；

（16）开证申请人保证书（即开证申请书背面的内容）。

3．银行开立信用证

开证行在收到开证申请书后首先要对客户（进口商）进行资信调查（如是否有足够的现汇资金或是否有批准的外汇用汇计划等），以决定进口商应交纳保证金的数额。同时还要审查开证申请书的内容，发现不妥之处（如开证申请书前后内容矛盾；与有关条款及国家的相关规定是否抵触等）提出修改意见，然后按照开证申请人的要求开立信用证。

信用证的内容，应与合同条款一致，例如品质、规格、数量、价格、交货期、装货期、装运条件及装运单据等，应以合同为依据，并在信用证中一一做出规定。

4．开立信用证应注意的问题

（1）信用证的内容必须符合进口合同的规定。如货物的名称、品质、数量、价格、装运日期、装运条件、保险险别等，均应以合同为依据，在信用证中明确加以记载。

（2）信用证的开证时间应按合同规定办理。如果买卖合同中规定有开证日期，进口商应在规定的期限内开立信用证；如果合同中只规定了装运期而未规定开证日期，进口商应在合理时间内开证，一般掌握在合同规定的装运期前 30 ～ 45 天左右申请开证，以便出口方收到信用证后在装运期内安排装运货物。

（3）单据条款要明确。信用证的特点之一是单据买卖，因此进口商在申请开证时，必须列明需要出口人提供的各项单据的种类、份数及签发机构，并对单据的内容提出具体要求。

（4）文字力求完整明确。进口商要求银行在信用证上载明的事项，必须完整、明确，不能使用含糊不清的文字。尤其是信用证上的金额，必须具体明确，文字与阿拉伯数字的表示应一致，应避免使用“约”“近似”或类似的词语。这样，一方面可使银行处理信用证时或卖方履行信用证的条款时有所遵循，另一方面可以此保护自己的权益。

5．信用证的开证时间

信用证的开证时间应按合同规定办理，如合同规定在卖方确定交货期后，合同规定的装运期前 ×× 天，或合同签订后的 ×× 天开证，买方应在接到卖方上述通知后开证；如合同规定在卖方领到出口许可证或支付履约保证金后开证，则买方应在收到卖方已领到许可证的通知，或银行转知保证金已照收后开证。如果合同未明确规定买方开立信用证的时间，通常买方应在装运期前 15 ～ 20 天开证，以便卖方备货和办理其他手续，保证按时装运。

6．信用证的修改

当出口商收到信用证，根据合同对信用证进行审核后，若发现与合同规定的内容不符或不能接受或者无法办到的条款，为不影响合同的履行和收汇的安全，卖方应提出修改信用证的请求，经买方同意后，即可向银行办理改证手续。进口商因一些形势或情况的变化，也可以按规定对信用证提出修改。最常见的信用证修改原因从要求修改者的角度划分，可分为以下几种情况。

（1）出口方（受益人）要求修改信用证。

由于信用证内容与合同不符，信用证中某些条款受益人无法办到，例如：来证规定货物不允许转运，但实际并无直航船只抵达目的地。或者货源或船期等出现问题，要求信用证展期。

（2）进口方（开证申请人）要求修改信用证。

由于市场或销售情况发生变化，如需要提前或推后发货，增加或减少货物数量或品种，改变信用证单价、金额等。进口国某些情况发生变化，使信用证必须修改，才能进口有关货物。如进口国政策改变，规定进口某些货物必须具备某特定单据等。国际政治、经济形势变化，使进出口风险增加。如当战争爆发时，进口商要求增保战争险或改变航运路线等。

按照《跟单信用证统一惯例》的相关规定，自发出信用证修改书之时起，开证行就不可撤销地受本行发出的修改的约束。在受益人向通知修改的银行表示接受该修改内容之前，原信用证（或先前已接受修改的信用证）的条款对受益人仍然有效。受益人应发出接受修改或拒绝接受修改的通知。如受益人未提供上述通知，当他提交给指定银行或开证行的单据与信用证以及尚未表示接受的修改的要求一致时，则该事实即视为受益人已做出接受修改的通知，并从此时起，该信用证已做了修改。对同一修改通知中的修改内容不允许部分接受，因而，部分接受修改内容当属无效。

二、办理运输和保险

在进口业务中，凡是在FOB或CFR贸易术语下成交的进口合同，保险由买方办理。当买方收到卖方的装运通知后，按照保险公司的要求办理投保手续，保险公司根据保险合同的规定对货物自动承担承保责任。

（一）租船订舱

履行FOB交货条件下的进口合同，应由买方负责派船到对方口岸接运货物。卖方在交货前一定时间内，应将预计装运日期通知买方。买方接到上述通知后，应及时向货运代理公司办理租船订舱手续。在办妥租船订舱手续后，应按规定的期限将船名及船期及时通知对方，以便对方备货装船。同时，为了防止船货脱节和出现“船等货”的情况，注意催促卖方按时装运。对数量大或重要物资的进口，如有必要，买方也可请专业机构就地督促外商履约，或派人员前往出口地点检验监督。

进口公司对租船或订舱的选择，应视进口货物的性质和数量而定。凡需整船装运的，则需洽租合适的船舶承运；小批量的或零星杂货，则大都采用洽订班轮舱位。

（二）投保货运险

FOB或CFR交货条件下的进口合同，保险由买方办理。由进口商（或收货人）在向保险公司办理进口运输货物保险时，有两种做法：一种是逐笔投保方式，另一种是预约保险方式。

逐笔投保方式是收货人在接到国外出口商发来的装船通知后，直接向保险公司填写投保单，办理投保手续。保险公司出具保险单，投保人缴付保险费后，保险单随即生效。支付保险费的时间和方式是以“进口货物国际运输预约保险起运通知书”上填明的保险金额为准，由进口公司直接付给保险公司。

为了简化手续，防止漏保，我国外贸公司和经常有货物进口的企业，与保险公司订有预约保险合同。预约保险方式是进口商或收货人同保险公司签订预约保险合同，其中对各种货物应投保的险别做了具体规定，故投保手续比较简单。按照预约保险合同的规定，所有预约保险合同项下的按FOB及CFR条件进口货物保险，都由该保险公司承保。因此，每批进口货物，在收到国外装船通知后，即直接将装船通知寄到保险公司或填制国际运输预约保险启运通知书，将船名、提单号、开船日期、商品名称、数量、装运港、目的港等项内容通知保险公司，即作为已办妥保险手续，保险公司则对该批货物负自动承保责任，一旦发生承保范围内的损失，由保险公司负责赔偿。支付保险费的时间和方式是以“进口货物装船通知书”或其他具有保险要求的单证为依据，由保险公司每月一次计算保险费后向进口公司收取。

三、审单和付款

我国的进口业务很多都是使用信用证付款方式来结算货款，这就要求出口方提交的各种议付单据应符合我方开立的信用证条款。为了保障我国进口企业的利益，应认真做好审单工作，企业和银行共同承担审单责任。

（一）审单

1．银行的审单责任

信用证受益人在发运货物后、将全套单据经议付行寄交开证行（或保兑行）。如开证行经审单后认为单证一致、单单一致，根据 UCP600 第 14 条 a 款规定“指定行事的指定银行、保兑行（如果有的话）及开证行须审核交单，并仅基于单据本身确定其是否在表面上构成相符交单”。即应予以即期付款或承兑或于信用证规定的到期日付款，开证行付款后无追索权。

如开证行审单后发现单证不符或单单不符，应于收到单据次日起五个工作日内，以电信方式通知寄单银行，说明单据的所有不符点，并说明是否保留单据以待交单人处理或退还交单人。根据 UCP600 第 14 条 g 款规定“提交的非信用证所要求的单据将被不予理会，并可被退还给交单人”。

2．银行审单要点

以信用证为付款方式的进口贸易，出口商必须提交与信用证相符的单据，开证行必须对全套的单据进行审核。银行审核的要点如下。

（1）汇票。信用证名下的汇票，应加列出票条款（Drawn Clause），说明开证行、信用证号码及开证日期。

金额应与信用证规定相符，一般应为发票金额。如单据内含有佣金或货款部分托收，则按信用证规定的发票金额的百分比开列，金额的大小写应一致。国外开来汇票，也可以只有小写。

出票日期必须在信用证有效期内，不应早于发票日期。

汇票付款人应为开证行或指定的付款行。若信用证未规定，应为开证行，不应以申请人为付款人。

出票人应为信用证受益人，通常为出口商，收款人通常为议付银行。

付款期限应与信用证规定相符。

（2）提单。提单必须按信用证规定的份数全套提交，如信用证未规定份数，则一份也可算全套。

提单应注明承运人名称，并经承运人或其代理人签名或船长或其代理人签名。

除非信用证特别规定，提单应为清洁已装船提单。若为备运提单，则必须加上装船注记（Shipped on Board）并由船方签署。

提单的日期不得迟于信用证所规定的最迟装运日期。

以 CFR 或 CIF 方式成交，提单上应注明运费已付（freight prepaid）。

提单上所载件数、唛头、数量、船名等应和发票相一致、货物描述可用总称，但不得与发票货名相抵触。

（3）商业发票。发票应由信用证受益人出具，无须签字，除非信用证另有规定。商品的名称、数量、单价、包装、价格条件、合同号码等描述，必须与信用证严格一致。发票抬头应为开证申请人。必须记载出票条款、合同号码和发票日期。

（4）保险单。保险单正本份数应符合信用证要求，全套正本应提交开证行；投保金额、险别应符合信用证规定；保险单上所列船名、航线、港口、起运日期应与提单一致；应列明货物名称、数量、唛头等，并应与发票、提单及其他货运单据一致。

（5）产地证。产地证应由信用证指定机构签署，货物名称、品质、数量及价格等有关商品的记载应与发票一致。签发日期不迟于装船日期。

（6）检验证书。检验证书应由信用证指定机构签发。检验项目及内容应符合信用证的要求，检验结果如有瑕疵者，可拒绝受理，检验日期不得迟于装运日期，但也不得距装运日期太早。

（二）付款和拒付

银行在收到国外银行的汇票和单据后，根据信用证的规定，核对单据的份数和内容，核对单据无误后，即由银行对外付款。同时可以按照人民币当日汇率或提前购汇赎单。开证行向外付款的同时，即通知进口企业付款赎单。进口企业付款赎单前，同样需审核单据，若发现单证不一，有权拒绝赎单。买方凭银行出具的“付款通知书”做账。

银行如果审单时发现国外的单据不符应及时做出相应的处理。处理办法很多，如全额拒付、相符部分付款、不符部分拒付，货到后验收合格后付款，凭卖方或议付行出具担保付款，要求卖方修改单证，在付款的同时提出保留索赔权。

四、进口报关和验货

（一）进口报关

货物到达后，由进出口公司或委托货运代理公司或报关行根据进口单据填具“进口货物报关单”向海关申报，单、证、货三者相符，经海关查验无误方可放行。

1．进口货物的申报

进口货物申报是指在进口货物入境时，由进口公司（收货人或其代理人），向海关申报、交验规定的单据文件，请求办理进口手续的过程。

根据我国《海关法》规定：进口货物的收货人应当自运输工具申报进境之日起 14 日内向海关申报。进口货物的收货人超过 14 日期限未向海关申报的，由海关征收滞报金。对于超过 3 个月还没有向海关申报进口的，其进口货物由海关依法提取变卖处理。如果属于不宜长期保存的货物，海关可以根据实际情况提前处理。变卖后所得价款在扣除运输、装卸、储存等费用和税款后，尚有余款的，自货物变卖之日起一年内，经收货人申请，予以发还；逾期无人申请的上缴国库。

进口报关时除应提交进口货物报关单外，还应随附进口许可证和其他批准文件、提单、发票、装箱单、减税或免税证明文件，海关认为必要时，应交验买卖合同、产地证明和其他有关单证。如为《种类表》内的商品、应受动植物检疫管制的进口货物或受其他管制的进口货物，在报关时还需交验有关部门签发的证明。

2．进口货物的查验

海关以进口货物报关单、进口许可证等为依据，对进口货物进行实际的核对和检查，一方面是为了确保货物合法进口，另一方面是通过确定货物的性质、规格、用途等，以进行海关统计，准确计征进口关税。海关查验货物时，进口货物的收货人或其代理人应当在场，并负责搬移货物，开拆和重封货物的包装。海关认为必要时，可以径行开验、复验或者提取货样。

3. 进口货物的征税

海关按照《中华人民共和国海关进出口税则》的规定，对进口货物计征进口关税。货物在进口环节由海关征收（包括代征）的税费有：进口货物关税、增值税、消费税、进口调节税、海关监管手续费等。进口关税是货物在进口环节由海关征收的一个基本税种。进口关税的计算是以CIF价为基数计算。如果是FOB价格进口，还要加上国外运费和保险费，其公式为：

进口关税税额 = CIF 价格 × 关税税率

4. 进口货物的放行

进口货物在办完向海关申报，接受查验、交纳税款等手续以后，由海关在货运单据上签印放行。收货人或其代理人必须凭海关签印放行的货运单据才能提取进口货物。

进口的货物到达港口卸货时，港务局要进行卸货核查，如果发现短缺应该及时填写“短缺报告”交由船方确认，并根据短缺的情况向船方提出保留索赔的书面声明。卸货时如发现有残损品，货物应该存放于海关指定的仓库，待保险公司会同商检部门做出处理意见后再进行处理。办理完上述手续后，买方方可提货。

（二）验收和拨交货物

1. 验收货物

进口货物运达港口卸货时，港务局要进行卸货核对。如发现短缺，应及时填制“短卸报告”交由船方签认，并根据短缺情况向船方提出保留索赔权的书面声明。卸货时如发现残损，货物应存放于海关指定仓库，待保险公司会同商检机构检验后做出处理。对于法定检验的进口货物，必须向卸货地或到达地的商检机构报验，未经检验的货物不准投产、销售和使用。如进口货物经商检机构检验，发现有残损短缺，应凭商检机构出具的证书对外索赔。对于合同规定的卸货港检验的货物，或已发现残损短缺有异状的货物，或合同规定的索赔期即将届满的货物等，都需要在港口进行检验。

一旦发生索赔，有关的单证，如国外发票、装箱单、重量明细单、品质证明书、使用说明书、产品图纸等技术资料、理货残损单、溢短单、商务记录等都可以作为重要的参考依据。

2. 办理拨交手续

在办完上述手续后，如订货或用货单位在卸货港所在地，则就近转交货物；如订货或用货单位不在卸货地区，则委托货运代理将货物转运内地并转交给订货或用货单位。关于进口关税和运往内地的费用，由货运代理向进出口公司结算后，进出口公司再向订货部门结算。

五、进口索赔

在进口业务中，有时会发生卖方不按时交货，或所交货物的品质、数量、包装与合同规定不符的情况，也可能由于装运保管不当或自然灾害、意外事故等致使货物损坏或短缺、进口方可因此而向有关责任方提出索赔。根据造成原因和损失的不同，分别向卖方索赔、向船公司索赔、向保险公司索赔。

（1）向卖方索赔。凡属下列情况可向卖方索赔：货物品质规格不符合合同规定；原装数量不足；包装不符合合同规定或因包装不良致使货物受损；未按期交货或拒不交货。

（2）向承运人索赔。凡属下列情况可向承运人索赔：货物数量少于运单所载数量；提单为清洁提单，由于承运人保管不当而造成货物短损。

（3）向保险公司索赔。属于投保险别的承保范围内的损失。

在进口业务中，办理对外索赔时，一般应注意以下事项：

（1）索赔依据。索赔时应提交索赔清单和有关货运单据（如发票、提单（副本）、装箱单）。在向卖方索赔时，应提交商检机构出具的检验证书；向承运人索赔时，应提交理货报告和货损货差证明；向保险公司索赔时，除上述各项证明外，还应附加由保险公司出具的检验报告。

（2）索赔金额，除受损商品价值外，有关的费用也可以提出。如商品检验费、装卸费、银行手续费、仓租费、利息等，都可以包括在索赔金额内。有时应根据具体情况确定。向卖方索赔金额，应按买方所受实际损失计算。包括货物损失和由此而支出的各项费用（如检验费、仓租、利息等）；向承运人和保险公司索赔，均按有关章程办理。

（3）索赔期限。向卖方索赔应在合同规定的索赔期限之内提出。如商检工作确有困难可能需要延长时间的，可在合同规定的索赔有效期内向对方要求延长索赔期限，或在合同规定索赔有效期内向对方提出保留索赔权。如合同未规定索赔期限，按《公约》规定，买方行使索赔期限自其收到货物之日起不超过两年；向船公司索赔期限为货物到达目的港交货后一年之内；向保险公司提出海运货损索赔的期限，则为被保险货物在卸载港全部卸离海轮后两年。

（4）卖方理赔责任。当进口的货物发生了损失，除属于船公司及保险公司的赔偿责任外，有时是由卖方造成的损失应直接向卖方要求赔偿，防止卖方找借口推卸理赔责任。

（5）买方职责。买方在向有关责任方提出索赔时，应采取适当措施保持货物原状并妥为保管。按国际惯例，如买方不能按实际收到货物的原状归还货物，就丧失宣告合同无效或要求卖方交付替代货物的权利；按保险公司规定，被保险人必须按保险公司的要求，采取措施避免损失进一步扩大，否则不予理赔。

本章小结

我国的出口合同目前大多采用 CFR 或 CIF 贸易术语，以信用证作为付款方式。出口合同的履行一般程序为：备货、催证、审证、改证、租船订舱、报检、报关、投保、装运和制单结汇等环节。备货是进出口企业根据合同或信用证规定，向有关企业或部门采购和准备货物的过程。落实信用证主要包括催证、审证和改证等几项内容，这些都是与履行合同有关的重要工作。租船装运是卖方履行合同的根本，涉及几个部门的配合衔接，协调不好，会影响货物按时装运。制单结汇是交易的最后一环，只有正确、完整的制单才能收取货款。外汇核销与出口退税是保证出口企业取得预期经济利益的关键。

进口合同履行的主要环节包括：开立信用证、租船订舱、装运、办理保险、审单付款、接货报关、检验、拨交、索赔等。进口商向银行申请开立信用证是履行合同首要环节，开证行开出的信用证必须与合同一致。审单付款是信用证付款下进口合同履行重要环节，审单时要认真，做到合理、合法。进口商对进口的货物应及时办理报关纳税手续，当发现进口货物与合同不符问题，有权向相关方提出索赔。

关键词

催证	urge the establishement of L/C	审证	examination of L/C
改证	L/C amendment	装运	shipment
报检	application for inspection	报关	customs declaration
投保	effect insurance	制单结汇	documents making for settlement

思考题

一、简答题

1. 对于采用 CIF 条件和即期议付信用证方式的出口合同，我方在履行时一般要经过哪些环节？
2. 为什么在收到国外信用证后要求对方仔细审核？
3. 目前我国银行对出口结汇主要采用哪些方法？
4. 试简述做好出口单据工作的重要意义。
5. 进口合同履行程序和出口有何不同？
6. 进口人在申请开立信用证时应注意什么问题？
7. 在进口索赔工作中应注意哪些问题？

二、案例分析

1. 某英国商人向中国出口聚苯塑料原料 2 万吨，价格条件为 CIF 上海。合同的适用法律为英国法。交货前，海湾事件发生，英国商人如交货就要通过南非好望角航线，不能走苏伊士运河，故要求中方或提高价格或解除合同。试问：中方应如何处理？
2. 我某进出口公司与国外某客商订立一份轻纺织品的出口合同，合同规定以不可撤销的即期信用证为付款方式。买方在合同规定的开证时间内将信用证开抵通知银行，并经通知行转交给我出口公司。我出口公司审核后发现，L/C 上有关货物装运期限和不允许转运的规定与双方签订的合同不一致。为争取时间，尽快将 L/C 修改完毕，以便办理货物的装运，我方立即电告开证行修改 L/C，并要求开证银行改证后，直接将 L/C 修改通知书寄交我方。试问：（1）我方的做法可能会产生什么后果？（2）正确的信用证修改渠道是怎样的？

Chapter10

第十章 特殊的贸易方式

学习目标

- 熟悉加工贸易的基本概念及其分类
- 了解加工贸易的监管方式
- 了解国际贸易电子化
- 了解其他贸易方式

国际贸易方式是指营业地在不同国家或地区的当事人之间进行货物买卖所采取的具体交易方法和商品流通渠道。国际贸易方式主要分为一般贸易方式和加工贸易方式。一般贸易方式即单纯销售的方式，如逐笔售定、包销、经销、代理、招标、寄售、拍卖、通过商品交易所购销、国际电子商务等；加工贸易方式，即销售、购买、生产或融资相结合的方式，如进料加工、来料加工、来件装配、补偿贸易等。随着国际贸易的日益发展，贸易方式也在不断地发生变化，适当运用各种不同的贸易方式，有利于搞活企业的进出口贸易。

本章主要介绍我国外贸实际业务中较常使用的除逐笔售定之外的特殊国际贸易方式。

第一节 加工贸易

随着经济全球化的不断深入发展，加工贸易已逐渐成为世界各国参与国际分工的重要贸易方式，特别是发展中国家通过加工贸易方式，积极参与国际分工，有效地发挥了自身的比较优势。加工贸易在推动技术进步、促进产业升级以及扩大出口等方面发挥着越来越重要的作用。20 世纪 90 年代以来，我国的加工贸易有了迅速的发展，受到世人的广泛关注。近年来，加工贸易在我国对外经济贸易活动的舞台上扮演了十分重要的角色。自 1996 年起，加工贸易进出口总量在我国外贸进出口总值中，已经连续多年占据了半壁江山，成为海关监管的一种主要贸易方式。据海关统计，2009 年我国对外贸易总额约为 22 072 亿美元，其中加工贸易进出口占 47.6%；2010 年我国对外贸易额约为 29 727.6 亿美元，其中加工贸易进出口占 48.55%。

一、加工贸易的基本概念及特点

加工贸易（processing trade）是指从境外进口全部或部分原材料、零部件、元器件、包装材料（简称进口料件），经境内企业（加工贸易经营企业，以下简称经营企业）加工或装配后，将制成品复运出口的经营活动。因进口料件从国外进口，生产的产品也是销往国外，所以加工贸易又称为“两头在外”的加工贸易。

加工贸易具有以下特点：

（1）经营企业，需要经过海关批准，并办理注册登记手续。

（2）利用进口料件加工的成品必须复运出境，不在国内最后使用、消费。

（3）原材料、零部件等进口料件的进口目的是在境内加工，出口成品与进口料件直接相关，是对进口料件本身进行加工得到的产品。

（4）暂免纳税。料件进口环节暂时不办理交缴纳关税的手续。等到出口成品最后流向确定后，海关再决定征税或免税，所以加工贸易又称“保税加工”。

二、加工贸易的分类

加工贸易的形式多种多样，常见的基本形式主要有：进料加工、来料加工、来件装配、境外加工贸易。

（一）进料加工

进料加工（processing with imported materials）是指经营企业从国外购进原料，加工生产出成品再销往国外。由于进口原料的目的是为了扶植出口，所以，进料加工在我国也称为“以进养出”。我国开展的以进养出业务，除了包括进口轻工、纺织、机械、电子行业的原材料、零部件、元器件，加工、制造或装配出成品再出口外，还包括从国外引进农、牧、渔业的优良品种，经过种植或繁育出成品再出口。

开展此项贸易具有如下意义，主要表现在：可以有效缓解国内原材料的紧缺；可以做到产销对路；可以充分利用我国廉价的劳动力、土地等资源优势，增加就业，发展外向型经济；可以增加收汇收入；可以引进外国新技术和先进的管理经验和方法。

（二）来料加工

来料加工（processing with customer's materials）是指由外商免费提供一定的原材料、辅料、包装材料，由我方经营企业按对方的要求进行加工或装配，成品交由对方处置，经营企业按照约定收取加工费作为报酬。广义的来料加工业务对委托方来讲，来料加工业务也可降低其产品成本、增强竞争力，并有利于委托方所在国的产业结构调整。对受托方的作用主要表现在：可以发挥本国的生产潜力，补充国内原材料的不足，为国家增加外汇收入；引进国外的先进技术和管理经验，有利于提高生产、技术和管理水平；有利于发挥我国劳动力众多的优势，增加就业机会、繁荣地方经济。

来料加工和进料加工有相似之处，即都是“两头在外”的加工贸易方式，但两者又有明显的不同：第一，来料加工在加工过程中均未发生所有权的转移，进口料件对方免费提供，而进料加工所需进口料件需要付外汇购买，原料运进和成品运出属于同一笔交易，原料供应者即是成品接受者；而在进料加工中，原料进口和成品出口是两笔不同的交易，均发生了所有权的转移，原料供应者和成品购买者之间也没有必然的联系。第二，在来料加工中，我方不用考虑原料的来源和成品销路，不担风险，只收取加工费，而在进料加工中，我方是赚取从原料至成品的附加价值，要自筹资金、自寻销路、自担风险、自负盈亏。

（三）来件装配

来件装配（assembling trade）是指由外商免费提供零部件、元器件和包装物料，经营企业按照其工艺要求将装配好的成品交给外商，并按照双方约定的标准收取加工费。

在我国来料加工和来件装配常常混合使用，统称为对外加工装配业务。这两种方式都具有委托加工的性质，对于此类委托加工合同的签订，在合同中要明确规定来料的质量、数量，明确加工成品的质量的规定，明确交货期和加工费的结算方式。

（四）境外加工贸易

境外加工贸易（overseas processing trade）是指我国企业在国外进行直接投资的同时，利用当地的劳动力开展加工装配业务，以带动和扩大国内设备、技术、原材料、零配件出口的一种国际经济合作方式。可见，境外加工贸易是在海外进行投资办厂的基础上开展来料加工、进料加工或就地取材的一种新做法。按照我国现行的政策规定，开展境外加工贸易的企业应向有关主管部门办理申报手续。

我国企业开展境外加工贸易时间很短，可以说是刚刚起步，还缺乏经验，但应该看到它是当前国民经济结构调整和培育新的出口增长点的一项重要战略措施。发展境外加工贸易对我国的意义在于：适应经济全球化要求，使更多的中国企业成为世界顶尖企业；有助于应对反倾销，绕过国际贸易壁垒，直接进入外国市场。

三、加工贸易海关监管模式

目前，海关对加工贸易保税货物监管有两种模式：一种是常规监管模式，另一种是联网监管模式。常规监管模式是指以合同为单元的监管模式，一份合同申领一本纸质的加工贸易《登记手册》，在进口税收保证方面，海关实行的是银行保证金台账管理制度。对联网监管的加工贸易企业，是以企业为单位建立电子账册，取代以合同为单位备案的《登记手册》，进入电子账册的进口料件全额保税，不实行保证金台账制度，进口料件保税期限从建立起至撤销止，每6个月核销一次，不按合同，按周期对进口料件和出口产品进行滚动核销。联网监管模式比常规监管手续简单、方便，目前，海关只能对符合一定条件的企业实施联网监管。

案例讨论10-1 加工贸易企业擅自内销违规处理案[⊖]

【案例介绍】

2005年7月25日，一加工贸易企业在海关办理一本来料加工登记手册，进口塑料粒子108吨。2005年12月，当事人接公司内销订单，由于库存内销原料不能满足订单生产需要，当事人遂于2005年12月15日至2006年1月17日间，将登记手册项下的144吨库存ABS-FR染色

⊖ 根据 http://www.doc88.com/p-74887301905.html“加工贸易领域内常见的违法行为”进行整理。

塑料粒子用于内销产品的生产，并于 2005 年 12 月 29 日将 144 吨塑料粒子的外销转内销情况向商务部站提出申请并获批准，但未报请海关核准并征税。截止海关核查期间，以上共计 144 吨 ABS-R 染色塑料粒子已制成成品入库，其中 47.069 吨已销往国内。

【案例分析】

加工贸易企业应在登记手册或账册有效期内完成保税料件的进口和产品出口，不能出口部分料件应经批准后补税内销或依法做其他方式处理。如果未经海关批准，擅自内销或者转让加工贸易货物的，必将承担相应的法律责任。

根据《中华人民共和国海关法》规定，当事人擅自转让海关监管货物，已构成违反海关监管规定的行为。根据《中华人民共和国海关行政处罚实施条例》的有关规定，事后当事人被处罚款人民币 20 万元整，并责令其补交税款 62 万元。

四、加工贸易与OEM、ODM

OEM 是“original equipment manufacturer”的缩写，在我国俗称“贴牌生产”“定牌生产”。指由采购方提供设备和技术，由制造方提供人力和场地，采购方负责销售，制造方负责生产的一种现代流行的生产方式。但是，目前大多采用由采购方提供品牌和授权，由制造方生产贴有该品牌产品，在国际市场上销售的做法。

ODM 是“original design manufacturer”的缩写，在我国俗称“设计代工”。ODM 是指某制造商设计出某产品后，在某些情况下可能会被另外一些企业看中，要求配上后者的品牌名称来进行生产，或者稍微修改一下设计来生产。这样可以使其他厂商减少自己研制的时间。承接设计制造业务的制造商被称为 ODM 厂商，其生产出来的产品就是 ODM 产品。国内学者一般将 OEM、ODM 视为加工贸易升级的方式。采用此类做法的国外厂商一般为跨国企业，具有强大的品牌和渠道优势。

第二节　国际电子商务

电子商务近年来在国际贸易领域越来越显示出它的作用。全球涉足国际市场生产、销售的企业纷纷积极开发和利用电子商务方式开展全球业务。它们采用电子数据交换（EDI）、电子邮件（E-mail）、电子公告牌、电子转账、安全认证等多种技术方式，努力实现国际贸易过程的电子化。利用电子商务方式所进行的国际贸易活动，既区别于一般意义的电子商务，又区别于传统的国际贸易方式。

一、国际贸易中的电子商务

国际贸易中的电子商务（electronic commerce，E-commerce），简而言之，就是指企业通过利用电子商务运作的各种手段所从事的国际贸易活动。它所反映的是现代信息技术所带来的国际贸易过程的电子化。

众所周知，国际贸易指的是国与国之间商品和服务的交换活动。它反映了世界各国间的劳动分工和经济上的相互依存与相互依赖关系。计算机及其网络技术的发展，特别是与国际互联网相关的技术发展，将全球市场的空间和时间距离拉近，加强了国际间的劳动分工和经济上的依赖关系，促进了全球经济的一体化趋势。

二、国际电子商务与传统电子商务的区别

国际电子商务（international electronic commerce）是传统电子商务在国际贸易领域内的具体应用，因此，在我国，国际电子商务与一般电子商务相比有其特殊性。它们主要表现在如下四个方面：

（1）一般电子商务泛指所有商务活动的电子化过程，主要是国内商务活动，而国际电子商务主要是针对国际贸易领域内的商务活动。

（2）一般电子商务包含所有类型的电子商务活动，如商业机构对消费者、商业机构对商业机构、商业机构对行政机构以及消费者对行政机构等电子商务活动。而在国际贸易活动中，交易行为一般涉及政府的行政管理部门、贸易伙伴和相关的结算、运输、商检等商业部门。国际贸易的交易行为和过程本身并不直接针对市场上的消费者。因此，国际电子商务只包括商业机构对商业机构和商业机构对行政机构的电子商务活动。贸易伙伴之间以及贸易伙伴与相关银行、运输部门、保险部门、商检、海关和政府部门等传输订单及相关单据与文件，就成为国际电子商务活动的主要内容之一。

（3）一般电子商务虽然使企业直接面对全球市场，可以采取网上成交模式在国际互联网上直接达成交易，但是企业所从事的国际商务活动行为，不仅是成交活动本身，而且往往还涉及交易从前期准备到合同履行的方方面面。这些活动与一般贸易活动毕竟不同，会受到不同国家的对外贸易政策与措施的制约，同时又要纳入国际规范。国际电子商务的具体运作涉及的部门和范围要远远多于或大于一般的电子商务，其相关的协调工作和法律、惯例、规范都是国际性的。因此，国际电子商务活动仍然有它的特殊性。

（4）在我国，国际电子商务的特殊性还反映在其发展将具有社会连动和示范效应。我国国内电子商务的发展相对西方发达国家起步较晚，相应的国内电子商务规范还没有建立起来。但是，这并不意味着我们电子商务的发展始终是落后的。最近几年，我国信息技术的发展异常迅速，与西方国家的差距正在缩小。电子商务发展虽起步较晚，但我们可以享受到“后发利益”。这也就是说，我们可以充分借鉴发达国家在电子商务发展方面所积累的经验和教训，首先在对外经济贸易领域建立国际电子商务的框架，逐步带动国内电子商务的发展，使我国的电子商务在较短的时间内赶上发达国家。

因此，在我国发挥国际电子商务的社会连动和示范效应是尽快缩小我国与国外的信息技术差距，推动我国企业参与国际竞争，规范我国商业活动与世界接轨的有效手段。

三、国际电子商务发展面临的新问题

国际互联网络的普及和网络通信技术的成熟为国际电子商务提供了迅速发展的机会。但是，电子商务发展同时，也给各国政府和企业带来了许多新问题。

国际互联网是跨国界的网络，基于国际互联网的电子商务活动也就具有相同特点。如果每个国家都按照自己的交易方式运作，必然不利于电子商务在各国间的推广。所以，应当建立一个全球性的标准与规则，以保证国际互联网的商业活动顺利进行，这就需要各国政府间相互合作。政府可以为电子商务活动创造良好的经济环境和法律框架，从而起到积极作用，以增强电子商务投资者与消费者的信心。顺利解决电子商务带来的新问题，能够促进电子商务乃至整个世界贸易的发展，否则，会影响电子商务发展的步伐。当前，国际电子商务的发展面临如下新问题：

（一）法律问题

电子商务，尤其是 EDI 作为一种贸易方式，其本身所具有的特点可以为用户带来颇丰的经济

效益，但作为一种有别于传统技术和概念的载体，对现行民、商法律提出了挑战。

电子商务的法律问题已引起国际法学界的重视。欧共体委员会《关于通过 EDI 订立合同的研究报告》中提出一个建议，即可以把对计算机运作拥有最后支配权的人视为同意计算机所发出的发价或接受的人，并由他对其计算机系统所发出的一切决定承担责任。

1996 年 12 月，联合国国际贸易法委员会推出《电子商务示范法》（UNCITRAL Model Law on Electronic Commerce），对电子合同成立的时间、地点、合同的有效性、电子证据的有效性等方面做了规定。

专栏10-1 《电子商务示范法》与《电子签名法》㊀

Model Law on Electronic Commerce，简称《电子商务示范法》。1991 年，联合国国际贸易法委员会下属的国际支付工作组开始负责制定一部世界性的电子数据交换统一法（EDI）。1993 年，该工作组全面审议了《电子数据交换及贸易数据通信手段有关法律方面的统一规则草案》，这是世界上第一部 EDI 统一法草案。为了解决全球电子商务所遇到的法律冲突，适应各国对 EDI 的迫切需求，制定时采取了灵活的“示范法”（model law）形式，并决定统一法标题中不再使用“电子数据交换”（EDI）的字样，代之以“电子商务”（EC），并将《示范法草案》名称改为《电子商务示范法》。1996 年 12 月 16 日，联合国国际贸易法委员会第 85 次全体大会通过了《电子商务示范法》，该法是世界上第一个电子商务的统一法规，其目的是向各国提供一套国际公认的法律规则，以供各国法律部门在制定本国电子商务法律规范时参考，促进使用现代通信和信息存储手段。

联合国国际贸易法委员会推出的《电子商务示范法》对电子合同成立的时间、地点、合同的有效性、电子证据的有效性等方面做了规定。

为了规范电子商务的发展，消除电子商务发展的法律障碍，《中华人民共和国电子签名法》已由中华人民共和国第十届全国人民代表大会常务委员会第十一次会议于 2004 年 8 月 28 日通过，自 2005 年 4 月 1 日起施行。《中华人民共和国电子签名法》被称为“我国首部真正意义上的信息化法律”，该法律首次赋予电子签名与文本签名同等的法律效力，并明确电子认证服务市场准入制度，保障电子交易安全。

随着这部法律的出台和实施，电子签名将获得与传统手写签名和盖章同等的法律效力，意味着在网上通行有了“身份证”。这部法律维护了电子交易各方的合法权益，保障了电子交易安全，为电子商务和电子政务发展创造了有利的法律环境，对我国电子商务、电子政务的发展起到了极其重要的促进作用。

（二）标准化问题

标准化是电子商务普及中的重点和难点。根据国际标准化组织（ISO）的定义，标准化（standardization）是指在一定范围内获得最佳秩序，对实际的或潜在的问题制定共同的和重复使用规则的活动。

1960 年成立的联合国贸易简化与电子业务委员会（UN/CEFACT），是研究、制定、发布和推广国际贸易程序简化与标准化的机构。目前，世界各国已有 60 多个国家成立了全国性的贸易

㊀ 山东国际商务网 http://www.shandongbusiness.gov.cn。

简化机构，专门为所在国进出口机构提供外贸单证标准化专业性指导和服务；UN/CEFACT 每年召开一到两次论坛和一次全会，通过与世界各国充分沟通，为世界各国提供外贸单证相关服务。2010 年以前我国长期未参加该组织的活动，相关工作已中断达 10 年之久，直到 2010 年，中国标准化研究院才第一次派员参加 UN/CEFACT 的年会。

近年来，我国出口贸易每年因单据标准问题，有上千亿美元的损失。其原因在于，目前我国外贸企业自己设计和缮制的用于国际贸易结算的重要单证如商业发票、装箱单和装运声明等均五花八门，存在大量潜在的国际贸易纠纷和风险隐患，一旦出现问题，将造成重大的经济损失。为了适应国际贸易标准化的要求，需要通过单据提升行业组织专业培训的档次和水平。我国从 20 世纪 80 年代开始跟踪研究，90 年代已经陆续将联合国贸易简化与电子业务委员会的标准全部转化为我国国家标准。

（三）税收问题

国际互联网为企业和个人避税开辟了一条新途径。特别是目前针对数字产品，一个高税率国家的消费者通过国际互联网只要付少许的网上费用便可以从另一个低税率国家购买到相对于本国价格便宜很多的产品，进行贸易的公司或企业也可以同样的方式实现避税，其后果对税率相对较高的国家产生了极为不利的影响，造成财政税收的损失。

然而，各国政府对网上征税又面临着种种实际的困难，如果政策不当，很可能会对网络的应用、电子商务的开展产生阻碍作用，结果因小失大。因此，既要从网上获得最大的经济效益，保证有足够的税收来源，又要不阻碍这种新技术的发展，这对各国政府来说是一个比较棘手的问题，也是各国开展电子商务面临的一项挑战。

世界贸易组织于 1998 年 5 月在日内瓦召开了为期三天的互联网商务会，经过一番酝酿协商和讨价还价，与会的各国代表达成了一年内暂时免征互联网交付商品关税的协议。对电子商务征税，既要防止偷漏税，又要保护该行业的健康发展，各国在分配税收管辖权上要采取合作、协调的方针，美国提出的按居民管辖权征税的方案，发展中国家对此持有异议，因为这会使主要作为技术引进方的发展中国家失去很多税收收入。但无论如何，该协议的达成是国际电子商务发展史上重要的里程碑。

（四）安全问题

安全问题是开展高层次电子商务所涉及的主要问题。为营造一种可信赖的电子商务环境，解决安全保密问题至关重要。从全球电子商务的安全性上看，一般要满足三个要求：一是安全可靠的电信网络；二是保护有关网络信息系统的有效方法；三是证实及确保电子信息的机密性，防止信息未经授权而使用的有效方法。

从安全性的要求上看，就是要有保护网络信息系统的有效方法。而这些有效的方法是通过一系列的技术手段来实现的，没有任何一种技术手段可以独自完成这项艰巨的任务，必须依靠不同层次的安全方法。例如，防火墙技术，安装正确的防火墙虽然可以大大减少来自外部非授权侵入的可能性，但却不能防止企业网络染上计算机病毒。

四、电子商务在外贸业务运作中的应用

传统的国际贸易活动环节众多，业务运作过程十分复杂，效率低，周期长，越来越不适应当

今国际贸易业务快速发展的需要。电子商务作为信息技术的应用在外贸领域日益起到关键作用，现代信息技术的应用逐渐渗透到了外贸业务的各个环节中。电子商务在国际贸易中的应用体现在以下三个阶段：

（一）交易准备阶段

传统的方式是通过面对面或函电往来获取该项交易的相关信息。外贸业务人员通过各种渠道来了解与交易有关的业务信息及产品信息。例如，通过出国考察、参加广交会等形式来寻找贸易机会。而利用电子商务物色贸易伙伴，既可以节省大量的人力、物力投入，而且还不受时间、地点的限制。国内的进出口企业足不出户就可以找到国外的贸易伙伴；国外的客户也可轻而易举地找到最理想的中国进出口企业。电子邮件可以高效传递有关交易的各项信息，从而突破了以往传真机的使用局限性，为企业大大节省了各项费用，外贸企业还可以设立网上主页，向国外的客户提供在线商品目录。

（二）交易磋商阶段

以往纸面合同的签字方式被电子订单所代替。特别是以互联网为基础的 EDI 更是突破了传统私人网络 EDI 投资高昂的局限性，实现了数据一次性录入而共享的目标。磋商谈判是每一笔国际贸易业务的必经程序，也是交易能否成功的关键环节，通过因特网进行磋商谈判可以跨越面对面洽谈的限制，提供多种方便的异地交流方式。

（三）合同履行阶段

电子商务可借助网站中的邮件交互传递网上订购信息，并可通过银行和信用卡公司的参与实现网上支付。随着网络安全技术的不断发展，网上支付在国际贸易中的优势将会表现得更加明显。电子商务的作用能简化业务流程手续、提高履约效率。因为信息技术的手段已经将业务的各种环节连接起来，外贸企业使用一般软件就可以实现单据的自动生成。以国际互联网为基础的 EDI 将使外贸业务流程和单据的传输实现自动化，而又不增加过多的企业投资和成本。有关申领进出口许可证、租船订舱、报关、报验等业务环节，也都有望实现全部电子化。

电子商务使国际贸易的交易管理做到无纸化、网络化，使从事进出口业务的企业可直接通过互联网办理与银行、保险、税务、运输各方有关的电子票据和电子单证，完成部分或全部的结算以及索赔等工作，大大节省了交易时间和费用。

第三节　其他贸易方式

一、经销与代理

（一）经销

经销（distribution）是国际贸易中一种常见的出口推销方式。出口商利用国外经销商的销售渠道来推销商品，通过订立经销协议与国外客户建立一种长期稳定的购销关系，以促进其产品出口，并不断扩大市场份额。

经销是指进口商（即经销商）与国外出口商（即供货商）达成协议，承担在规定的期限和地域内购销指定商品的义务。按经销商权限的不同，经销方式可分为两种：一种是独家经销亦称包销，是指经销商在规定的期限和地域内，对指定的商品享有独家专营权。另一种是一般经销，亦称定销。在这种方式下，经销商不享有独家专营权，供货商可在同一时间、同一地区内委派几家商号来经销同类商品。这种经销商与国外供货商之间的关系同一般进口商和出口商之间的关系并无本质区别，所不同的只是确立了相对长期和稳固的购销关系。

经销是供货人和经销人之间的一种买卖关系，当事人双方除签有买卖合同外，通常还须事先签有经销协议，确定对等的权利和义务。例如在包销方式下，只有包销人承担从供货人购进指定商品的义务，供货人才授予他独家经营的权利。从法律上讲，供货人与经销商之间是本人对本人的关系，经销人是以自己的名义购进货物，在规定的区域内转售时，也是以自己的名义进行，货价涨落等经营风险也由经销商自己承担。

（二）代理

代理（agency）是许多国家商人在从事进出口业务中习惯采用的一种贸易做法。所谓代理，是指代理人按照本人的授权，代表本人与第三人订立合同或进行其他法律行为，而由本人直接享有由此而产生的权利与承担相应的义务。

代理的种类按委托人授权的大小可分为：总代理、独家代理和一般代理。

1. 总代理

总代理（general agency）是委托人在指定地区的全权代表，他有权代表委托人从事一般商务活动和某些非商务性的事务。

2. 独家代理

独家代理（exclusive agency）是在指定地区和期限内单独代表委托人行事，从事代理协议中规定的有关业务的代理。委托人在该地区内，不得委托其他代理人，在出口业务中采用独家代理的方式，委托人须给予代理人在特定地区和一定期限内代销指定商品的独家专营权。

3. 一般代理

一般代理又称**佣金代理**（commission agency），是指在同一地区和期限内委托人可同时委派几个代理人代表委托人行事，代理人不享有独家专营权。佣金代理完成授权范围内的事务后按协议规定的办法向委托人计收佣金。

代理人在代理业务中，只是代表委托人行事。代理人与委托人通过代理协议建立的这种契约关系属于委托代理关系，而不同于经销中的买卖关系。

代理进口受骗受损案[1]

【案例介绍】

某外贸公司接受国内一物资公司的委托，与其指定的香港公司签订了进口钢材的合同。价格、交货期、开证时间、开证保证金、代理费等主要内容均在代理协议中一一明确。在收到物资

[1] 叶德万，陈原．国际贸易实务案例教程 [M]．2 版．广州：华南理工大学出版社，2006.

公司的开证保证金（信用证金额的15%）后，外贸公司通过当地中国银行向外开出了远期信用证。很快外商通过银行就寄来了信用证项下的全套单据。根据代理协议的规定，外贸公司将全套单据复印件交物资公司审核并由其确认。之后，外贸公司向银行承兑并取得了提单。当外贸公司要求支付余款时，物资公司称资金一时周转困难，要求外贸公司予以宽限，并保证在外贸公司对外付款前几天付清余款，外贸公司于是将提单交给了物资公司。可承兑期满后，物资公司分文未付，而外贸公司却不得不对外支付信用证的全额。等回过来去找物资公司，却已是人去楼空。经了解，该公司早已欠下巨额外债，而外商是与其有多年关系的朋友。他们的“合作”使得外贸公司遭受了巨额损失。

【案例分析】

信用证一经开出，便独立于合同，只要单单、单证相符，银行就必须无条件付款。诈骗者之所以选用远期信用证支付方式，是因为承兑期与付款期之间有时间差。通过承兑，便能拿到提单，获得货权。一旦将提单交给委托人，货物所有权此时已完全掌握在委托人手中。因此，在办理进口委托业务时，为防范风险，外贸公司不妨采用如下对策：

（1）外贸公司接受委托时，必须严格审查委托人和外商的资信；

（2）调研进口货物的市场行情和合理价位；

（3）必须将物权掌握在自己手中，以减少风险；

（4）尽可能在信用证中设置一些掌握主动权的条款；

（5）如发现进口货物有严重问题（如以次充好，无任何价值），应立即采取司法救济手段，设法阻止银行对外付款(如能掌握诈骗的确切证据，法院可以采取保全措施)。

二、寄售与展卖

（一）寄售

寄售（consignment）是一种委托代售的贸易方式，也是国际贸易中为开拓商品销路、扩大出口而采用的一种通常做法。它与先出售、后出运货物的一般贸易方式不同，而是先出运、后出售商品。

寄售是指出口人先将准备销售的货物运往国外寄售地，委托当地代销人按照寄售协议规定的条件代为销售后，再由代销人同货主结算货款。寄售是按双方签订的协议进行的，寄售人和代销人之间不是买卖关系，而是委托与受托关系，寄售既不同于经销业务，又与一般的销售代理业务有区别。与正常的出口销售相比，寄售具有以下特点：

第一，寄售人与代销人是委托代售关系。

第二，寄售是由寄售人先将货物运至寄售地，然后再寻找买主，因此，它是凭实物进行的现货交易。

第三，寄售方式下，代销人不承担任何风险和费用，货物售出前的一切风险和费用均由寄售人承担。

（二）展卖

展卖（fairs and sales）是利用展览会和博览会及其他交易会形式，对商品实行展销结合的一种贸易方式。

展卖可以采取各种不同的方式。从展卖商品的所有方和客户的关系来看，展卖的做法主要有两种；一是将货物通过签约方式卖断给国外客户，双方是一种买卖关系，由客户在国外举办或参加展览会的货物，货价有所优惠，货款可在展览会后结算或定期结算。另一种方式是由双方合作，展卖时货物所有权不变，展品出售的价格由货主决定。国外客户承担运输、保险、劳务及其他费用，货物出售后收取一定手续费作为补偿。展卖结束后，未售出的货物可以折价卖给合作的客户，或运往其他地方进行另一次展卖。

除此之外，还可以将寄售和展卖方式结合起来进行。即在寄售协议中规定，代销人寄售的商品在当地展卖。至于展卖的有关事项，可在该协议中同时规定，也可另签协议做出规定。无论是哪一种做法，展卖作为一种商品推销方式，其基本特点可概括为：把出口商品的展览和推销有机地结合起来，边展边销、以销为主。展卖这种方式的优点主要表现在以下几方面：有利于宣传出口商品，扩大影响，招揽潜在买主，促进交易；有利于建立和发展客户关系，扩大销售地区和范围；有利于开展市场调研，听取消费者的意见，改进产品质量，增强出口竞争力。

我国从20世纪50年代就开始举办广州中国出口商品交易会，以后又陆续开展了各种类型的交易会、展览会，并多次参加国外举办的博览会。随着改革开放的深入，展卖方式在我国也得到更为广泛的运用，极大地促进了我国对外经济贸易的发展。

三、招标投标与拍卖

（一）招标投标

招标投标是一种传统的贸易方式。招标与投标是一种贸易方式的两个方面。

招标（invitation of tender）是指招标人（买方）发出招标通知，说明拟采购的商品名称、规格、数量及其他条件、邀请投标人（卖方）在规定的时间、地点按照一定的程序进行投标的行为。

投标（submission of tender）是指投标人（卖方）应招标人的邀请，按照招标的要求和条件，在规定的时间内向招标人递价，争取中标的行为。

一些政府机构、市政部门和公用事业单位经常用招标方式采购物资、设备、勘探开发资源或招包工程项目，有些国家也用招标方式进口大宗商品。世界银行贷款项目和国际间政府贷款项目，通常也在贷款协议中规定，运用这些贷款采购物资、设备、发包工程时，必须采用国际竞争性招标投标方式。目前，这一贸易方式更多地用于国际工程承包业务。

商品采购中的招标投标业务，基本上包括四个步骤：招标、投标、开标评标和签约。第一，国际招标主要有公开招标和非公开招标两种。第二，投标人首先要取得招标文件，认真分析研究之后，编制投标书。投标书实质上是一项有效期至规定开标日期为止的发盘，内容必须十分明确，中标后与招标人签订合同所要包含的重要内容应全部列入，并在有效期内不得撤回标书、变更标书报价或对标书内容做实质性修改。因此，投标人必须综合各种因素慎重考虑。第三，开标有公开开标和不公开开标两种方式，招标人应在招标通告中对开标方式做出规定。第四，招标人选定中标人之后，要向其发出中标通知书，约定双方签约的时间和地点，中标人签约时要提交履约保证金，取代原投标保证金，用以担保中标人将遵照合同履行义务。

（二）拍卖

拍卖（auction）是一种具有悠久历史的交易方式，通常采用事先看货、当场叫价、落槌成交的做法。在今天的国际贸易中仍被采用。国际贸易中的拍卖是由经营拍卖业务的拍卖行接受货主的委托，在规定的时间和场所，按照一定的章程和规则，以公开叫价的方式，把货物卖给出价最高的买主的一种贸易方式。通过拍卖成交的商品通常是品质难以标准比，或难以久存，或按传统习惯以拍卖出售的商品，如裘皮、茶叶、烟草、羊毛、木材、古玩、艺术品等。

国际货物的拍卖具有以下特点：拍卖是在一定的机构内有组织地进行的；拍卖具有自己独特的法律和规章；拍卖是一种公开竞买的现货交易。拍卖的出价方法主要有增价拍卖、减价拍卖（荷兰式拍卖）和密封递价拍卖。

四、期货与套期保值

（一）期货

期货交易（futures transaction）是一种特殊的交易方式，是指在期货交易所内，按一定规章制度进行的期货合同买卖。早期的期货交易产生于 11 ～ 14 世纪的欧洲，在 17 世纪的日本得到发展。现代期货市场起源于 19 世纪后期的美国。

现代期货交易是在期货交易所内进行的。目前期货交易所已经遍布世界各地，特别是在美国、英国、日本、中国香港、新加坡等地的期货交易所在国际期货市场上占有非常重要的地位。其中交易量比较大的著名交易所有：美国的芝加哥商品交易所、芝加哥商业交易所、纽约商品交易所、纽约商业交易所，英国的伦敦金属交易所，日本的东京工业品交易所、谷物交易所，中国香港的期货交易所，以及新加坡的国际金融交易所等。

由于期货市场价格和现货市场价格变化均受商品供求关系的影响，因此，从事实际商品交易的人士，包括生产商、经营商、进出口商，则可以利用期货市场转移实际现货交易价格被动的风险，避免或减少商品价格波动而带来的损失。就商品期货交易而言，交易品种基本上都属于供求量较大、价格波动频繁的初级产品，如谷物、棉花、食糖、咖啡、可可、油料、活牲畜、木材、有色金属、原油，以及贵金属、金、银等。

期货交易是以现货交易为基础发展起来的，现货交易买卖的是实际货物，而期货交易买卖的是期货交易所制订的标准期货合同。我国的外贸企业早已涉足国际期货市场，参考国际期货市场价格制定进出口商品的价格。

（二）套期保值

套期保值（hedging）又称为**海琴**，是期货市场交易者将期货交易与现货交易结合起来进行的一种市场行为。为了避免现货市场上的价格风险而在期货市场上采取与现货市场上方向相反的买卖行为，即对同一种商品在现货市场上卖出，同时在期货市场上买进；或者相反。其定义可概括为交易者在运用期货交易临时替代正常商业活动中，转移一定数量商品所有权的现货交易的做法。其目的就是要通过期货交易转移现货交易的价格风险，并获得这两种交易相配合的最大利润。

套期保值者在期货市场上的做法有两种：卖期保值和买期保值。套期保值之所以能起到转移现货价格波动风险的作用，是因为同一种商品的实际货物市场价格与期货市场价格的变化趋势基本上是一致的，涨时惧涨，跌时惧跌。

因此，套期保值者经常在购入现货的同时在期货市场上出售期货，或在出售现货的同时买入期货。这样，由于在期货市场和现货市场出现相反的交易，所以通常会出现一亏一盈的情况。套期保值者就是希望以期货市场的赢利来弥补实际货物交易中可能遭到的损失。

本章小结

国际贸易方式是国际间商品流通的做法或形式，除了常见的逐笔售定的单边进出口方式外，还有加工贸易、国际贸易电子化、经销、代理、招标与投标、拍卖、寄售、期货等形式。

加工贸易是一种国际间的劳务合作方式，又称保税加工，是一种“两头在外”的加工贸易。常见的基本形式主要有：进料加工、来料加工、来件装配、境外加工贸易。

国际贸易中的电子商务，简而言之，就是指企业通过利用电子商务运作的各种手段所从事的国际贸易活动。它所反映的是现代信息技术所带来的国际贸易过程的电子化。国际电子商务与一般电子商务相比有其特殊性。国际电子商务发展面临法律问题、标准化问题、税收问题和安全问题。

经销是指经销商与供货商达成协议，承担在规定的期限和地域内购销指定商品的义务。按经销商权限的不同，经销方式可分为独家经销和一般经销。

代理是指代理人按照本人的授权，代表本人与第三人订立合同或进行其他法律行为，而由本人直接享有由此而产生的权利与承担相应的义务。代理的种类按委托人授权大小可分为：总代理、独家代理、一般代理。

寄售是指出口人先将准备销售的货物运往国外寄售地，委托当地代销人按照寄售协议规定的条件代为销售后，再由代销人同货主结算货款。

展卖是利用展览会和博览会及其他交易会，对商品实行展销结合的一种贸易方式。

招标投标是一种传统的贸易方式。招标与投标是一种贸易方式的两个方面。

国际贸易中的拍卖是由经营拍卖业务的拍卖行接受货主的委托，在规定的时间和场所，按照一定的章程和规则，以公开叫价的方式，把货物卖给出价最高的买主的一种贸易方式。

期货交易是以现货交易为基础发展起来的，现货交易买卖的是实际货物，而期货交易买卖的是期货交易所制订的标准期货合同。

套期保值又称为海琴，是期货市场交易者将期货交易与现货交易结合起来进行的一种市场行为。套期保值者在期货市场上的做法有卖期保值和买期保值。

关键词

加工贸易 processing trade

进料加工 processing with imported materials

来料加工 processing with customer's materials

来件装配 assembling trade

贴牌生产 original equipment manufacturer, OEM

设计代工 original design manufacturer, ODM

国际电子商务 international electronic commerce

经销 distribution

代理 agency

寄售 consignment

展卖 fairs and sales

招标 invitation of tender

投标 submission of tender

拍卖 auction

期货 futures

套期保值 hedging

思考题

一、简答题

1．简述加工贸易的概念及分类。

2．简述进料加工和来料加工的区别。

3．简述电子商务在我国国际贸易业务中的运用。

4．简述独家经销和独家代理的区别。

二、资料分析题

柯达汕头分公司是个跨国公司，原材料供应基本靠进口，原材料供应链的任何一个环节出问题都会造成生产线停产。特别是近几年来，为了提高原材料的利用率，节约生产成本，柯达开展了精简生产活动，对原材料从订购、发运、通关、供应等提出更高的速度要求。因此，快速便捷通关成为柯达（中国）股份有限公司汕头分公司最迫切的愿望。

实现加工贸易“联网监管”前，公司原先一年所申领和使用的加工贸易纸质手册多达40多本，柯达公司每天就需办理至少一两次手册变更手续，由于业务量较大、进出口较为频繁，还往往面临手册管理、调度困难等问题。在同时办理同一本手册对应的进口料件和出口成品的通关手续时，由于报关撞车，业务员常常要“抢”手册。碰上进、出的口岸不同的情况时，手册还得“赶场”。实施加工贸易联网监管后，公司40多本纸质手册也浓缩在了一份电子账册中，足不出户就能完成合同备案、变更手续，取消传统的纸质手册管理和保证金台账，联网监管后办理备案、变更审批手续工作量简化4/5；备案审批时间由8天缩至两三小时；报关时不用携带、记录手册，通关时间缩短大约2小时；每年报关费用节省10万元左右，比以前节省了80%以上，大大节省了通关的时间及成本，提高了效率。再也不用在外经贸主管部门、各现场海关之间来回办理业务，而是通过中国电子口岸公共平台与海关计算机管理系统联网，实现加工贸易审批、备案、变更、进出口报关、报核和核销全程的网络化、无纸化办理。

结合已给资料，查阅资料并分析：

1．我国加工贸易的发展现状，海关加工贸易监管的主要模式。

2．借鉴国外加工贸易发展经验，结合我国现状，如何解决目前我国转型升级问题？

附录A 销货合同

SALES CONTRACT **ORIGINAL**

THE SELLER: SHANGHAI SUNDE INTERNATIONAL TRADE CO., LTD. CONTRACT NO: NEO2011026
JINQIAO MANSION RM2901 NO.85 JINQIAO ROAD DATE: Feb.26, 2011
SHANGHAI, 201005,CHINA
TEL: 0086-21-6815005 FAX: 0086-21-6815006

THE BUYER: NEO GENERAL TRADING CO.
P.O. BOX 99522, CAPE TOWN, SOUTH AFRICA
TEL: 0027-21-4659220 FAX:0027-21-4659213

The buyer and seller have agreed to conclude the following transactions according to the terms and conditions stipulated below:

1. COMMODITY & SPECIFICATION PACKING & SHIPPING MARK	2. QUANTITY	3. UNIT PRICE	4. A MOUNT
CANNED MUSHROOM PIECES &STEMS 24 TINS X 425 GRAMS NET WEIGHT (D.W. 227 GRAMS) REMARKS: 1) PACKING: CARTON 2) SHIPPING MARK: NEO 2011SD006 CAPE TOWN NO.1/1800	1800CARTONS	CIF CAPE TOWN PORT, SOUTH AFRICA USD$9.80 PER CARTON	USD17 640
TOTAL:	1 800CARTONS		USD17 640

5. TOTAL VALUE: SAY US DOLLARS SEVENTEEN THOUSAND SIX HUNDRED AND FORTY ONLY.
With 10% more or less both in amount and quantity allowed at the seller's option.

6. TIME OF SHIPMENT: Not later than Apr.30, 2011 by vessel with partial shipments and transshipment allowed.

7. PORT OF LOADING: SHANGHAI PORT, CHINA

8. PORT OF DESTINATION: CAPE TOWN PORT, SOUTH AFRICA

9. TERMS OF PAYMENT: By 100% Confirmed Irrevocable Sight Letter of Credit opened by the buyer to reach the seller 30days before the date of shipment and to be available for negotiation in China until the 15th day after the date of shipment.

10. INSURANCE: To be effected by the seller for 110% of the CIF invoice value covering ALL RISKS AND WAR RISK as per China Insurance Clauses.

11. INSPECTION: It is mutually agreed that the Inspection Certificate of Quality (Weight) issued by the China Import and Export Commodity Inspection Bureau at the port of shipment shall be part of the documents to be presented for negotiation under the relevant L/C. The buyers shall have the right to re-inspect the Quality and Quantity(Weight) of the cargo. The re-inspection fee shall be borne by the buyers. Should the Quality and/or Quantity (Weight) be found not in conformity with that of the contract, the buyers are entitled to lodge with the sellers a claim which should be supported by survey reports issued by a recognized surveyor approved by the sellers.

12. QUALITY/QUANTITY DISCREPANCY: In case of quality discrepancy, claim should be filed by the buyers within 3 months after the arrival of the goods at port of destination, while of quantity discrepancy, claim should be filed by the buyers within 15 days after the arrival of the goods at port of destination, it is understood that the sellers shall not be liable for any discrepancy of the goods shipped due to causes for which the Insurance Company, Shipping company, other transportation, organization/or Post Office are liable.

13. FORCE MAJEURE: In case of Force Majeure the sellers shall not held responsible for delay in delivery or non-delivery of the goods but shall notify immediately the buyers and deliver to the buyers by registered mail a certificate issued by government authorities or Chamber of Commerce as evidence thereof. If the shipment is delayed over one month as the consequence of the said Force Majeure, the buyers shall have the right to cancel this contract. Sellers' inability in obtaining export license shall not be considered as Force Majeure.

14.ARBITRATION: All disputes in connection with this contract or the execution thereof shall be friendly negotiation. If no settlement can be reached, the case in dispute shall then be submitted for arbitration to the Hong Kong International Arbitration Centre in accordance with its Rules of Arbitration. The award made by the Centre shall be accepted as final and binding upon both parties. The fees for arbitration shall be borne by the losing party unless otherwise awarded by the Centre.

The Buyer:	**The Seller**
NEO GENERAL TRADING CO.	SUNDE INTERNATIONAL TRADE CO.,LTD.
______________________	______________________

附录B　SWIFT信用证

MT:　S700	ISSUE OF DOCUMENTARY CREDIT	PAGE 00001 FUNC SWPR3 UMR 00182387

APPLICATIONG HEADER	♦ THE STANDARD BANK OF SOUTH AFRICA ♦ CAPE TOWN
USER HEADER	SERVICE CODE 103: BANK PRIORITY 113: MSG USER REF 108: INFO.FROM CI 115:
SEQUENCE OF TOTAL	♦ 27: 1/2
FORM OF DOC. CREDIT	♦ 40: IRREVOCABLE
DOC. CREDIT NUMBER	♦ 20: 0011LC123756
DATE OF ISSUE	♦ 31C: 110320
EXIPRY	♦ 31D: DATE 110515 PLACE CHINA
APPLICANT	♦ 50: NEO GENERAL TRADING CO. P.O. BOX 99522, CAPE TOWN, SOUTH AFRICA TEL:0027-21-4659220 FAX:0027-21-4659213
BENEFICIARY	♦ 59: SHANGHAI SUNDE INTERNATIONAL TRADE CO.,LTD. JINQIAO MANSION RM2901 NO.85 JINQIAO ROAD, SHANGHAI 201005, CHINA TEL: 0086-21-6815005 FAX: 0086-21-6815006
AMOUNT	♦ 32B: CURRENCY USD AMOUNT 17 640
AVAILABLE WITH/BY	♦ 41D: BKCHCNBJ300 BANK OF CHINA, SHANGHAI （SHANGHAI BRANCH） BY NEGOTIATION
DRAFTS AT...	♦ 42C: DRAFTS AT SIGHT FOR FULL INVOICE VALUE
DRAWEE	♦ 42A: THE STANDARD BANK OF SOUTH AFRICA
PARTIAL SHIPMENTS	♦ 43P: ALLOWED
TRANSSHIPMENT	♦ 43T: ALLOWED
LOADING IN CHARGE	♦ 44A: SHIPMENT FROM CHINESE PORT (S)
FOR TRANSPORT TO	♦ 44B: CAPE TOWN, SOUTH AFRICA
LATEST DATE OF SHIP	♦ 44C: 110430
DESCRIPT.OF GOODS	♦ 45A: 1800CARTONS CANNED MUSHROOM

PIECES&STEMS 425 GRAMS X 24 TINS
AS PER S/C NO. NEO2011026
USD9.80 PER CARTON
PRICE TERM: CIF CAPE TOWN

DOCUMENTS REQUIRED ♦ 46A:

+COMMERCIAL INVOICE SIGNED AND STAMPED IN FIVE COPIES WITH THREE ORIGINALS INDICATION S/C NO.

+FULL SET OF ORIGINAL CLEAN ON BOARD OCEAN BILLS OF LADING MADE OUT TO ORDER OF THE STANDARD BANK OF SOUTH AFRICA, CAPE TOWN AND BLANK ENDORSED AND MARKED "FREIGHT PREPAID" NOTIFY APPLICANT (WITH FULL NAME AND ADDRESS).

+INSURANCE POLICY OR CERTIFICATE IN TWO FOLD ENDORSED IN BLANK, FOR 110 PCT OF THE INVOICE VALUE COVERING: ALL RISKS AND WAR RISK AS PER THE RELEVANT OCEAN MARINE CARGO CLAUSE OF P.I.C.C.DATED JAN.1ST，1981.

+CERTIFICATE OF ORIGIN ISSUED BY CCPIT IN ONE ORIGINAL AND ONE COPY.

+CERTIFICATE OF HEALTH ISSUED BY CIQ IN ONE ORIGINAL AND ONE COPY.

+BENEFICIARY'S CERTIFICATE STATING THAT THE PRODUCTION DATE IS NOT EARLIER THAN HALF A MONTH BEFORE THE DATE OF SHIPMENT

+SIGNED PACKING LIST IN ONE ORIGINAL AND FIVE COPIES.

ADDITIONAL COND. ♦ 47:

1. T.T. REIMBURSEMENT IS PROHIBITED.
2. THE GOODS TO BE PACKED IN EXPORT STRONG COLORED CARTONS.
3. INSPECTION IS TO BE EFFECTED BEFORE SHIPMENT AND RELEVANT CERTIFICATED/REPORTS ARE REQUIRED FROM THE INSPECTING AGENCY OR INSPECTOR DESIGNATED BY THE BUYER.

DETAILS OF CHARGES ♦ 71B:

ALL BANKING CHARGES OUTSIDE SOUTH AFRICA INCLUDING REIMBURSEMENT COMMISSION ARE FOR ACCOUNT OF BENEFICIARY.

PRESENTATION PERIOD ♦ 48:

DOCUMENTS TO BE PRESENTED WITHIN 15 DAYS AFTER THE DATE OF SHIPMENT, BUT WITHIN THE VALIDITY OF THE CREDIT.

CONFIRMATION ♦ 49: CONFIRM

INSTRUCTION ♦ 78:

THE NEGOTIATION BANK MUST FORWARD THE DRAFTS AND ALL DOCUMENTS BY REGISTERED AIRMAIL DIRECT TO US(STANDARD BANK GROUP LTD., CORNER ADDERLEY AND DARLING STREET, CAPE TOWN, SOUTH AFRICA) IN ONE LOTS, UPON RECEIPT OF THE DRAFTS AND DOCUMENTS IN ORDER, WE WILL REMIT THE PROCEEDS AS INSTRUCTED BY THE NEGOTIATING BANK.

附录C 汇票

BILL OF EXCHANGE

凭 **THE STANDARD BANK OF SOUTH AFRICA, CAPE TOWN** 信用证
DRAWN UNDER.. **THE STANDARD BANK OF SOUTH AFRICA, CAPE TOWN** L/C NO. …**0011LC123756**……

日期
DATED…**MAR.20, 2011**……支取 PAYABLE WITH INTEREST @….. %…..按…..息….付款

号码 汇票金额 上海
NO…**2011SD006**…….. EXCHANGE FOR USD17,640.00 SHANGHAI…**APR.15, 2011**……..

见票…………………日后（本汇票之副本未付）付交
AT …***…. SIGHT OF THIS **FIRST** OF EXCHANGE (SECOND OF EXCHANGE BEING UNPAID) PAY TO THE ORDER OF **BANK OF CHINA, SHANHAI BRANCH**

金额
THE SUM OF **US DOLLARS SEVENTEEN THOUSAND SIX HUNDRED AND FORTY ONLY.**

此致：
TO……**THE STANDARD BANK**…..
…**OF SOUTH AFRICA, CAPE TOWN**…

SUNDE INTERNATIONAL TRADE CO.,LTD.
SHANGHAI, CHINA
(SIGNED)
……………………………..

1

BILL OF EXCHANGE

凭 **THE STANDARD BANK OF SOUTH AFRICA, CAPE TOWN** 信用证
DRAWN UNDER. **THE STANDARD BANK OF SOUTH AFRICA, CAPE TOWN** L/C NO. …**0011LC123756**……

日期
DATED…**MAR.20, 2011**……支取 PAYABLE WITH INTEREST @….. %…..按…..息….付款

号码 汇票金额 上海
NO…**2011SD006**…….. EXCHANGE FOR USD17,640.00 SHANGHAI…**APR. 15, 2011**……..

见票…………………日后（本汇票之副本未付）付交
AT …***…. SIGHT OF THIS **SECOND** OF EXCHANGE (FIRST OF EXCHANGE BEING UNPAID) PAY TO THE ORDER OF **BANK OF CHINA, SHANHAI BRANCH**

金额
THE SUM OF **US DOLLARS SEVENTEEN THOUSAND SIX HUNDRED AND FORTY ONLY.**

此致：
TO……**THE STANDARD BANK**…..
…**OF SOUTH AFRICA, CAPE TOWN**…

SUNDE INTERNATIONAL TRADE CO.,LTD.
SHANGHAI, CHINA
(SIGNED)
……………………………..

2

COMMERCIAL INVOICE

<table>
<tr><td colspan="2">**ISSUER:**
SHANGHAI SUNDE INTERNATIONAL TRADE CO.,LTD.
JINQIAO MANSION RM2901 NO.85 JINQIAO ROAD,SHANGHAI 201005, CHINA
TEL: 0086-21-6815005 FAX: 0086-21-6815006</td><td colspan="3">NO.: 2011SD006　　DATE: Apr.15,2011</td></tr>
<tr><td colspan="2">**TO:** :
NEO GENERAL TRADING CO.
P.O. BOX 99522, CAPE TOWN, SOUTH AFRICA
TEL:0027-21-4659220 FAX:0027-21-4659213</td><td colspan="3" rowspan="2">L/C NO.: 0011LC123756　　DATE: MAR.20, 2011
BANK OF CHINA
SHANGHAI BRANCH</td></tr>
<tr><td>PORT OF LOADING:
SHANGHAI</td><td>VESSEL:
EAST EXPRESS</td></tr>
<tr><td>VOYAGE No.
151E</td><td>PORT DISCHARGE:
CAPE TOWN, SOUTH AFRICA</td><td colspan="3">SALES CONTRACT No.
NEO2011026</td></tr>
<tr><td>MARKS & NO.OF PKGS</td><td>DESCRIPTION OF GOODS</td><td>QUANTITY/ UNIT</td><td>UNIT PRICE</td><td>AMOUNT</td></tr>
<tr><td></td><td></td><td colspan="3">CIF CAPE TOWN, SOUTH AFRICA</td></tr>
<tr><td>NEO
2011SD006
CAPE TOWN
NO.1/1800</td><td>CANNED MUSHROOM PIECES &STEMS 425 GRAMS X 24 TINS ROSE BRAND AT USD 9.80 PER CARTON</td><td>1 800CARTONS</td><td>USD$9.80</td><td>USD17 640</td></tr>
<tr><td></td><td>**TOTAL:**</td><td>**1 800CARTONS**</td><td></td><td>**USD17 640**</td></tr>
</table>

SAY TOTAL: US DOLLARS SEVENTEEN THOUSAND SIX HUNDRED AND FORTY ONLY.

We hereby certify that the contents of invoice herein are true and correct.

SUNDE INTERNATIONAL TRADE CO.,LTD.
SHANGHAI, CHINA

(SIGNED)

附录E 装箱单

PACKING LIST

<table>
<tr><td colspan="2">ISSUER:
SHANGHAI SUNDE INTERNATIONAL TRADE CO.,LTD.
JINQIAO MANSION RM2901 NO.85 JINQIAO ROAD, SHANGHAI 201005, CHINA
TEL: 0086-21-6815005 FAX: 0086-21-6815006</td><td colspan="3">INVOICE NO.: 2011SD006 DATE: Apr.15,2011

L/C NO.: 0011LC123756 DATE: MAR. 20, 2011
BANK OF CHINA
SHANGHAI BRANCH</td></tr>
<tr><td colspan="2">TO: :
NEO GENERAL TRADING CO.
P.O. BOX 99522, CAPE TOWN, SOUTH AFRICA
TEL:0027-21-4659220 FAX:0027-21-4659213</td><td colspan="3"></td></tr>
<tr><td>PORT OF LOADING:
SHANGHAI</td><td>VESSEL:
EAST EXPRESS</td><td colspan="3"></td></tr>
<tr><td>VOYAGE No.
151E</td><td>PORT DISCHARGE:
CAPE TOWN, SOUTH AFRICA</td><td colspan="3">CONTRACT No.
NEO2011026</td></tr>
<tr><td>MARKS & NO.</td><td>NO.AND KIND OF PACKAGE
DESCRIPTION OF GOODS</td><td>NET W.T.</td><td>GROSS W.T.</td><td>MEAS.</td></tr>
<tr><td>NEO
2011SD006
CAPE TOWN
NO.1/1800</td><td>1800 PAPER CARDBOARD CARTONS
CANNED MUSHROOM PIECES &STEMS
425 GRAMS X 24 TINS
ROSE BRAND
AT USD 9.80 PER CARTON</td><td>17 280KGS</td><td>19 008KGS</td><td>22.03M³</td></tr>
</table>

TOTAL: 1 800CARTONS

SAY TOTAL: ONE THOUSAND EIGHT HUNDRED CARTONS ONLY.

SUNDE INTERNATIONAL TRADE CO.,LTD.
SHANGHAI, CHINA

(SIGNED)

Shipper SHANGHAI SUNDE TRADING CO.,LTD.		B/L No. 中远集装箱运输有限公司 COSCO CONTAINER LINES TLX:33037 COSCO CN FAX:+86(021)65458984 **ORIGINAL** Port-to-Port or Combined Transport BILL OF LADING RECEIVED in external apparent good order and condition except as otherwise noted. The total number of packages or units stuffed in the container the description of the goods and the weights shown in this Bill of Lading are furnished by the Merchants, and which the carrier has no responsible means of checking and is not a part of this Bill of Lading contract. The carrier has issued the number of Bills of Lading stated below, all of this tenor and date, one of the original Bills of Lading must be surrendered and endorsed or signed against the delivery of the shipment and whereupon any other original Bills of Lading shall be void. The Merchants agree to be bound by the terms and conditions of this Bill of Lading as if each had personally signed this Bill of Lading. SEE clause 4 on the back of this Bill of Lading（Terms continued on the back hereof, please read carefully） *Applicable Only When Document Used as a Combined Transport Bill of Lading	
Consignee or order **TO ORDER OF THE STANDARD BANK OF SOUTH AFRICA, CAPE TOWN**			
Notify address **NEO GENERAL TRADING CO.** **P.O. BOX 99522, CAPE TOWN, SOUTH AFRICA** **TEL:0027-21-4659220 FAX:0027-21-4659213**			
Pre-carriage by	Place of Receipt		
Ocean Vessel **EAST EXPRESS 151E**	Port of Loading **SHANGHAI**		
Port of Discharge **CAPE TOWN PORT, SOUTH AFRICA**	Place of Delivery	Freight payable at **SHANGHAI**	Number of original Bs/L **THREE(3)**

Marks and Nos. Number and kind of packages Description of goods Gross weight(kgs.) Measurement(m^3)

NEO	**CANNED MUSHROOM PIECES &STEMS**		
2011SD006	**425 GRAMS X 24 TINS**	**19 008KGS**	**22.03M^3**
CAPE TOWN	**IN 1800 PAPER CARDBOARD CARTONS**		
NO.1/1800	**5×20' CY—CY**		

SHIPPER'S LOAD COUNT AND SEAL

SAY TO CONTAIN

FREIGHT PREPAID

ABOVE PARTICULARS FURNISHED BY SHIPPER

Freight and charges	IN WITNESS whereof the number of original bills of Lading stated above have been signed, one of which being accomplished, the other(s) to be void.
	Place and date of issue **SHANGHAI Apr. 25th, 2011**
	Signed for or on behalf of the carrier
	SHANGHAI KAITONG INTERNATIONAL TRANSPORTAION SEAVICE AS AGENT FOR THE CARRIER NAMED ABOVE

PICC 中国人民财产保险股份有限公司
PICC Property and Casualty Company Limited

总公司设于北京 一九四九年创立
Head Office:BEIJING Established in 1949

货物运输保险单
CARGO TRANSPORTATION INSURANCE POLICY

发票号（INVOICE NO.）

合同号（CONTRACXT NO.）

信用证号（L/C NO.）

保单号次
POLICY No. SH01/0456980

被保险人：
INSURED: **SHANGHAI SUNDE TRADING CO.,LTD.**

中国人民财产保险股份有限公司（以下简称本公司）根据被保险人的要求，由被保险人向本公司缴付约定的保险费，按照本保险单承保险别和背面所载条款与下列条款承保下述货物运输保险，特立本保险单。

THIS POLICY OF INSURANCE WITNESSES THAT THE PICC PROPERTY AND CASUALTY COMPANY LIMITED (HEREINAFTER CALLED "THE COMPANY"), AT THE REQUEST OF THE INSURED AND IN CONSIDERATION OF THE AGREED PREMIUM PAID TO THE COMPANY BY THE INSURED, UNDERTAKES TO INSURE THE UNDERMENTIONED GOODS IN TRANSPORTATION SUBJECT TO THE CONDITIONS OF THIS POLICY AS PER THE CLAUSE PRINTED OVERLEAF AND OTHER SPECIAL CLAUSES ATTACHED HEREON.

标　　记 Marks & Nos.	包装及数量 Quantity	保险货物项目 Description of Goods	保险金额 Amount Insured
As per Invoice No. 2011SD006	**1800CARTONS**	**CANNED MUSHROOM PIECES &STEMS**	**USD19,404.00**

总保险金额：
Total Amount Insured: **SAY US DOLLARS NINETEEN THOUSAND FOUR HUNDRED AND FOUR ONLY.**

保　费
Premium: **as arranged**　　费率 Rate **as arranged**　　装载运输工具 Per conveyance S.S. **EAST EXPRESS V.151E**

开行日期
Slg.on or abt. **As Per B/L**　　自 From **SHANGHAI**　　至 to **CAPE TOWN**

承保险别
Conditions

COVERING ALL RISKS, WAR RISK AS PER THE RELEVANT OCEAN MARINE CARGO CLAUSE OF P.I.C.C.DATED JAN.1ST, 1981.

所保货物，如发生保险单项下可能引起的损失或损坏，应立即通知本公司下述代理人查勘。如有索赔，应向本公司提交保单正本（本保险单共有 3 份正本）及有关文件。如一份正本已用于索赔，其余正本自动失效。

IN THE EVENT OF LOSS OR DAMAGE WHICH MAY RESULT IN A CLAIM UNDER THIS POLICY, IMMEDIATE NOTICE MUST BE GIVEN TO THE COMPANY'S AGENT AS MENTIONED HEREUNDER. CLAIMS, IF ANY, ONE OF THE ORIGINAL POLICY WHICH HAS BEEN ISSUED IN 3 ORIGINAL(S) TOGETHER WITH THE RELEVANT DOCUMENTS SHALL BE SURRENDERED TO THE COMPANY IF ONE OF THE ORIGINAL POLICY HAS BEEN ACCOMPLISHED, THE OTHERS TO BE VOID.

赔款偿付地点
CLAIM PAYABLE AT **CAPE TOWN**

中国人民财产保险股份有限公司上海分公司
PICC PROPERTY & CASUALTY COMPANY LIMITED
SHANGHAI BRANCH

出单日期
ISSUING DATE **Apr. 20th, 2011**

GENERAL MANAGER

地址：中国上海中山南路 700 号
ADD: 700 ZHONGSHAN ROAD(S) SHANGHAI CHINA

电话(TEL): 63773000
传真(FAX):86-21-63568811

中华人民共和国出入境检验检疫
ENTRY-EXIT INSPECTION AND QUARANTINE
OF THE PEOPLE'S REPUBLIC OF CHINA

正 本
ORIGINAL

编号：371400 6200003003

检 验 证 书
Inspection certificate
Of quality, quantity and weight

发货人 Consignor	SHANGHAI SUNDE INTERNATIONAL TRADE CO.,LTD.	
收货人 Consignee	***	
品名 Description of Goods	CANNED MUSHROOM PIECES &STEMS 24TINS EACH TIN 425 GRMS NET WEIGHT(D.W.227 GRMS)	标记及号码 Mark & No.
报检数量/重量 Quantity/Weight Declared	--1 800CTNS/ G.W.19 008KGS/N.W.17 280KGS	NEO 2011SD006 CAPE TOWN NO.1/1800
包装种类及数量 Number and Type of Packages	1 800 PAPER CARDBOARD CARTON	
运输工具 Means of Conveyance	***	

检验结果：
RESULTS OF INSPECTION:

QUALITY:

ACCORDING TO RELEVANT STANDARD, REPRESENTATIVE SAMPLES WERE DRAWN AT RAMDOM FROM THE WHOLE CONSIGNMENT FOR INSPECTION WITH THE RESULTS BELOW.

1. PHYSICAL TEST:
   (1) APPEARANCE OF CONTAINER: NO SWELLING, NO DAMAGE, NO RUST, SEAMING GOOD.
   (2) SHAPE, COLOUR, ODOUR& TASTE OF THE CONTENTS ARE NORMAL & HOMOGENEOUS.
   (3) NO ADULTERATION.
   (4) NET WEIGHT OF THE CONTENTS PER TIN 400G.
2. CHEMICAL ANALYSIS:
   METAL CONTENT OF PRODUCT: Cu: 5mg max. Per kg; Sn:150mg max. Per kg;
   Pb: 1mg max. Per kg; As: 0.5mg max. Per kg.
3. BACTERIOLOGICAL EXAMINATION:
   FREE FROM PATHOGENIC BACTERIA AND WITHOUT ANY ROTTEN SYMPTOMS AFFECTED BY BACTERIA, FIT FOR HUMAN CONSUMPTION.

QUANTITY: 1 800CARTONS.

WEIGHT: G.W. 19 008KGS N.W.17 280KGS

THE GOODS ARE FIT FOR HUMAN CONSUMPTION AND THAT THE PRODUCTION AND EXPIRY DATES SHOWN ON THE LABEL COMPLY WITH L/C TERMS.

印章　　签证地点 Place of Issue XUZHOU　　签证日期 Date of Issue 16APR.2011

Official Stamp　　授权签字人 Authorized Officer ________　　签　名 Signature ________

中华人民共和国出入境检验检疫
ENTRY-EXIT INSPECTION AND QUARANTINE OF THE PEOPLE'S REPUBLIC OF CHINA

正本 ORIGINAL

编号：320800201022145

健康证书
HEALTH CERTIFICATE

发货人名称及地址 Name and Address of Consignor	SHANGHAI SUNDE INTERNATIONAL TRADE CO.,LTD. JINQIAO MANSION RM2901 NO.85 JINQIAO ROAD, SHANGHAI, 201005,CHINA	
收货人名称及地址 Name and Address of Consignee	NEO GENERAL TRADING CO. P.O. BOX 99522, CAPE TOWN, SOUTH AFRICA	
品名 Description of Goods	CANNED MUSHROOM PIECES &STEMS 24TINS EACH TIN 425 GRMS NET WEIGHT(D.W.227 GRMS)	
加工种类或状态 State or Type of Processing	***	标记及号码 Mark & No. **NEO** **2011SD006** **CAPE TOWN** **NO.1/1800**
报检数量/重量 Quantity/Weight Declared	--1800CTNS/ G.W.19 008KGS/N.W.17 280KGS	
包装种类及数量 Number and Type of Packages	PAPER CARDBOARD CARTON /-1800CTNS	
贮藏和运输温度 Temperature during Storage and Transport	***	
加工厂名称、地址及编号（如果适用） Name, Address and approval No. of the Approved establishment(if applicable)	XUZHOU SHENGTONG FOODSTUFFS CO.,LTD.	
启运地 Place of Despatch	SHANGHAI,CHINA	到达国家 Country and Place of Destination: CAPE TOWN, SOUTH AFRICA
运输工具 Means of Conveyance	BY SEA	发货日期 Date of Despatch: ***

检验结果：

RESULTS OF INSPECTION:

1. THE CANNED PRODUCTS WERE MANUFACTURED ACCORDING TO STANDARD CANNING PROCESS TECHNIQUE AND HAVE BEEN SUBJECTED TO A TEMPERATURE OF NOT LESS THAN ONE HUNDRED AND TWENTY ONE DEGREES CENTIGRADE FOR A PERIOD OF NOT LESS THAN SEVENTY MINUTES(425G/TIN).

2. WE HEREBY STATE THAT THE PRODUCTS ARE FIT FOR HUMAN CONSUMPTION AND HAVE NOT BEEN TREATED WITH CHEMICAL PRESERVATIVES OR OTHER FOREIGN SUBSTANCE INJURIOUS TO HEALTH.

3. THE CANNED PRODUCTS HAVE BEEN PREPARED, PROCESSED AND PACKED IN A SANITARY MANNER UNDER INSPECTOR'S SUPERVISION AND THE PRODUCTS ARE IN GOOD CONDITION.

I AM FAMILIAR WITH THE PROCESS OF MANUFACTURE AND HAVE NO REASON TO DOUBT THE MANUFACTURER'S DECLARATION.

印章 Official Stamp　　签证地点 Place of Issue XUZHOU　　签证日期 Date of Issue 16APR.2011

授权签字人 Authorized Officer ________　　签　名 Signature ________

ORIGINAL

<table>
<tr><td colspan="3">1.Exporter(full name and address)
SHANGHAI SUNDE INTERNATIONAL TRADE CO.,LTD.
JINQIAO MANSION RM2901 NO.85 JINQIAO ROAD,SHANGHAI 201005, CHINA</td><td colspan="2" rowspan="2">CERTIFICATE NO：0897898

CERTIFICATE OF ORIGIN
OF
THE PEOPLE'S REPUBLIC OF CHINA</td></tr>
<tr><td colspan="3">2.Consignee(full name, address, country)
NEO GENERAL TRADING CO.
P.O. BOX 99522, CAPE TOWN, SOUTH AFRICA</td></tr>
<tr><td colspan="3">3.Means of transport and route
FROM SHANGHAI TO CAPE TOWN BY SEA</td><td colspan="2" rowspan="2">5.For certifying authority use only</td></tr>
<tr><td colspan="3">4.Country / region of destination
SOUTH AFRICA</td></tr>
<tr><td>6.Marks and numbers
.
NEO
2011SD006
CAPE TOWN
NO.1/1800
***************</td><td>7. Number and kind of packages description of goods;
ONE THOUSAND EIGHT HUNFRED (1800) CARTONS CANNED MUSHROOM PIECES &STEMS 425 GRAMS X 24 TINS ROSE BRAND
**********************</td><td>8.H.S.Code
20039010
*****</td><td>9.Quantity
1800CTNS
********</td><td>10.Number and date of invoices
2011SD006
Apr.15th,2011
**********</td></tr>
<tr><td colspan="2">11.Declaration by the exporter
The undersigned hereby declares that the above details and statement are correct;that all the goods were produced in China and that they comply with the Rules of Origin of the People's Republic of China.

SHANGHAI SUNDE INTERNATIONAL TRADE CO.,LTD.
SHANGHAI Apr.15th,2011
× × ×
....
Place and date, signature and stamp of authorized signatory</td><td colspan="3">12.Certification
it is hereby certified that the declaration by the exporter is correct.

中国国际贸易促进委员会
单据证明专用章
（沪）
CHINA COUNCIL FOR THE PROMOTION OF INTERNATIONAL TRADE
SHANGHAI Apr.15th,2011
× × ×
....
Place and date, signature and stamp of certifying authority</td></tr>
</table>

附录K　受益人证明

森德国际贸易有限公司
SUNDE INTERNATIONAL TRADE CO., LTD.
JINQIAO MANSION RM2901 NO.85 JINQIAO ROAD,SHANGHAI 201005, CHINA
TEL: 0086-21-6815005 FAX: 0086-21-6815006

BENEFICIARY'S CERTIFICATE

WE HEREBY STATE THAT THE PRODUCTION DATE IS NOT EARLIER THAN HALF A MONTH BEFORE THE DATE OF SHIPMENT.

SUNDE INTERNATIONAL TRADE CO.,LTD.
SHANGHAI, CHINA

(SIGNED)

参考文献

[1] 陈国武，华欣，张雪莹．新编国际贸易实务 [M]．2 版．北京：清华大学出版社，2009．
[2] 陈双喜，孟亮，戴明华．国际贸易实务新编 [M]．北京：机械工业出版社，2009．
[3] 陈岩．国际贸易实务 [M]．北京：清华大学出版社，北京交通大学出版社，2008．
[4] 宫焕久，许源．进出口业务教程 [M]．上海：上海人民出版社，2005．
[5] 国际商会（ICC）．国际贸易术语解释通则 2010[M]．北京：中国民主法制出版社，2011．
[6] 胡丹婷．国际贸易实务 [M]．2 版．北京：机械工业出版社，2011 ．
[7] 冷柏军．国际贸易实务 [M]．2 版．北京：高等教育出版社，2011．
[8] 黎孝先，王健．国际贸易实务 [M]．5 版．北京：对外经济贸易大学出版社，2011．
[9] 李昭华，李军．国际贸易实务 [M]．北京：北京大学出版社，2010．
[10] 秦超，陈颖．国际贸易实务 [M]．北京：高等教育出版社，2011．
[11] 吴百福，徐小薇．进出口贸易实务教程 [M]．6 版．上海：格致出版社，上海人民出版社，2011．
[12] 叶德万，陈原．国际贸易实务案例教程 [M]．2 版．广州：华南理工大学出版社，2006．
[13] 易露霞，方玲玲，陈原．国际贸易实务双语教程 [M]．3 版．北京：清华大学出版社，2011．
[14] 尹晓波．国际贸易实务：教程与案例 [M]．北京：机械工业出版社，2010．
[15] 俞毅．国际贸易实务习题与解答 [M]．上海：格致出版社，2008．

普通高等院校
经济管理类应用型规划教材

课程名称	书号	书名、作者及出版时间	定价
财务会计	978-7-111-31107-2	财务会计实务（陈澎）（2010年）	32
财务管理（公司理财）	978-7-111-48770-8	财务管理学（雷声）（2015年）	30
建筑工程造价	即将出版	工程造价与控制（高群）（2015年）	40
战略管理	978-7-111-46855-4	企业战略管理（肖智润）（2014年）	35
企业文化	978-7-111-36805-2	现代企业文化理论与实务（李建华）（2012年）	32
门店管理	978-7-111-36910-3	门店管理实务（陈方丽）（2012年）	32
创业管理	978-7-111-40537-5	创业学：创业思维·过程·实践（魏拴成）（2012	35
创业管理	978-7-111-43454-2	大学生创业基础（刘平）（2013年）	35
职业规划	978-7-111-47021-2	职业生涯导入与大学学习生活（刘平）（2014年）	25
项目管理	978-7-111-39419-8	项目管理理论与实务（刘常宝）（2012年）	32
创意思维	978-7-111-43794-9	创新创意基础教程（谭贞）（2013年）	30
国际物流学	978-7-111-48452-3	国际物流管理（许良）（2014年）	35
税务会计与税收筹划	978-7-111-45487-8	纳税会计与税收筹划（王树锋）（2014年）	35
审计学	978-7-111-35528-1	审计学（高强）（2011年）	33
会计综合实验	978-7-111-49158-3	企业会计综合实训（胡世强）（2015年）	35
会计学	978-7-111-46705-2	会计学基础（杨艳秋）（2014年）	35
会计学	978-7-111-47650-4	基础会计（奚正艳）（2014年）	30
会计信息系统	978-7-111-44539-5	会计电算化（陈曙光）（2013年）	35
会计信息系统	978-7-111-38800-5	会计信息系统理论与实验教程（管彦庆）（2012年）	32
管理会计	978-7-111-42521-2	管理会计（王永刚）（2013年）	35
成本会计	978-7-111-31688-6	成本会计（束必琪）（2010年）	32
组织行为学	即将出版	组织行为学（张静）（2015年）	35
人力资源管理	978-7-111-43455-9	人力资源管理（第 2 版）（张小兵）（2013年）	30
总部运营管理	978-7-111-33247-3	总部运营管理（刘常宝）（2011年）	33
营销渠道	978-7-111-36412-2	营销渠道管理（郑锐洪）（2012年）	32
营销策划	978-7-111-40631-0	营销策划理论与实务（赵静）（2012年）	35
市场营销学（营销管理）	978-7-111-29816-8	市场营销实训教程（郝黎明）（2010年）	32
市场营销学（营销管理）	978-7-111-42825-1	市场营销学（曹垣）（2013年）	39
市场分析与软件应用	978-7-111-35559-5	市场分析与软件应用（蔡继荣）（2011年）	36
商务谈判	即将出版	商务谈判与沟通（张国良）（2015年）	30
品牌管理	978-7-111-48211-6	品牌管理（第2版）（刘常宝）（2014年）	35
客户关系管理	978-7-111-47474-6	客户关系管理：销售的视角（姚飞）（2014年）	35
服务营销学	978-7-111-48247-5	服务营销：理论、方法与案例（郑锐洪）（2014年）	35
物流管理	978-7-111-32831-5	物流学（王斌义）（2011年）	32
供应链（物流）管理	978-7-111-32774-5	供应链管理（王凤山）（2011年）	30
港口物流	978-7-111-32818-6	港口物流（王斌义）（2011年）	32